刘泽华全集

刘泽华◎著

南开大学历史学院◎编

政治思想史论（一）

天津出版传媒集团

天津人民出版社

图书在版编目(CIP)数据

刘泽华全集. 政治思想史论. 一 / 刘泽华著；南开
大学历史学院编. -- 天津：天津人民出版社, 2019.10
　　ISBN 978-7-201-15225-7

Ⅰ. ①刘… Ⅱ. ①刘… ②南… Ⅲ. ①刘泽华-文集
②政治思想史-研究-中国-古代 Ⅳ. ①C53②D092.2

中国版本图书馆 CIP 数据核字(2019)第 193605 号

刘泽华全集·政治思想史论（一）
LIU ZEHUA QUANJI · ZHENGZHI SIXIANG SHI LUN (YI)

出　　版　天津人民出版社
出 版 人　刘　庆
地　　址　天津市和平区西康路 35 号康岳大厦
邮政编码　300051
邮购电话　(022)23332469
网　　址　http://www.tjrmcbs.com
电子信箱　reader@tjrmcbs.com

总 策 划　任　洁
责任编辑　金晓芸
特约编辑　康嘉瑄
装帧设计　明轩文化 · 王　烨
　　　　　TEL:23674746

印　　刷　河北鹏润印刷有限公司
经　　销　新华书店
开　　本　710 毫米×1000 毫米　1/16
印　　张　20.5
字　　数　320 千字
版次印次　2019 年 10 月第 1 版　2019 年 10 月第 1 次印刷
定　　价　135.00 元

前　言

　　由天津人民出版社编辑出版的《刘泽华全集(全十二卷)》,在众多南开师友、刘门弟子、家属及出版社领导、各位编辑的共同努力下,终于可以问世了。此套全集由南开大学历史学院主持编选,一些事项需要在此说明:

　　一、刘泽华,享誉海内外的著名史学家、南开大学荣誉教授,1935年2月出生,2018年5月8日病逝于美国西雅图,享年83岁。自1960年大学三年级破格留校任教后,刘先生在南开大学历史系、历史学院执教四十余载,直至2003年退休。刘先生曾任南开大学历史系主任、校学术委员会委员、教育部人文社科重点基地中国社会史中心主任等校内外多种重要学术职务,受聘于多家高校及科研单位并担任客座教授,退休后被授予"南开大学荣誉教授"称号。刘先生著作较多,理论观点自成一体,所提出的"王权支配社会""王权主义是传统思想文化的主脉""中国传统政治思想是一种'阴阳组合结构'"等命题和论断,准确而深刻地把握住了中国传统政治文化与政治实践的特点,具有重要的理论创新性,学术影响极大。

　　二、在几十年的教学与科研进程中,刘先生带起了一支专业素质较强的学术团队,以他的学术观点为灵魂,系统梳理中国传统政治思想的脉络,找寻传统与现代政治理念间的异同,致力于剖析中国现代化进程中的诸多症结,具有鲜明的学术个性、敏锐的问题意识和强烈的现实关怀,被誉为"王权主义学派"或"刘泽华学派"。先生可谓是中国政治思想史领域的代表性人物之一。

　　三、鉴于刘泽华先生崇高的学术地位及其论著的重要理论价值,《刘泽华全集(全十二卷)》得以入选天津市重点出版项目。为保证文集的学术水平和编纂质量,天津人民出版社与南开大学历史学院密切合作,联手打造学术精品。经刘泽华先生生前授权,由南开大学历史学院主持全集编选工作,成立了由李宪堂、张荣明、张分田教授为主的编选工作组,带领部分研究生收集初稿进行编选,之后又多次协调召开京津地区刘门弟子研讨会,对全集十二卷的顺序、各卷目录及学术年谱进行了反复讨论。天津人民出版社副总编辑任洁带领团队全力投入,负责各卷编辑工作。

四、时值南开大学百年华诞,作为献礼之作的《刘泽华全集(全十二卷)》的出版引起广泛关注。全集编选工作得到各方支持,进展顺利。多位师友提供刘泽华先生文章手稿及照片。阎师母及先生的女儿刘琰、刘璐对全集的出版十分关心,就全集的编撰、封面设计提出不少建设性的意见。葛荃教授代表刘门弟子撰写了全集的序。葛荃、张荣明、李宪堂、孙晓春、季乃礼、林存阳等教授审读了各卷。何平、杨阳、林存光、邓丽兰等诸多刘门弟子,以及诸多南开史学的毕业生纷纷表达期待之情,翘首以待。

五、由于刘泽华先生的写作时间始自20世纪50年代初,直至2018年5月逝世前夕,跨度长达半个多世纪,各个时期的学术规范、报刊发表要求不尽相同,给收集整理和编辑工作带来相当大的困难。此次出版,除对个别字句的误植进行订正外,基本保持发表时的原生样态,以充分体现论著的时代性,便于后人理解当代中国史学演变的路径及意义。刘泽华先生的回忆录《八十自述:走在思考的路上》于2017年由生活·读书·新知三联书店出版后,引起广泛关注,被誉为"当代中国学人的心灵史",此次全集出版时也将其收录进来,以体现全集的完整性,并于文末附由林存阳教授与李文昌博士所梳理的"刘泽华先生著述目录"。

六、由于印刷模糊、议题存疑等原因,刘泽华先生的个别文章未能收入。希望以后有机会再增补出版,以补缺憾。

七、天津人民出版社《刘泽华全集(全十二卷)》编辑小组的全体编辑,对全集编辑出版工作倾情投入,付出了艰巨的劳动,他们是责任编辑金晓芸、张璐、赵子源、霍小青、孙瑛、王小凤、康嘉瑄、韩伟,二审赵艺编审和三审任洁编审。在此向天津出版传媒集团和天津人民出版社表示衷心的感谢。

刘泽华先生长达半个多世纪的学术生涯是在南开度过的,他对南开大学、南开史学拥有一份真诚、朴素的情感,曾带头汇捐四十万元用于设立"中国思想史奖学金",希望中国思想史学科能后继有人。这套全集也是按照刘先生生前愿望,由南开大学历史学院主持编选,这也是刘泽华先生向南开百年奉献的一份真挚祝福。

唯愿刘泽华先生在天之灵安宁!引导我们永远走在思考的路上!

南开大学历史学科学术委员会

2019 年 10 月 17 日

序:刘泽华先生的学术贡献

葛荃[①]

刘泽华先生(1935—2018),河北石家庄人,中国当代著名史学家,中国政治思想史研究著名学者。研究领域包括先秦史、政治史、知识分子史、历史认识论和中国古代政治思想史。先生成果丰硕,为当代中国学术研究贡献良多,主要体现在以下三个方面。

一、著述等身

中国政治思想史研究自 1952 年全国院系调整以后基本处于停滞状态。间或也有些研究成果,刘泽华先生此时即有论文面世,大都是先秦诸子及后世思想家方面的学术论文,鲜有专著问世。20 世纪 80 年代改革开放后,中国政治思想史研究得以复苏。1984 年《先秦政治思想史》出版,这是继 1924 年梁启超《先秦政治思想史》[②]之后唯一的一部同名学术专著,其翔实和厚重的程度,体现了中国学术界六十年来的知识积累和理性认知的进步。其后,1987年《中国传统政治思想反思》出版,这两部著作在学术界形成了重要影响,奠定了刘泽华先生的学术地位。

关于《先秦政治思想史》,据先生自述,这是一部"迄今为止最系统、最全面(包括'人'和'书')、资料最翔实的一部先秦政治思想史"。诚哉斯言!从体例来看,这部著作有三个特点。一是脱出中国哲学史研究的套路,真正形成了

[①] 葛荃(1953—),安徽巢湖人,系刘泽华先生首徒。曾在南开大学、山东大学任教。现为中国政治学会常务理事,中国政治思想史研究会常务理事兼会长。术业专攻:中国政治思想与政治文化。

[②] 该书一名《中国圣哲之人生观及其政治哲学》。

中国政治思想史的知识体系。二是立论允当，均有翔实的史料依据。所谓"言必有据"，这正是先生"让史料说话"治学理念的验证。三是在理论突破方面有所尝试。《先秦政治思想史》的写作时间大约是从 1979 至 1983 年。那个时段的中国刚刚改革开放，曾经的教条主义思想束缚还没有完全破除，在理论方面有所突破是需要胆识和超前意识的。刘泽华先生说："在研究方法上我突破了用阶级理论定义政治的'铁则'。我认为政治有阶级性，也有社会性。""1949 年以后到本书出版之前所有的思想史著作，在论述人物及其思想时几乎都被戴上'这个'阶级或'那个'阶级的帽子，而我在本书中实行了'脱帽礼'，把帽子统统摘掉了。这在当时也可以说是绝无仅有的，谓余不信，不妨翻翻那时的著作。"刘泽华先生延续了"马克思主义"流派的论说方式，破除了教条思维的束缚，摒弃了几十年来桎梏人们头脑甚而轻车熟路的"阶级代入法"，形成了夹叙夹议、史论结合、突显学术个性的叙事方式。刘泽华先生以传统中国的政治思维与当下的家国情怀相观照，充分展现了政治思想史研究的理论深度与学术感染力，具有明显的开创性，从而在学术界形成了广泛影响。

《中国传统政治思想反思》更是一部力作。刘泽华先生以鲜明的问题意识"反思"传统，论题包括人性、民论、天人合一、法制、礼论、谏议思想、清官问题，等等。书中提出了中国传统政治思想的研究对象和研究方法问题，论述了传统人文思想与王权主义问题。这些论题的视角和形成的学术判断展现出作者自由思维的敏锐与犀利，引起学界极大的关注。《先秦政治思想史》和《中国传统政治思想反思》开启并奠定了刘泽华先生的研究路向，提升了先生在学术界的知名度和影响力。其中王权主义理念的提出，预示着先生学术思想体系的核心部分已经形成，为其以后的研究及王权主义理论体系的构建开通了道路。

嗣后几十年，刘泽华先生在中国古代政治思想史研究领域用功尤勤，出版了一卷本《中国古代政治思想史》(1992)、三卷本《中国政治思想史》(1996)和九卷本《中国政治思想通史》(2014)。这三部著作跨越二十余年，反映出先生在中国政治思想史领域的超越性进路。其中，1992 年初版的《中国古代政治思想史》于 2001 年出版修订本，被国家教育部研究生工作办公室推荐为全国研究生教学用书。2014 年出版的《中国政治思想通史》是这一学科发展近百年来唯一的一部通史类著作。如果从 1923 年出版的谢无量的《古代政治思想研究》和 1924 年梁启超的《先秦政治思想史》算起,近百年来,有关中国政治思想史类的个人著述并不少。除了梁、谢之作,还有萧公权、萨孟武等人的二十余种,但是冠以"政治思想通史"者,唯先生一人耳。

此外,刘泽华先生还出版了《中国政治思想史集(全三册)》《中国的王权主义》《专制主义与中国社会》(合著)、《士人与社会(先秦卷)》《士人与社会(秦汉魏晋南北朝卷)》《中国传统政治哲学与社会整合》(合著)《洗耳斋文稿》《中华文化集粹丛书·风云篇》《中国传统政治思维》《竞争、改革、进步:战国历史反思》(合著)《王权思想论》《中国古代王朝兴衰史论》(合著)等三十多种书,并主编《中华文化通志·制度文化典》。晚年出版个人回忆录《八十自述:走在思考的路上》,这部著作登上了《南方周末》《新京报》等各大书榜,又被《中华读书报》评为 2017 年 5 月月度好书。

刘泽华先生在《历史研究》《哲学研究》《历史教学》《红旗》《文史哲》《南开学报》《天津社会科学》《学术月刊》等刊物,以及《人民日报》《光明日报》《文汇报》《今晚报》等先后发表学术论文、学术短文合计两百四十多篇。

另外,先生还有多部论文和著作在外文期刊或外国出版社出版。其中《中国传统政治思想反思》由卢承贤译成韩文,首尔艺文书苑 1994 年出版;三卷本《中国政治思想史》由韩国著名学者、韩国荀子学会会长、韩国政治思想学会会长张铉根教授用功二十年(1997—2017),译成韩文,合计二百六十万字,已经于 2019 年 2 月面世。

20 世纪 80—90 年代,中国政治思想史研究形成热潮,计有几方重镇。中国古代政治思想史有南开大学、吉林大学,中国近现代政治思想史以中国人民大学为首。进入 21 世纪,重镇相继衰落。唯 2014 年泽华师主编的九卷本"通史"问世,彰显了他数十年的学术积累和巨大的学术影响力,即以皇皇巨著表明其学术追寻的孜孜以求和笔耕不辍的坚守,誉为"著作等身",实至名归。

二、开创学派

学者的成功不仅在于著述,更在于培养新人、接续文化与学术传承。刘泽华先生于 1982 年初指导硕士研究生,1994 年始招博士研究生，几十年培养弟子众多。其中一些弟子选择在高校或科研单位任职,在学术观点上与先生相承相通,逐渐形成了一个相对松散却志同道合的学术群体。刘泽华先生的学术旨趣在于反思中国历史与传统文化,以批判中国君主专制政治为要点,形成了一套学术理念,具有鲜明的启蒙性。在先生的感召和引领下,学术群体虽然分散在各地,但仍能坚守学术志向,传承先生衣钵,形成了李振宏先生命名的"中国政治思想史研究中的王权主义学派"①。

这里需要说明的一点是,这一"学派"的形成,并非有意为之,更非刻意求之,而是在长期的指导、引领与合作中自然形成的,正所谓"无心插柳柳成荫"。一方面,先生指导研究生的重点是精读原典和研习理论方法,主要通过讨论的方式,激发学生思考,学会做研究。另一方面,先生以指导学生习作的方式来培养和提高学生的研究能力,旨在通过实际操作,激活学生的思维能力。特别是对于某些年龄偏大、入门较晚的学生更是如此。正是在这样的过程中,在先生耳提面命、逐字逐句的谆谆教诲中,师生得以思想交流、情感交融。老师的学术旨趣、价值理念感染和浸润着受教者,许多学术判断和创见性论断在学生的著述中得到接续和不断阐发。兹可谓聚似一团火,散则满天星,历经有年,以刘泽华先生为中心的学术群体逐渐形成。

关于学派的名称,李振宏认为"是考虑到这个学派内部成员的学术个性、差异性问题,而'王权主义学派'较之'刘泽华学派',可能具有更大的包容性"②。这一判断当然是有道理的。不过据我所知,先生本人却没有完全认同。他认为,应该是"王权主义批判学派"或"王权主义反思学派",否则容易令人产生误解,以为我们是赞同王权主义的,其实恰恰相反。

我与师门中诸位好友倒是倾向于最初的提法,以为"刘泽华学派"更为恰当。李教授关注的重点是"王权主义学派"的提法有更大的包容性。不过我以为,孔子以后儒分为八,墨子之后墨分为三,无论怎样分化,其学派的基本理念和宗旨是一脉相承的。中国传统政治文化的价值系统抑制人的个体主体性,长期以来的集体主义教育也使得我们的文化基因对突显个人有着天然的

①② 李振宏:《中国政治思想史研究中的王权主义学派》,《文史哲》,2013 年第 4 期。

恐惧和抵制。事实上，以刘泽华先生为创始人的学术群体，其成员主要是硕士生或博士生，以及部分优秀私淑弟子及学道同人。正是基于价值观的认同与长期的学术合作而相互呼应，形成了学术传承，以礼敬先生、光大师门的共识凝结了认同基础，具备了"师承性学派"的典型特征。故而冠以老师之名讳而称学派，或可开当代中国学界风气之先。

开创或形成学派，并非自家的一厢情愿，而是成就于学界共识。其规定至少有三：一是创始人创建出相对完备的理论体系及相应的知识与话语体系，具备特色鲜明的方法论；二是学术群体成员基本沿顺着相同的学术立场和价值观而接续传承；三是学术群体不仅合作，更有学术创新，而且多有建树，发扬光大。借此而言，刘泽华先生能身体力行，堪为典范。学术群体成员长期合作，建立了全国性学术组织①，并在各自的研究领域各有擅长与学术特色。李振宏对此论述详尽，这里不赘言。

三、知识创新

坊间探讨何为大学，谓之须有大师。能称为大师者，必然能在人类社会的知识传承方面有所创新。刘泽华先生正是这样，主要体现在三个方面。

一是中国政治思想史理论架构和知识体系的创新。梁启超早在20世纪20年代就已经提出了政治思想史研究对象问题，不过他仅仅从类型的视角解读了中国政治思想史的研究对象。一是从"所表现的对象"来划分，分为"纯理"和"应用"两类；二是从"能表现之主格"来区分，分为"个人的思想"和"时代的思想"。这样的概括显然过于笼统，学理性略有不足。此后，大凡涉猎中国政治思想者，纷纷做出解读。

近一个世纪以来，比较具有说服力的是徐大同在20世纪80年代初的认识。他提出："政治思想史的研究对象是：历史上各个阶级和政治集团对社会政治制度、国家政权组织，以及各阶级相互关系所形成的观点和理论体系；各

---

① 2014年，以刘门弟子为主，发起成立中国政治学会之中国政治思想史专业委员会，即中国政治思想史研究会，迄今已经召开七届年会暨"中国政治思想史论坛"。该论坛始于2012年，即筹备成立研究会，在学术界形成了广泛的影响。

种不同政治思想流派之间的斗争、演变和更替的具体历史过程;各种不同政治思想对现实社会政治发展的影响和作用。"①进入 21 世纪,徐大同的认识进一步凝练,提出"一切政治思想无不是反映一定的社会阶级、阶层或集团的政治理想、政治要求,设计夺取、维护政治统治方案或为政治统治'出谋献策'。古今中外概莫能外"②。这一认识较之 80 年代有所扩展,不过其核心仍然可以概括为"关于国家与法的认识"。

刘泽华先生认为,徐大同等人的说法相当深刻,抓住了政治思想史研究的主要内容,可是尚有不足。"问题主要是把政治思想史的对象规定得过于狭窄,有碍于视线的展开。"他提出政治思想史除了研究国家和法的理论外,还有一些内容也应列入研究范围。计有政治哲学、社会模式理论、治国方略和政策、伦理道德、政治实施理论及政治权术理论等。③三十年后,先生在 2014 年出版的《中国政治思想通史》中进一步概括说:"中国古代的政治学说包罗万象,有时还与其他领域的学说理论交织在一起,而中国古代政治思想史的研究对象应包纳无遗,故在确定研究的内容和范围时,宁失之于宽,勿失之于狭。即除了关于国家、政体、法制的理论以外,还要根据中国古代政治学说自身的特点,充分注意政治哲学、社会模式理论、关于治国方略与政策的理论、政治实施理论、政治权术与政治艺术理论、政治道德理论,以及中国古代政治学说所关注的其他各种理论和其他各种门类学术理论中所包含的政治理论内容。"④

刘泽华先生在前人研究的基础上,重新审视中国古代政治思想史的研究对象,提出了政治哲学等五个方面也须作为中国政治思想史的研究对象。这一学术判断符合中国历史和文化生态,拓宽了中国政治思想史的研究视域,具有原创性,为构建中国政治思想史知识体系奠定了基础。

---

① 徐大同、陈哲夫、谢庆奎、朱一涛编著:《中国古代政治思想史》,吉林人民出版社,1981 年,第2—3 页。

② 徐大同:《势尊道,又尊于道》,载于赵宝煦主编:《知识分子与社会发展》,华夏出版社,2003 年,第 51 页。

③ 刘泽华:《先秦政治思想史》,南开大学出版社,1984 年,第 2—7 页。

④ 刘泽华主编:《中国政治思想通史(综论卷)》,中国人民大学出版社,2014 年,第 6 页。

对中国政治思想史进行整体性的概括是基于学科的发展逐渐展现出来的。自从 20 世纪初叶梁启超"常作断片的发表"[1]，随着学科发展，有诸多研究者想对中国政治思想史做整体性的把握。不过，研究者往往是通过历史分期或概括特点进行整体性的描述。如陶希圣《中国政治思想史》、吕思勉《中国政治思想史十讲》等，莫不如此。被誉为以政治学理论研究中国政治思想史第一人的萧公权也是这样。[2]相较而言，萧公权的整体性认识是有一定的创新性的，但是基本格局没能走出前人的思路。

刘泽华先生的认识在一定程度上超越了前人，他以"王权主义"概括中国古代社会、政治与思想，对中国政治思想史做出了整体性判断。在《中国政治思想史(先秦卷)》序言中，他将中国政治思想史的主题归纳为三点：君主专制主义、臣民意识、崇圣观念。随后，他将这三点归结为一点——王权主义。在他看来，所谓王权主义"既不是指社会形态，也不限于通常所说的权力系统，而是指社会的一种控制和运行机制。大致说来又可分为三个层次：一是以王权为中心的权力系统；二是以这种权力系统为骨架形成的社会结构；三是与上述状况相应的观念体系"[3]。他认为，"在观念上，王权主义是整个思想文化的核心"。作为现代人的研究，当然要借助现代学科的分类来审视传统思想，"但不能忽视当时的思想是一个整体，它有自己的特定的逻辑和结构，而政治思想则是其核心或主流部分，忽视这个基本事实，就很难贴近历史"[4]。借此断言，"在中国的历史上，除为数不多的人主张无君论以外，都是有君论者，在维护王权和王制这一点上大体是共同的，而政治理想几乎都是王道与圣王之治"[5]。显然，王权主义不是一个简单的政治意识形态化的陈述，而是对中国传统社会的政治、社会与思想文化的结构性认知。在这一结构中，君主政治权力系统是中心。与中心相关联的，一方是与之相应的社会结构，另一方则是与权力中心及社会结构相应的思想观念。这里的逻辑关系

---

① 梁启超：《先秦政治思想史》，中华书局，1936 年，第 1 页。

② 萧公权按照思想演变的趋势，划分为四个时期：草创时期、因袭时期、转变时期、成熟时期。又以思想的历史背景归纳为三段：封建天下之思想、专制天下之思想、近代国家之思想。

③ 刘泽华：《中国的王权主义》，上海人民出版社，2000 年，第 2 页。

④⑤ 刘泽华：《中国的王权主义》，上海人民出版社，2000 年，第 4 页。

很清楚,政治思想与政治权力系统及社会结构相关联,三者之间存在着相互影响与作用的互动关系。

这就是说,刘泽华先生突破了以往就思想而谈思想,以分期的方式概括政治思想全局的思路。他从历史学家横亘历史长河的认知高度审视中国古代社会、政治与文化,用王权主义的体系性框架对中国传统社会政治、经济、思想文化做总体性把握,梳理出思想与社会、思想与政治、思想与制度之间互动和相互影响的认知路径,形成了独具学术个性的学理逻辑,实则构成了一种认知范式。

正是在王权主义总体把握的认知基础上,先生对中国政治思想史的命题和范畴做了梳理。诸如传统人文思想与君主专制主义、宗教与政治、王权与"学"及士人、王权与圣人崇拜、革命与正统、政治理想与政治批判,以及道与王、礼与法,等等。又提出中国传统政治思维的"阴阳组合结构",这一判断极具首创性。刘泽华先生在几十年的探索、思考中,渐渐形成了自成体系的学理逻辑,构建了充分展现其学术创新性的知识体系,终成一家之言。

二是学术观点的创新。刘泽华先生的研究新见迭出,多有首创性学术判断,这里仅举两例。

1.关于"王权支配社会"。这一观点是在传统的"权力支配经济"基础上提出的。先生坦言他受到了前人的启发:"王亚南先生的见解可谓前导。"不过他指出,王亚南是从经济入手解读政治权力与社会的关系。而"王权支配社会"与前人所论有着相当的差别。他说:"第一,我不是从经济(地主制)入手,而是直接从政治权力入手来解析历史。君主专制体制主要不是地主制为主导的经济关系的集中,而恰恰相反,社会主要是权力由上而下的支配和控制;第二,我不用'官僚政治'这一术语,君主要实现其统治固然要使用和依靠大批官僚,但官僚不是政治的主体,而只是君主的臣子、奴仆,因此不可能有独立的'官僚政治'及其他学者提出的'学人政治''士人政治'等。君主可以有各式各样的变态,如母后、权臣、宦官,等等,但其体制基本是一样的。"①

"王权支配社会"的提出具有首创性,用先生自己的话说:"我提出这一看

---

① 刘泽华:《王权支配社会的几个基本理论》,《历史教学(上半月刊)》,2018 年第 2 期。

法不是出于灵机一动,而是多年来学术积累的概括。"正是在这一看法的基础上,总结出了"王权主义"理论体系。这一学术判断为深入解读和诠释中国政治思想提供了政治学视角,使诸多传统论题的研究,诸如天人合一、圣人观、重民思潮等,得以走出前人的框架与格局。

2. "政治文化化与文化政治化"。刘泽华先生沿顺着思想与社会互动的思路提出,"政治关系就不仅仅是单纯的权力关系,它还是一种文化关系"。他把制度、法律、军队、警察、监狱等称为政治关系中的"硬件",将信仰、情感、态度、价值观等称为政治关系中的"软件",认为"政治文化指的就是这些'软件'"。在这里,先生借鉴了现代政治文化理论,指出"政治文化是政治实体中一个有效的组成部分,在某些情况下,对政治行为起着指导作用"。他把这种状况称为"文化政治化"。其中"包括两层政治含义:其一,一定政治体制的形成有赖于一定的文化背景;其二,一定政治体制的存在和运行,受到文化因素的制约和改造。仅仅从制度、法律、规定、强制等范畴来谈政治是远远不够的,还必须结合一定的文化背景才能真正理解政治的运行和发展"①。

政治文化化是说,一定的政治制度与法律体系可以通过不断的政治社会化过程逐渐内化成为政治共同体内成员所奉行的行为准则与政治观念。刘泽华先生从政治与文化互动关系的视角切入,借鉴现代政治学的政治社会化理论,深刻剖析中国传统政治思想的内在结构与关联。"政治文化化与文化政治化"不仅具有学术创新性,而且作为政治学立论本土化的案例,充实了中国政治思想史研究领域的中国话语。

三是研究方法的创新。严格而论,人文社会科学的研究方法和方法论是有区别的。一般而言,研究方法指的是研究的技术手段,如计量方法,包括田野调查、质性研究,等等。方法论是指运用某种理论作为认知、分析、论证和形成学术判断的手段。刘泽华先生是彻底的唯物主义者,自喻"马克思主义在我心中"。他的方法论基础是历史唯物论和辩证唯物论,学界称为"历史与逻辑相结合"的研究方法。从20世纪70年代中期起,先生坚定而决然地摒弃了僵化教条思维,扩展视野,提出并践行中国政治思想史研究的"互动"方法与价

---

① 刘泽华:《政治文化化与文化政治化》,《天津社会科学》,1991年第3期。

值研究方法。

关于"互动"方法。刘泽华先生提出的"思想与社会互动研究方法"是其辩证思维的体现。他认为,"在以往的研究中,大致说来,占主流的是'二分法'。先是阶级的二分法,强调两者的对立。近年来,讲阶级性的大大减少,取而代之的是'精英'与'大众'的二分法"[①]。在他看来,"思想与社会本是一个有机的整体。然而,由于学科的分化,人类社会的主要领域被分割"。"为了提高研究的专门化程度,人们可以将本来浑然一体的历史现象分割给不同的学科。"为此他提出"必须以综合性的研究来还原并解读事物的整体",概括出"互动"方法论。就是要"综合思想史与社会史的资源、对象、思路、方法",运用"互动"方法进行研究,"撰写更全面的思想史和社会史"。[②]

为了进一步说明,泽华师举出统治思想与民间社会意识关系问题作为案例。他认为,正是学科分工细化导致的"二分法"将思想分为统治思想和民间社会意识,研究者将上层与下层、官方与民间、经典与民俗、精英与大众、政治思想与社会思想分隔开来。为此就需要运用互动方法论,"依照历史现象之间固有的内在联系,确定研究对象,拓展研究视角,设计研究思路,对各种社会政治观念进行综合性解读"。"在对统治思想、经典思想、精英思想、社会思潮、民间信仰和大众心态分别进行系统研究的基础上,考察它们之间的相互关系,对全社会普遍意识发展史做出深度分析和系统描写。"[③]互动研究方法关注事物之间的联系与逻辑,可以视为辩证唯物论在政治思想史研究领域的具体运用。这种研究方法能够突破主流思想和政治意识形态对于政治思想史研究的局限,对中国社会的思想与文化做出更为深刻与合理的阐释。

关于价值研究方法。刘泽华先生说:"一方面要注意学科自身的认识规律,循序渐进;另一方面还要借鉴思想史和哲学史研究的经验与教训。"于是提出要把价值研究作为中国政治思想史研究的重要视角,这显然是一种方法论的提炼。

---

①②③ 刘泽华等:《开展统治思想与民间社会意识互动研究》,《天津社会科学》,2004 年第 3 期。

先生认为,研究中国政治思想史不能只限于描述思想内容和思想发展的历史过程,同时要考察思想的价值,价值性认识在政治思想史研究中是具有特别重要意义的。他说:"为了判明一种思想的价值,首先要明确价值标准……这就是历史唯物主义。""价值问题不只是个阶级定性问题,还有许多其他方面的内容。不做价值分析,政治思想史就会变成一笔糊涂账。为了更好地判明各种思想的价值,应该探讨一些价值标准问题。在这个问题上,既要借助历史学中已获得的成果,又要结合政治思想史的具体情况,理出一些自身特有的标准。"①

在他看来,在历史上,一些代表剥削阶级的政治思想付诸实践,是可行的,有效的,"甚至起了促进历史的作用"。那么,"在这种情况下,真理与谬误该如何分辨,代表剥削阶级利益的政治思想中有否科学和真理?实践证明是可行的,起了积极作用的思想是否就是实践检验证明了的真理?"②这些认识是在《先秦政治思想史》中提出的,时值20世纪80年代初期,"思想解放"几近热潮,这些认识代表着中国政治思想史研究的新思维趋向。

总的来看,刘泽华先生密切关注中国思想、社会和历史相关的宏观性问题,从批判和破除教条主义的思想禁锢出发,彰显和倡导史家自由思考和独立认识的主体意识,形成了成熟的方法论理念,并用于研究实践。互动研究方法和价值研究方法的提出,对推动中国政治思想史研究的深入与拓展,构建创新性知识体系具有重要意义。

四、学术人格

刘泽华先生的学术人格主要是通过其治学理念体现出来的。他说:"研究中国的政治思想与政治精神是了解中国历史与现实的重要门径之一。"为了从传统的封建主义体制和心态中走出来,"首先要正视历史,确定历史转变的起点。我们经常说要了解和熟悉国情,而历史就是国情最重要的组成部分。我的研究目的之一就是为解析中国的'国情',并说明我们现实中封建主义的由

---

① 刘泽华:《先秦政治思想史》,南开大学出版社,1984年,第11页。
② 刘泽华:《先秦政治思想史》,南开大学出版社,1984年,第12页。

来"①。可知先生作为历史学家有着强烈的家国情怀和现实关怀,并凝聚为特色独具的治学理念,形成了极富主体精神的学术人格。

其一,反思之学。反思(turn over to think)的概念在近代西方哲学已有使用,可以界定为认知主体以当下的立场和认知方式审视、回溯传统,即以往的事物与知识。刘泽华先生最早使用这一概念就是在前文提到的《中国传统政治思想反思》一书中。"反思"作为书名,实则体现了他的治学理念。作为历史学家,他认同这样的理念:历史是个不断地再认识的过程,需要当下的认识主体不断地予以反思。历史本来就是人类过往的记述,历史研究就是要为当下的现实生活做出解释,给出学术判断。"学科学理与反思国情就是我研究政治思想史的两个主要依据,也是我三十年来循而不改的一个原因。"这是他致力于"反思"中国历史与传统政治思想的"愿力"②所在。

刘泽华先生曾明确表示:"我觉得我们这一代人经历的曲曲折折很值得反思,其中我认为政治思想的反思尤为重要。""我是强调分析,强调反思……我自己也认为我是反思派,是分析派,而不是一个弘扬派,我主张在分析当中,在反思当中,来区分问题。"③先生的反思之学有两个突出的特点。一是坚持马克思主义基本方法,"把马克思主义作为一种认识论来看待"。他坚持"马克思是伟大的思想家,是人类的精神财富",并且"仍然认为马克思讲的一些基本的道理,具有很强的解释力,比如经济是基础这一点,我到现在仍然认为是正确的"。但马克思主义不是教条,因而对于某些观点需要"修正"。"作为一种学派,它的发展一定要有修正,没有修正就没有发展。其实不只是我在修正,整个社会从上到下都在修正,历史在变,不能不修正,有修正才能发展。"④这里说的修正,指的是学理层面的反思、批判和发展。

二是延续"五四"批判精神。刘泽华先生认为:"'五四'在中国思想文化史上都是划时代的,不管别人怎么批评,我个人还是要沿着'五四'的批判道路接着往下走的。""我自认为我是一个分析的、批判的态度。""五四"精神体现

① 刘泽华:《中国政治思想史集(第一卷)》,人民出版社,2008 年,第 1 页。
② 佛教用语,指心愿的造业力。在这里意指意愿之力。
③④ 王申等:《独立思考,突出学术个性——刘泽华先生访谈》,《中国研究生》,2011 年第 4 期。

着一种鲜明的批判精神,正如李振宏所指出的,王权主义学派有着鲜明的学术个性和强烈的现实关怀,"与现代新儒家有明显对立的学术立场,对中国古代政治思想文化抱持历史批判的科学态度"①。这里说的批判当然不是对传统思想与文化的全盘否定,而是哲学意义上的"扬弃",有否定,有拣择,有传续。泽华师延续"五四"批判精神的初衷是"关切民族与人类的命运"。他认为"历史学的重要功能之一,应该是通古今之变,关切民族与人类的命运"。"如果史学要以研究社会规律为己任,那么就必须关注人间烟火。所谓规律,应该程度不同地伸向现实生活。"②

"反思"的治学理念彰显着刘泽华先生的学术个性。正是基于数十年的坚守,先生及其研究群体才能在中国政治思想史领域不断推出成果,为当代中国的文化精神提供理性与新知。

其二,学术主体性与自由思维。刘泽华先生的治学理念体现了作为历史学家理应具有的学术主体性和自由思维。他明确表示"我一直主张独立思考,强调学术个性"③。20世纪80年代后期,先生发表了两篇文章,一为《除对象,争鸣不应有前提》,一为《史家面前无定论》,④集中体现了先生的学术人格。

刘泽华先生提出:"在认识对象面前,一切学派都应该是平等的,谁先认识了对象,谁就在科学领域处于领先地位。"他反对在"百家争鸣"面前设置前提和人为的规定,"百家争鸣是为了发展科学。科学这种东西是为了探索和说明对象,因此科学只对对象负责"⑤。他明确表示:"我认为在历史学家的面前,没有任何必须接受的和必须遵循的并作为当然出发点的'结论'与'定论'。""从认识规律上看,众说纷纭,莫衷一是,是认识的常态;反之,舆论一律,认识一致,则是变态。前者是认识的自然表现,后者则是权力支配与强制的结果。"⑥

---

① 李振宏:《中国政治思想史研究中的王权主义学派》,《文史哲》,2013年第4期。
② 刘泽华:《历史研究应关注现实》,《人民日报》,1998年6月6日第5版。
③ 王申等:《独立思考,突出学术个性——刘泽华先生访谈》,《中国研究生》,2011年第4期。
④ 分别载于《书林》,1986年第8期、1989年第2期。
⑤ 刘泽华:《除对象,争鸣不应有前提》,《书林》,1986年第8期。
⑥ 刘泽华:《史家面前无定论》,《书林》,1989年第2期。

基于这样的认识，刘泽华先生力主研究者理应具有认知主体的个性，即主体精神，认为研究者要从历史中走出来，以造就当下的主体精神。为此，他不赞成把"国学"说成是中华文化的本体，不赞成"到传统那里寻根、找自己，等等"。他说："我认为传统的东西是资源不是主体或本体，我不认为孔子能包含'我'，孔子他就是一个历史的资源，我就是我！中国文化的主体应该是一个活的过程，应该首先生活在我们的现实之中，至于说作为资源，那没问题。"①

此外，涉及中西文化的"体用"问题，先生断言："如果讲到体和用，我就讲先进为体，发展为用。只要是属于先进的东西，不管来自何方，都应该学习，拿来为我们现在的全方位发展服务。"②

刘泽华先生的主体性也体现在他有意识地对教条化阶级理论进行批判。1978 年与王连升合写《关于历史发展的动力问题》一文，"依据马克思、恩格斯有关生产是历史发展的'根本动力'说，来修正当时神圣的阶级斗争说"。这篇文章是他从教条主义束缚中走出来的标志，也是其学术主体性得以彰显并确立的标志。这篇文章与戴逸、王戎笙先生的文章成为 20 世纪 70 年代末、80 年代初史学界和理论界关于"历史动力问题"大讨论的由头文章。

总的来看，刘泽华先生的学术主体性贯穿着深刻的反思精神，坚持站在当下看传统。在研究对象面前，没有前提，没有定论，也不存在任何不可逾越的权威。他要求自己也教导后学要在前人画句号的地方画上一个问号。他的自由思维是学理认知的自由和学理逻辑的自由，内含着深刻的怀疑和批判精神，确认在学术研究的场域，研究者必须持有独立人格。他用自己数十年的学术生涯践行了这样的治学理念，形成其作为历史学家的学术人格，展现了学者的良知和现代知识分子的天职：质疑、颠覆和构建。

其三，笃实学风。刘泽华先生秉承了南开史学的学风——"平实"。他的创新性论断和首创性学术判断，无不具有翔实的理论依据和史料依据。这种治学理念的基础是"一万张卡片理论"。

在南开大学做青年助教时，南开大学历史系泰斗郑天挺先生的一句话他牢记在心——没有两万张卡片的积累，不能写书。嗣后先生自称为"文抄工"。

---

①② 王申等：《独立思考，突出学术个性——刘泽华先生访谈》，《中国研究生》，2011 年第 4 期。

他说:"我属于平庸之才,脑子也不好,所以我就拼命抄。""我这个人不聪明,底子又差,记忆力也不好,所以首先做的是文抄工(不是'公'),每读书必抄,算下来总共抄了几万张卡片。批评者没有人从资料上把我推翻。我的一些考证文章到现在仍经得起考验。"① 这里说的"文抄工"指的是从历史典籍、文献或研究著述中抄录资料,在没有电脑等现代录入手段的时代,这是文史研究的基本功,也是学术积累的重要方式。所谓"读书破万卷",由此方能锻铸扎实、厚重的学术功底。

刘泽华先生的勤奋给他带来巨大收获。1978年湖北云梦睡虎地出土的"秦简"公开发表,他根据秦简考证出战国时期各国普遍实行"授田制"这一事实。这项发现印证了"权力地产化"是实际存在的,从而为"王权主义"理论的建构提供了史实支持。② 这是他学术生涯中感到最得意也是津津乐道的一件事。

刘泽华先生倡导"让史料说话"的治学理念,对他的研究结论充满自信,因为所有的结论都是从史料中得来的。他曾说过三卷本一百二十万字的《中国政治思想史集》"不是每一个字都恰当准确,却没有一个字是空洞的、轻飘的"。

笃实学风体现的是治学理念,展现的是其学术人格。作为历史学家必须构筑坚实的史学功底和理论功底,先生的"王权主义"理论就是在长期的研究和思考中形成的,结构严谨,逻辑通透,从而感召学界同人与弟子,形成了被李振宏誉为"使人真切地感受到了学术的进步"的王权主义学派。

五、全集编序

编辑出版全集是刘泽华先生的遗愿,感谢天津人民出版社和南开大学历史学院为此做了详细规划,多次召开研讨会议,最终确定了全集编序。

全集共计十二卷,我们将《先秦政治思想史(上下)》作为第一卷和第二

---

① 刘泽华述,陈菁霞访:《反思我们这代人的政治思想尤为重要》,《中华读书报》,2015年3月4日第7版。

② 参见刘泽华:《论战国时期"授田"制下的"公民"》,《南开学报》,1978年第2期。

卷。之所以做这样的安排,主要是考虑到这部专著在泽华师的学术生涯中具有重大意义。如前所述,中国政治思想史研究开端于20世纪初叶。1923年,谢无量著《古代政治思想研究》由商务印书馆出版。翌年,梁启超著《先秦政治思想史》由中华书局出版。时隔半个多世纪,刘泽华先生的《先秦政治思想史》于1984年问世。这部著述多有创新,在研究对象、研究方法和理论深度方面超越了前贤,奠定了刘泽华先生的学术地位。

全集以《中国传统政治思想反思》作为第三卷。这部力作于1987年出版,汇集了这一阶段刘泽华先生关于中国古代政治思想的深刻反思,突破了传统的教条主义思维,明确提出了王权主义理念,用于概括传统中国的政治与思想。事实上,正是《先秦政治思想史》与《中国传统政治思想反思》这两部著作在研究视域上和认识深度上走出了前人研究的窠臼,独辟蹊径,初步形成了王权主义理论的核心内涵体系,将发展了半个多世纪的中国政治思想史研究提升到了一个新高度,同时也形成了独具特色的学术风格。

第四卷收录的《中国的王权主义》是2000年由上海人民出版社出版的专著,这是刘泽华先生关于王权主义理论的一部专论。"王权主义"是先生对中国古代社会、政治与文化的总体概括。从最初思路的提出到理论体系的凝聚成形,历经十多年。其间先生有诸多论文问世,观点一经提出,便遭遇太多视儒学为圭臬为神圣为信仰者的攻讦。刘泽华先生秉承先贤"直书"理念,辅之以历史学家的独立人格与学术个性,在不断的反思与深思中将这一理论体系构建完成。这部著作是先生关于中国传统政治思想创新之论的集大成,为21世纪的中国学术增添了最为浓重的一笔。

第五卷和第六卷收录的是先生关于中国政治思想史研究的论著。其中,第五卷主要是对先秦、秦汉政治思想的论著,曾经结集作为《中国政治思想史集(第二卷)》出版(人民出版社,2007年)。第六卷则是未曾结集的学术论文,包括先生对于中国传统政治文化的一些研究成果。

第七卷收录的是刘泽华先生关于中国社会政治史研究的论著。如前所述,先生的学术视域比较宽阔,除了政治思想史研究,还涉猎先秦史、秦汉史、社会史、政治史,等等。本卷即收录了这一方面的研究,包括《士人与社会(先秦卷)》和学术论文。刘先生的王权主义理论不仅仅是对于中国古代政治思想的概括,而是将君主政治时代的中国视为一个制度与思想相互作用的社会政治整体,因而先生并不是孤零零地只谈思想,而是十分关注思想与社会的互动。认为从思想与社会相互作用的视角才能更深入地剖析传统政治思想的真谛,把握其真质,从而对于中国传统社会政治本身才会形成更为贴近历史真实的解读。本卷收录的正是刘泽华先生践行这一治学理念的学术成果。

刘泽华先生的历史研究主要放在战国秦汉史和历史认识论及方法论方面。前者编为第八卷,即关于战国秦汉史及中国古代史的有关著述。后者即历史认识论与方法论,编为第九卷,内容相对比较丰富。包括先生的治学心得、历史认识论与方法论的研究成果等。诚如前述,其中《除对象,争鸣不应有前提》(《书林》,1986 年第 8 期)、《史家面前无定论》(《书林》,1989 年第 2 期)两篇文章集中展现了先生的治学理念和学术自由精神,对于冲破教条主义束缚,培育科学精神和独立人格极具催动性,在学术界影响巨大。今天读来,依然感受到其中浓烈的启蒙意蕴。

全集最后三卷分别是第十卷《随笔与评论》、第十一卷《序跋与回忆》、第十二卷《八十自述》。这三卷的文字相对轻松些,主要是发表在报刊上的学术短文、采访、笔谈,以及为南开大学师长、学界同人、好友及后学晚辈撰写的序跋等。其中最后一卷收录的《八十自述》是刘泽华先生对自己一生治学与思考的总结,从中可以深切感受到先生"走在思考的路上"之心路历程。

全集最后附有刘泽华先生的著述目录,以方便读者检索。

全集是刘泽华先生毕生治学精粹的汇聚,展现了先生这一代学人的认知与境界。经南开大学历史学院与天津人民出版社着力促成,对于当代学界及后世学术,意义匪浅。

"哲人其萎",薪火永续。

是为序。

葛荃于巢社

2019 年 7 月 21 日

目 录

第一章　秦始皇神圣至上的皇帝观念：先秦政治文化的集成

皇帝制度的存在及其职能的实现，不仅仅依赖它自身所具有的物质力量，同时还需要社会成员的普遍认同。认同又可分为主动的、自为的维护和被动的、自在的接受两种不同情况。前者可称为主动意识，后者可称之为盲从意识。这两者结合在一起，就会产生巨大的行为能量，就会演出轰轰烈烈的历史场面。

有一种看法，认为秦代是没有思想的时代，有学者认为历史文化传统对秦代而言是没有真实意义的。如果我们认真分析一下秦代的文献，就能证明这种说法是极片面的，也是不能成立的。"历史文化传统"是一种社会存在和环境，不是想抛弃就能抛弃掉的。

秦始皇虽然没有留下风雅的篇章，但在皇帝理论上，可称得上是前所未有的大家。他与他的谋臣所编造的皇帝理论，不仅继往，而且开来。不管后来的帝王与想做帝王的人如何评价秦始皇，但都遵循着秦始皇奠定的皇帝理论。在这一点上，秦始皇可谓历代帝王的"祖师爷"。

春秋战国最杰出的哲人们共同培植了一棵难噬的酸菜——圣王救世和一统理论。秦始皇就是这个理论的人格化。这里，首先从秦始皇与"道"的关系讲起。

春秋战国的思想观念较之以前有一巨变，这一巨变的集中点表现在从崇"天"（上帝）向崇"道"的转变。"天"是神性（也包含一部分理性）的最高体现，"道"是理性（也含有一部分神性）的最高范畴。"道"字在甲骨文中尚未见，西周早期金文与文献中的"道"仅指道路。道路是人类开辟自然的标志。于是，人们借用"道"这个字，进行了空前的文化开拓，"道"的含义像"连续乘方"一样扩展它的内涵。在春秋战国的文化转型中，"道"上升为中华文化的核心和理论原点：

道是世界的本原或本体；

道是万物运行的规律、法则和必然；

道是事物内在的规定性、本质和自然；

道是人类社会最合理的准则与规范；

道是真理和最深邃的认识；

道是公正、善、高尚；

道是美，是艺术的真谛；

道是人们生存和取胜的依据；

道又包含了一定的神性。

……

我们可以做这样一个假定，如果把"道"抽去，那么传统的中华文化体系肯定会随之散架。

春秋战国所有的思想家，虽常常互相攻讦，但却从不同理论、不同价值取向、不同角度出发，高扬"道"的旗帜。凡属能"知道""得道""同道""备道""体道""修道"者，就是最聪明、最有知识、最有道德、最高尚的人，也就是圣人。当时有一股强大的"圣者为王"思潮，因此，有道者理所当然就应占有天下。"得道者多助，失道者寡助"，"得道者得天下，失道者失天下"，成为社会的公理。"道"在观念上是至高无上的，它比"王"更具有权威，正如荀子所说，"道高于君""从道不从君"。

秦始皇空前的大胜利，无疑是军事的胜利。但秦始皇及其周围的谋士并不仅仅是一批铁血人物，他们有很高的文化修养。他们在总结自己的胜利时，同时认为自己的胜利也是文化的胜利。秦始皇继承了春秋战国新文化（相对三代而言）的最高、最核心的成果——"道"。他对自己的胜利讲过这样与那样的原因，如赖宗庙之神灵等，但核心是如下八个字："体道行德""诛戮无道"①。

荀子对"体道"做了这样的论述："知道察，知道行，体道者也。"②"知道察"，讲的是认识，"知道行"，指的是实践，只有把"道"之理论与实践结合起

———————

① 《史记·秦始皇本纪》。

② 《荀子·解蔽》。

2

来,才可称之为"体道",能"体道"者就是圣人。韩非子从治国、保身方面对"体道"做了进一步阐述:"夫能有其国、保其身者,必且体道。体道,则其智深;其智深,则其会远;其会远,众人莫能见其所极。"①"体道""智深""会远"是一体的,三者结合就能超众。

在先秦众多的思想家中,包括纵横捭阖的说客,除了把先王和理想中的"圣人"视为"体道"者外,尚未把这项殊荣桂冠戴到任何一位当时王者的头上。秦始皇毫不犹疑地宣布自己是"体道"者。秦朝一班大臣称秦始皇"原道至明"②。把"至明"基于"原道",正是先秦思想家们在认识论上收获的一个硕果。老子说:"知常曰明。"③"常"即规律,即道。汉初贾谊《新书·道术》概括得更清晰:"知道者谓之明。"秦始皇"原道至明"正是这一认识路线最杰出的实践者或人格化。

先秦思想家们把最高智慧用于张扬"道",制造了对"道"的崇拜,秦始皇毫不犹豫地撷取了这一文化硕果,豪迈地宣布:朕即道! 秦始皇用"道"对自己的胜利做了最合理的论证。后来帝王无不用"道"来论证自己的合理性。

"道"是最高理性,圣人则是"道"的人格化。在春秋战国文化转型中,与崇道并行和相辅相成的是造圣运动和对圣人的崇拜,圣人当王几乎成为共识,"圣王"这个词应时而兴。圣人有数不清的品德,最主要的是睿智的理性、无与伦比的创造性和完美的德行。简而言之,即"体道"和"至明"。由于圣人的这种品性,人们合乎逻辑地把人类和自身的命运托付给圣人和圣王。秦始皇是在社会呼唤新圣的文化环境中成长起来的,他追求的是圣业,伟大的胜利又把他置于历史之巅。秦始皇称圣是顺理成章的。他"临察四方""听万事""理群物"④,非圣而何?

他立的法是圣法:"大圣作治,建定法度,显箸纲纪。""圣法初兴,清理疆内,外诛暴强。""秦圣临国,始定刑名,显陈旧章。"⑤

他做的事是圣事:"皇帝躬圣,既平天下,不懈于治。""圣智仁义,显白道理。"⑥

---

① 《韩非子·解老》。

② 《史记·秦始皇本纪》。

③ 《老子·五十五章》。

④ 《史记·秦始皇本纪》。

⑤ 《史记·秦始皇本纪》。

⑥ 《史记·秦始皇本纪》。

他进行的教化是圣教:"宇县之中,承顺圣意","训经宣达,远近毕理,咸承圣志"。①

他把圣恩施及全国:"圣德广密,六合之中,被泽无疆。""皇帝哀众","振救黔首"②,解民于"倒悬",惠及牛马。

他的圣制要传之万世:"后嗣循业,长承圣治,群臣嘉德,祗诵圣烈。"③

秦始皇承继了春秋战国的"造圣"和"崇圣"的思想成果,同时又有新发展,这就是:朕即圣,即圣王。

春秋战国思想家,尤其是儒家以仁义为标号,在思想文化领域掀起巨澜,大多数思想家都认同仁义。秦始皇面对着这一巨大思潮,没有等闲视之。他在致力于刑名法术建设的同时,也高唱"仁义"。这在刻辞中比比皆是,无须征引。

秦始皇称"皇帝",同样承继了先秦思想家与政治家名号论与历史观的成果。这里先引议尊号一段文字:

> 廷尉斯等皆曰:"昔者五帝地方千里,其外侯服夷服,诸侯或朝或否,天子不能制。今陛下兴义兵,诛残贼,平定天下,海内为郡县,法令由一统,自上古以来未尝有,五帝所不及。臣等谨与博士议曰:'古有天皇、有地皇、有泰皇,泰皇最贵。'臣等昧死上尊号,王为'泰皇'。"④

秦始皇批曰:去"泰",著"皇",采上古"帝"位号,号曰"皇帝"。

李斯与诸博士是当时著名的通古今的学问大家,他们的议论承继着先秦的有关议论。"三皇""五帝"是先秦诸子们讨论的一个关系人类自我历史、理想与批判意识的重大课题。顾颉刚等先辈在《古史辨》中,从历史的角度对此进行了全面的梳理,功彪史学。这里仅就思想文化的几层含义,条陈于下:

第一,三皇五帝是人们历史意识新发展的表现之一。人类文化越发展,历史意识就越强化。人们要认识自己,历史的考察是最为重要的一环。春秋时期人们已经开始讨论三代以前的历史,战国时期议论更多。在争论中,庄子给人们出了难题:历史的头儿在哪里?头儿还有没有头儿?为了把历史推向无限远,他编造出了一个比一个早的英雄人物。阴阳五行家们也是把历史推向遥远的专家。如果我们抛开具体的历史,这种穷追不舍的精神的确使人们大开

---

①②③④《史记·秦始皇本纪》。

眼界。历史的眼光越宽广、悠久,经验的价值就越有限,经验的东西越有限,就越需要求助于理性,求助于创造。

第二,三皇五帝都是伟大的创新者,开一个时代的圣人。《吕氏春秋·贵公》说:"天地大矣,生而弗子,成而弗有,万物皆被其泽,得其利,而莫知其所由始,此三皇五帝之德也。"《庄子·天运》说:"故夫三皇五帝之礼义法度,不矜于同,而矜于治。故譬三皇五帝之礼义法度,其犹柤梨橘柚邪!其味相反而皆可于口。"三皇五帝法度的精神是什么,无疑因人而异,如《吕氏春秋·孝行览》是鼓吹孝的,于是说:"夫孝,三皇五帝之本务而万事之纪也。"《庄子》诸篇非出自一人之手,对三皇五帝评价也不一,多数篇认为是凡俗之圣,"道"之罪人也。就大思潮而言,是主张以三皇五帝为榜样建立功业,弘扬自己。正像《吕氏春秋·禁塞》称:"上称三皇五帝之业以愉其意。"

第三,名号与哲学意义。名号是社会地位的规定和抽象。西周有五等爵号,"天子"是国王的专称,任何人不得僭越。春秋名号有所混乱,但诸侯们未有敢自称天子者。孔子有鉴于名号之乱与社会失序互相推动造成了严重后果,在他看来,政治的首要问题是"正名"。正名问题不限于儒,乃是诸子百家共同关心的问题。伴随着讨论"三皇""五帝",以及"皇""帝"称号问题的兴起,人们从政治、哲学、历史的高度对其做了规定。《管子·兵法》说:"明一者皇,察道者帝,通德者王。谋得兵胜者霸。"《庄子·在宥》说:"得吾道者,上为皇而下为王。"《吕氏春秋·谕大》说:"昔舜欲旗古今而不成,既足以成帝矣。禹欲帝而不成,既足以正殊俗矣。"作者鼓吹事求其大,"故务在事,事在(疑"事在"二字衍)大"。"大"不成,求其次,亦有成也。《吕氏春秋·务大》重述了这一思想:"昔有舜欲服海外而不成,既足以成帝矣。禹欲帝而不成,既足以王海内矣。"

第四,"皇""帝"观念中程度不同地包含着神性。论证的材料很多,无须征引。

第五,理想与批判意义。诸子百家在论及三皇五帝时,都注入了自己的理想,或是将自己的理想和理论人格化。比如,在《马王堆汉墓帛书·〈老子〉乙本卷前古佚书》中的黄帝反映的是道家黄老一派的理想与理论。凡属理论和理想,对现实总有程度不同的规范与批判意义。荀子说:"诰誓不及五帝,盟诅不及三王,交质子不及五伯。"①很明显,他就是借古批判当时"交质子"的无信无

---

① 《荀子·大略》。

义行为。《吕氏春秋·尊师》说："神农师悉诸,黄帝师大挠,帝颛顼师伯夷父,帝喾师伯招,帝尧师子州支父,帝舜师许由。"古帝都尊师,今王当如何？

现在我们把镜头再对准秦始皇。他号称"皇帝",一方面表明他承继了先秦"三皇""五帝"的"皇""帝"观念中所蕴含的政治文化,另一方面又表明他对古代帝王的超越,比古代帝王更加受人尊崇。

先秦的思想家、政治家创造了一系列弘扬帝王的名号,对每一种名号都赋予哲学的、神圣的、历史的意义。名号一旦社会化,被社会接受,它就成为一种理所当然的事实,毋庸置疑的前提,变成拜物教,乃至宗教。秦始皇称"皇帝"完成了一项创时代的事,即把最尊崇的名号与最高权力结合为一体。

秦始皇称"皇帝",是对历史的超越,但他又自认为是历史的继承者,他信奉"五德终始说",既解决了继承的问题,又解决了革命问题,也为他的帝位找到了又一理论依据。"五德终始说"在当时是一股十分强大的思潮,战国后期的诸子百家不同程度地都参与了"五德终始"的再创造;阴阳家也吸取了诸子之说。秦始皇采纳"五德终始说"作为自己立国的重要理论依据,说明他继承了先秦思想文化的共同成果,也说明秦始皇是位文化杂家。

秦始皇称皇帝,同时又称"天子"。"皇帝"观中有神性,但突出的是理性、创造性和社会的至上性;"天子"称号中无疑更多的是神性。秦始皇对一般的神不那么敬重,他曾多次与神交战,如湘君、海神等,但对天还是尊崇的。他把信宫改为极庙,"象天极",为祭天之所;他接受了先秦一些思想家(主要是儒家)鼓吹的封禅说,是有史可考的第一位举行泰山封禅大礼的帝王;他又接受"天命"说而改正朔;秦始皇死后,秦二世与群臣议立庙,援引古时天子立庙制度。所不同的是,他们把秦始皇视为超级天子,秦始皇的庙为"极庙",永世奉祭。"天子"观在秦朝并没有中断,而是起着承上启下的作用。

秦始皇十分尊祖,反复宣传祖庙的庇护是自己取得胜利的主要原因之一。他总结胜利时多次说道,"寡人以眇眇之身,兴兵诛暴乱,赖宗庙之灵,六王咸伏其辜,天下大定","赖宗庙,天下初定"①,等等。在那个时代,祖宗崇拜是论证现实合理的重要理论之一,也是人们普遍接受的一种价值观念。秦始皇在这方面同样是一位能手。

中华民族很早就盛行龙崇拜,视龙为神物。到战国时人们开始把龙与帝

---

① 《史记·秦始皇本纪》。

6

王联系在一起,《易》《山海经》是比较早的以龙喻王的作品。从现存的文献看,秦始皇是第一位被人们称为"祖龙"的帝王,他也以被称为"祖龙"为得意。他说:"祖龙者,人之先也。"①《河图纬·河图天灵》有一段记载:"赵王政(秦始皇)以白璧沉河者,有一黑公从河出,谓政曰:'祖龙来,天宝开,中有玉牍也。'"《尚书考灵曜》也有与此大同小异的记述。纬书晚出,但所记述的帝王神话在战国、秦汉之际已很风行,这同当时方术士走运无疑有直接的关联。纬书中有多处把秦始皇描述为奇人,《河图稽命征》载:"秦距之帝,名政,虎口,日角,大目,隆鼻,长八尺六寸,大七围,手握,执矢,名祖龙。"在纬书中,先帝王、圣人、孔子、刘邦等等都是神奇之状。神化肉体是神化帝王的一种理论。

秦始皇是"体道"者,是"大圣",是"皇帝",是"天子",又是"龙",这些综合在一起,表现在社会历史作用上便是:功盖古今,恩赐天下。

秦始皇超越历史:

自上古以来未尝有,五帝所不及。

古之五帝三王,知教不同,法度不明,假威鬼神,以欺远方,实不称名,故不久长。其身未殁,诸侯倍叛,法令不行。今皇帝并一海内,以为郡县,天下和平。昭明宗庙,体道行德,尊号大成。

功盖五帝,泽及牛马。莫不受德,各安其宇。

圣德广密,六合之中,被泽无疆。

皇帝休烈,平一宇内,德惠修长。

惠论功劳,赏及牛马,恩肥土域。

忧恤黔首,朝夕不懈。②

以今天的眼光看,这些都可归入阿谀之列,如果回到那个时代,对秦始皇的这些称颂又是先秦思想成果的继续。我们不管翻开哪位著名思想家的著作,都会看到,他们在认真地、穷思竭虑地编造圣王万能的理论和神话。秦始皇所做的,是把这类理论与神话落实在自己身上。

功盖一切、恩赐天下与占有天下是相辅相成的,后者是前者的逻辑后果。

---

① 《史记·秦始皇本纪》。

② 以上引文均见《史记·秦始皇本纪》。

7

于是秦始皇宣布:"六合之内,皇帝之土。""人迹所至,无不臣者。"先秦以来,"天下"这个概念同"宇宙""六合"大体同指,是一个空间无限的概念。这个概念同王权结合在一起,王权也成为无限的。秦始皇是中国历史上把这种权力观付诸实践的最有力的帝王之一。

综上所述,秦始皇的帝王专制主义理论集先秦思想文化之大成,并与权力相结合。秦始皇的帝王观是后世帝王观的范本。

先秦诸子的思想无疑是十分丰富的,但在政治思想上,他们的主调是呼唤圣王救世和一统的君主专制主义。秦始皇的出现,除了其他原因之外,还有上述文化因素。秦始皇既是这种思想文化的产儿,又是这种思想文化的集中者。

中国古代思想文化的核心是帝王至上观,从这点看,秦始皇是帝王理论大师!

原载《天津社会科学》,1994 年第 6 期

第二章　秦始皇的帝王专制思想

秦始皇以所向披靡的武力扫灭了山东六国,南平百越,北遏匈奴,建立了空前统一的封建帝国。然而,巍巍浩大、令人瞠目的秦帝国仅生存了十五个年头,就被民众反抗的烈火烧毁了。秦朝的大起大落给后人留下了无尽的思考课题,政治思想也是其中的问题之一。

秦始皇是在法家思想指导下取得胜利的。那么秦的灭亡是不是也应归咎于法家呢?后来的儒家大多持此论,其实,事情并不这样简单。从历史的联系看,秦朝许多号为法家的东西,有不少被后来崇儒的帝王,乃至儒家所继承,因此对秦朝的政治思想要做具体分析。

第一节　皇帝至上理论的高度发展

先秦法家,特别是韩非,极力倡导绝对的君权主义。秦帝国的建立在实践上为强化君权提供了历史条件,同时,皇帝至上的理论也获得了全面的发展。

在秦始皇之前有"皇"和"帝"的称号,如"三皇""五帝",战国时期的秦昭襄王、齐湣王分别称为"西帝"和"东帝"。《管子·兵法》说:"明一者皇,察道者帝。通德者王,谋得兵胜者霸。"秦始皇是中国历史上第一个称"皇帝"的帝王。这不是一个简单的称谓问题,而是帝王观念的实现,它把帝王的尊贵推向了一个新高度。

功盖一切,这是皇帝至上理论的基础。丞相王绾与廷尉李斯等上书称颂秦始皇为千古一帝:"今陛下兴义兵,诛残贼,平定天下,海内为郡县,法令由一统,自上古以来未尝有,五帝所不及。"[①]泰山刻石颂扬秦始皇"建设长利""化及无穷"[②]。琅琊刻石中说:"皇帝之德,存定四极。诛乱除害,兴利致福。节事以时,诸产繁殖。黔首安宁,不用兵革。六亲相保,终无寇贼。""功盖五帝,

---

①②《史记·秦始皇本纪》。

泽及牛马，莫不受德，各安其宇。"①碣石刻石中说："黎庶无繇，天下咸抚。男乐其畴，女修其业，事各有序。惠被诸产，久并来田，莫不安所。"总之，秦始皇把整个天下带入了和平与安乐的境界。应该说，这类的颂扬是言过其实的，但它在政治思想上却有极端重要的意义。既然秦始皇给天下带来了无限的美好，那么他就有权支配一切，拥有一切。事实上，他正是这样宣传和这样做的。

秦始皇在刻石中一再宣称他是天下的主宰，在琅琊刻石上宣布："六合之内，皇帝之土。""人迹所至，无不臣者。"②周青臣在进颂中也讲："他时秦地不过千里，赖陛下神灵明圣，平定海内，放逐蛮夷，日月所照，莫不宾服。"③天上地下所有一切都属皇帝所有，至高无上的权力就是占有、支配一切的最主要的根据。

皇帝权力还表现在为民立极。对全国臣民的行为准则和道德规范做了详尽、具体的规定。所有的臣民都必须按照皇帝的意志和命令行事。刻石中如下一些词句很能说明问题。

> 皇帝临位，作制明法，臣下修饬。
>
> 皇帝躬圣，既平天下，不懈于治。夙兴夜寐，建设长利，专隆教诲。训经宣达，远近毕理，咸承圣志。
>
> 皇帝作始。端平法度，万物之纪。
>
> 普施明法，经纬天下，永为仪则。大矣哉！宇县之中，承顺圣意。
>
> 秦圣临国，始定刑名，显陈旧章。初平法式，审别职任，以立恒常。
>
> 贵贱分明，男女礼顺，慎遵职事。昭隔内外，靡不清净，施于后嗣。
>
> 尊卑贵贱，不逾次行。奸邪不容，皆务贞良。④

这类词句不是官样文章，而是为臣民划定行为准则，并宣布皇帝的意志就是命令，所有的人必须遵从，从而把王权至上的思想推到前所未有的高度。

在先秦诸子那里，除先王之外，在现实生活中，圣与君主是二分的。到了秦始皇时情况发生了新的变化，皇帝与圣合二为一了。刻石以及大臣的上疏中，把"圣"冠戴到了皇帝的头上。皇帝既然是圣人，是最聪慧、最高明的人，自然又为皇帝裁断一切提供了一个有力的理论根据。

---

①②③④《史记·秦始皇本纪》。

秦始皇的皇帝至上观念,还可以从他取消谥法表现出来。且看他的议论:"朕闻太古有号毋谥,中古有号,死而以行为谥。如此,则子议父,臣议君也,甚无谓,朕弗取焉。自今已来,除谥法。朕为始皇帝。后世以计数,二世三世至于万世,传之无穷。"①在秦始皇的观念中,皇帝生前臣下不能批评,死后也不能议论和评价得失。皇帝是何等的神圣,又是何等的专横!秦始皇建立了一套完整的礼仪制度,而其中心是尊君抑臣。《史记·礼书》说:"至秦有天下,悉内六国礼仪,采择其善,虽不合圣制,其尊君抑臣,朝廷济济,依古以来。"

秦王朝虽然很快灭亡了,但秦始皇时期所发展的王权至上观念却成为一个无价之宝,被后世帝王所承继。

第二节　皇帝极欲与重罚主义

秦始皇与秦二世是把极欲和重罚主义付诸实践并发展到极致的人物,为后世留下了反思的资料。

秦始皇统一天下,诏令一统,至尊至贵,"以为自古莫及己"②,是有史以来最伟大的圣主。他的权力是无限的,欲望是无穷的。概而言之,他的欲望主要表现在如下两方面:

第一是权力欲。这又表现在横纵两个方面。所谓横指空间,凡是人迹所至,日月所照的地方,他统统要君临其上。先秦诸子鼓吹的王天下论,他都要付诸实践。为此他对四夷发动了一系列战争,不惜任何代价。所谓纵,指上下级关系,他不仅要高居于所有臣民之上,深居禁中,诡秘不可测,而且还要独揽一切权力,独断各种事务。"天下之事无小大皆决于上,上至以衡石量书,日夜有呈(程),不中呈不得休息。""丞相诸大臣皆受成事,倚辨于上。"③看起来很勤奋,但不免陷入事务主义,而他的事务主义是独裁的表现。先秦诸子反复讨论过得天下与失天下的道理。从秦始皇接受邹衍五德终始说看,似乎他承认了秦德有朝一日会被另一德取代。但实际上,他只想为自己取代别人寻找理论根据。至于有谁会出来取代秦朝,他似乎从未想过,他只想皇帝之位到了他手中,就会万世一系传下去,以至无穷。他的意志和命令也应世世顺承,如泰山刻石中所说:"大义休明,垂于后世,顺承勿革。"为万世立极固然不乏英

---

① ② ③ 《史记·秦始皇本纪》。

雄的气概,但又何尝不是企图永远役使人的狂妄表现。

第二是穷奢极欲。天下的臣民、土地都属皇帝所有,他自然就有权使用一切,尽情享乐。秦始皇是不是历史上最奢侈的帝王,这里不去论断,但他的挥霍使整个帝国无法继续存在,也确实堪称典型了。先秦思想家早已看到君王的欲望可能给整个社会造成灾难,一再呼吁节用,并视为政治思想中的一个重要问题。但是秦始皇父子对这一点全然不顾,秦二世更是借助韩非的理论,把极欲合理化。他的生活哲学是"彼贤人之有天下也,专用天下适己而已矣","欲悉耳目之所好,穷心志之所乐"。[①]深明世理,但无节无耻的李斯竟顺应二世之论,说什么"是故主独制于天下而无所制也。能穷乐之极矣"[②],甚至提出"以人徇己"的主张。秦二世、李斯搬出申不害、韩非为自己辩护,申不害说过,"有天下而不恣睢,命之曰以天下为桎梏"。韩非似乎没有明说过君主要穷奢极欲,但绝对的君权与极欲两者有内在相通之处,因此,他的君权绝对至上理论无疑为君主的穷奢极欲提供了前提。

至高无上的权力加极欲,必然导致重罚主义。秦始皇父子的刀光剑影笼罩了全国,无耻的李斯从理论上对实现极欲必须动用极刑的观点进行了论证,他向秦二世进的督责之术便是铁证。李斯痛骂节俭敢谏之士,指斥这些人是妨碍实现君欲的绊脚石,应该除掉。他说:"夫俭节仁义之人立于朝,则荒肆之乐辍矣;谏说论理之臣间于侧,则流漫之志诎矣;烈士死节之行显于世,则淫康之虞废矣。故明主能外此三者,而独操主术以制听从之臣,而修其明法,故身尊而势重也……然后能灭仁义之塗,掩驰说之口,困烈士之行,塞聪掩明,内独视听,故外不可倾以仁义烈士之行,而内不可夺以谏说忿争之辩。故能荦然独行恣睢之心而莫之敢逆。"又说:"明主圣王之所以能久处尊位,长执重势,而独擅天下之利者,非有异道也,能独断而审督责,必深罚,故天下不敢犯也。"[③]秦二世把这一套理论付诸实践,造成"刑者相半于道,而死人日成积于市。杀人众者为忠臣"的局面。秦始皇父子的重罚政治固然十分可恶,而明知这种行为荒谬却又给这种行为以理论论证的李斯除可恶之外,实在卑鄙。

秦始皇父子的极欲与重罚主义形成了一个恶性循环,这是秦帝国迅速崩溃的重要原因之一,也给后人留下了一个反复思考的课题。

---

①②③《史记·李斯列传》。

第三节　以法为教　以吏为师

秦始皇在思想文化上,开始采用以法家为主、兼蓄并用其他学派思想学说的做法,阴阳家、儒家、道家、宗教神学都有一定的地位。

邹衍的五德终始说被尊为官方思想。秦始皇尊五德终始,主要有三方面原因:其一,邹衍的五德终始中有"大九州"说,这为秦的大一统提供了重要依据;其二,五德终始主张朝代在一定条件下应更替,这为秦代周提供了理论依据;其三,在五德终始说中新增了神化秦祖宗的内容,"周得火德,有赤乌之符。今秦变周,水德之时。昔秦文公出猎,获黑龙,此其水德之瑞"①。按五德终始说,周为火德,代周而起的应为水德。秦始皇于是尚水德,并依水德更改礼仪制度,把河(黄河)改名为德水。水德与法家重罚思想联结在一起,水主阴,阴主杀,于是"刚毅戾深,事皆决于法,刻削毋仁恩和义,然后合五德之数。于是急法,久者不赦"②。邹衍的政治思想原本更接近于儒,但在秦始皇手里显然被修改了。

秦始皇对儒家开始也不排斥,博士官主要由儒生充任。儒生博士参与议政,《史记》所载两次重要廷议,都有儒生博士参加,发表政见,言辞激切,虽未被采纳,但也未加害之。他到泰山巡游时曾召集儒生,听取他们的治国方略。他在各地的刻石中,也有明显的儒家思想成分,诸如忠、孝、仁、义、礼、智、信这些儒家的基本原则都得到了肯定,并要求臣民像遵法一样地遵行。云梦出土的秦简《为吏之道》,儒家的道德规范和行为准则十分明显,诸如"和平毋怨","慈下勿陵,敬上勿犯","施而喜之,敬而起之,惠以聚之,宽以治之","刚能柔,仁能忍","正行修身",等等,说明儒家精神已转化为对官吏的要求。在焚书坑儒之前,儒家可以自由传学,儒家经典也得到了进一步整理和完善。这种情况同《商君书》不大一样,《商君书》的作者把这些比作虱子、臭虫,主张消灭之。

秦始皇对神鬼宗教表现出两重性,有时他藐视鬼神,甚至有几分憎恶,敢与鬼神决斗。但他又相信和崇敬鬼神,他特别热衷自己变成神仙,长生不死。到了晚年自称"真人",俨然如神仙。

---

①《史记·封禅书》。

②《史记·秦始皇本纪》。

多种思想的并存对于维护秦帝国的统治,应该说是有利的,但又必然会与秦始皇的极度专权欲望发生矛盾。焚书坑儒这一千古恶剧的发生,就充分说明了这一点。

焚书是为了打击思想自由。当时各种流派,特别是儒家对秦始皇的政治行为总是不断地品头论足,"今诸生不师今而学古,以非当世,惑乱黔首"。各种私学"相与非法教,人闻令下,则各以其学议之,入则心非,出则巷议,夸主以为名,异取以为高,率群下以造谤"①。这种舆论上的批评同秦始皇的政治专制无疑是冲突的。如果是一位高明的政治家,应该从品头论足中获得反思的机会,但自以为圣明而又独操权柄的秦始皇对此却极为反感。绝顶聪明的李斯最能领会秦始皇的心意,他一方面指责这帮"愚儒"根本不理解秦始皇的"创大业,建万世之功";另一方面又制造紧张空气,声称如允许诸生议论,就会"主势降乎上,党与成乎下",从而对秦始皇的绝对权威构成威胁。于是他建议:"史官非秦记皆烧之。非博士官所职,天下敢有藏《诗》《书》、百家语者,悉诣守、尉杂烧之。有敢偶语《诗》《书》者弃市。以古非今者族。吏见知不举者与同罪。令下三十日不烧,黥为城旦。所不去者,医药卜筮种树之书。"②秦始皇立即同意,令行全国。烧书并不是李斯与秦始皇的发明,但如此大规模的烧书运动实在是空前的。秦始皇烧掉的不只是书,而是历史积累的知识,是人们思维的自由。因焚书没有达到预期的目的,于是第二年又借故搞了一次坑儒。

焚书坑儒是对文化的一次浩劫,是文化专制主义的空前强化。用暴力和行政手段来禁锢人们的思维,是对历史创造力最野蛮的打击。

秦王朝是窒息了理论思维的时代,蔑视理论思维,就会为野蛮的横行提供机会。秦朝整个官僚系统的野蛮化是其灭亡的原因之一。

秦始皇父子在思路上是信奉法家的,但是他们的个人专断使严肃的法家也失去了再思考的余地。秦朝的速灭无疑为法家招来了恶名,不过法家对君主专制制度的设计理论并没有随秦王朝的灭亡而被抛弃。汉承秦制的事实,说明法家的政治理论在实际上仍然是有效的。柳宗元说秦亡于政,非亡于制,大体是公允的。

原载刘泽华:《中国政治思想史(第二卷)》,浙江人民出版社,1996年

①②《史记·秦始皇本纪》。

第三章　陆贾的通变
政治思想:仁义与无为的结合

陆贾,约生于公元前 240 年(秦王政七年),约死于公元前 170 年(汉文帝十年),原籍楚人。很早投效刘邦,经常作为刘邦的使臣出使诸侯国,以口辩著称。刘邦称帝后,奉命出使南越,说服赵佗服汉。吕后执政期间封诸吕为王,有移政于吕氏的谋计,陆贾给陈平献策,相将结好,为除吕氏奠定了基础。文帝时再次出使南越。陆贾是汉初著名的政治家和思想家。

陆贾是一位善于辞令的说士,他的思想大体归儒。他经常向刘邦称道《诗》《书》。刘邦起于草莽,学无所主,以能取胜为上。所以对陆贾宣传《诗》《书》颇反感。一次刘邦责骂陆贾:"乃公居马上而得之,安事《诗》《书》!"陆贾反驳曰:"居马上得之,宁可以马上治之乎?且汤武逆取而以顺守之,文武并用,长久之术也。昔者吴王夫差、智伯极武而亡;秦任刑法不变,卒灭赵氏。①乡使秦已并天下,行仁义,法先圣,陛下安得而有之?"②刘邦听之有理,自识见短,有愧色。遂让陆贾"试为我著秦所以失天下,吾所以得之者何,及古成败之国"③。

陆贾写一篇奏一篇,共写了十二篇,刘邦看后很赏识,号其书为《新语》。《汉书·艺文志》载"陆贾二十三篇",当包括《新语》以外的文章,这些文章已亡佚。

宋以前对《新语》无有疑,之后有两种看法。一种意见认为《新语》是伪书,原本已佚失,为后人赝品;一说是陆贾的原作。

从《新语》一书的内容及文字看,应为陆贾之作,由于写得匆忙,重复、不连贯的地方很明显。司马迁也称之为"粗述存亡之征"。刘邦让他总结秦失汉

---

① 秦称赵有三说:(1)秦先祖造父封于赵,其后以地称;(2)庄襄王为质于赵,还为太子,遂称赵氏;(3)秦王政之母为赵氏女,故称为赵氏。

②③《史记·陆贾列传》。

得之经验教训,但从内容上看,这方面的论述并不多,特别是有关刘邦得天下之事几乎一言未及,似不合刘邦旨意,但从总体上看,所论还是很有时代气息的。文章不是就事论事,而是从理论高度对统治者成败的历史经验教训进行了总结,指出了治国应遵循的原则,对刘邦及汉初的统治者有很大的影响。班固把陆贾的《新语》、萧何的"律令"、韩信的"军法"、张苍的"章程"、叔孙通的"礼仪",列为定汉家天下的五大支柱。①《新语》论述的是政治思想,其他四种主要是论定制度,可见《新语》在汉代思想领域中的重要性了。

第一节 天人合策、统物通变与因世权行论

陆贾提出,圣人不同于一般人的地方,最重要的就是能做到"统物通变"②。所谓"统物"就是悉察天文、地理、人事,做到"天人合策"③。所谓"通变",就是根据情况,应时举措,不墨守成规。

天人关系是我国古代思想家争论探讨的一个普遍性的命题。无论把天视为神,抑或视为自然,以及兼而有之,绝大多数思想家都认为天人相合、相应、相佐。陆贾受《易传》的影响较大,他所说的天既是神秘的,又是自然的;天超乎人事又制约人事,而人事则出于天道。《新语》第一篇《道基》的出发点就是天人合一。"《传》曰:'天生万物,以地养之,圣人成之。'功德参合,而道术生焉。"在叙述了天的自然运转、万物生灭现象之后,结论是:"于是先圣乃仰观天文,俯察地理,图画乾坤,以定人道","行合天地,德配阴阳"。在《明诫》中更具体地引用《易传》中的话,以说明人事基于天道:"《易》曰:天垂象,见吉凶,圣人则之。"圣人之所以为圣,就是能"观天之化,推演万事之类"。在《道基》中又说,天对社会"罗之以纪纲,改之以灾变,告之以祯祥"。天在这里有明显的神秘主义和天人感应论,可视为董仲舒的天人合一和"天谴论"的源头之一。

人类是天的派生物,但又不是一般的自然物,人在天生的大框架中又创造着自身,并不断使自己走向文明。最初,人没有"人道",也没有"开悟",是一种自然的存在。后来出现了圣人,定出"人道","民始开悟,知有父子之亲,君

---

① 参见《汉书·高帝纪》。
②《新语·道基》,以下只注《新语》篇名。
③《道基》。

16

臣之义……"①于是开始了人的历史。陆贾对历史过程的叙述,同《商君书》有近似之处,又吸取了《易传》的观点。约略言之,有如下几个特点:

第一，人类物质文明的进步是在人类的生活需要同自然的矛盾中前进的。起初,民"食肉饮血""难以养民",于是有神农"乃求可食之物,尝百草之实,察酸苦之味,教人食五谷"②。起初"天下人民,野居穴处,未有室屋,则与禽兽同域。于是黄帝乃伐木构材,筑作宫室"③;起初,人们"衣皮毛",于是后稷教民"种桑麻,致丝枲,以蔽形体";起初,山川相隔,九州不通,于是奚仲有舟车的发明,"驾马服牛,浮舟杖楫,以代人力",等等。

第二,人们的私有观念随着生产的进步而产生。"铄金镂木,分苞烧殖,以备器械,于是民知轻重,好利恶难,避劳就逸。"④

第三,刑罚是因好利恶难引起了混乱才出现的。皋陶"立狱制罪",是为了"异是非,明好恶,检奸邪,消伏乱"⑤。

第四,礼义晚于刑罚。刑罚不足以为治,于是"中圣"兴学校,倡教化,明君臣之礼。"后圣"继之,又定"五经"、明"六艺"。"五经""六艺"是文明的集大成。"承天统地,穷事察微,原情立本,以绪人伦,宗诸天地,纂修篇章,垂诸来世,被诸鸟兽,以匡衰乱,天人合策,原道悉备。"⑥

总之,在陆贾看来,人类的历史、物质文化在矛盾中进步,刑罚、礼义在矛盾中产生,时代不同而有新的发现与发明。

历史是进化、发展的,由此得出的结论便是"通变"。陆贾很注重历史,但他断然反对食古不化。"善言古者合之于今,能述远者考之于近。"研究历史不是为了装潢门面,而是从中引出鉴戒,用之于今。"上陈五帝之功,而思之于身,下列桀、纣之败,而戒之于己。"吸取了正面与反面的经验与教训,"德可以配日月,行可以合神灵,登高及远,达幽洞冥"⑦。

最值得称道的是,陆贾认为,对待历史不要以为越古越好。他反对"淡于所见,甘于所闻",主张重在研究近世之得失:"道近不必出于久远,取其致要而有成。"从春秋"至今之为政,足以知成败之效,何必于三王"⑧。研究历史注重近世,这比荀子法后王更明确、更切实。荀子的法后王即法"三王",陆贾认为对"三王"也不必去费过多的笔墨。

---

①②③④⑤⑥《道基》。
⑦⑧《术事》。

陆贾批判了重古轻今的观点,指出这种观点"淡于所见,甘于所闻,惑于外貌,失于中情"①。陆贾再三表彰三皇五帝的功德,但他并不认为他们是空前绝后的和不可超越的。他在《术事》篇中深刻论述了如下的道理:"良马非独骐骥,利剑非唯干将,美女非独西施,忠臣非独吕望。"又说,"书不必起仲尼之门,药不必出扁鹊之方,合之者善,可以为法",应遵循"制事者因其则,服药者因其良"的原则行事。这种看法无疑是卓见。

陆贾虽然主张通变,但他又认为古今同"道","道"贯古今,"古人之所行者,亦与今世同",古今"圣贤与道合","去道者身亡,万世不易法,古今同纪纲"。②显然这种说法与前面之论相矛盾,是不对的。应该说古今治道不一,古今不同道。其实,这一点他也讲过:"圣人不必同道。"③

由通古今之变而得出的结论就是"因世而权行"④。如何"权行",如何决断?他说:"上诀(决)是非于天文,其次定狐疑于世务,废兴有所据,转移有所守。"决是非于天文,是说依从天道,带有神秘主义,其下所论可谓至要、至切。准确抓住上述四个方面,无论在什么形势下都可以成为圣人。"昔舜、禹因盛而治世,孔子承衰而作功,圣人不空出,贤者不虚生。""万端异路,千法异形,圣人因其势而调之。"⑤陆贾特别强调要从反面引出教训以通变。"尧、舜承蚩尤之失,而思钦明之道,君子见恶于外,则知变于内矣。桀、纣不暴,则汤、武不仁。"⑥陆贾在讲通变时还论述了进取要顾难的道理,"夫进取者不可不顾难"⑦,要特别注意"见一利而丧万机,取一福而致百祸"⑧的教训。总之,要根据变化了的情况和世道而采取不同的办法,无论古今或治乱,都可成为圣人。

上述思想在战国、秦汉大变动之后提出,是很有见地的。最为重要的是指出了不要因循任何既成的政治办法,要从实际出发,采取相应的政策与措施,这对汉初统治者是十分重要的。

第二节　仁义与无为的结合

陆贾对刘邦讲《诗》《书》,也就是讲以儒家仁义为治之本的道理。陆贾承亡秦而提出这个问题,是有极强的针对性的。

---

①②④⑦《术事》。
③⑤⑥⑧《思务》。

治国以什么为"巢"呢？陆贾认为历史上有两个类型，一是主德或仁义；一是恃刑或暴力。陆贾认为历史上的亡国之君都是尚刑恃暴，不行仁义而垮台的。仁义乃治国之本："仁者道之纪，义者圣之学。"①"治以道德为上，行以仁义为本。"②秦之所以亡，就是"尚刑而亡"③。"秦以刑罚为巢，故有覆巢破卵之患。"④凡是以高压为"巢"者，必然要导致倾巢之祸，这是历史的辩证法。用刑过多过重，其结果是自贼自残，"急其刑而自贼，斯乃去事之戒，来事之师也"⑤。"怀德者众归之，恃刑者民畏之，归之则充其侧，畏之则去其域。故设刑者不厌轻，为德者不厌重，行罚者不患薄，布赏者不患厚，所以亲近而致远也。"⑥又说："夫法令所以诛暴也。"⑦

陆贾特别强调教化的作用，他认为教化可以使人为善，"尧、舜之民，可比屋而封……化使其然也。"⑧这种说法显然过头了。

陆贾认为，行德须处理好与利的关系。对统治者来说，这两者是矛盾的，要积德就须避利，贪利必然无德。贪利越多，就越缺德，结果只能走到自己反面："夫酒池可以运舟，糟丘可以远望，岂贫于财哉？统四海之权，主九州之众，岂弱于武力哉？然功不能自存，而威不能自守，非贫弱也，乃道德不存乎身，仁义不加于下也。故察于利而惛于道者，众之所谋也；果于力而寡于义者，兵之所图也。"⑨无道而积财，寡义而恃力，必然招致多数人的反对。他指出："据土子民，治国治众者，不可以图利，治产业，则教化不行，而政令不从。"⑩

统治者所提倡的"道"要明显易晓，要通于凡人之心："设道者易见晓，所以通凡人之心，而达不能之行。道者，人之所行也。夫大道履之而行，则无不能，故谓之道。"⑪同时，还要得到民的支持才能巩固统治："夫欲富国强威，辟地服远者，必得之于民。"⑫

陆贾的本仁义主旨是要调整统治政策。刑罚(即暴力统治)不要过分，求利

---

①③《道基》。

②⑨《本行》。

④《辅政》。

⑤⑥《至德》。

⑦⑧《无为》。

⑩《怀虑》。

⑪《慎微》。

⑫《至德》。

(即经济剥削)也不要过分。也只有如此,才能得民心,才能巩固自己的统治。

在陆贾那里,从政治观念看,仁义与无为基本上是相重合的,他专门写了《无为》篇,认为:"道莫大于无为。"①为了论证无为是治世不二法门,他认为历史上的圣人明君盛世都是实行无为政治的结果。虞舜、周公之时,便是无为的典范。虞舜"弹五弦之琴,歌《南风》之诗,寂若无治国之意,漠若无忧天下之心,然而天下大治"。无为与有为相对,秦始皇就是一个有为的典型。秦之所以亡,原因就在于此。秦始皇的有为主要表现在:法滋刑严,事烦;穷兵黩武,战事太多;骄奢,靡丽好作等。陆贾从秦的政策举动得出结论:"事逾烦天下逾乱,法逾滋而天下逾炽,兵马益设而敌人逾多。秦非不欲治也,然失之者,乃举措太众、刑罚太极故也。"②陆贾的分析切中秦弊政的要害。他在《至德》《怀虑》篇中,对历史上类似于秦的情况进行了分析,指出好战、奢靡、剥削、大兴土木等不免招致失败。

陆贾无为政治的理想是这样的:"君子之为治也,块然若无事,寂然若无声,官府若无吏,亭落若无民,闾里不讼于巷,老幼不愁于庭,近者无所议,远者无所听,邮无夜行之卒,乡无夜召之征,犬不夜吠,鸡不夜鸣,耆老甘味于堂,丁男耕耘于野,在朝者忠于君,在家者孝于亲;于是赏善罚恶而润色之,兴辟雍庠序而教诲之。"③又讲:"国不兴不事之功,家不藏不用之器,所以稀力役而省贡献也。璧玉珠玑,不御(用)于上,则翫好之物弃于下;雕琢刻画之类,不纳于君,则淫伎曲巧绝于下。夫释农桑之事,入山海,采珠玑,捕豹翠,消筋力,散布泉,以极耳目之好,快淫侈之心,岂不谬哉?"④

陆贾无为政治的中心主要是统治者少事、少干预,与民休息。这种主张在大乱、大难之后,无疑具有针对性。从自给自足的自然经济看,这种主张在一定程度上适应了小生产者的经济要求与经济规律。

陆贾的无为论具有明显的道家气味,但他所描绘的社会关系与社会观念和道家又相去甚远。大体上是儒家设计的妙境:尊尊亲亲,臣忠子孝,上下有序,老安少怀,遵从礼义等。他的无为是另一种形式的有为,"故无为者乃有为也"⑤。

---

① ② ⑤《无为》。

③《至德》。

④《本行》。

第三节　兴亡在君与道高于君

在封建君主专制的情况下,君主实行什么政策、采取什么措施,对社会有极大的影响。君主是政权的核心,思想家们从历史的经验教训,以及实际生活中,都感到君主的作用是极为重要的。因此,他们总是不断地讨论君主问题。陆贾对君主的论述基本上沿袭了儒家以君为治之本的观点。他说:"事以类相从,声以音相应,道唱而德和,仁立而义兴,王者行之于朝廷,正夫行之于田,治末者调其本,端其影者正其形,养其根者则枝叶茂,志气调者即道冲。故求远者不可失于近,治影者不可忘其容,上明而下清,君圣而臣忠。"①这一套论述有些是从荀子那里因袭而来的,如影、形、本、末的论点,也有道家的影响,如道冲之论。

陆贾反复论证了要以上化下,下从上为准。在讲了上为善,下从为善,上为恶,下从为恶之后又说道:"故近河之地湿,而近山之木长者,以类相及也。高山出云,丘阜生气,四渎东流,百川无西行者,小象大而少从多也。夫王者之都,南面之君,乃百姓之所取法则者也,举措动作,不可以失法度。"②又说:"故上之化下,犹风之靡草也……"移风易俗首先从上做起,"故君子之御下也,民奢应之以俭,骄淫者统之以理;未有上仁而下贼,让行而争路者也"③。

陆贾在论述君主的作用时有两点值得注意。其一,兴亡在君之道而不在天。他论述这个问题时,把《易传》与荀子的论述结合起来:"……安危之要,吉凶之符,一出于身;存亡之道,成败之事,一起于善行;尧、舜不易日月而兴,桀、纣不易星辰而亡,天道不改而人道易也。"④这里强调了政策在治乱中的作用。其二,君主要慎重,乱言害于万里之外。"谬误出口,则乱及万里之外,何况刑无罪于狱,而诛无辜于市乎?故世衰道失,非天之所为也,乃君国者有以取之也。"⑤权力越大,影响越广,这是高度君主专制必然会产生的现象。陆贾劝诫君主要慎重,是有鉴于秦亡而得出的结论。

---

① 《术事》。

②③ 《无为》。

④⑤ 《明诫》。

21

陆贾在《新语》中用大量的篇幅论述了君主用人及其后果的问题。在前人有关论述的基础上,对如下几个问题进行了发挥:

第一,臣是君主的依杖,"不可以不固""不固则仆"。"任杖"要得其材,最好的材是"圣贤"。依靠什么样的拐杖,得出的结果大不相同:"杖圣者帝,杖贤者王,杖仁者霸,杖义者强,杖谗者灭,杖贼者亡。"秦的失败,除政策上尚刑外,另一个原因就是用人不当。"以李斯、赵高为杖,故有顿仆跌伤之祸。"①

第二,辨惑识奸,用人要用贤。然而,何为忠贞,何为奸臣,常常是很难区别的,"夫举事者或为善而不称善,或不善而称善者,何?视之者谬而论之者误也"②。人主常常是以奸为忠,以忠为逆。君主要求的是顺从,而忠臣经常有忤逆之言,"夫君子直道而行,知必屈辱而不避也。故行不敢苟合,言不为苟容"③。忠臣常常得不到信任和任用,奸臣却飞黄腾达,因为奸臣专门"阿上之意,从上之旨","无忤逆之言"④,一切顺从君主的意志。于是君主被迷惑,误以为忠。奸臣很善于伪装,"邪臣好为诈伪,自媚饰非,而不能为公方","谗夫似贤,美言似信,听之者惑,观之者冥"⑤。还有,奸臣还善于结党以惑主。"夫众口毁誉,浮石沈木。群邪相抑,以直为曲。视之不察,以白为黑。夫曲直之异形,白黑之殊色,乃天下之易见也,然而目缪心惑者,众邪误之。"他以赵高指鹿为马之事为例说明此事。"马鹿异形"本是常识,但在众邪一口的情况下,秦二世却鹿马分别不清。"况于阔昧之事乎?"⑥陆贾说:"《易》曰:'二人同心,其义(今《易》作"利")断金。'群党合意,以倾一君,孰不移哉!"⑦

基于上述原因,忠邪常常颠倒,"邪臣之蔽贤,犹浮云之鄣日月也。"只有除掉邪臣,才能重见"光明"⑧。如何才可以防奸,陆贾也无高招,依然是先人说过的,如"博思而广听,进退顺法,动作合度,闻见欲众,而采择欲谨"⑨之类的泛泛之论。

第三,求贤为辅。陆贾认为贤才无论什么时候都有,但有一个能不能发现和启用的问题。用他的话即"通与不通"的问题。能通达于主则可发挥极大作用,不能通达则被埋没。陆贾以深山之楠与路旁枯杨为例,前者生于深山,运不出来,处于无用乃至糜烂之地;路旁的枯杨因就近可能被加工,文上彩而成

---

① ⑤《辅政》。

② ③ ④ ⑥ ⑦ ⑧《辨惑》。

⑨《思务》。

为帝王之器。如"公卿之子弟,贵戚之党友,虽无过人之能,然身在尊重之处,辅之者强而饰之者众也,靡不达也"。又以扁鹊为例,病家不识扁鹊,而信灵巫,远扁鹊而用灵巫,结果人死。由此得出结论是人主"知与不知也"①。

陆贾提出的问题很重要,但在君主专制体制下是无法解决的,因为这种体制本身就是淘优用劣,用优倒是特例。

陆贾一方面希望君明,另一方面又要求臣贤。为臣之道,应为"义"为"道",而不应阿主盲从。"夫君子直道而行,知必屈辱而不避也。故行不敢苟合,言不为苟容,虽无功于世,而名足称也;虽言不用于国家,而举措之言可法也。"②为臣之道不唯图利,而在坚持道义,即使不用也有益于世。他坚决反对避世主义,特别是对修仙之学进行猛烈的抨击。"故杀身以避难则非计也,怀道而避世则不忠也。"③

陆贾继先秦儒家特别是荀子之后,在文章中继续谈论了权与道的关系问题。他认为君治均应把"道"放在首位。但在事实上,道与权常常是分离的,有"道"者不一定有"权",有"权"者不一定有"道"。暴君乱臣是有权而无道的,像孔丘则属于有道而无权。关于权与道的关系,陆贾指出了如下几点:

第一,道凭借权而行。"夫言道因权而立,德因势而行,不在其位者,则无以齐其政,不操其柄者,则无以制其刚(纲)。"④这里强调"道"要靠权推行,无权则无法推行其道。

第二,有权而失"统理"必败。"据万乘之国,持百姓之命,苞山泽之饶,主士众之力,而功不存乎身,名不显于世者,乃统理之非也。"⑤他列举了晋厉、齐庄、楚灵、宋襄为例,都是由于失之统理而致败。"斯乃去事之戒,来事之师也。"⑥此外秦也是失道而亡。

第三,志于道而不屈于权。陆贾主张"壹其道而定其操",不为权力官贵所移。"虽利之以齐、鲁之富而志不移,谈之以王乔、赤松之寿,而行不易。"⑦在《本行》中专门赞扬了孔丘及其弟子穷困屈厄而不改道的举动,此乃民之表率。

第四,怀道而无权则修身:"君子居乱世,则合道德,采微善,绝纤恶,修父

①《资质》。
②④《辨惑》。
③《慎微》。
⑤⑥《至德》。
⑦《思务》。

子之礼,以及君臣之序。"①以修身陶冶,决不造次。

陆贾虽继承了荀子等人道义与权相分的观点,但不再讲取而代之,也不讲积极干预政治,多少具有屈道义就权势的意味。

陆贾倡儒学,特别是荀子之学,又兼综道、法,通察历史而面向现实,深刻而不玄虚。其人一直活动于政治漩涡中,但所论洒脱开放,具有个性,少有趋炎附势之论,实难能可贵也。

原载刘泽华:《中国政治思想史(第二卷)》,浙江人民出版社,1996 年

---

① 《慎微》。

第四章　贾谊的崇仁尚礼
和以民为本的治安论

　　贾谊(公元前 200—前 168)，洛阳人，汉初最著名的政论家。"年十八，以能诵诗属书闻于郡中。"①河南守吴公闻其秀才，召置门下。经吴公推荐，文帝召为博士，年仅二十余。每有诏下，对答如流，受到文帝的器重，升迁为太中大夫。嗣后，文帝欲任之以公卿之位，遭到一些老臣如周勃、灌婴等人的反对。后任长沙王、梁怀王太傅。三十三岁死。他留下著名的《过秦论》《论政事疏》(即《治安策》)、《论积贮疏》《鵩鸟赋》等，现有《新书》一部，有的说是伪书，有的说是原作。前五卷与《史记》《汉书》所载基本相同，后五卷《史记》《汉书》未提到，但为《文选》所引。应属贾谊之作。

　　贾谊的思想以儒为主，又兼收法、道、墨、阴阳等，"颇通诸家之书"②。失意之后，情结归于庄学，以"同生死，轻去就"③自慰。

　　贾谊年少而论高，位低而涉中枢，倾心汉家，关心天下，文章恢宏锋利，一泻千里，然惊世骇俗，盛世危言，不为世容。贾谊性情刚烈，超前意识成了自我重压，在知识逻辑与现实的冲突中，生命无法承受而早夭，诚可哀痛！

第一节　论攻守之术和对汉初无为政治的批评

　　聪明的胜利者，经常把失败的对手作为自己的镜子。

　　汉初统治者与思想家们最关注的问题之一，是总结秦亡的经验与教训。他们希望从秦亡教训中找到汉家长治久安之策。陆贾是第一轮讨论中最有深度的思想家。贾谊是第二轮讨论中最有创见的思想家。在第二轮的讨论中，同时对汉初的政治得失也进行了检讨。贾谊在《过秦论》中集中论述了攻守之

---

　　①③《史记·贾生列传》。
　　②《汉书·贾谊传》。

术,在《治安策》中对汉初的无为政治进行了批评。

《过秦论》这篇千古鸿文,集中讨论了秦何以从适时的伟大胜利迅速走向灭亡。

第一,秦自孝公六世有胜,秦始皇继六世之胜而败山东六国百万之众、千百智能之士,但为什么却败于像陈涉这样的"瓮牖绳枢之子,氓隶之人,而迁徙之徒也……材能不及中人"者之手?

第二,秦统一天下之始,"天下之士,斐然向风","元元之民冀得安其性命,莫不虚心而仰上"。然而不久即天下大叛,这是为什么?

第三,秦始皇留下一个烂摊子,然而"天下嚣嚣,新主之资也",假设秦二世有庸主之行,也还可以维持下去,结果越走越坏。继二世的子婴本可维持秦故地,但也未能守住,最后身亡国灭,这是为什么?

贾谊的设问高人一等,回答也超乎时人。他从时代与政策的关系上做了分析。

他指出,秦统一之后同战国时形势大不相同,即"攻守之势异也"。战国时代,群龙无首,"诸侯力政,强凌弱,众暴寡,兵革不休,士民罢弊"。秦得天下之后,人们希望有一个安定的局面,求得更生。"当此之时,专威定功,安危之本,在于此矣。""安危者贵顺权",施行仁义之政。秦的失败恰恰在于不懂得攻守之势之变。"秦虽离战国而王天下,其道不易,其政不改,是其所以取之守之者异也;孤独而有之,故其亡可立而待也。"

在新形势下,秦前后"三主"遂过不变,刚愎自用,把事情推到极端。贾谊认为秦始皇虽把秦推到危亡的边缘,但是秦并不一定必亡。"夫寒者利裋褐而饥者甘糟糠",秦二世如有庸主之行,任忠贤,忧海内,改先王之过,行分封,减轻刑罚,赈济贫民,轻赋少事,仍可转危为安。然而秦二世非但不更弦,反而"重以无道","而天下苦之。自群卿以下至于众庶,人怀自危之心。亲处穷苦之实,咸不安其位,故易动也"。子婴继立之后,如能改变政策,仍可能维持原秦世有之地。但子婴也是个昏君,又孤立无援。"三主之惑,终身不悟,亡亦宜乎?"依贾谊的说法,秦内部不是没有使形势转机的因素。"当此时也,世非无深谋远虑知化之士也,然所以不敢尽忠拂过者,秦俗多忌讳之禁也,忠言未卒于口,而身糜没矣。故使天下之士,倾耳而听,重足而立,阖口而不言。是以三主失道,而忠臣不谏,智士不谋也。天下已乱,奸臣不上闻,岂不悲哉!"堵塞言路,必定要失去机会,这几乎是一条铁的法则!

贾谊不是为了历史而历史,他是通过历史总结出统治之术。要之:

鄙谚曰:"前事之不忘,后之师也。"是以君子为国,观之上古,验之当世,参之人事,察盛衰之理,审权势之宜,去就有序,变化因时,故旷日长久而社稷安矣。

《过秦论》之所以成为千古鸿论,不仅是文字气势磅礴,而且析理入微,见识高妙。

贾谊在批评秦不懂攻守之术的同时,对汉初的无为政治也进行了非议。文帝之时是历史上的盛世,贾谊却放危言:"夫抱火厝之积薪之下,而寝其上,火未及燃,因谓之安,偷安者也。方今之势,何以异此?"①他认为诸侯王坐大,等级不严,土地兼并,商业侵蚀农业,社会逐利,再加上外患等,都是无为政治的结果,然而朝廷上下仍倡无为之道,贾谊为此而太息:

今也平居则无茈施②,不敬而素宽,有故必困。然而献计者类曰:"无动为大"耳。夫无动而可以振天下之败者,何等也?……悲夫!俗至不敬也,至无等也,至冒其上也,进计者犹曰"无为",可为长大息者此也。③

贾谊的《过秦论》归结为一点,秦亡于"仁义不施",汉初的无为之弊是礼弛秩乱。这里可以看出,贾谊与陆贾的基本分歧在于:陆贾反无为与仁义一体化,而贾谊则把仁义同礼乐视为表面,指出"定制度、兴礼乐",以儒家为指导进行改制,这对汉室来讲是一个极严重的问题。贾谊之论涉及政治中枢的指导思想与政治实践中的一系列重大问题。他的政治理论与建议进行政治改制是交织在一起的。

第二节　以礼定制:正名号、严等级、尊天子

贾谊认为必须以礼治国,国家与社会生活要全部纳入礼的轨道。"礼者,

---

① 《新书·治安策》,以下只注《新书》篇名。
② 《贾子新书斠补》"茈施"即"差池"。
③ 《孽产子》。

所以固国家,定社稷,使君无失其民者也。"①针对汉初名号不清、等级不严现象,提出正名号、严等级是当务之急。

名号,也就是孔子倡导的正名,即有关社会生活的观念规定,这种规定以"阶级"为基础,贾谊专门写了《阶级》一文论述等级贵贱之分。"等级分明,则下不得疑。"②又说:"因卑不疑尊,贱不逾贵,尊卑贵贱,明若白黑,则天下之众不疑眩耳。"③贾谊要求把等级贵贱原则贯彻到社会生活的各个方面,衣、食、住、行、器皿、生、死、祭祀,等等,连人们的仪容、举止都要详细规定。他专门写了《容经》论述姿态仪表、神情面容,如"立容""行容""趋容""坐容"等。所有的人,一望即知自己的身份地位,"天下见其服而知贵贱,望其章而知其势,使人定其心,各著其目"④。等级或阶级是操纵社会的最得力的工具。社会被彻底等级化,除了最高的皇帝和最贱的奴仆,其他的人都具有双重性:对上是贱者,对下是贵者。贵贱集于一体,必然造成主奴双重性格。这种性格的人是专制主义的最好的社会基础。"故化成俗定,则为人臣者,主丑(耻)亡身,国丑忘家,公丑忘私。"⑤

名号、等级的归结点是奉上、尊主,稳固君主的地位。"礼者,臣下所以承其上也。""主主臣臣,礼之正也;威德在君,礼之分也。"⑥"卑尊已著,上下已分,则人伦法矣。于是主之与臣,若日之与星。……下不凌等,则上位尊;臣不逾级,则主位安。谨守伦纪,则乱无由生。"⑦又说:"天子如堂,群臣如陛,众庶如地,此其辟也。"⑧

礼不仅是外在的规范,同时也是道德和是非的准则,"道德仁义,非礼不成;教训正俗,非礼不备;分争辨讼,非礼不决;君臣、上下、父子、兄弟,非礼不定"⑨。把礼道德化,也就是把等级、特权道德化,也就是把主奴关系道德化;把礼作为是非的标准,也就是把认识变为权力和等级的从属物,这样,道德和认识都失去了独立性。这正是专制的特征之一和内在需要,这虽不是贾谊的发明,但他是积极的推动者。

贾谊的《治安策》的基本出发点是尊君、强本弱末,推进君主更加专制和独裁。他以情感为喻,把治安问题分为三等:即可痛哭者、可流涕者、可长太息

---

① ⑥ ⑨ 《礼》。

② ④ ⑦ 《服疑》。

③ 《数宁》。

⑤ ⑧ 《阶级》。

者。令他痛哭的只有一项,这就是诸侯坐大危及皇帝:"方今之势……夫本末舛逆,首尾横决,国制抢攘,非有纪也,胡可谓治! "①为此他提出尊君、强本弱末。其中最主要的是削藩、垄断铸币和积贮。

当时诸侯王坐大,纷纷觊觎王权或僭拟皇帝。贾谊建议强化王权,要做到"海内之势,如身之使臂,臂之使指,莫不从制"②。"欲天下之治安,天子之无忧,莫如众建诸侯而少其力。力少则易使以义,国小则无邪心。"③这就是千古著闻的削藩策。

汉初允许诸侯国和私人铸币。贾谊历数私人铸币之弊,主张将铸币权收归国家,以此来控制社会经济命脉。

积贮,就须倡农,他主张控制和打击工商,驱民于农。国家要大量囤积粮食。"王者之法,国无九年之蓄谓之不足,无六年之蓄谓之急,无三年之蓄曰国非其国也。"④

以上三项为内政,外则是匈奴的威胁。他建议以"耀蝉之术振之"⑤,蝉见火而失飞,制匈奴之"火"不是用武,而是用"三表""五饵",即用声色、美女、奢物弱化瓦解其力。这虽不失为一术,然而太低级了。

贾谊对汉家天子爱得至切,思虑备至,发人之未发,言人之未言。然而他说得稍早了些,反而遭疑、受疏。

第三节　以民为本:施仁义、行博爱

贾谊论礼的主旨虽然是明制、尊君,但他又认为礼还同时包容着"爱"。他引帝喾的话:"德莫高于博爱人,而政莫高于博利人。"贾谊把"博爱人"与"博利人"相为表里,爱落实于利,是有见地的。他又说:"仁行而义立,德博而化富。"⑥作为君主与统治者的博爱之道即"养民之道"。"故礼者,所以恤下也。""国有饥人,人主不飨;国有冻人,人主不裘。"贾谊倡博爱。但博爱不能越过名

---

① 《数宁》。
② 《五美》。
③ 《藩强》。
④ 《忧民》。
⑤ 《匈奴》。
⑥ 《修政语上》。

分:"礼,天子爱天下,诸侯爱境内,大夫爱官属,士庶各爱其家。失爱不仁,过爱不义。故礼者,所以守尊卑之经、强弱之称者也。"①从逻辑上讲,博爱不应有限制,但无限制的博爱会导致侵礼、越权,这又是危险的。于是又宣布"过爱不义",在这里,爱是由礼规范的;爱,如果发展为与君主争民,那么爱就会成为罪恶,因为民的最高所有者是君主,"夫民者,唯君者有之,为人臣者助君理之"②。贾谊讲的爱是有前提的爱。在专制时代,垄断爱和爱有等差正是实现专制的手段之一。

贾谊讲爱民不乏人道的考虑。从另一方面考察,他又是从对民的恐惧中而引出的"爱"。

贾谊从历史得失之变中,特别从秦亡的教训中看到了人民力量的威力,在一定条件下会变成不可阻挡之势。他虽然十分轻视人民:"夫民之为言也,瞑也;萌之为言也,盲也。"③民既愚昧又如瞎子,然而又是不可欺侮的:"故夫民者,至贱而不可简也,至愚而不可欺也。故自古至于今,与民为仇者,有迟有速,而民必胜之。"④

他还深入地分析了民与国君的关系:"闻之于政也,民无不为本也。国以为本,君以为本,吏以为本。故国以民为安危,君以民为威侮,吏以民为贵贱。此之谓民无不为本也。"又说:"闻之于政也,民无不为命也。""民无不为功也""民无不为力也"。灾、福之源全在民之向背:"故夫灾与福也,非粹(降也)在天也,必在士民也。呜呼!戒之戒之!""士民者,国家之所树而诸侯之本也,不可轻也。呜呼!轻本不祥,实为身殃,戒之哉!戒之哉!"⑤

在政治诸因素中,民作为社会基础是最稳定的因素,国可以易主,主可以易政,可以易吏,但无法更换民众。贾谊说:"王者有易政而无易国,有易吏而无易民。故因是国也而为安,因是民也而为治。"⑥君主是聪明还是愚蠢,其区分标准是对民的态度和政策。"凡居于上位者,简士苦民者是谓愚,敬士爱民者是谓智。夫愚智者,士民命之也。"⑦桀纣就是最愚蠢的君主。"夫势为民主,直与民为仇"⑧,最后国破身亡,不是大愚又是什么!

贾谊告诫统治者,为了自己的长治久安,必须实行爱民、利民、富民。爱

---

① 《礼》。
②⑤⑦《大政上》。
③④⑥《大政下》。
⑧《连语》。

民，首先要有责任心和罪感。他引帝尧的话说："一民或饥，曰，此我饥之也；一民或寒，曰，此我寒之也；一民有罪，曰，此我陷之也。"①同时，对民要有诚意，讲忠信，"故欲求士必至，民必附，惟恭与敬，忠与信，古今毋易矣"②。提出君主要有罪感意识不自贾谊始，贾谊在汉初条件下，重新强调这个道理是很有远见的，这对秦始皇的居功自傲意识不能不说是一种纠正。汉代盛行君主罪己诏，同贾谊之论是有一定关系的。

第四节　"道"重于权势　以权势行"道"

天子是人世间最有权威和最尊者，这一点贾谊的认识也不例外。"凡天子者，天下之首也，何也？上也。"③天子之所以为天子，或者说，天子合理性的依据，依贾谊看，最基本的是有"道"："古之正义，东西南北，苟舟车之所达，人迹之所至，莫不率服，而后云天子；德厚焉，泽湛焉，而后称帝；又加美焉，而后称皇。"④这种看法同历史过程并不相符，刘邦讲得很明白，"马上得天下"。但刘邦之论太粗俗，理论家总想在现象的背后找到一个更深层的东西，当只有刀剑体现着"道"时，也只有刀剑才能削平天下。这样一来，刀剑固然因"道"而神圣化，可是另一方面，刀剑又受到"道"的无形制约。

君主是"天下之首"，"道"是理想之首，如何处理两者的关系，成为很棘手的问题。一些思想家把道的发明权交给了君主，贾谊稍有不同，他认为君主因体现"道"而兴，"君也者，道之所出也"⑤。又说："而所以有天下者，以为天下开利除害，以义继之也。"⑥汉高祖就是以行道得天下。贾谊不赞成法家赤裸裸的"天下归天子占有"论，他认为天下应归"有道者之有"。他引姜太公的话："故天下者，非一家之有也，有道者之有也。故夫天下者，唯有道者理之，唯有道者纪之，唯有道者使之，唯有道者宜处而久之。故夫天下者，难得而易失也，难常而易亡也。故守天下者，非以道则弗得而长也。故夫道者，万世之宝也。"⑦贾

---

① 《修政语上》。

②⑤ 《大政下》。

③ 《解县》。

④ 《威不信》。

⑥ 《立后义》。

⑦ 《修政语下》。

谊把行道作为取天下的前提条件,同时也是守天下的依据。天下非一家一人之私有,随"道"而易手。贾谊虽没有提倡革命论,但这里包藏了革命论。景帝下令不准议论"革命",然而只要强调"道"高于君,革命虽然不是必须的,但君主必须进行自我改造和制约。

天子出于天,而"道"却与天齐。"道高比于天,道明比于日,道安比于山。"人间的智、贤、信、仁、圣人都是因对"道"的不同体认而成。人们公认黄帝伟大至圣,而黄帝之所以伟大至圣就在于"职道义,经天地,纪人伦,序万物,以信与仁为天下先"[1]。人的社会地位有尊卑之分,但道义人格比社会地位更重要,具有无穷的潜在能量。"位下而义高者,虽卑,贵也;位高而义下者,虽贵,必穷。"[2]贾谊的说法不无道理,在历史的运动中,道义的力量是不能低估的,有时虽不能立竿见影,但内中蕴涵着潜能,在长远中会显示出它的力量。然而过多强调这一点又多不符合历史的实际。在历史可见的舞台上,道义多是隐形的,活灵活现的是权势和利益的较量。如果把权势与仁义结合起来,会相得而益彰,"仁义恩厚,此人主之芒刃也;权势法制,此人主之斤斧也。势已定,权已足矣,乃以仁义恩厚因而泽之,故德布而天下有慕志"[3]。在这里,乍然看去,贾谊似乎把权势看得比仁义更重,但他的主旨仍是以权势为仁义开道。

贾谊纵论古今,殷切希望君主有自知之明,成为"先醒者"和"明君",把"学道"摆在首位,并不断反省:"君国子民者,反求之己,而君道备矣。"[4]为了国治民安,他对选立太子和选用大臣也进行了详尽的论述。

对选立太子进行专门论述的,在中国思想史上应首推贾谊。他从周、秦史说明,"天下之命,县于太子""太子正而天下定矣"[5]。太子之正在于教育,后天教育自不待言。特别需要一提的是,他别出心裁,专门写了《胎教》这篇千古奇文。贾谊用心良苦,然而君主是个大坏蛋又该如何?

长治久安必须有贤臣为杖。贾谊认为至贤无世不有,只有圣王才能发现,并委以重任,"君以知贤为明"[6]。帝王对臣下的态度应分别不同情况而待之。"王者官人有六等:一曰师,二曰友,三曰大臣,四曰左右,五曰侍御,六曰厮

---

① 《修政语上》。
②⑥《大政上》。
③ 《制不定》。
④ 《君道》。
⑤ 《保傅》。

役。"①如果帝王以师友为臣，国必大治；如果把臣视为厮役，国必亡。在这里，贾谊强调君臣之间应为师友关系，反对主仆关系，这无疑是卓见高识。臣吏的好坏不能以己之所好为准，而应以民之善恶为准。"夫民者虽愚也，明上选吏焉，必使民与焉。故士民誉之，则明上察之，见归而举之；故士民苦之，则明上察之，见非而去之。""故夫民者，吏之程也。察吏于民，然后随。"②察吏于民无疑是一个最杰出的见解，但当时没有相应的操作方式；没有相应的操作手段，最好的理想都难免落入空论，当然，在开阔人们的视野上仍有不可磨灭之功。

"道"高于权势，用于具体政治过程，贾谊特别强调要处理教化与刑罚、义与利的关系。

关于教化与刑罚，贾谊认为刑赏不可缺，但不能以刑赏作为维护统治的主要手段，应该把教化放在首位，使人们从思想上认同。民虽然愚昧无知，但正好教化。"夫民者，诸侯之本也；教者，政之本也；道者，教之本也。有道，然后教也；有教，然后政治也；政治，然后民劝之；民劝之，然后国丰富。"③用"道"进行教化，使民认同。进行教化的基本教材是儒家的"六艺"。刑罚不是不需要，但一定要慎重。"与其杀不辜也，宁失于有罪也。"④贾谊从秦的历史经验中，断然反对用刑从重、从严和株连。

关于义与利的关系，贾谊倡导儒家一贯的思想：先义后利。他大力倡导礼、义、廉、耻，以这"四维"去"移风易俗，使天下移心而向道"⑤。倡"孝悌"，反对"兼并""侈靡"。同时劝统治者尚俭，节制，轻徭薄赋等。

贾谊所论的主旨，是要求统治者把政治指导思想转到儒家轨道上来，通过教化、移风易俗解决对汉家统治的认同。从历史经验看，思想文化认同，较之慑服，对一个政权来说具有更为深远的、更为重要的意义。

原载刘泽华：《中国政治思想史（第二卷）》，浙江人民出版社，1996 年

---

①《官人》。

②③《大政下》。

④《大政上》。

⑤《俗激》。

第五章 《礼记》的以礼、乐治国论

孔子为"礼崩乐坏"而叹息、悲哀。《礼记》是儒家为重建礼乐的思想文化记录,同时标志着礼乐的再兴。

先秦与汉代儒家的论述是很多的,仅载于《汉书·艺文志》的即有五十三种,八百多篇。《礼记》就是以论礼、乐为中心的一个选本。《礼记》又分《大戴礼记》和《小戴礼记》。前者是戴德的选本,后者为戴圣的选本。戴德、戴圣均为汉昭帝、宣帝时期的著名的儒家经师,戴德为叔,戴圣为侄,故分称大、小戴。

《大戴礼记》原有八十五篇,现存四十篇,《小戴礼记》为四十九篇。《小戴礼记》于汉宣帝时曾列入官学,《大戴礼记》是否列入官学,学界有争议,待考,不过也与经相类,西汉后期名臣论奏中多有称引,见《韦玄成传》《梅福传》等。

《礼记》中有先秦的文字,也有汉代新作。儒家诸派均有迹可察,但荀学影响较著。之外还有阴阳五行等诸子的影响。《礼记》既有论礼、乐制度的内容,也有对礼、乐理论的阐发。因非出自一人之手,所论多有歧义,但其论尊尊、亲亲,其义一也。大戴、小戴本文一并论之。①

第一节 礼、乐的必然性与绝对性

理论认识只限于论证对象存在的价值与本质还不够,只有揭示出对象必然存在的根据,方能达到深入。古今中外的历史证明,对必然性及其根据讲得越充分,就越能征服人。《礼记》的作者们花了大量心血去发掘礼、乐赖以生存的必然根据。在当时条件下,这个问题实在难以说清楚,在《礼记》中也无首尾一贯的统一理论,这里我们只好用归类的办法,分别叙述。

春秋以降,在思想界兴起一股强大思潮,即以天、地、人的统一性论述人

---

① 文中引文《小戴礼记》仅注篇名。

事。天地观念包含着事物的本原、规律或必然性，又常常兼有神秘性，是个模糊的概念，容量极大。天、地、人的关系是一种由宏而微的层次结构，其间存在着制约关系和统一性。《乐记》说："大礼与天地同节。""礼者，天地之序也……序，故群物皆别。"又说："天尊地卑，君臣定矣。卑高已陈，贵贱位矣。动静有常，小大殊矣。方以类聚，物以群分，则性命不同矣。在天成象，在地成形，如此，则礼者天地之别也。"《礼运》说："夫礼必本于天，动而之地，列而之事，变而从时。"《丧服四制》说："凡礼之大体，体天地，法四时，则阴阳，顺人情，故谓之礼。"乐也与天地相合，《乐记》云，"大乐与天地同和""乐者，天地之和也""乐由天作"。在这种天、地、人对应论中，既有规律和必然性，又有模拟与比附，还有人造的结构，其中又不乏神秘性，《大戴礼记·曾子天圆》说，"神灵者，品物之本也，而礼乐仁义之祖也"。礼便是这一切的集中体现与反映。

与礼乐本于天地说相近的，还有礼乐生于阴阳说。《大戴礼记·曾子天圆》说："阳之精气曰神，阴之精气曰灵。神灵者，品物之本也，而礼乐仁义之祖也，而善否治乱所兴作也。"《乐记》曰："礼乐之极乎天而蟠乎地，行乎阴阳而通乎鬼神，穷高极远而测深厚。"

从天、地、人的制约关系和统一性考察问题是古代思想家的一大贡献和一大优点。就礼的内容而论，的确有一部分反映了这种制约关系和统一性，如顺天地之规律，行四时之政事。但也有许多规定与天地人之间的制约关系及统一性并无联系，如贵贱等级之分绝不是根源于天地之别，强把二者对应起来，完全是人为的比附。于是这里便形成了真理与谬误的交融，谬误被真理包裹起来，真理之中又掺杂着谬误，难分又难解。接受真理就不可避免地要吸收胶着在一起的谬误。用天、地、人的统一性与其间的制约关系证明礼的必然性与合理性，在当时有很大的说服力。

人性问题是战国诸子讨论的一个热门问题。儒家中的两个巨擘孟子和荀子都认为礼乐与人性紧密相关，《礼记》超越了孟、荀的性善、性恶论，直接从人的情欲与外物接触中形成的矛盾来说明礼乐的产生。《乐记》说："人生而静，天之性也。感于物而动，性之欲也。物至知（心智之知）知（对外物的认识），然后好恶形焉。好恶无节于内，知诱于外，不能反躬，天理灭矣。夫物之感人无穷，而人之好恶无节，则是物至而人化物也。人化物也者，灭天理而穷人欲者也。于是有悖逆诈伪之心，有淫佚作乱之事。""是故先王之制礼乐，人为之节。"作者认为，人的本性是清静的，无所谓善恶，但一接触外物而形成好恶欲望。外物的刺激无穷,欲望随之而增;如果不加节制,被物吸引过去,便失去了自我控制能力,什么坏事都会干出来。于是圣人制礼乐,用来节制人的欲望。《乐记》的说法又有特点,礼是为了求得人性、欲望、外物三者之间的平衡而产生的。

在《礼记》中还有一些篇章侧重从节制人的情感来论述礼、乐的产生。《礼运》说,人有喜、怒、哀、惧、爱、恶、欲之情,有饮食男女之欲,死亡贫苦之恶,人的欲望有时表现于外,有时深藏于心,不可测度。如果没有一定规矩外控内抑,势必酿出祸乱。于是制定了礼,以公开的方式裁抑人的欲恶,以教育的方式疏导其心,使人们反躬自省,自我控制。

应该承认,人的欲望与社会生活之间存在着矛盾这一事实。在社会生活中,人的情欲应该有所节制。如果不加节制,任其自由放纵,人将与禽兽为伍。节制情欲是多数思想家的共同主张。

礼乐在节制和陶冶性情上有过不可泯灭的历史功绩。不过繁缛的礼仪和等级规定,又使人动辄违禁,使人的情性向畸形发展。所以随着历史的发展,消极作用越来越突出。

人的再生产问题早已为古人所注意。先人一向把传宗接代视为头等大事。尊祖、慎终追远不只表现为道德观念,另外还有一整套祭祀制度。因此,孝在礼中占有特别重要的地位,"孝,礼之始也"①。孝道是儒家思想的主要支柱。《礼器》明确指出,礼的本质在于尊祖返初。文中说:"礼也者,反本、修古,不忘其初者也。"《乐记》也说:"礼反其所自始。"古代的尊祖和孝敬家长除了保障人的再生产这一目的外,还有经济的原因。在当时自然经济条件下,家庭是社会的经济细胞,家长则是细胞核,尊祖崇孝也是维护社会经济细胞所必需的。

婚姻制度的建立与改善是野蛮人走向文明的标志。婚姻制度的直接目的之一是实现人类再生产,于是有的人认为礼本于婚姻的需要。《昏义》说:"夫礼始于冠,本于昏。"《易·序卦》说:"有夫妇然后有父子。有父子然后有君臣,有君臣然后有上下。"于是《内则》说:"礼始于谨夫妇,为宫室,辨外内。"婚姻是人类赖以延续的不可缺少的链条,是人们生活不可缺少的组成部分。人们很早就认识到"同姓相婚,其生不蕃",时时注意改进婚姻制度。因此把礼视为始于婚姻,是有一定根据和道理的。

---

①《左传》文公二年。

人是物质的,必须靠物质来维系,其中以饮食为先。于是又有人提出礼出于饮食之道。《礼运》说:"夫礼之初,始诸饮食。"人类为了生存,对饮食费尽了心机,从茹毛饮血到熟食、美食,经过了艰苦的历程。人无食不得生,所以很早就有人提出"民以食为天",把礼说成是起于饮食,作为依据之一,不无道理。

人的再生产是一个复杂的历史现象,其中有许多道理可以研究,礼中的许多规定有利于人的再生产。当然,其中也有许多落后的习俗和规定,又有损人的再生产。对此要结合礼制作具体分析。儒家把礼与人的再生产联结在一起,确实给礼提供了一个强有力的根据。

《管子·心术上》说:"礼者谓有理也。"《礼记·仲尼燕居》说:"礼也者,理也。"《乐记》说:"礼也者,理之不可易者也。"何谓理?在诸子中含义不尽相同,这里不能评说。要之,理指的是事物的必然性和道理。具体化,首先是人伦。乐便体现着人理:"使亲疏、贵贱、长幼、男女之理皆形见于乐。"乐本于人情,经儒者的改造,乐成了扬"天理"、抑人情的工具。

礼乐与世故和习俗紧密相关。于是又有礼出于习俗之说。《管子·枢言》说:"法出于礼,礼出于治。"《慎子·佚文》说:"礼从俗。"《礼记·坊记》说:"礼者,因人之情而为之节文,以为民坊(防)者也。"从世俗上说明礼乐的产生使礼乐获得了群众基础,同时又使礼具有了灵活性,礼应随时而变更。

除以上诸说外,还有其他一些说法。给一个事物寻找的根据越多、越充分,它就越有存在的理由。学思兼具的儒者,从天上、天下、四面八方、七情六欲都掘出了礼乐赖以生存的根据。上述种种说法不能说都正确,但从那个时代看,或多或少都有一定的道理。

礼乐是必然的,它一定就是普遍的和绝对的。普遍性可用一句话来说明,即"放之四海而皆准"。它的绝对性有各种表现,如本原性、神圣性等等,而最为切实的一点表现为,人之所以为人,就在于"礼"。《礼运》说:"礼义也者,人之大端也。"《冠义》说:"凡人之所以为人者,礼义也。"

礼乐的必然性、普遍性、绝对性的观念一经确立,那么所有人都应该在它面前跪下,充当工具和奴婢,连权力无边的皇帝老子也不能不让它三分。

第二节　礼、乐——社会制度、行为道德、认识情感一体化

礼、乐相为表里,是儒家政论中的核心。分而论之,礼主要表现为国家、社

会、群体和各种行为的制度、规范;乐主要表现为与礼相应的情感和文化心理。儒家几乎都把礼乐视为治国之本。《礼记》在这方面的论述尤为详尽。

> 礼之于正国也,犹衡之于轻重也,绳墨之于曲直也。①
> 治国而无礼,譬犹瞽之无相与。②
> 为政先礼,礼其政之本与?③
> 故治国不以礼,犹无耜而耕也。④

各行各业都有本行的基本工具,礼便是治国的基本工具。所以《礼运》又说:"礼者,君之大柄也。"礼之所以为君之"大柄",就在于礼能"别嫌明微、傧鬼神、考制度、别仁义,所以治政安君也"。《曲礼》说:"夫礼者,所以定亲疏,决嫌疑,别同异,明是非也。"

从荀子开始,明确把礼分成"义"与"数"两个不同层次。"数"指形式化的规定与相应的行为;"义"指形式内在的义理和精神。《礼记》既要求行为遵礼之"数",更强调思想情感从礼之"义"。《郊特牲》说:"礼之所尊,尊其义也。失其义,陈其数,祝、史之事也。故其数可陈也,其义难知也。知其义而敬守之,天子之所以治天下也。"礼与乐的"义"是什么呢?简言之,礼的本义是明"别""异""等""殊""分""序";乐与礼相对,其义为"和""同""合""爱"。

> 乐也者,情之不可变者也。礼也者,理之不可易者也。乐统同,礼辨异。⑤
> 乐者为同,礼者为异。同则相亲,异则相敬。⑥
> 乐者,天地之和也。礼者,天地之序也。和,故百物皆化;序,故群物皆别。⑦

"别"与"和"是稳定社会秩序,保障社会正常运转的两种力量,但是"别"与"和"却不能依其自身单向起作用,而是应该沿着两者合力向前运动。这样

---

① 《经解》。
② 《仲尼燕居》。
③ 《哀公问》。
④ 《礼运》。
⑤⑥⑦ 《乐记》。

才能别而不离,和而不疏,既保持贵贱等级秩序,又控制这种秩序不要走向公开的对抗。"别"与"和",是维持社会秩序的普遍原则,是政治哲学的高度概括。把"别"与"和"同"礼""乐"相结合,荀子是最早的论述者之一。他在《乐论》中说:"乐合同,礼别异。礼乐之统,管乎人心矣。"在《臣道》中说,"恭敬,礼也;调和,乐也"。《礼记》对荀子的观点做了进一步的发挥。

分而言之,礼重在明"分",乐重在相"和",礼乐作为一个整体,礼中又注之以"和",乐中又贯之以"分"。礼、乐的精神是相通而混一的。孔子的弟子有子早就说过:"礼之用,和为贵。"《礼记》中进一步论述了礼之用在"和宁"①,这种和宁应达到心、体相合的程度。"民以君为心,君以民为体……心以体全,亦以体伤。君以民存,亦以民亡。"②礼中体现"和",乐也要体现"分"。乐是情感化表现,是心声。但人们的心声各不相同,除喜、怒、哀、乐之外,从道德上可分为"正声"与"奸声"③。所以乐也不能任情而发,而应倡"正声"抑"奸声","乐者,所以象德也"④。所谓"德",就是与政治伦理相呼应,相协同,乐要为政治、道德服务。"声音之道,与政通矣。""乐者,通伦理者也。"⑤乐之通政,通伦理,首先,五声本身被政治伦理化:"宫为君,商为臣,角为民,徵为事,羽为物。"⑥五音本身君臣化了。其次,音本身也代表着特定的道德。"明乎商之音者,临事而屡断;明乎齐之音者,见利而让。临事而屡断,勇也。见利而让,义也。"⑦由通音乐而通乎道德,乐与礼几近同一,"知乐则几于礼矣"⑧。这样一来,情感完全被"礼"化了,而礼化的情,不是情的开放,而是情的压抑。任意放情不免于偏狂,但把情完全纳入礼的轨道,这种情不再有主体性,完全变成了礼的,换句话,变成了政治的工具。音乐本于情感,是不应排斥私欲的,在《礼记》中,认为君子之乐"不私其欲"⑨,乐的精神在于体现"道"。正因为如此,乐才有移风易俗的作用:"乐也者,圣人之所乐也,而可以善民心。其感人深,其移风易俗,故先王著其教焉。"⑩

礼、乐互补,礼、乐相通,用于政治,就是把外在的社会制度与人的内在情感交融为一,使制度转向为情感,使情感局限于对制度的认同。这里需要特别指出的是,礼作为社会关系的骨架,同时又是道德与认识的出发点和准则,即

---

① 《燕义》。

② 《缁衣》。

③④⑤⑥⑦⑧⑨⑩《乐记》。

以礼成道德,以礼察物,以礼同心。

仁义道德与礼的关系在孔、孟那里大致是相为表里关系,荀子为之变,礼成为仁义的规定。《礼记》进一步把礼视为仁义道德的标准。《曲礼》说:"道德仁义,非礼不成;教训正俗,非礼不备;分争辨讼,非礼不决;君臣上下,父子兄弟,非礼不定。"这样一来,道德便失去了它的相对独立意义、独立发展之势,也失去了社会批判意义,完全变成现有制度、体制和社会关系的从属物。

察物,即认识事物必须以礼作为出发点和核验认识的标准。孔子讲的"非礼勿视,非礼勿听,非礼勿言,非礼勿动",正是把礼作为一种防范和外在的规定,《礼记》则进一步把礼作为出发点、必由之路和检验认识的标准。换言之,要把礼作为思维方式。《礼器》说:"无节于内者,观物弗之察矣。欲察物而不由礼,弗之得矣。故作事不以礼,弗之敬矣;出言不以礼,弗之信矣。故曰:礼也者,物之致也。"什么是"节"呢?礼本身就是天地之节。"礼也者,合于天时,设于地财,顺于鬼神,合于人心,理万物者也。"这就是说,不把礼作为认识内在的起点和价值,认识就无从谈起。察物由礼,就是以礼作为认识的出发点和前提,礼为"物之致",即礼是判断认识的标准。礼既是出发点、内在的价值取向,又是标准,认识的结论就是认识的前提。认识的标准不是在实践中和认识过程中求得,而是在认识之前已由礼设定了。这种认识只能是封闭性的认识,论证则是循环的论证。这里姑且把这种思维方式称之为"牢笼思维方式",后面将有专节论述。

由于礼融社会制度、道德、认识为一体,《乐记》进一步提出了以礼导心,以礼同心,即以礼作为统一社会认识的准则。文中曰:"礼以道(导)其志,乐以和其声,政以一其行,刑以防其奸。礼乐刑政,其极一也,所以同民心而出治道也。"

用礼把社会制度、行为、道德、认识一体化,仅仅从认识角度看,不能说不是一种创见;用行政方式强加于社会之上,对维护社会秩序无疑也有重要作用。但从历史角度看,只能说更多的是灾难。因为从总体上看,这种"一体化"精神窒息了社会的创新精神。

礼、乐在政治中的作用主要是教化、引导,与礼、乐相伴的还须有刑、政。

"礼者禁于将然之前,而法者禁于已然之后。"①礼、法互补。"礼以道其志,

_____

① 《大戴礼记·礼察》。

40

乐以和其声,政以一其行,刑以防其奸。礼乐刑政,其极一也。"又说:"礼节民心,乐和民声,政以行之,刑以防之。礼乐刑政,四达而不悖,则王道备矣。"①

第三节　君为心、民为体与君主专制主义

依据"别""和"相依的精神,在处理君民关系上,《缁衣》提出了君为"心"、民为"体"论。心与体是既有支配与被支配的关系,又互相依存。"民以君为心,君以民为体。心庄则体舒,心肃则容敬。心好之,身必安之;君好之,民必欲之。心以体全,亦以体伤;君以民存,亦以民亡。""大人溺于民。"

民是君主赖以生存的基础,这一点先哲早有论述,经过秦汉之变,思想家对民在政治大变动中的作用认识得更深刻了。《大戴礼记·子张问入官》云:"上者尊严而绝,百姓者卑贱而神,民而爱之则存,恶之则亡也。"民的向背决定着君主的存亡,但对民的品性的认识却有两种相反的观点:

一种认为,民的本性是愚昧贪鄙,从敌对的观念出发而惧民。《缁衣》说:"夫民闭于人而有鄙心,可敬不可慢,易以溺人。故君子不可以不慎也。"这同贾谊把民视为愚氓同调。

另一种看法,把民视为天地相参的力量。《大戴礼记·四代》云:"(哀)公曰:'所谓民与天地相参者,何谓也?'(孔)子曰:'天道以视,地道以履,人道以稽。废一日失统,恐不长飨国。'"汉初郦食其曾说过:"王者以民人为天,而民人以食为天。"②《四代》之论与郦食其同调。

这两种认识的出发点虽然不同,但归结点是同一的,惹翻了民众必自毙。这中间的关键是统治者的政策,《大戴礼记·子张问入官》说:"故上者辟如缘木者务高,而畏下者滋甚。六马之离,必于四面之衢;民之离道,必于上之佚政也。"失政必失民。

《礼记》的作者一再告诫统治者,为政务在调和。"上之亲下也如腹心,则下之亲上也如保子之见慈母也。上下之相亲如此,然后令则从,施则行。"③调和之道在通民情,"所谓贤人者,好恶与民同情,取舍与民同统,行中矩绳而不

---

①《乐记》。

②《史记·郦食其列传》。

③《大戴礼记·主言》。

伤于本"①。调和之术在把握度量,"凡民之为奸邪窃盗历法妄行者,生于不足,不足生于无度量也"。正像驾车马一样,聪明的驭者可以致千里,鲁莽汉难以致远,"进退缓急异也"②。为政也如同驭马之道。《檀弓》篇对急政、莽政进行了严厉的谴责,指出"苛政猛于虎"。调和落在实处,即轻徭薄赋,实行授田,每夫百亩,养孤敬老,进行教化,等等。

《礼记》在论述和民的同时,也广泛地论述了用贤的重要,值得一提的是,如同贾谊一样,专门讨论了尊师问题。《礼运》篇把天、地、父、师置列为君主的四大支柱:"天生时而地生财,人,其父生而师教之,四者君以正用之,故君者立于无过之地也。"君主能否成为明君,在很大程度上取决于"师""傅""保"的教育与辅佐。师傅体现的是知识和道德,君主必须接受知识和道德的教育,强调师傅的作用,把帝王置于受教育的地位,这对君主不能说不是一种制约。

《礼记》强调君主以民为体、用贤和尊师,是否意味着与君主专制相背呢?不是的。这些仅仅是改进君主专制。从《礼记》看,君主及君主专制是绝对的和神圣的。

君主受命于天,德与天地相参。《表记》假孔子之语:"唯天子受命于天,士受命于君。"《经解》称:"天子者,与天地参,故德配天地,兼利万物;与日月并明,明照四海,而不遗微小。"

天子又与圣人相通。先秦以来,诸子制造了一套崇圣文化。圣人是真、善、美的人格化,是智慧的人格化。"所谓圣人者,知通乎大道,应变而不穷,能测万物之情性者也。大道者,所以变化而凝成万物者也。情性也者,所以理然不然取舍也。"③圣人通天地万物,圣人当为天下王。"圣人参于天地,并于鬼神,以治政也。"④"圣人为天地主,为山川主,为鬼神主,为宗庙主。""圣人立五礼以为民望。"⑤圣人当为天子,身为天子者即使未许以圣,但圣的位子也是留给君主的。

天子受命于天而又通圣,天子的合法性与合理性便成为理所当然的了。

天子是天下一元之首,是绝对的"一"。"子云:'天无二日,土无二王,家无二主,尊无二上,示民有君臣之别也。'"⑥绝对排斥二而独尊一,"以一治之

---

①③《大戴礼记·哀公问五义》

②《大戴礼记·盛德》。

④《礼运》。

⑤《大戴礼记·曾子天圆》。

⑥《坊记》。

也"①。君这个"一",也就是"天"。"父之于子,天也;君之于臣,天也。……有臣不事君,必刃(杀)。"②不事即"刃",一方面说明臣民是君主的奴仆,"不事"便是犯罪;另一方面说明君主对臣民诛戮之残,不事奉就要杀头。儒家向来讲仁慈,这一点同法家主张杀隐士又走到了一起。一句话,臣民不为君主所用,就是犯罪,就是多余的。

君主为天下"立极""定一",任何与君主之"一"相矛盾或抵牾的,都属罪杀之列。《王制》说:"析言破律,乱名改作,执左道以乱政,杀。作淫声、异服、奇技、奇器以疑众,杀。行伪而坚,言伪而辩,学非而博,顺非而泽,以疑众,杀。"《礼记》中列入被杀之列的不多,这里要杀的都是思想犯。

什么是君主专制主义?可以从许多方面去论述,但禁绝思想自由,以思想异于"一"而犯罪,应该说是专制主义最为突出的标准。人是有思想的动物,人的一切创造性大都以思想为先导,人只要思想,就不可能同于"一",而不"一"便是犯罪,就要杀,这无疑是专制主义最野蛮的表现。没有奇思,自然也就不会有奇技、奇器,社会也就不会有生机。所以我们一再阐述专制主义是造成中国古代社会停滞的最主要的原因。

君主又是天下之大父母,政治关系与伦理关系结合为一。在宗法制度下,父母于子女,血亲关系与占有、支配关系联结为一体。作为民之父母,无疑要宣扬爱,"古之为政,爱人为大"。这种爱不是以相互之间的平等为基础,而是以父权-君权相结合的双重占有、双重支配为前提,于是进一步说:"所以治爱人,礼为大。所以治礼,敬为大……弗爱不亲,弗敬不正。爱与敬,其政之本与?"③"敬"所体现的是贵贱、上下、主从关系。君主父母化,固然增加某种亲切感,但更增加了威严的神圣性。君、父在观念上一体化,把君主进一步置于独一无二的专制地位。恩赐的爱,对被恩赐者虽不无好处,却为进一步剥夺和占有提供了更多的依据。帝王在理论上是唯一的施爱者,垄断爱,就是剥夺被施者怒、恨之权。儒家一再教导臣民,对君主要崇敬,即使是昏庸之君,也只能怨而不恨。"为人臣下者,有谏而无讪(讥笑),有亡而无疾(怒恨)。"④"为人臣之

---

① 《丧服四制》。

② 《大戴礼记·虞戴德》。

③ 《哀公问》。

④ 《少仪》。

礼,不显谏,三谏而不听则逃之。"①为臣的绝对不可有犯上作乱之行,"下之事上也,虽有庇民之大德,不敢有君民之心"。"事君可贵可贱,可富可贫,可生可杀,而不可使为乱。"②剥夺臣民对君主的怒恨之心的合理性,正是从另一方面维护君主的绝对专制。

《礼记》中的以民为"体"、爱民论、调和论等,与君主专制是不矛盾的。前者是实现后者的条件,而不是对后者的否定。

第四节 "大同"理想与"小康"之王制

《礼运》以历史的方式描述了"大同"与"小康"两个不同时代。

人类最初为"大同"之世,当时的社会是:

> 大道之行也,天下为公。选贤与能,讲信修睦。故人不独亲其亲,不独子其子,使老有所终,壮有所用,幼有所长,矜、寡、孤、独、废、疾者皆有所养。男有分,女有归。货恶其弃于地也,不必藏于己;力恶其不出于身也,不必为己。是故谋闭而不兴,盗窃乱贼而不作,故外户而不闭。是谓大同。

应该说,"大同"之境是很美妙的,然而也是最无生机的,因为只要"谋闭",社会就只能是死水一潭,人只能非人化。儒家的"大同"理想只能是道德化的社会,同时又是排斥知识、智谋的社会。"大同"之世与继起的"小康"所不同的是,"大同"是道德的实现,"小康"是对道德的追求。正是以"道德"同一为基础,"大同"与"小康"并不是截然对立的。儒家追求"大同",同时又歌颂"小康",特别是以夏禹、商汤、周文-周武所代表的三代"小康",正是儒家"复古"的目标。"小康"之世,"大道既隐,天下为家,各亲其亲,各子其子,货力为己",但社会并没有因此而堕落,圣王们创立了一整套礼,禹、汤、文、武、成王、周公"未有不谨于礼者也"。社会治理得井然有序。"小康"虽不及"大同",但有礼为砥柱,也是令人向往的。儒家固然希冀"大同",但更多的是企求"小康","小

---

① 《曲礼下》。

② 《表记》。

44

康"离现实更近些。《王制》篇便是"小康"规划的蓝图。据《史记》载,汉文帝时"使博士诸生刺《六经》中作《王制》"①,《礼记》中的《王制》篇或许就是此篇。《礼记·王制》集儒家制度论之大成,受荀子的《王制》影响尤明显,《礼记·王制》可谓国家与社会制度大纲,方方面面均有论述,其中心是用礼规范社会与国家体系。除了《王制》篇外,其他诸篇也多有论述。总括一句话,均为"小康"之求。在儒家眼里现实离"小康"还有相当距离。

儒家如果作为一个躯体,礼是它的骨架,从这个意义上说,儒家也可称之为"礼家"。封建统治者之所以能以儒治国,维系国家和社会秩序,仁义的说教无疑有重要作用,但主要是靠礼这个"硬件"来维系、支撑的。礼把人分为贵贱,并造成崇圣的思维定式。这同近代社会关系与观念是截然不同的,五四时期高呼打倒礼教,实在是时代的需要。

原载刘泽华:《中国政治思想史(第二卷)》,浙江人民出版社,1996 年

---

① 《史记·封禅书》。

第六章　晁错的尚法与重农战思想

秦朝的灭亡,把法家也推到了被批判席上。不过实际的政治一点儿也离不开法家,汉朝的基本政治制度继承秦制,说明了法家的政治实用价值依然有效。汉初法家思想虽然遇到了危机,但仍有人在坚持、在思考,晁错是其中最著名的一位。

晁错(公元前 200—公元前 154),颍川(今河南禹县)人,曾在轵从张恢学申商刑名之学,后又学《尚书》。晁错兼通法、儒,文帝、景帝时参与朝政。他为人聪明峭直,号称"智囊",《汉书》本传载:"错所更令三十章,诸侯谨哗。"《汉书·艺文志》法家类有《晁错》三十一篇,《隋书·经籍志》载,梁时尚有《朝(晁)氏新书》三卷,但均已亡佚。现只能根据《史记》与《汉书》本传及一些佚言略做评述。

文帝在策问中提出"明于国家之大体,通于人事之终始"两个问题,寻求策对。晁错的策对获得文帝的赏识。晁错认为治国之大体和通人事在于配天地,顺人情。他说:"动静上配天,下顺地,中得人。"然后风调雨顺、民和,"此谓配天地,治国大体之功也"①。

配天地是思想理论界的一个共同认识,中心是要求君主正确处理天、地、人三者的关系,这样才能保持人类与自然的平衡,才能保证人的自身生存条件不被干扰。

通人事则在于本人情,晁错把人情归结为四欲:"欲寿""欲富""欲安""欲逸"。他说:"计安天下,莫不本于人情。人情莫不欲寿,三王生而不伤也;人情莫不欲富,三王厚而不困也;人情莫不欲安,三王扶而不危也;人情莫不欲逸,三王节其力而不尽也。其为法令也,合于人情而后行之;其动众使民也,本于人事然后为之。取人以己,内恕及人。情之所恶,不以强人;情之所欲,不以禁

---

① 《汉书·晁错传》。

民。是以天下乐其政,归其德,望之若父母,从之若流水;百姓和亲,国家安宁,名位不失,施及后世。此明于人情终始之功也。"①这种对人情的看法与法家是一致的。晁错主张一切法令和政事都要以人情为依据,但对法家又有修正,增加了儒家的调和剂,即"取人以已,内恕及人"。韩非等主张挑动人欲而利用之,晁错则主张承认人欲而有分寸地加以适应和引导。为政之忌是违反人情;如能顺人情,君主与天下之民就能取得和谐。在顺人情上,特别要注意民众的衣食和赏罚。

衣食是人生之本,应成为政治之首。"人情,一日不再食则饥,终岁不制衣则寒。夫腹饥不得食,肤寒不得衣,虽慈母不能保其子,君安能以有其民哉!明主知其然也,故务民于农桑,薄赋敛,广畜积,以实仓廪,备水旱,故民可得而有也。"②晁错认为帝王的首要之责是使人民安定,《文选》中班孟坚《答宾戏》注引晁错《新书》说:"臣闻帝王之道,包之如海,养之如春。"帝王应像海一样,具有宽阔的胸怀;应该像春天一样,生养万物。在这里,又可看到晁错对法家的修正。法家要君临天下,但不讲海涵;讲利民而要威严,但不讲如春之和顺。显然,晁错是以儒术补法家之弊。为了保证衣食之源,他提出了重农贵粟和抑末的主张,在著名的《论贵粟疏》中批评了汉初重农抑商政策流于形式和口号,指出:"今法律贱商人,商人已富贵矣;尊农夫,农夫已贫贱矣。"③为了改变这种状况,不能只靠法令。人们是否务农,在于务农是否有利可图,如务农无利可图,靠行政命令是无济于事的。当今的情况便是这样,他说:"地有遗利,民有余力,生谷之土未尽垦,山泽之利未尽出也,游食之民未尽归农也。民贫,则奸邪生。贫生于不足,不足生于不农,不农则不地著,不地著则离乡轻家,民如鸟兽,虽有高城深池、严法重刑,犹不能禁也。"④为了使人们务农,必须从利着眼,实行贵粟政策。他建议实行以粟赎罪和输粟为官,粟贵而趋农,国家贮粟,既可以备荒,又可备战,所以他说:"粟者,王者大用,政之本务。""明君贵五谷而贱金玉。"⑤

从经济观点分析,晁错的贵粟并不是从市场角度看问题,而是以政治需要作为出发点。他解决贵粟的方式同样不是市场,而是靠行政干预。他以用粟赎罪、买官作为贵粟的手段。就实际而论,这是一种饮鸩止渴之术。这种做法

---

① 《汉书·晁错传》。
②③④⑤ 《汉书·食货志上》。

不仅会使政治更加腐败,同时使自然经济的"自然"性也遭到破坏,抑末之后的自然经济只能更加无活力。

法律也是与民利最为紧密的一大问题。晁错认为立法的目的不是为了使民慑服和畏惧,置民于死地,而是"以之兴利除害,尊主安民而救暴乱也"。当时法律的中心是赏和刑,晁错提出,行赏不是妄予和表示恩惠,而是为了"劝天下之忠孝而明其功也。故功多者赏厚,功少者赏薄"①。行罚绝不是肆意示威,而是"以禁天下不忠不孝而害国者也。故罪大者罚重,罪小者罚轻"②。这里,晁错摒弃了韩非等人的重罚主义。

晁错对秦政也进行了批判。他在总结秦成败的历史经验与教训时指出,秦败于"任不肖而信谗贼",从而造成奢侈无度、妄赏罚、轻人命及奸吏侵夺的局面。他建议"绝秦之迹,除其乱法"。晁错对秦政的批判,表明他所持的法家理论是趋于平和的。

晁错主张君主集权并切实掌握权力,对汉初君主无为少事进行了批评。他在《贤良对策》中就直言批评文帝"未之躬亲,而待群臣",结果造成国政不顺,"民不益富,盗贼不衰,边境未安"。晁错极善于进谏,他为了批评而先颂扬,"今以陛下神明德厚,资财不下五帝","臣闻五帝其臣莫能及,则自亲之"。五帝资才高于群臣,亲自理事,而陛下的资才胜于五帝则更当亲政。批评文帝慢于政务目的在于请求文帝把权力集中于自己之手。无论是颂扬、批评,都是为了君主集权,这自然符合君主之心。为了把权力集中于君主之手,他还向文帝进呈了《言太子知术数疏》。文中写道:"人主所以尊显功名扬于万世之后者,以知术数也。"晁错所说的术数有如下四点:"知所以临制臣下而治其众""知所以听言受事""知所以安利万民""知所以忠孝事上"。③晁错明言教太子,实际也是对文帝的建议。同时,也是对倡言无为论者的批评。他指出:"或曰皇太子亡以知事为也,臣之愚,诚以为不然。"④

晁错主张君主集权,同时又主张用贤,把贤良之臣聚集在朝廷,《意林》卷二引晁错《新书》云:"善为政者,士实于朝野,牛马实于陆,鸟兽实于林。"《汉书》本传载:"臣窃闻古之贤主莫不求贤以为辅翼。"在晁错看来,能够"救主之失,补主之过,扬主之美,明主之功,使主内亡邪辟之行,外亡骞污之名。事君若此,可谓直言极谏之士矣"。然而这种士是很难生存的,且不说同僚嫉妒,皇

---

①②③④《汉书·晁错传》。

48

帝也很担心。晁错可谓"直言极谏之士"，其结果反而遭到自己效忠的对象——皇帝的杀戮。悲夫！

晁错继贾谊之后，再一次上书皇帝，建议削藩。在《削藩策》中讲，藩王与王权的决斗是不可避免的，"今削之亦反，不削亦反。削之，其反亟，祸小；不削之，其反迟，祸大"①。不削藩"天子不尊，宗庙不安"②。他对抗击匈奴也发表了有见地的意见，批评秦在匈奴问题上的知攻而不知守。他分析比较了匈奴与汉的长短，提出了"以蛮夷攻蛮夷"、迁民实边和择良将守边等建议。

晁错是汉代最著名的法家，他不同于韩非，更不同于李斯，儒家气息很浓，融儒于法，以儒修正先前的法家，可谓法、儒的融合。

原载刘泽华：《中国政治思想史（第二卷）》，浙江人民出版社，1996 年

---

① 《汉书·吴王刘濞传》。
② 《汉书·晁错传》。

第七章 《淮南子》的无为政治思想

黄老思想在汉初居于显赫的地位,几位皇帝和一批大臣曾予以提倡,在政治实践上也有重大影响。不过从行政上看,它并没有被明令定为国家的统治思想。朝廷中一些要臣好黄老,仅限于政策,并无理论著作。有些学者把马王堆出土的《老子》乙本卷前古佚书视为汉初黄老派之作,证据不足,我们认为是战国之作。汉初统治者尊黄老,却没有系统的黄老之作。现在我们能看到的汉初黄老学派之作仅保存在《淮南子》中。

第一节 黄老思想与汉初政治

鉴于秦朝的教训,早在刘邦刚进咸阳之时,张良就建议"宜缟素为资。今始入秦,即安其乐,此所谓'助桀为虐'"①。刘邦接受张良的建议,比较注意节俭,这为后来实行无为政治埋下了伏笔。在政治上最早以黄老之术治民的是曹参。曹参任齐相时,曾集合了数百名儒生讨论治民之道,结果"言人人殊,参未知所定"。后请教于治黄老之学的盖公,盖公言简意赅:"治道贵清静而民自定。"曹参用黄老术治齐九年,齐国大治。惠帝二年,曹参继萧何为相国。把"清静"这一方针推行于全国。②惠帝和吕氏掌权时,"君臣俱欲休息乎无为"。"政不出房户,天下晏然。刑罚罕用,罪人是希。民务稼穑,衣食滋殖。"③继曹参为相的陈平"本好黄帝、老子之术"。陈平为政多谋略,任相时以黄老之术为主。他讲:"宰相者,上佐天子理阴阳,顺四时,下育万物之宜,外镇抚四夷诸侯,内亲附百姓,使卿大夫各得任其职焉。"④文帝、景帝,以及掌握朝政的窦太后都

① 《史记·留侯世家》。
② 参见《史记·曹相国世家》。
③ 《史记·吕太后本纪》。
④ 《史记·陈丞相世家》。

程度不同地尊崇黄老之学。应劭在《风俗通义·正失》中说："文帝本修黄老之言，不甚好儒术，其治尚清静无为。"窦太后在景帝、武帝初左右朝廷，她对黄老之学崇信更笃，"好黄帝、老子言，帝（景帝）及太子诸窦不得不读《黄帝》《老子》，尊其术"[1]。景帝本人也推崇黄老。"王生者，善为黄老言，处士。尝召居廷中。"[2]直不疑"学老子言"，被升为御史大夫。[3]信奉黄老的汲黯、郑当时等均曾居要位。

黄老政治最主要的特点是清静无为，主要内容是劝课农桑、轻徭薄赋、减免苛刑、节约皇室与国家开支、少修土木工程等。这些措施无疑对恢复社会经济和安定人民生活有极为重要的作用。

黄老思想是道家中的一个特定的派别，这一点在第一卷评价马王堆《老子》乙本卷前古佚书时已做交代。汉初崇尚的黄老之术，正是这批古佚书所表达的思想。以司马谈所论为旨要观察汉初的黄老政治，可以说无不契合。不仅黄老之术本身吸收了儒、法、阴阳家的一些观点，而且在实践上，儒家和法家仍活跃在政治舞台上，对政治实践有着相当大的影响。汉初统治者崇尚黄老，但在思想上并未实行黄老思想专制，儒家、法家对汉王朝制度的建设都有重大贡献。

第二节　《淮南子》的成书及其主旨

《淮南子》又称《淮南鸿烈》（鸿，大也。烈，明也。即大明道之言的意思），是西汉景帝、武帝时期的淮南王刘安召集宾客集体写作的。全书二十一篇，最后一篇名《要略》，可谓全书的序言。《要略》概述了全书的主旨及编写的目的，并提纲挈领地介绍了各篇的要点、分工与衔接配合关系。从《要略》看，全书的写作有统一的计划和安排。但从内容上看，并未统一。《汉书·艺文志》把它列入"杂家"是有道理的。书中内容，除道家思想外，在部分章节中还兼收了儒家、阴阳家、法家之说。如《缪称训》《齐俗训》有浓厚的儒家气息，《主术训》《氾论训》等篇中吸收了不少法家的思想，《天文训》《时则训》明显地因袭了阴阳家

---

①《史记·外戚世家》。

②《汉书·张释之传》。

③ 参见《汉书·直不疑传》。

的作品和思想。全书内容尽管驳杂,但相当宏富,占主导地位的是道家思想,诚如高诱注序中所云:"……共讲论道德,总统仁义,而著此书……然其大较归之于道。"

刘安主持写这部书,目的是论述帝王之道,为图举大业做理论准备。《淮南子》成书后曾献给汉武帝,"上爱秘之"[①]。后来汉武帝实行了罢黜百家,独尊儒术,结束了汉初崇尚黄老思想的政治局面,加之刘安的垮台,所以这部书在实际政治生活中没有发生重大影响。但作为汉初黄老政治思想的最后一响,这部书还是有其历史意义的。

《淮南子》的政治思想比较驳杂,但占主导地位的是无为政治思想。各篇几乎都讲无为,但细加比较,又多有抵牾之处。就其主旨而言,应该说继承了《管子》中的道家派和马王堆《老子》乙本卷前古佚书中积极主治的无为政治思想。

《淮南子》在主流上反对纯任自然、无所作为的无为论。作者所理解的无为是讲客观与主观的契合与统一,在契合中发挥主观能动性。"夫地势,水东流,人必事焉,然后水潦得谷行。禾稼春生,人必加功焉,故五谷得遂长。听其自流,待其自生,则鲧、禹之功不立,而后稷之智不用。"[②]这样,就与无所事事的无为论划清了界线。《原道训》对无为与无不为、无治与无不治做了如下的规定:"所谓无为者,不先物为也;所谓无不为者,因物之所为。所谓无治者,不易自然也;所谓无不治者,因物之相然也。"下面分几个方面论述《淮南子》无为论。

第三节　法自然与无私

道、天、自然是表现客观世界不同层次的概念。道是天地万物的本源和存在的基础。天地、自然万物是道的外化形式。道又称为"太一"和"气"。道生就了天地万物。"道曰规,始于一,一而不生,故分而为阴阳,阴阳合和而万物生。"[③]人本身也是由道演化出来的,"烦气为虫,精气为人。是故精神,天之有

---

① 《汉书·淮南王传》。
② 《淮南子·修务训》,以下引《淮南子》只注篇名。
③ 《天文训》。

也;而骨骸者,地之有也"①。由于天地万物是道生就的,反过来说,天地万物内在的统一性也就是"道","夫道有经纪条贯,得一之道,连千枝万叶"②。

人既是道和天地、阴阳的产物,是演进中的一种形式,那么,人的活动和政治首先有一个如何对待道的问题。从本质上看,如何对待道就是如何适应自然以及在自然中如何生活的问题,即人用什么方式取得与自然的平衡。

作者提出了一条总的原则,即"体道"。《原道训》说:"体道者逸而不穷。""循天者,与道游者也。"《本经训》说:"帝者体太一,王者法阴阳,霸者则四时,君者用六律。"《泰族训》说:"故大人者,与天地合德,日月合明,鬼神合灵,与四时合信。故圣人怀天气,抱天心,执中含和,不下庙堂而衍四海,变习易俗,民化而迁善,若性诸己,能以神化也。"《精神训》说:"是故圣人法天顺情,不拘于俗,不诱于人,以天为父,以地为母,阴阳为纲,四时为纪。天静以清,地定以宁。万物失之者死,法之者生。"上述说法,乍一看有点儿玄妙,静心思之,颇有道理。人是自然发展的产物,从根本上必然要受自然的制约,但是人常常忘掉了这一点,把自然置于自己的对立面,任意而为,自以为得计,但到头来不能不受到自然的惩罚。作者总结了人们成败的经验和教训,告诫人们必须回到遵从自然的轨道上来,与自然取得统一。在如何取得与自然统一的问题上,书中又有不同的观点。主张积极地法自然的一派,认为体道首先应该像道那样,包容一切,公而无私,君主无私而后其道行焉。《淮南子》从君主的产生论述了君主应该把无私作为自己的天职。《修务训》说:古之立天子帝王"非以奉养其欲也",而是为了消除强欺弱,智欺愚,勇侵怯,富欺贫等矛盾,所谓"立天子以齐一之",就是实现平均、平等之意。《主术训》说"尧之有天下也,非贪万民之富"以自私,而是为了实现社会的"和",他本人"身服节俭之行,而明相爱之仁"。《兵略训》说:"所为立君者,以禁暴讨乱也。"作者反复说明,帝王把天下当作私有物还是为社会服务,是能否治理好天下的前提。《诠言训》说:"无以天下为者,必能治天下者。"落实在行动上,作者提出了顺自然、遵必然、贵因与物化等原则。

作者提出,天地万物的相互关系皆本于自然,"天致其高,地致其厚,月照

---

① 《精神训》。

② 《俶真训》。

53

其夜,日照其昼,列星朗,阴阳化,非有为焉,正其道而物自然"①。这就是说,天地万物的本性是自然生就的,相互关系是自然形成的,其间没有超自然的力量来支配。"夫萍树根于水,木树根于土,鸟排虚而飞,兽蹠实而走,蛟龙水居,虎豹山处,天地之性也。"②自然界如此,人也是这样:"陆处宜牛马,舟行宜多水。匈奴出秽裘,于越生葛絺,各生所急,以备燥湿,各因所处,以御寒暑,并得其宜,物便其所。由此观之,万物固以自然,圣人又何事焉!"③作者还论述了各地的风俗习惯,都是由于自然环境不同而自然形成的。万物的自然性及其相互间的自然关系,是不能任意更改的,而应顺其自然。由此在政治上得出的一个基本原则就是"所谓无治者,不易自然也"④。

在分析事物的关系时,作者还特别指出有一种必然关系,称之为"必然之道""自然之势"和"相然"等。"禹决江疏河,以为天下兴利,而不能使水西流。稷辟土垦草,以为百姓力农,然不能使禾冬生。岂其人事不至哉,其势不可也。夫推而不可为之势,而不修道理之数,虽神圣人不能以成其功,而况当世之主乎?"⑤依据上述认识,在政治上不能任意而行,也不要投机取巧,而应该"行必然之道"⑥"因物之相然也"⑦。"圣人举事也,岂能拂道理之数,诡自然之性,以曲为直,以屈为伸哉?未尝不因其资而用之也。"⑧道理讲得明白透彻。《淮南子》广泛地讨论了事物的必然关系和必然之理,从今天的观点看,所论或有不当之处,但作者提出的问题是有见地的。

在与自然和社会的交往中,作者特别强调要善于"因"。所谓因,就是把客观规律与人的主观能动性结合起来。"物有以自然,而后人事有治也。"⑨主观要以客观为师,一切都像治水那样,"因水以为师"⑩。作者指出,大禹治水,后稷教稼,"因地之势也"。汤武革命,"因民之欲也"。"故能因,则无敌于天下矣。"⑪作者总结了三代盛世的基本经验,归结为一个"因"字,"三代之所道者,因也"⑫。

在法自然上,还有消极的"物化"论和真假参半的天人感应论,在政治上也有相应的反映。这里不复赘言。

---

① 《泰族训》,后三句依王念孙校改。
②③④⑦⑩ 《原道训》。
⑤⑥⑧ 《主术训》。
⑨⑪ 《泰族训》。
⑫ 《诠言训》。

第四节　顺时变法与礼法

《淮南子》把对历史的认识当作对现实和未来认识的一种基本方式。《缪称训》说:"圣人察其所以往,则知其所以来者。"作者对历史的看法受法家的影响比较明显,但又夹杂着道家的情感。作者认为历史既是一个进化过程,又是一个退化过程。从道德的角度看,历史是退化的,最初的历史处于"混冥之中",那时无礼义之设。"逮至衰世,人众财寡,事力劳而养不足,于是忿争生,是以贵仁。"①"上世体道而不德,中世守德而弗坏也,末世绳绳乎唯恐失仁义。"②尽管基本估价如此,但作者并不主张回到遥远的古代,相反,对孔、墨的复古之论进行了尖锐的批评。"今儒墨者称三代、文武而弗行,是言其所不行也;非今时之世而弗改,是行其所非也。称其所是,行其所非,是以尽日极虑而无益于治。劳形竭智而无补于主也。"③作者还批评了政治上的经验主义,指出企图"以一世之度制治天下",如同刻舟求剑一样愚蠢④,认为随时代变化而改革制度礼法是符合于自然的。《泰族训》说:"圣人事穷而更为,法弊而改制,非乐变古易常也,将以救败扶衰,黜淫济非,以调天地之气,顺万物之宜也。"《氾论训》说:圣人"论世而为之事,权事而为之谋",所以随时而变制,与积极的无为非但不是矛盾的,反而正是无为所要求的。

根据历史进化的原则,他们认为人为的礼义制度只能收一时之效,不可能永远适用。《氾论训》说:"故五帝异道而德覆天下,三王殊事而名施后世,此皆因时变而制礼乐者……是故礼乐未始有常也。故圣人制礼乐,而不制于礼乐。"也就是说,圣人是礼乐的主人,而不是礼乐的奴隶。有的篇认为仁义为治国之本。《齐俗训》说:礼义这种东西,是"一世之迹也",而不是普遍真理,如果视为普遍真理,必然陷入谬误。而风俗是随时代而变迁的,"世异则事变,时移则俗易。故圣人论世而立法,随时而举事"。"是故不法其已成之法,而法其所以为法。所以为法者,与化推移者也。""与化推移"是一个极为光辉的命题,明了这一点,就能从历史的羁绊中解脱出来,获得创造历史的自由。人虽然都在

① 《本经训》。

② 《缪称训》。

③ 《氾论训》。

④ 《说林训》。

从事历史的创造,然而人们常常把自己的创造从意识上让渡给别人或先贤圣哲。丢掉了主体精神的历史活动多半属于重复型的,反之,如果把自己看作创造的主体,他就会变成积极的斗士。在这里,由于作者认识到了自己是创造历史的主体,他们便把传统的法度礼乐的神圣性抛到一边,于是礼乐制度就变成了手中的工具。正如《氾论训》说的,"法制礼义者,治人之具也,而非所以为治也……天下岂有常法哉!当于世事,得于人理,顺于天地,祥于鬼神,则可以正治矣"。又说:"法度者,所以论民俗而节缓急也;器械者,因时变而制宜适也。"

作者们对礼法起因的看法大体上本于法家。《齐俗训》说:"礼因人情而为之节文。"又说:"衣服礼俗者,非人之性也,所受于外也。"

《淮南子》认为法也是历史的产物。《主术训》说:"古之置有司也,所以禁民,使不得自恣也。""法生于义,义生于众适,众适合于人心,此治之要也。""法籍礼义者,所以禁君使无擅断也。人莫得自恣则道胜,道胜而理达矣,故反于无为。""法者,非天堕,非地生,发于人间,而反以自正"。在作者看来,法起源于人类自我控制的需要,同时也是为了维持公众的利益,即"适众"。法的起源还有一层意义,即给君主以限定,使君主不能擅自妄为。作者在这里强调了法的社会性,与法家强调法是君主的工具有所不同。

在论述历史之变时,作者还提出"是非"也是一个历史的范畴。《齐俗训》说:"天下是非无所定,世各是其所是而非其所非。"细加考究,这种说法未尽妥当,但它确实提出了一个无可争辩的事实,即是非随时代而不同。作者除了讲时代对是非的影响外,还谈到理论框架和个人特点对是非的判断也会造成差异。《氾论训》在评价诸子争鸣时说:"故是非有处,得其处则无非,失其处则无是。"《齐俗训》说:"所谓是与非各异,皆自是而非人。"作者所提出的历史是非的相对性观点是有见地的,他们的错误在于走到了不分是非的相对主义。

在论述历史变迁时,作者还论述了形势与个人的关系。《淮南子》中有不少地方夸大了圣人的作用,但值得珍重的是,作者在不少地方论述了形势胜于个人,其中也包括圣人。《俶真训》说:"故世治则愚者不能独乱,世乱则智者不能独治。""虽贤王,必待遇。遇者,能遭于时而得之也,非智能所求而成也。"[1]因为世之乱治"不专在于我,亦有系于世矣"[2]。根据这种认识,作者提出

---

[1]《诠言训》。

[2]《俶真训》。

"处便而势利"的观点。《本经训》说:"有贤圣之名者,必遭乱世之患也。"汤武之圣是由桀纣之暴虐作为条件的。这种认识不是《淮南子》所独有的,在《吕氏春秋》及《战国策》中均有类似的看法,《淮南子》继承和发展了这种看法,其精辟之处在于指出个人不能改变历史形势而"独治""独乱",个人只有与特定的形势相结合才能充分显示出个人的作用。

《淮南子》除了注重整个历史变迁之外,对每一年中的四时与政治的关系也十分关注。《天文训》中几乎抄录了整部《月令》。

基于上述认识,《淮南子》在政治上特别强调时机的选择。《原道训》指出,贤智之人不在于先,不在于后,而"贵其周于数而合于时也"。时间在政治及人的活动中是一种伟大的力量,时过境迁,时不可失,失不再来,"故圣人不贵尺之璧,而重寸之阴,时难得而易失也"。《齐俗训》说:"简于行而谨于时。"《修务训》指出:"圣人知时之难得,务可趣也。"时不是空洞的,它与客观存在交融在一起,构成一种综合的东西,古人论时总是指充满内容的历史过程。因此,能否"趋时"就成为智愚的一个标志。作者一方面看到人们在时间的运动中是一种能动的力量,另一方面又常常教人以消极等待,提出"得在时,不在争"[1]"穷达在时"[2]。

第五节　顺人情与以民为本

《淮南子》中的人性论杂而不统一,但都认为人性是政治的基本依据。简要论之,可分为如下三种:

第一,主张人性本善。《泰族训》说:"人之性有仁义之资。"不过又不同于孟子,作者强调必须把"仁义之资"与后天教育结合起来,才能使之完美。人伦这种东西是人的本性中所有的,但要使之成为一种品质,还必须有圣人的教育。所以作者说:"此(人伦)皆人之所有于性,而圣人之所匠成也。故无其性,不可教训;有其性,无其养,不能遵道。茧之性为丝,然非得工女煮以热汤而抽其统纪,则不能成丝……人之性有仁义之资,非圣人为之法度而教导之,则不可使向方。"作者认为善质是内在的根据,教育是条件,只有两者结合才能把

---

① 《原道训》。

② 《齐俗训》。

可能变为现实。这种看法显然受了孟子的影响,但与孟子所强调的反心求性又有所不同。

与人性善相对应,作者主张以仁义治国,《泰族训》说:"所谓仁者,爱人也;所谓知者,知人也。爱人则无虐刑矣,知人则无乱政矣。治由文理,则无悖谬之事矣;刑不侵滥,则无暴虐之行矣。"又说:"治之所以为本者,仁义也。""天下,大利也,比之身则小;身之重也,比之义则轻。""民不知礼义,法弗能正也。"《主术训》说:"国之所以存者,仁义是也。"又说:"遍知万物而不知人道,不可谓智。遍爱群生而不爱人类,不可谓仁。仁者,爱其类也;智者,不可惑也。"《人间训》说:"义者,人之大本也。虽有战胜存亡之功,不如行义之隆。"以上这些论述显然是属于儒家的。

第二,主张人性属清静。《人间训》说:"清净恬愉,人之性也。"《俶真训》说:"人性安静。"《齐俗训》讲:"人性欲平。"主张人性清静的,把人的欲望看作政治的天敌,政治的首要任务就是把人们的欲望、知识抛到垃圾坑里。《原道训》说:"至人之治也,掩其聪明,灭其文章,依道废智,与民同出于公。约其所守,寡其所求,去其诱慕,除其嗜欲,损其思虑。约其所守则察,寡其所求则得。"这叫"还反于朴",是老庄政治哲学的再现。

第三,混合说。《修务训》把性品说、好利说与积俗成性说结合在一起。所谓性品,就是性有等差。作者认为,"不待学问而合于道者,尧、舜、文王是也",这是最上等的;"沈湎耽荒,不可教以道,不可喻以德,严父弗能正,贤师不能化者,丹朱、商均也",这是最坏的;居中者"上不及尧、舜,下不及商均……此教训之所谕也"。第一类和第二类人都是少数,第三类是多数,就多数人的本性而论,作者又认为好利避害是其共性。"天之所覆,地之所载,包于六合之内,托于宇宙之间,阴阳之所生,血气之精,含牙戴角,前爪后距,奋翼攫肆,蚑行蛲动之虫,喜而合,怒而斗,见利而就,避害而去,其情一也。虽所好恶,其与人无以异。"但是人的本性又不是一成不变的,作者批评了性自然不可损益的观点,举例说:"故其形之为马,马不可化;其可驾御,教之所为也。马,聋虫也,而可以通气志,犹待教而成,又况人乎!"

《齐俗训》以为人的本性无所谓恶善,它是环境影响的结果。作者指出,羌、氐、僰、翟诸族的婴儿刚出世之时,"皆同声",待长大成人,用几道翻译,仍然不能"通其言",其原因并不是先天的,而是后天的"教俗殊也"。作者认为白帛染之赤则赤,染之黑则黑,而人性亦正如此。"人之性无邪,久湛于俗则易。

易而忘本,合于若性。""合于若性"是说外界环境的影响可以转化为性的组成部分。《诠言训》也指出,人的本性是变化的,"凡人之性,少则猖狂,壮则暴强,老则好利。一人之身既数变矣"。

由于好"利"是多数人的本性,因此,治国要以此为出发点。《氾论训》说:"治国有常,而利民为本。"《主术训》说:"食者,民之本也。民者,国之本也。国者,君之本也。"因此治国要先考虑民食问题。此中关键是征敛的多少问题,作者提出"必先计岁收,量民积聚,知饥馑有余不足之数",然后征敛。又说:治民"非能目见而足行之也,欲利之也。欲利之也不忘于心,则官自备矣"①,也提出政治的基本原则是"日夜不忘于欲利人"②,指出成败的关键在于"得民之与失民也"。又说:"所谓有天下者,非谓其履势位,受传籍,称尊号也;言运天下之力,而得天下之心。"又说:"欲成霸王之业者,必得胜者也。能得胜者,必强者也。能强者,必用人力者也。能用人力者,必得人心者也。"这些论述受法家的影响比较明显,同时也兼有儒家的气味,可说是两者的合流。

上述三种人性论与三种治国指导原则在理论上是矛盾的,它们同存于一部书,甚至同一篇文章中,足以说明《淮南子》的驳杂。有的著作把《淮南子》的人性论系统为一说,是不符合实际情况的。

原载刘泽华:《中国政治思想史(第二卷)》,浙江人民出版社,1996年

---

① 《主术训》。
② 《修务训》。

第八章 董仲舒的天人合一
与君主专制主义理论

董仲舒是汉代新儒学的奠基者,在汉武帝实行罢黜百家、独尊儒术的政策之后,他的思想成为当时社会的指导思想。从流传下来的《天人三策》和《春秋繁露》等著作中,我们可以确认董仲舒是一个唯心主义哲学家。他把儒家的政治思想提高为哲学理论,给汉武帝在政治上的措施提供了理论依据。

第一节 神化皇权的天人合一论

春秋战国时代,"天"是一个重要的哲学课题,代表不同阶级利益的不同学派有着不同的解释。产生这种现象的根源主要是由于政治上的分裂,没有一个全国统一的政权。秦始皇统一六国,建立了专制主义的国家,皇帝握有无上的权力。汉初,因循秦制,中央政权同地方的封建割据势力进行了激烈的斗争。经过景帝的削藩和武帝的推恩,地方割据势力被削弱了,皇帝的权力逐渐加强。为了神化这种权力,有必要求助于天。这突出表现在武帝对贤良文学之士的策问中。武帝还在儒家的策划下,来了一个空前壮观的封禅,使自己同天联结起来。他需要一种哲学理论,作为行动的依据。

国家在政治上的统一,皇权的强化,必然要求世界观的统一,以往对天的多种解释已不能适应这种情况。在这样的历史条件下,董仲舒把以往对天的各种解释杂糅在一起,并给以神秘的唯心主义的解释。他把阴阳、五行、自然现象统统包摄在天的体系中,他说:"天地之气,合而为一,分为阴阳,判为四时,列为五行。"①他又把天人格化,这就是"天副人数"。不过在董仲舒那里是首尾颠倒的,照他的说法应是"人副天数"。

人是天创造的,但所造出的人的本质是不同的,这就是他的性三品说。所

---

① 《春秋繁露·五行相生》,以下只注《春秋繁露》篇名。

谓三品即有"圣人之性""斗筲之性"和"中民之性"。"圣人之性"是超乎寻常人的,不可以名性;"斗筲之性"是大逆不道,亦不可名性。只有"中民之性"才可称性。所谓"中民之性"便是"有善质而未能善"①。这种"善质"只有经过圣人的教化才能变为善,但即使为善,仍不能同圣人相比,因为"善过性,圣人过善"②。董仲舒这种说法比孟、荀的"人皆可以为尧舜"的观点是大大退步了,其目的是为了把圣人即皇帝置于万民之上。

圣人行教化是执行天的命令,即是说,沟通天人之际的只能是圣人,他说:"古之造文者,三画而连其中谓之王。三画者,天地与人也,而连其中者通其道也。取天地与人之中以为贯而参通之,非王者孰能当是。"③由此可见,董仲舒的天人合一,只是天王合一,使统治者的地位神圣化、绝对化。其结论就是尊天必须尊王,因为"天子受命于天",所以天下就应该"受命于天子"④。因此又说:"身以心为本,国以君为主。"⑤

天子的独尊由董仲舒的天人说进行了理论上的论证。然而天子的绝对权力并非在任何情况下对封建制度都是有利的,一旦君主无限度地滥用权力,常常会招致国破家亡。根据这种历史经验,董仲舒又提出了天的谴告理论。有人说,他的谴告论具有进步性,因为对君主起着常人所起不到的警戒作用。实际上不是这样。其一,附会灾异的谬说并不能监督君主行仁政,相反,大都成了统治阶级钩心斗角、相互玩弄的工具,这只要看看《汉书·五行志》就够了。其二,从历史事实上看,灾异说盛行之时,大抵也是政治上最昏乱之时,历史上绝没有一次进步的政治改革是因为谴告说引起的。其三,在理论上这也是个大倒退。早在战国时荀子已提出君舟民水的理论,可是董仲舒却宣扬人民没有权利教训统治者的说教,一切只能借助于上天,而上天的本质就是天子。所以,董仲舒的谴告论是欺骗人民、转移人民的斗争视线的反动理论,进步作用是一点儿也没有的。

董仲舒用天人合一的理论给皇帝蒙上了一层圣光。这是殷周天帝观的复活,但又不是简单的重复。在形式上董仲舒的天比殷周时的天更巧妙,更复杂,因此也就更有欺骗性。

---

① ② 《深察名号》。

③ 《王道通三》。

④ 《为人者天》。

⑤ 《通国身》。

第二节　维护封建制度的"合分"论

汉建立以后,不少思想家对秦覆亡的教训进行了总结,批判了法家的高压政策,实行了黄老无为政治。但也存在另一方面的问题,即缺乏严格的封建等级秩序和巩固这种秩序的礼。统治阶级内部争夺权势的斗争十分激烈,政局总是不稳定。

这些教训,对于封建统治者来说,不仅要严格区分统治阶级与被统治阶级之间的界限,而且要调整两者之间的关系;对于统治阶级内部的关系来说,还必须有严格的尊卑等级的区分。只有这样,封建统治的"金字塔"才能建立起来,皇帝才能坐稳。董仲舒总结了历史的经验教训,提出"合""分"的理论。他说"凡物必有合"①,所谓"合"有两方面的意义:

第一,任何事物都有两个相对的方面,即是说"合"中有"分"。董仲舒说:"合必有上,必有下;必有左,必有右;必有前,必有后;必有表,必有里;有美必有恶;有顺必有逆;有喜必有怒;有寒必有暑;有昼必有夜。此皆其合也。"②

第二,相对的一方是另一方的从属和附庸。他说:"地,天之合也。"③"阴者阳之合,夫者妻之合,子者父之合,臣者君之合。"④

董仲舒的这种"合分"理论正是为了论证封建的社会秩序是必然的和合理的。运用在社会上就是他的"礼"论。他所说的礼也有两方面的意义:

第一,人与人之间也有相对的关系。他说:"礼者,继天地,体阴阳,而慎主客,序尊卑、贵贱、大小之位,而差外内、远近、新故之级者也。"⑤他把尊卑、贵贱等区分视为自然现象,犹如自然界分天地、阴阳一样。

第二,这种相对的一方只能是另一方的从属,其论证方法仍然是以天证人,说什么地必须服从天,从而卑必须顺从尊,贱必须事奉上,臣必须忠于主,民必须屈于君。"下事上如地事天也,可谓大忠矣。"⑥"以人随君,以君随天。"

---

①②④《基义》。

③《阳尊阴卑》。

⑤《奉本》。

⑥《五行对》。

"屈民而伸君,屈君而伸天。"①

依据上述原则,董仲舒还定了一套具体礼制,其中包括经济、政治、舆服、伦理诸方面。

董仲舒从理论上论证了封建秩序是必然的和合理的,但问题不仅在于对这种秩序的论证,还在于如何处理这种关系。于是他又提出了"和"与"中"。他说:"中者天地之所始终也,而和者天地之所生成也。夫德莫大于和,而道莫正(止)于中。中者天地之美达理也,圣人之所保守也。"②这就是说,在处理阶级关系时,从理论上、从精神上、从宣传上应强调"和",在实际问题上要强调"中"。他说:"圣者则于众人之情见乱之所从生,故其制人道而差上下也,使富(者)足以示贵而不至于骄;贫者足以养生而不至于忧,以此为度而调均之,是以财不匮(遗)而上下相安,故易治也。"③由此可见,为了地主阶级的长久之计,他不仅十分肯定"合"中之"分",而且还强调"合"中之"和"。这也就是说,董仲舒看到了被统治阶级与统治阶级的对立,但他强调宣传统一,以此调和阶级矛盾并麻痹人民。

为了巩固封建秩序,除了制度之外,还须有一套与之相适应的伦理道德,于是董仲舒又提出了"三纲"和"五常"。"三纲""五常"是先秦以来各家伦理学说的总和。董仲舒论证了"三纲"和"五常"是天道的演绎,以此来神化封建社会中束缚人民的"四大绳索",从而为封建制度服务。

董仲舒所说的"合"中之"和"与"中",并不是为了消除"分",而是为了巩固"分"。也就是说,他讲的阶级之间的调和正是为了巩固封建地主对农民的统治。

第三节 政治上应变的"经权"论

地主阶级在还处于上升的时期,并不完全否定历史是发展的,如法家便把历史看成是不断前进的,把历史分为上古、中古和近世三个进化阶段。但是,当他们掌握并巩固了政权之后,就改变了腔调,转而反对关于历史的进化和发展的观点了。秦始皇企图把他的统治传至万世以至无穷,这正说明不承

①《玉杯》。
②《循天之道》。
③《度制》。

认社会的变革。

董仲舒承认改朝换代的事实,但却不承认有过根本性的变化。在他看来,人类社会从来都是一样的:"道之大原出于天,天不变,道亦不变。"①他说的道就是封建制度,因其不变,故又称之为"经"。

社会之"道"("经")同一,但治乱却有不同。原因何在?他认为根本原因在于君主是否遵"道"。他说:"道者万世亡(无)弊,弊者道之失也。先王之道必有偏而不起之处,故政有眊而不行。举其偏者以补其弊而已矣。"②这种情况怎么办?他认为有两种办法,一是像周宣王那样,积极改制,力图中兴,恢复旧道。还有些君主暴虐无边,又无子孙起来改制,这就要改朝换代,改姓易王。但这只能是有德之人承担,即所谓"有道伐无道"③。不管前一种办法还是后一种办法,都不能违背"经""道",所以"有改制之名,亡(无)变道之实"④。因此这种改制只能称为"权"或"变"。

这种理论,一方面为了说明封建制度是永恒的,另一方面为了说明在"经"的范围内允许权变。这恰恰又是为武帝"改制"制造理论。董仲舒自己也曾大力鼓吹"更化"。他说:"汉得天下以来,常欲善治而至今不可善治者,失之于当更化而不更化也。"⑤

董仲舒的经权主张有两个用意:其一,为了证明封建制度是"合理的""永恒的"。社会上任何灾难,人民的任何痛苦都同这一制度无关,而仅仅是某个君主不遵道的结果,他把君主同封建制度分开,由此得到的结论就是:可以更换君主,而封建制度却是永世长存的。其二,他劝诫君主要把握住主动权,要依据客观形势实行一些权变,调整一下阶级关系,防止农民起义,不要像秦那样,火在燃眉而不知权变,结果被推翻。但"变"有一个原则,就是必须在"经"之"可以然之域"。所以董仲舒的"变"不是为了改变"经",而是为了维护"经"。

由此可见,董仲舒的经权思想,在本质上,既不承认历史的发展,也不承认历史上的革命。他把历史看成只是量的变化和形式的转换,这就是他的历史"三统"说。

---

①②④⑤《汉书·董仲舒传》。

③《尧舜不擅移》。

第四节　统治阶级两手政策的"德刑"论

儒家主张先德而后刑,法家则主张有刑而不必有德,地主阶级在同奴隶主斗争中,在奴役农民的过程中,主要靠刑即强力。因此在战国期间,各国差不多先后都奉行过法家的政策。当秦统一六国之后,滥用刑法,残害农民,结果导致了农民大起义,这是法家第一次受到农民的"武器的批判"。鉴于秦的教训,汉初奉行了黄老思想。但"无为"政治虽然使农民得到了一个短暂的喘息机会,却更有利于地主阶级的兼并,汉初豪强地主飞速地发展起来就是这一政策的结果,因此社会上又蕴藏着另一次危机。于是董仲舒提出了为地主阶级的长远利益服务的先德而后刑的主张。

董仲舒为了给这种主张找根据,把它说成是由天道引申出来的。他在《春秋繁露》的许多篇中说天亲阳而疏阴,任德不任刑。他把天象,人事,主观的臆想,一股脑儿拉在一起,什么天分阴阳,判为四时,夏主生,冬主杀,生为德,杀为刑,故天先德而后刑,人主亦应如是,等等。关于德和刑的关系,他说德为经,刑为权,因为"阴为权,阳为经"。董仲舒的所谓德经刑权的说法完全是欺骗,而且是颠倒事实。从封建制度的本性而言,不管何时,只能是以刑为经,以德为权。这样一来,封建制度的实际同他的理论发生了矛盾,怎么办?董仲舒又用另外的方式把刑抬出来,一方面,把刑比之于冬,冬不可废,故刑亦不可废,而夏不能代冬,故德亦不可代刑;另一方面,由于他把刑说成是为了德,是德的补充,这就给统治者滥刑开了方便之门,因为统治者可以随便把施刑说成是为了行德。

地主阶级经常交互使用刑德两手,但从本质上看,德只能是刑的补充。他们企图以德达到刑所不能达到的目的。董仲舒的德,主要内容有二。其一,政治上要行"教化"。"教化"的目的何在?他说:"夫万民之从利也,如水之走下,不以教化堤防之,不能止也。"而教化的目的即"渐民以仁,摩民以谊(义),节民以礼。故其刑罚甚轻而禁不犯者,教化行而习俗美也"[①]。可见德同刑的目的一样,都是为了巩固封建制度。其二,调整义利关系。他说人的本性有义、利两个方面,"天之生人也,使人生义与利,利以养其体,义以养其心"[②]。由此而得

---

① 《汉书·董仲舒传》。
② 《身之养重于义》。

出结论就是以义节利。在当时，人民根本谈不上有什么利，还要加以节制，这不是要人束手待毙的哲学又是什么？

在义利关系上他也提出君主不要与民争利，但其限度仅是"使富者足以示贵而不至于骄，贫者足以养生而不至于忧，以此为度而调均之"。这样做的目的则是为了"上下相安，故易治也"。

既然德刑都是为了"化民"，因此君主应牢牢把握住"二柄"。他说："国之所以为国者德也；君之所以为君者威也。故德不可共，威不可分。德共则失恩，威分则失权。失权则君贱，失恩则民散。民散则国乱，君贱则臣叛。是故为人君者，固守其德以附其民，固执其权以正其臣。"①可见董仲舒煞费苦心地倡言德刑论，是旨在保护封建制度，为地主阶级效劳的。

原载《历史教学》，1965 年第 6 期

---

①《保位权》。

第九章 《五经》崇拜与思维方式

汉武帝推行独尊儒术与以"经"取士,把士人中的多数引上读儒书、入仕途之路,同时也把儒术变为政治的组成部分。这样便带来两个明显的后果:其一,像清人方苞所称:"儒之途通而其道亡。"方苞的话不免绝对,但大体是中肯的。多数儒士不是把儒学作为"道"来追求,而是把它作为入仕的敲门砖;儒术被置于独尊之位,同时也被禁锢了,失去了学术文化的独立性与超越性。其二,儒术成为规范社会和人的理论原则。这些原则是至高、至圣的,高悬在全社会之上。社会历史的自然发展一下子变成了儒家经典与原则的翼卵物。于是理论高于实践,原则高于生活,儒家教条主义弥漫于全社会,这可以说是留给中华民族的最大灾难之一。

尊经,读经,代圣人立言,把众多的人变成了吃"经"虫子。但对如何"吃",又不可避免产生歧义,于是在经学内又出现了多样化与多元化的运动。这是最初实行独尊儒术者所未料及的。应该说,这是思想多元化规律的一种变态表现。但是,作为统治阶级的意识形态又不能使多样化走得太远,而思想本身又不可能统一。那么,要达到统一只能借助权力,于是皇帝成为最高经师和裁决者。儒术教条主义同王权结成了连体,互相依存,成狼狈之势。

第一节 "五经"神话

汉武帝独尊儒术以后有两种力量把"五经"一步一步推向神圣的地位。一是汉家政权的提倡,以"经"取士,把广大的士人引导到读经的轨道;二是儒生们不断编造有关"五经"的神话。在这两种力量的推动下,"五经"由行政规定性权威进而成为神化权威。

"经"这个概念早在战国时期就出现了,当时的"经"指提纲或主旨。在《墨子》中有"经"与"说",《管子》中有"经"与"解",《韩非子》中的《内储说》《外储说》有"经"与"传"。"说""解""传"都是训释或发挥"经"义的。马王堆古佚书中的黄老派著作有《经法》。儒家著作中称"经"的现象更为突出，《荀子·劝学》说："始乎诵经,终乎读礼。"荀子又称礼为"礼经"。《管子·戒》载："泽其四经。"四经就是《诗》《书》《礼》《乐》。《庄子·天道》说孔子"缯十二经"。《天运》篇载孔子治六经。其文曰："孔子谓老聃曰:'丘治《诗》《书》《礼》《乐》《易》《春秋》六经。'"汉武帝独尊儒术的主要内容之一是立五经博士。

"五经",即《易》《书》《诗》《礼》《春秋》,在此之前这五部虽亦有称"经"者,但均属民间的诸子之学。经汉武帝钦定,才上升为官方之学。"五经"不仅仅是官方颁布的教科书,更主要的是它是官方意识的体现,是皇帝钦定的国家与社会的指导思想,是控制社会的工具和行为规范准则。由于"经"与王权的结合,它就不仅仅是一种思想文化,而且是一种政治力量,违反"经"就是违法。所谓封建文化专制,其内容就是儒家经典专制。汉代除尊"五经"外,将《论语》《孝经》与"五经"同列,称为"七经"。

"五经"之史可以上溯到商周,乃至更早,正像《庄子·天运》篇称引老子之语:"夫'六经',先王之陈迹也。""六经"即"五经"再加《乐》。汉武帝立经学时,《乐》未单独立,其实《乐》与《诗》《礼》相配合,包括在"五经"之中。文献中称"六艺""六经"与"五经"同指。"五经"早在孔子之前已广泛流传,孔子对这些古文献做了删定和选编。汉代立"五经"后,更强调了孔子的删定纂修之功,或者反过来讲,只有孔子删定的方可称之为"经"。司马迁说,"中国言'六艺'者折中于夫子"①。匡衡上疏云:"孔子论《诗》以《关雎》为始。"②王充在《论衡·须颂》中说,孔子编辑《尚书》。范升说,"'五经'之本自孔子始"③。徐防上疏:"臣闻《诗》《书》《礼》《乐》,定自孔子。"④马端临引应劭的话:"诸国之教未必尽备六者(按:指《书》《诗》《礼》《乐》《易》《春秋》)。盖自夫子删定赞修笔削之余,而后传习滋广,经术流行。"⑤

孔子删定"五经"之论大体可信,但也有言过其实之处。东汉以后,怀疑思潮兴起,对孔子与"五经"的关系提出了质疑。如王弼认为《易传》非孔子之作,

---

① 《史记·孔子世家》。

② 《汉书·匡衡传》。

③ 《后汉书·范升传》。

④ 《后汉书·徐防传》。

⑤ 《文献通考·经籍考一》。

杜预对孔子作《春秋》也提出怀疑。

孔子定"五经"足可称圣典，但还缺少神气，于是一帮儒士又制造出了"五经"神话，主要载于纬书中。

《诗》不仅言志、道情，还包含着天人之际。《春秋说题辞》讲："诗者，天地之精，星辰之度，人心之操也。在事为诗，未发为谋，恬淡为心，思虑为志，故诗之为言志也。"《诗含神雾》说："诗者，天地之心，君德之祖，百福之宗，万物之户也。集征揉著，上统元皇，下叙四始，罗列五际。"《春秋演孔图》说："《诗》含五际、六情。"在这些论述中，诗已从人之情态一跃而为"天地之心"的表现，并且成为万物出入的门户。文中所谓的"四时""五际""六情"同阴阳五行、天人合一相杂而成论。《诗汜历枢》说："《大明》（按：《诗》的篇名，下同）在亥，水始也；《四牡》在寅，木始也；《嘉鱼》在巳，火始也；《鸿雁》在申，金始也。"又说："午亥之际为革命，卯酉之际为改正，辰在天门，出入候听。"《后汉书·郎𫖮传》载："《诗汜历枢》曰：'卯酉为革政，午亥为革命，神在天门，出入候听。'言神在戌亥，司候帝王兴衰得失，厥善则昌，恶则亡。"《诗汜历枢》曰："卯，《天保》也；酉，《祈父》也；午，《采芑》也；亥，《大明》也。然则，亥为革命，一际也。亥（依《郎𫖮传》当为"戌亥"）又为天门，出入候听，二际也；卯为阴阳交际，三际也；午为阳谢阴兴，四际也；酉为阴盛阳微，五际也。"文中的亥、戌亥、卯、午、酉表示八卦方位，《诗》同《易》八卦方位说纠葛在一起，变成了宇宙图式的一种表现。"《诗》之为学，情性而已"，本是不错的。然欲知情性，须"参之六合五行"①。于是喜、怒、哀、乐、好、恶之情性融入了神秘的天人合一之中。

《书》本是历史文献的汇编，汉儒也赋予其神性，《孝经援神契》："《易》长于变，《书》考命符授河。""授河"，即授《河图》《洛书》，以考命符。《书》不仅是先王的陈迹，同时也是天命的记录。《尚书璇玑钤》云："尚者，上也，上天垂文象，布节度；《书》者，如也，如天行也。"又云："《书》务以天言之，因而谓之《书》，加'尚'以尊之。"《春秋说题辞》云："《尚书》者，二帝之迹，三王之义，所以推期运，明命授之际。书之言信而明天地之情，帝王之功。"

《易》之成，流行的说法，源于伏羲，成于周文王。纬书的作者还嫌不神秘，又制造了更古老的神话，《易乾坤凿度》称，最初，由圣人"章流立文，以诂息孙"，以后相继传授于天老氏、混沌氏、天英氏、无怀氏、神农氏、烈山氏、鳌厘

① 《汉书·翼奉传》。

氏、老孙氏、轩辕氏……所以称"乾坤凿度",就是开凿通向天门和大地的道路。《春秋说题辞》云:"《易》者,气之节,含五精,宣律历,《上经》象天,《下经》计历,《文言》立符,《彖》出期节,《象》言变化,《系》设类迹。"

《礼》"所以设容,明天地之体也"①。

《春秋》是孔子接受天命之作,在制作过程中充满了神气。

"五经"不仅是圣人之作,同时又是天意的体现或天授。"五经"神圣化的直接后果,就是至上性,它不再是认识的阶梯,而只能是崇拜的最后真理。

第二节　孔子神话

"五经"由孔子手定,神化孔子与神化"五经"构成互动互推关系。神化孔子早在孔子在世之时就开始了。孔子死后,门徒一代接一代把神化一步一步地推向高峰。汉高祖的祭孔和汉武帝的独尊儒术,以及后来的帝王不断地尊孔,如祭祀、加封号、封孔子之后等,为神化孔子提供了政治环境。

把孔子纳入"王"的行列,使孔子兼具"圣"与"王"双重之尊,是汉儒的新发明。由于孔子没有真正做过"王",于是给孔子加上"素王"的王冠,《淮南子·主术训》最早记述此事:"孔子……专行教道,以成'素王',事亦鲜矣。"《主术训》的作者不免还有点讥讽之意。但在儒家的纬书中,孔子与他的弟子俨然建立了小朝廷。

> 仲尼为素王,颜渊为司徒。②
> 左丘明为素臣。③
> 麟出周亡,故立《春秋》制,素王受,当兴也。④

三皇五帝、三代圣王都是感天而生的。孔子"祖述尧舜,宪章文武,上律天时,下袭水土,辟如天地之无不持载,无不覆帱,辟如四时之错行,如日月之代明,万物并育而不相害,道并行而不相悖"⑤。这位功比尧舜、文武的"素王"也

---

① 《春秋说题辞》。
② 《论语摘辅象》,见《汉学堂丛书》。
③ 《论语摘辅象》。
④ 《春秋纬》,见《汉学堂丛书》。
⑤ 《中庸》。

同样是感天之灵而生的:

> 叔梁纥与徵在祷尼丘山,感黑龙之精,以生仲尼。①
>
> 孔子母颜氏徵在游太冢之陂,睡梦黑帝使请己,己往梦交,语曰:"汝乳必于空桑之中",觉则若感,生丘于空桑之中。②

今天看起来,除了荒唐之外,就是可笑。然而在当时,这是极为严肃、极其神圣的,只有极少数带异端意味的杰出思想家,如王充敢提出怀疑,成千上万的儒生都深信不疑。在中国历史上,神化躯体与神化思想相辅相成,孔子被神化,他所删定的"五经"也进一步被神化。

汉家举起尊孔的大旗,反过来,吃汉家饭的儒生们又制造了孔子为汉家制度的神话。这在纬书中讲得最多。

《春秋演孔图》说:"圣人不空生,必有所制,以显天心。丘为木铎,制天下法。"孔子制天下法,照理应为一代之王,可惜,孔子生不逢时,仍不免两手空空。但历史为孔子之法做了安排,这就是由汉来实现。所以又说:"孔子仰推天命,俯察时变,却观未来,豫解无穷,知汉当继大乱之后,故作拨乱之法以授之。"按五德终始说中的一说,夏朝属金,尚白;殷朝属水,尚黑;周朝属木,尚青。秦朝是个怪胎,被排除正统之外,不当位。这样继周的就是汉朝了。汉朝属火,尚赤。所以汉朝人讲孔子为汉制法,又称为"赤帝制法""为汉赤制""为赤制"等。《春秋感精符》说:"墨孔生,为赤制。"孔子之母与黑龙交而生孔子,黑同墨,同玄,所以又称孔子为"墨孔""玄孔"。《春秋演孔图》说:"玄丘制命,帝卯行。"

卯、卯金,为繁写"劉"字之别字或隐语。劉(刘),就是刘邦开创的汉家天下。《春秋汉含孳》则直称:"丘览史记,援引古图,推集天变,为汉帝制法,陈叙图录。"

在当时,一些著名儒家经师、大学者也大谈特谈孔子为汉家制度。郅恽说:"汉历久长,孔为赤制。"李贤注:"言孔丘作纬,著历运之期,为汉家之制。汉火德尚赤,故云为赤制。"③苏竟说:"夫孔丘秘经,为汉赤制,玄包幽室,文隐

---

① 《礼记正义·檀弓》引《论语撰考谶》。

② 《春秋演孔图》。

③ 《后汉书·郅恽传》。

事明。"①班固说："孔猷先命,圣孚也。"李贤注："猷,图也。孚,信也。言孔丘之图,先命汉家当须封禅,此圣人之信也。"②王充不信谶纬,但对孔子为汉家制度这一点,却尾随谶纬而称是："夫'五经'亦汉家之所立,儒生善政,大义皆出其中。董仲舒表《春秋》之义,稽合于律,无乖异者。然则《春秋》,汉之经。孔子制作,垂遗于汉。"③

孔子为汉家制度之说,在当时不是没有受到挑战,西汉后期儒家内部就有"更命"说,或"革命"说。但随着王莽改革的失败与垮台,思汉思潮急遽复兴,孔子为汉家制度说又笼罩了社会。宋代欧阳修曾对此进行过批评："甚矣,汉儒之狡陋也!孔子作《春秋》,岂区区为汉而已哉!"④欧阳修说汉儒"狡陋",从历史的角度看是不错的,但这种"狡陋"正反映了汉代儒生的心态。

孔子为汉家制度说不仅表明汉儒对汉家的认同,同时也表明儒生们都变成了汉家的工具。既然孔子为汉家制度,作为孔圣人的信徒只有一条路,这就是为汉家效力、尽忠。孔子为汉家制度说对塑造汉儒的精神有着极为重要的意义,它的最显著的作用就是把儒生塑造为汉家政治的从属物。

第三节 "五经"是放之四海而皆准的"最后真理"

清末经学家皮锡瑞在其所著《经学历史》中对孔子删定"六经"的意义做过如下评述:

> 读孔子所作之经,当知孔子作"六经"之旨。孔子有帝王之德而无帝王之位,晚年知道不行,退而删定"六经",以教万世。其微言大义实可为万世之准则。后之为人君者,必遵孔子之教,乃足以治一国,所谓"循之则治,违之则乱。"后之为士大夫者,亦必遵孔子之教,乃足以治一身,所谓"君子修之吉,小人悖之凶。"此万世之公言,非一人之私论也。孔子之教何在?即在所作《六经》之内。故孔子为万世师表,"六经"即万世教科书。

---

① 《后汉书·苏竟传》。
② 《后汉书·班彪传附班固传》。
③ 《论衡·程材》。
④ 《欧阳文忠全集·后汉鲁相晨孔子庙碑》。

皮锡瑞的这段话既概括了汉代儒者对"六经"的膜拜之情,也概括了历代尊孔派的共识。最早总论"五经"的当推荀子,他首先把"五经"视为集圣人之道德与"天下之道"的经典,在《儒效》中说:"圣人也者,道之管也。天下之道管是矣,百王之道一是矣,故《诗》《书》《礼》《乐》之归是矣。"在《劝学》中又说:"《礼》之敬文也,《乐》之中和也,《诗》《书》之博也,《春秋》之微也,在天地之间者毕矣。"打开汉代的历史,类似的论述不绝于史。

汉初陆贾在《新语》中就把"五经"抬高到体"天道"的境界:"……于是后圣乃定'五经',明'六艺',承天统地,穷事察微,原情立本,以绪人伦,宗诸天地,纂修篇章,垂诸来世,被诸鸟兽,以匡衰乱,天人合策,原道悉备,智者达其心,百工穷其巧,乃调之以管弦丝竹之音,设钟鼓歌舞之乐,以节奢侈,正风俗,通文雅。"①"五经"无所不包,无所不能,无事不成,"乃天道之所立,大义之所行也"②。

贾谊把道家之道、阴阳五行与六艺混而为一,把六艺抬到一个新高度,他在《新书·六术》中先论述了"道"、阴阳与道德的一统关系后说:"是以先王为天下设教,因人所有,以之为训;道(导)人之情,以之为真。是故内本六法,外体六行,以与《诗》《书》《易》《春秋》《礼》《乐》六者之术以为大义,谓之六艺。"

董仲舒特别注重"深察名号",其中不乏逻辑与名实关系之学,但这不是主要的,董仲舒要深论的是"名发天意"。在董仲舒看来,儒家经典的每一字,都是圣人表达天意的符号,"名则圣人所发天意"③。既然是圣人发天意,自然也就是是非之准。他说,"欲审是非,莫如引名""事各顺于名,名各顺于天"。"五经"通天,字字句句是真理!

司马迁在评论"五经"意义之后概括道:"是故《礼》以节人,《乐》以发和,《书》以道事,《诗》以达意,《易》以道化,《春秋》以道义。"④

匡衡在上疏中说:"臣闻'六经'者,圣人所以统天地之心,著善恶之归,明吉凶之分,通人道之正,使不悖于其本性者也。故审六艺之指,则人天之理可

---

① 《新语·道基》。

② 《新语·本行》。

③ 《春秋繁露·深察名号》。

④ 《汉书·司马迁传》。

得而和,草木昆虫可得而育,此永永不易之道也。及《论语》《孝经》,圣人言行之要,宜究其意。"①

贡禹在上疏中说:"孔子,匹夫之人耳,以乐道正身不解之故,四海之内,天下之君,微孔子之言亡所折中。"②

王凤代成帝所拟诏中称:"'五经'圣人所制,万事靡不毕载。"③《春秋说题辞》:"'六经'所以明君父之尊,天地之开辟,皆有教也。"

东汉光武帝太子刘庄说:"夫'五经'广大,圣言幽远,非天下之至精,岂能与于此!"④

班固说:"六艺者,王教之典籍,先圣所以明天道,正人伦,致至治之成法也。"⑤

东汉末年的荀爽曰:"天地'六经',其旨一揆。"⑥

这些论述由理性开始而推向神性。在纬书中还有一系列关于"五经"的神话,这样"五经"便限定了人们的认识范围,认识的无限性被取消了,于是认识主体被圈在一个固定的牢笼中。正如钱大昕所说:"夫'六经'定于至圣,舍经则无以为学;学道要于好古,蔑古则无以见道。"⑦求知是不断推进认识向纵深发展,也就是追求认识的无限性,一旦禁止这种追求,认识基本上就停止了。把"五经"奉为"放之四海而皆准"的最后真理,对于"定于一"是有意义的,但对于历史的发展来说,无疑是扼杀了它的生机,在认识上也造成了退化现象。

第四节　经学化的思维方式

经学,不仅作为一种知识,同时也作为一种行政化的权威,支配和控制着社会。在经学的传解、阐释、灌输、推广、传播过程中形成了一种经学化被动性的思维方式,这种思维方式不仅为众多的儒士接受和坚持,同时也影响到整

---

① 《汉书·匡衡传》。

② 《汉书·贡禹传》。

③ 《汉书·宣元六王传》。

④ 《后汉书·桓荣传》。

⑤ 《汉书·儒林传》。

⑥ 《后汉书·荀爽传》。

⑦ 《经籍籑诂·序》。

个社会。关于思维方式,人们可以从不同的角度去界定,这里主要指人们的思维定式和认识的价值取向。所谓"经学化",是指思维习惯和认知价值取向被经学所规范。所谓"被动性的",是指在经学的规范下人们作为认识主体程度不同地失去了主动性,变成了被动的接受者,没有或很少有创造精神。经学化的被动的思维方式有诸多表现,这里略做分析:

第一,权威崇拜。这里所说的权威,又可分为两种类型:一是政治权威,主要是先王和汉家帝王;二是知识、道德权威,主要是孔圣人、"五经"和著名的经师。政治权威和知识、道德权威不是截然相分的,而是有着相辅相成的关系和互相转化、兼而备之的性质。

汉代的知识、道德权威是由政治权威确定的,并以行政的方式加于社会之上,这就是独尊儒术;同时知识权威也被政治化,刘邦开帝王祭孔子之先河,他的继承者封孔子为殷之后,加封号。成帝时"下诏封孔子世为殷绍嘉公"①。这样做的一个主要目的是可以改变"以圣人而歆匹夫之祀"②,使孔子政治化、特权化。"五经"的官学地位与国家意识形态的地位也是由王权确立的。当时的经师虽然不能同孔子和"五经"相提并论,但由于汉代所立的官学同官方认定的解经的"传"或"说"联系在一起,"传"与"说"是经师的产物。汉代仕途的一条主要道路是"明经选官","明经"很注重"家法"和"师法",所以著名的经师也有相当的权威性。

汉代的政治权威,通过自我认定和知识权威的捧场,也兼有知识、道德权威的品格。汉代的帝王,很多都扮演过最高经师的角色。

政治权威和知识、道德权威的结合,对整个社会和知识界形成苍穹压顶之势。由于威逼加利诱,这种权威对绝大多数学人,特别是儒士,既是外在的规定和强迫性的导引与灌输,又常常转化为内在的自觉与主动的信奉。这里且不说对圣人、帝王、"五经"的崇拜,就是对经师,许多庸士也不敢易一辞。正如王充所指出的:"传者传学,不妄一言,先师古语,到今具存,虽带徒百人以上,位博士、文学、邮人、门者之类也。"③这些背书虫,只知其表,不知其里,只知其文,不知其旨,正如班固所指出的:"今论者但知诵虞夏之《书》,咏殷周之《诗》,讲羲文之《易》,论孔氏之《春秋》,罕能精古今

①②《汉书·梅福传》。
③《论衡·定贤》。

之清浊,究汉德之所由。"①

在独尊儒术的规范和导引下,权威从人们的认识对象中分离出去,变为崇拜的对象;人们对权威只能接受,只能作为认识的前提和当然之物,权威是凌驾在实践之上的,一般人的实践仅仅是在权威支配下的一种有限的活动或木偶性的表演。在权威面前,人已不再具有认识主体的独立性格,人的认识仅仅是对权威的领会和解释,是代圣人立言和传道,思想上虽然不免有分歧和多样性(这一点下面再论),但在认识上是属低层次的。权威崇拜是君主专制的思想基础。

第二,思维框架化或公式化。独尊儒术之前,天人合一、天人感应、阴阳五行等皆属于创造性的思维,但随着独尊儒术的确立,并由于董仲舒在儒术中的特别地位与影响,董仲舒所建立的天人合一、天人感应、阴阳五行等混合的理论体系,逐渐成为代代儒生的思维框架,形成了一种定式。

董仲舒的"天",约言之有三种含义:神灵之天,道德之天,自然之天。这三者分而论述有区分,但本体又同一。天体为万物或"宇宙"之"元",又有一个合分过程:"天地之气,合而为一,分为阴阳,判为四时,列为五行。"②天是有意志的,有道德的,有情感的:"仁之美者在于天。天,仁也。"③天有喜怒哀乐,天与人相感应,这种感应主要表现在"天人同类""天人相副"。他讲:"天地之精所以生物者,莫贵于人。"人的身体结构与天相副。"天以终岁之数。成人之身,故小节三百六十六,副日数也;大节十二分,副月数也;内有五脏,副五行数也;外有四肢,副四时数也。"人的品性与天相副:"乍视乍瞑,副昼夜也;乍刚乍柔,副冬夏也;乍哀乍乐,副阴阳也。"④人的情感道德也与天相副:"天两有阴阳之施,身亦两有贪仁之性。天有阴阳禁,身有情欲桩,与天道一也。"⑤天与人之间相互感应,吉凶祸福均在其中。董仲舒特别强调了天的灾异谴告:"灾者,天之谴也;异者,天之威也。谴之而不知,乃畏之以威……凡灾异之本,尽生于国家之失。"⑥"国家将有失道之败,而天乃先出灾害以谴告之,不知自省,

---

① 《后汉书·班彪传附班固传》。

② 《春秋繁露·五行相生》。

③ 《春秋繁露·王道通三》。

④ 《春秋繁露·人副天数》。

⑤ 《春秋繁露·深察名号》。

⑥ 《春秋繁露·必仁且智》。

又出怪异以警惧之,尚不知变,而伤败乃至。以此见天心之仁爱人君而欲止其乱也。"①

董仲舒这一套天人合一、天人感应、阴阳五行相配的理论在具体的结合与解释上自有其特点,其他人也各有异论,不过,在汉代的儒生中,特别是在今文学派中,这一套成了公认的思维方式,成为较稳定的框架和模式,好像一个筐,什么都可以往里装。《白虎通义》是经过经学家们讨论,由皇帝裁定的一部著作,很能代表当时儒生们的思维方式。在书中可以看到,不管是国家大政、社会结构,乃至日常生活、婚丧嫁娶、日用器具,都可以用这一套"代数学"去解释、去附会。

当时朝廷设三公,即司马、司徒、司空。司马如何解释?《白虎通义》作者说:

> 司马主兵。不言兵言马者,马,阳物,乾之所为,行兵用焉,不以伤害为文,故言马也。②

璧是一种信物,历来用以聘问,《白虎通义》也要把它放在这个模式中做一番理论论证:

> 璧以聘问何?璧者,方中圆外,象地,地道安宁而出财物,故以璧聘问也。方中,阴德方也。圆外,阴系于阳也。阴德盛于内,故见象于内,位在中央。璧之为言积也,中央故有天地之象,所以据用也。内方象地,外圆象天也。③

讲阴阳灾变,天象示人事的更为流行。像桓谭这样一位杰出的智勇之士,敢在朝堂上批驳谶纬之谬,但对灾变之论仍然信奉不疑。等而下之者,就更不待言了。阴阳灾变之论充满了汉代史籍。

以今度之,许多论述简直是风马牛不相及,甚至荒唐可笑,然而在当时,这种论述方法不仅是普遍存在的事实,而且是很严肃的,是在朝堂上辩论后

---

① 《汉书·董仲舒传》。
② 《白虎通义·封公侯》。
③ 《白虎通义·瑞贽》。

而得出的"公论"或"决议"。这种模式化的论述,由于它的方法是公认的,具有权威性,因此它的结论几乎在论述之前就已被确定了。

当然,这种模式化的思维方式,在讲到一些具体问题如何与阴阳五行相配时,也常常发生分歧。天象示人,究竟示什么?也多异说。然而微末细节上的分歧无碍上述思维模式的流行,不影响它的"公理"性,只要代入这个公式,众多的人就得到了满足。这正是一种时代精神。

第三,通经致用。"五经"与圣人之言被普遍认定为放之四海而皆准的真理,因此,引经据典,联系实际便成为普遍论述问题的方法和套套。许多人的聪明才智用来进行两者的结合。正如《汉书·儒林传》所说:"六艺者,王教之典籍,先圣所以明天道,正人伦,致至治之成法也。"在这种情况下,经学成为朝廷处理政事的指导和依据。

政治活动的合理性,要由经学证明;评价事物的优劣、政事的是非、品物论人都把经典作为标准;皇帝下诏书,臣民上书言事,都以经书作为价值判断的标准。"朝廷论议靡不据经。"这种风气从汉武帝独尊儒术之后越来越盛。皇帝在许多诏书中,上至国家内政外交,下至废立皇后与太子,都要引经据典,以表示法圣、合理、合经。汉武帝元朔元年春,立皇后卫氏诏说:"朕闻天地不变,不成施化;阴阳不变,物不畅茂。《易》曰:'通其变,使民不倦。'《诗》云:'九变复贯,知言之选。'朕嘉唐虞而乐殷周,据旧以鉴新。其赦天下,与民更始。诸逋贷及辞讼在孝景后三年以前,皆勿听治。"①前六句话,其中两句引自《易》《诗》。皇帝问政事方针,也要求以经书对。严助为会稽太守,汉武帝赐书问政,明确要求:具以《春秋》对,毋以苏秦纵横。昭帝下诏书选拔人才,首先说明自己对经书的学习情况。汉宣帝在位期间诏书中也多次引用经文。如诏书中引用经书作为选拔人才的标准。"传曰:'孝弟也者,其为仁之本欤!'其令郡国举孝弟、有行义闻于乡里者各一人。"②成帝更加崇儒,引经据典更为突出,如求直言之士对策,其策曰:"天地之道何贵?王者之法何如?'六经'之义何上?人之行何先?取人之术何以?当世之治何务?各以经对。"③

东汉皇帝每有大事,在诏书中一般都引经书为据,光武帝更换太子,其诏

①《汉书·武帝纪》。

②《汉书·宣帝纪》。

③《汉书·杜周传》。

书先引《春秋》。诏书说:"《春秋》之义,立子以贵。东海王阳,皇后之子,宜承大统。皇太子彊,崇执谦退,愿备藩国。父子之情,重久违之。其以彊为东海王,立阳为皇太子,改名庄。"①光武帝废郭皇后,立阴皇后,随即又更换太子,均向经书寻求根据。章帝要想改变刑狱办案的时间,事关传统政策,因此既要听取儒生的意见,又要考之于经典。诏书说:"《春秋》于春每月书'王'者,重三正,慎三微也。律十二月立春,不以报囚。《月令》冬至之后,有顺阳助生之文,而无鞫狱断刑之政。朕咨访儒雅,稽之典籍,以为王者生杀,宜顺时气。其定律,无以十一月、十二月报囚。"②

两汉时期,尤其是西汉中期以后,官僚士大夫响应帝王的号召,加之受经学影响,上疏言事和讨论政事时竞相引经据典。在国家政治生活中,尤其在意识形态领域,儒家经典变成了一种法定性权威,任何事理只要与经相符,就是正确的。在议论中有经典为据就有说服力,一般情况下,皇帝也容易信从和接受。凡是能以经义断事的就可以受到信任和重用,否则受到轻视。翟方进"知能有余,兼通文法吏事,以儒雅缘饬法律,号为通明相,天子甚器重之,奏事亡不当意"③。而薛宣为丞相,"时天子好儒雅,宣经术又浅,上亦轻焉"④,最后被免职。在论奏中引经为据,即使有冒犯龙颜之处,由于有儒家经典这个护身符,不至于受惩处。

通经致用在规范社会与个人行为方面,可以有一个公则,既便于得到公认,又方便操作。但这种方式本身具有浓厚的教条主义精神,而不是历史性的创造活动。

第四,复古。儒家宪章文、武,称祖道圣,又囿于"五经",因此,复古成为普遍流行的一种思维方式。复古的内容极为庞杂,它的中心点是以"古"作为价值判断的标准和认识的前提。表现形式有泥古、颂古是今、颂古非今、借古造伪、托古改制。

泥古,主要指一帮食古不化的迂腐之儒。这帮人认为"古"是不能变的。早在汉初,叔孙通拟议朝仪时便与迂儒发生了"泥古"与"变通"的争论。叔孙通

---

① 《后汉书·光武帝纪》。
② 《后汉书·章帝纪》。
③ 《汉书·翟方进传》。
④ 《汉书·薛宣传》。

征鲁生三十余人拟汉仪,有两位儒生不合作,说道:"公所为不合古,吾不行。公往矣,毋污我!"叔孙通笑曰:"若真鄙儒,不知时变。"①这种泥古之风发展到拘泥于师说,而不敢易一辞。皮锡瑞在《经学历史》中曾作评论:"汉人最重师法。师之所传,弟子所受,一字毋敢出入,背师说即不用。"昭宣时期的赵宾治《易》很著名,好为己见,其他治《易》者难不倒他,然而依然被排斥,理由就是"非古法也"②,在这里,背古即背理。

东汉光武四年,韩歆上疏建议立费氏《易》和左氏《春秋》博士,范升上疏反对,其理由是:"臣闻主不稽古,无以承天;臣不述旧,元以奉君……今费、左二学,无有本师,而多反异,先帝前世有疑于此,故京氏虽立,辄复见废……愿陛下疑先帝之所疑,信先帝之所信,以示反本,明不专己。"③范升把"稽古"作为"承天"的前提,把"述旧"作为"奉君"的根本,用今天的眼光看,本是不同范畴的两回事,然而在当时,却成为不待论证的公理。为什么"稽古"与"承天"相通?"述旧"与"奉君"连体?范升在下文中做了这样的交代:"天下之事所以异者,以不一本也。《易》曰:'天下之动,贞夫一也。'又曰:'正其本,万事理。'"在范升看来,"古"与"旧"是定型化的"一","稽古""述旧"就能做到"正其本,万事理"。从当时看,范升的说法是有一定根据的,在儒家中,遵"古""旧",也就稳定了现实的秩序。

遵"古""旧"是造就"守成"人物的最便当之路,此类人物也是统治者所需的主要人才。当桓荣以经师而升帝师、华贵士林时,他得意地告诉门人弟子:我之所以至此,乃"稽古之力也"④。

儒生又常常把"学古"与"颂汉"连在一起,说明汉是"古"的继承者。贾谊以五百年必有圣人兴,以证汉帝当为尧舜再出:"臣闻之,自禹以下五百岁而汤起,自汤已下五百余年而武王起。故圣王之起,大以五百为纪。自武王已下,过五百岁矣,圣王不起,何怪矣!及秦始皇帝似是而卒非也,终于无状。及今,天下集于陛下……天宜请陛下为之矣。然又未也者,又将谁须也?"⑤萧望之吹捧平庸的宣帝,也要与尧舜比附,"陛下布德施教,教化既

---

① 《汉书·叔孙通传》。

② 《汉书·儒林传》。

③ 《后汉书·范升传》。

④ 《后汉书·桓荣传》。

⑤ 《新书·数宁》。

成,尧舜亡以加也","今陛下以圣德居位,思政求贤,尧舜之用心也"。①这一类的歌功颂德之辞固然可视为套话,然而套话反映的是一种政治心态或政治文化观念。

鼓吹汉胜于古的不仅有普通儒士,像晁错这样的清醒的政治家也在其中,他对文帝进行一系列歌功颂德之后言道:"所为天下兴利除害,变法易故,以安海内者,大功数十,皆上世之所难及。"②

就事实而论,应该如王充所说的,汉高于周,但在"古"成为当世理想的思想文化背景下,讲这些话难免显得有点媚颜。

事情也有另一面,一些富有批判精神的人物,高扬"崇古"的旗帜,对时弊之腐败及帝王之昏庸进行了尖锐的批判,这就是颂古而非今了。

由于尊古观念笼罩着社会,于是又出现了托古改制、托古更命思潮,王莽就是托古改制和更命的典型人物。

第五,烦琐的思想方法。权威崇拜、教条主义、复古等相杂,必然造成烦琐的思想方法。烦琐,依颜师古的说法,即"颓妄"。《汉书·艺文志》对烦琐之弊做了概述:

> 后世经传既已乖离,博学者又不思多闻阙疑之义,而务碎义逃难,便辞巧说,破坏形体;说五字之文,至于二三万言。后进弥以驰逐,故幼童而守一艺,白首而后能言;安其所习,毁所不见,终以自蔽。此学者之大患也。

《汉书·儒林传》载:"一经说至百余万言。"小夏侯再传弟子秦荣"增师法至百万言"。桓谭《新论·正经》载:"秦近君能说《尧典》,篇目两字之说至十余万言,但说'曰若稽古'三万言。"

这种烦琐是既要遵古、遵师之成说,又要显示博学所不可避免的现象。

以上从几个方面叙述了在经学束缚下所形成的思维定式。在这种思维方式的束缚下,很难出现有创造性的思想家,许多当时著名的经师、大儒,都没能留下有价值的著述,与这些地位显赫的人形成对比的是,那些异端和在野

---

①《汉书·萧望之传》。
②《汉书·晁错传》。

之士倒多有著述传诸后人,其中有各式各样的原因,主要原因之一,就是前者之作缺乏个性和创造性。

原载《社会科学战线》,1993 年第 1 期

第十章　经学的在官与在野之争与儒学之分化

第一节　经学的在官与在野之争

从汉武帝始，政治上定儒家为一尊，通过利诱加权逼，要人们尊儒。但是，思想这个怪物是很难装入一个口袋中的，即使以儒为宗者，也不可避免出现有个性的人物。统观汉代思想界，我们看到一个基本事实：儒家内部的争论在某种意义上绝不比儒家与其他学派的争论为少，儒家内部不同流派的争论同样是思想多元运动的一种表现。

独尊儒术并不是凡儒皆尊。对于"五经"，官方与儒徒有一个接近的共识，但在今文、古文及版本上还有很多争论，这里暂且不论。问题在于，从一开始立儒家为官学并不仅仅是以原始经典为限，而是同"传"与"说"纠缠在一起，甚至可以说，"传"与"说"更具有直接性，"经"被汉人朝野上下、君主士人视为最高原则和教条，但如何与汉家统治和汉代的社会实践相结合，这就必须通过"传"与"说"这个中介来实现。"传"与"说"是"五经"的再诠释。再诠释势必要出现多元化或多样化。其中有的立为官学，有的则被摒除于官学之外，于是便出现了儒学在官与在野之分。这一点刘师培、侯外庐曾有所阐述。遗憾的是，这个问题在他们之后未能再引起学界的足够重视，甚至被忽略了。其实，无论是从政治史或学术史看，这个问题都是非常重要的。

在官与在野并不是固定不变的。有些学派忽而登朝，忽而被黜，以致有些史实至今还未能澄清。这个问题应另文考证。在官与在野的升降和在官与在野的争论，促使儒学走向多样化或多元化，同时又是儒学的内在发展动力。

关于儒学的多样化与多元化问题，可以从多方面去考察。从唯心、唯物去分析，既有唯心主义，又有朴素的唯物主义，还有两者之间的过渡或混合形态，泛称二元论。

图谶问题贯穿于两汉的始终，但与经学纠缠在一起主要是在西汉的后期、新莽和东汉的前期。在图谶问题上，大部分儒生都卷进去了，通经与通图谶是"通儒"的一个重要标志。西汉平帝时的名儒苏竟"以明《易》为博士讲《书》祭酒，善图纬，能通百家之言"①。新莽与东汉前期谶纬之学更盛，以致把谶纬视为内学，"五经"竟落入外学的窘境。光武诏定"图谶"，颁布天下。明帝时，樊儵受命，"与公卿杂定郊祠礼仪，以谶记正'五经'异说"②。曹褒"依准旧典，杂以《五经》谶记之文"，撰修"汉仪"③。直到东汉后期的大儒马融、郑玄都博通谶纬。与这种官学之风相对，有勇敢之儒在朝堂上面对皇帝，向图谶提出非难和质疑。桓谭、尹敏、郑兴、张衡等就是最突出的代表。图谶这个问题还不能作为划分唯心、唯物的标准，但在当时，这是涉及政治指导思想的一个大问题。没有极大的勇气，是不敢反图谶的。且不说讲出什么深刻的道理，只要敢于怀疑一声，就会震动朝野。光武问郑兴郊祀事曰："吾欲以谶断之，何如？"郑兴对曰："臣不为谶。"光武怒问："卿之不为谶，非之邪？"郑兴惶恐地解释道："臣于书有所未学，而无所非也。"④以今日眼光视之，这算什么大事？然而在当时，可谓重大事件，引得范晔大书特书，载之于史。更为尖锐的是桓谭。他在朝堂上公然顶撞光武帝，称谶不合儒家经典。光武大怒曰："桓谭非圣无法，将下斩之。"桓谭急忙叩头，直至流血，才算饶他一死。信谶与不信谶，就会带来儒家的分化与多样化。

在政治思想上，儒家的主张也是各式各样的。为了取悦汉王室，儒家中一部分人制造了孔子为汉家制度理论。另一部分儒生则时隐时现地坚持革命论。最著名的是汉初景帝时黄生与辕固生在帝廷发生的一次破帽子是否永远戴在头上的争论。持黄老之说的黄生主张帽子虽破，必须戴之于头；鞋子虽新，只能着之于脚。著名的儒生辕固生则主张革命：帽子破了，就应去掉，否则，"高帝代秦即天子之位"，岂不成了非法的吗？！辕固生的看法无疑是有根有据有理的，但这种理论是已经坐了天下的汉家天子所不能赞成的。景帝于是下命："食肉不食马肝，不为不知味；言学者无言汤、武受命，不为愚。"⑤景帝

①《后汉书·苏竟传》。
②《后汉书·樊儵传》。
③《后汉书·曹褒传》。
④《后汉书·郑兴传》。
⑤《史记·儒林列传》。

的结论是专断之论,取消了问题,不让人思考,不是愚己愚民又是什么？司马迁说,是后学者"莫敢明受命放杀者"。太史公对学者的胆量估计得太低了。历史问题和理论问题是难以用行政方式取消的。命令可管一时,不能管永久。比辕固生稍晚一点儿的董仲舒变换一个侧面更深入地论述了革命问题。董仲舒说:"且天之生民,非为王也,而天立王以为民也。故其德足以安乐民者,天予之;其恶足以贼害民者,天夺之。"①如果说,董仲舒还只限于抽象的理论,从昭帝开始兴起的"更受命"思潮则直接同汉家命运联系在一起。深谙《春秋》的眭弘借异变对汉昭帝的地位、合法性,以及汉家命运问题发出了石破天惊之论:"先师董仲舒有言,虽有继体守文之君,不害圣人之受命。汉家尧后,有传国之运。汉帝宜谁差天下,求索贤人,禅以帝位,而退自封百里,如殷周二王后,以承顺天命。"②眭弘提的问题太尖锐了,也太直接了,难免人头落地。然而,杀了眭弘,并不能取消社会危机、矛盾与这一理论问题。宣帝时正直清廉的儒臣盖宽饶对宣帝的用刑法、信任宦官不满,又以"革命"论为其底蕴在上书中提出了尖锐的批评:"方今圣道浸废,儒术不行,以刑余为周召,以法律为《诗》《书》。"又言:"五帝官天下,三王家天下,家以传子,官以传贤,若四时之运,功成者去,不得其人则不居其位。"在宣帝意识中,这是无法容忍的挑战和诽谤,文吏们又深文周纳,说盖宽饶是"指意欲求禅,大逆不道"③,坚信儒术的盖宽饶只好以自杀证明忠贞。然而,他提出的"不得其人则不居其位"的论说,比他的死更有影响。成帝时的大儒刘向,劝谏成帝戒奢,又提出:"王者必通三统,明天命所授者博,非独一姓也。""自古及今,未有不亡之国也。"④与刘向同时的大儒谷永把"革命"论更明快地摆在了成帝的御案上:天"垂三统,列三正,去无道,开有德,不私一姓,明天下乃天下之天下,非一人之天下也。"如果陛下怙恶不悛,只能"更命有德"⑤。哀帝时的另一位名儒鲍宣也以"革命"论为依据,痛斥汉家的腐败与恶政。

就实际而论,这几位儒生的"革命"论、"更受命"论,绝不是鼓动人们造反,推翻汉家,而是爱深而恨切,希望汉家改革以保永命。当然,从逻辑上看,

①《春秋繁露·尧舜不擅移汤武不专杀》。

②《汉书·眭弘传》。

③《汉书·盖宽饶传》。

④《汉书·楚元王传》。

⑤《汉书·谷永传》。

的确对汉家存在的合理性与合法性提出了质疑和挑战。应该说,正是这种理论为王莽代汉提供了理论依据。"革命"论与汉家"永命"论都可打着儒家的旗号,但其思维方式显然是不同的。

在官与在野之争是儒学发展的内在动力之一。在官与在野之争固然有争权、争利的内容,但也不能忽视其间的思想文化竞争意义。就实而论,权与利也是推动思想文化发展的动力之一。思想文化并不是超越尘世的灵性,它与权和利也有共存、相辅相成与交换关系。在官之儒要保持自己的地位,在野之儒为了纳入官学,都必须发展或改进自己的学说,张扬自己的特点与意义。如果具体考察,许多儒学流派并不是以入官作为最初的目的和追求,他们在很长的时期内所追求的是一种独立意识与文化观念。儒学自创立之始,虽一直在力求与当权者结合,然而历史提供的事实是,直到汉武帝之前,儒学与当权者大致处于若即若离的关系,在秦代还遭到了禁杀的厄运。在生死与思想文化独立两者难兼的情况下,许多儒生选择了为道殉身的艰难道路。这里充分表现了思想文化不依附权力的独立性格。汉武帝独尊儒术时只立了七家博士,七家之外的在野诸家并没有因此放弃自己的学说和追求,仍在为自己的文化存在而思索。武帝立的《尚书》博士为欧阳高的欧阳氏《尚书》,夏侯胜与夏侯建都师事欧阳氏,但他们二人又不死守欧阳氏《尚书》,各自从事自己的个性化的创造。大、小夏侯在世时虽以自己的学说而闻名,也任过高官,但他们并没有争立自己为一家博士。在他们死后的石渠阁会议上才立大、小夏侯《尚书》博士,与欧阳氏形成三足之势。京房治《易》长于言灾变,他以此显赫一时,也因此而招祸,被元帝杀头。说来蹊跷,京氏《易》又由元帝立博士,旋即又被废弃。可是京氏《易》并没有因京房被杀、博士被废而消亡,相反,京氏《易》在此后又广泛流传,到东汉光武时又立为博士。显然,京氏《易》的发展主要是以文化和社会思潮的需要为基础的。

古文经学的艰苦发展更能证明思想文化特有的独立的逻辑力量。以《左传》为例,它一直被排斥在官学之外,王莽曾立《左传》为博士,但随着王莽的垮台而又受冷落。汉光武帝立了又废,章帝喜好《左传》等古文,经贾逵的进劝,曾下诏派人专门习《左传》,这对治《左传》的儒生颇有鼓舞作用,"学者皆欣欣羡慕焉"。但《左传》终东汉并未立为官学。然而由于《左传》内在的文化力量,它的影响一直在不断扩大,许多儒生孜孜以求,到东汉末,它终于在《春秋》诸学中争到了上风地位。显然《左传》之兴,只用官方的一时支持是不能说清楚的。

如果把视野放得更广些,从整个思想史看,在野的儒家对思想文化的贡献似乎更为突出。

第二节　官学内部的分化与儒学的多样化

官学各家是由皇帝钦定的。各家有严格的师法和家法。博士传学要"各以家法教授"[1]。师法和家法主要体现在章句上。由于谨遵师法、家法,便出现了一批背书匠,正如王充所描述的:"传者传学,不妄一言,先师古语,到今具存,虽带徒百人以上,位博士、文学,邮人、门者之类也。"[2]在王充看来,这些高级儒生大多数只不过是邮递员、看门人而已。众多的儒生和某些皇帝把死守师教视为官学家传的原则。汉昭帝时,《易》博士缺,诸儒者以通《易》闻名的孟喜补之,"上闻喜改师法,遂不用喜"[3]。正像鲁丕所说:"说经者,传先师之言,非从己出,不得相让;相让则道不明,若规矩权衡之不可枉也。"[4]

照理,官学应该是稳定不变的。然而事实并非如此。官学内部会不断地分化。文化邮递员可以传学,可以造就文化庸人,但不能成"家"。然而由于学术、学问、求个性的本能以及为争名利、抢仕途的竞争,必然会突破固定的教条。哪怕在大框架上无大差别,在框架内也会增加个性色彩,翻出新样。正如班固所说:"自武帝立《五经》博士,开弟子员,设科射策,劝以官禄,讫于元始,百有余年,传业者浸盛,支叶蕃滋,一经说至百余万言,大师众至千余人,盖禄利之路然也。"[5]徐防说:"发明章句,始于子夏。其后诸家分析,各有异说。""今不依章句,妄生穿凿,以遵师为非义,意说为得理,轻侮道术,浸以成俗"[6]杨终抱怨官学的分化,上书奏道:"宣帝博征群儒,论定'五经'于石渠阁。方今天下少事,学者得成其业,而章句之徒,破坏大体。宜如石渠故事,永为后世则。"[7]杨终是

---

① 《后汉书·儒林列传》。

② 《论衡·定贤》。

③ 《汉书·儒林传》。

④ 《后汉书·鲁恭传附鲁丕传》。

⑤ 《汉书·儒林传赞》。

⑥ 《后汉书·徐防传》。

⑦ 《后汉书·杨终传》。

个教条主义者。他不知道，章句之徒尚且分化，何况大体之学？大体之学属更高层次，分歧只能更多；先帝所定不能垂久，后来之帝又如何能做到永为后世则？

官学分化之状可以概括为：经中分派，派中分学，学中分家。这种概括只是为了方便，就史载而言，"派""学""家"不是依次包容关系，常常是互混的。"学"中又可分"家"，"家"中可分"学"。这里仅举两例，以示其概：

《公羊传》从武帝时便立为官学。《公羊传》立的是"胡母、董氏(仲舒)派"。后来"胡母、董氏派"分出"严氏(彭祖)学"和"颜氏(安乐)学"。严、颜二学在宣帝时均立为博士官学。其后严、颜二学又有分化。如：颜氏之学分化出"泠(丰)之学""任(公)之学""筦(路)之学""冥(都)之学"等。

《尚书》先后立于官学的，有"欧阳氏学""大夏侯(胜)学""小夏侯(建)学"。在承传中"小夏侯学"又有"郑(宽中)、张(无故)、秦(恭)、假(仓)、李(寻)氏之学"①。张无故善修章句，守小夏侯说文；秦恭增师法至百万言；李寻善说灾异。

在儒学的传授中，章句繁简问题不仅是个技术问题，它也会涉及诠释的多样性问题。秦近君说《尧典》篇目两字，达十万字，解释"曰若稽古"一句竟至三万言。②秦文早佚，无从分析，但不妨试想，若没有旁征博引和驳推新说，如何会有如此多的文字。烦琐，不妨说也是以破成说和破师法为条件的。烦琐，自有烦琐的弊病，像刘歆指出的："分文析字，烦言碎辞，学者罢老且不能究其一艺。"③但烦琐本身又何尝不是多样化的一种表现。为了解决烦琐问题，在传授中又出现了删繁就简的趋势。这个问题早在昭宣时期就已提出来，西汉末这个问题更加突出。儒者中出现了删繁就简的要求。到东汉，删繁就简可以成一家之学。东汉前期大儒桓荣习欧阳《尚书》，初受"朱普学章句四十万言，浮辞繁长，多过其实。及荣入授显宗，减为二十三万言"。桓荣儿子桓都传家学，后又"删省定成十二万言。由是有桓君大小太常章句"④。另一位名儒樊儵删《公羊严氏春秋》章句，世号"樊氏学"，樊儵弟子张霸"以樊儵删《严氏春秋》犹多繁辞，乃减定为二十万言，更名'张氏学'"⑤。《后汉书》中多有删繁就简的记载。由于这些书均亡佚，无法比较，但有一点可推断，繁简的思维方法会有不

---

① 《汉书·儒林传》。

② 参见桓谭：《新论·正经》。

③ 《汉书·楚元王传附刘歆传》。

④ 《后汉书·桓荣传》

⑤ 《后汉书·张霸传》。

同程度的差异。

　　除章句的删繁之争外,章句与"大义""大道""义理""经旨"之间也有复杂的统一、矛盾关系。章句无疑在一定程度上贯彻了"大义"等,但这种注释本身又不可能充分容纳创见和系统的新论。章句与大义之间的争论,从一开始就存在。独尊儒术之后,由于行政的干预,这个问题更加突出。大、小夏侯之争的中心就是章句与大义能否统兼问题。一批有思想、有独立意识的儒生程度不同地反对拘泥章句。王充"好博览而不守章句"①,班固"所学无常师,不为章句,举大义而已"②,桓谭"遍习'五经',皆诂训大义,不为章句"③。韩韶"少能辩理而不为章句学,声名甚盛"④,荀淑"博学而不好章句,多为俗儒所非"⑤。章句对思维程式化极为有用,是实现文化专制和禁锢思想的有效手段。正像徐幹在《中论·治学》中批评的,章句之徒"无异乎女史诵诗,内竖传令也,故使学者劳思虑而不知道,费日月而无成功"。有思想的人是不会安于章句之笼的。从统治者的利益看,仅靠这种庸才也是难成事的。杨终在上明帝书中对"章句之徒破坏大体"也提出了批评,主张学经主要应明"大体"。在两汉,章句之学与大义之学形成儒家中两种不同发展方向和两种不同思维方式,两者之间的争论促成了官学乃至整个儒家的多样化与多元化。

　　儒家传授有一定的师法和家法。在独尊儒术之后,师法、家法更为严格。这对培养文化奴才与思想僵化的庸人是极为有用的。但对于有个性的人来说,他们不拘泥于师法、家法,而是多师或无常师,博采而独创,或兼而有之。夏侯胜就是这样的一位儒者。"胜少孤,好学,从始昌受《尚书》及《洪范五行传》,说灾异。后事蕳卿,又从欧阳氏问。为学精孰,所问非一师也。"⑥东汉时期不遵家法章句已相当普遍,在博士弟子中也蔚然成风。徐防在和帝时上书指出:"伏见太学试博士弟子,皆以意说,不修家法,私相容隐,开生奸路。每有策试,辄兴诤讼,论议纷错,互相是非。"⑦徐防是反对这种现象的,但这是思想

---

　　① 《后汉书·王充传》。

　　② 《后汉书·班彪传附班固传》。

　　③ 《后汉书·桓谭传》。

　　④ 《后汉书·韩韶传附韩融传》。

　　⑤ 《后汉书·荀淑传》。

　　⑥ 《汉书·夏侯胜传》。

　　⑦ 《后汉书·徐防传》。

发展的潮流,不可逆转。东汉时期有几位大儒,几乎都不遵师法、家法。如唐晏所云:"爰暨贾(逵)、马(融)、服(虔)、郑(玄),始有菲薄前人之思,举两汉博士所传者排斥无遗,争胜前人,别求新解。"①这里须特别一提的是,有不少经师并不是要求学生固守己说,相反鼓励学生自己探索。西汉的王式就是如此。张长安、唐长宾、褚少孙师王式,"问经数篇,式谢曰:'闻之于师具是矣,自润色之。'不肯复授"②。张、唐、褚发挥独立思考,后来都自成一家。东汉初的张玄,"少习《颜氏春秋》,兼通数家法",教授时,"辄为张数家之说,令择从所安。诸儒皆伏其多通,著录千余人"③。张玄这样的老师,实在开通!

在儒家的传承中,从着重通一经到兼通五经,从专一家到兼诸家,无疑促进了儒家诸说的融合,而这种融合又可视为多样化的一种表现。

钦定的官学尚且不可避免分化,可见思想多元化或多样化的规律是不能用行政方式压抑住的。

第三节　皇帝裁定分歧和定是非

汉廷把独尊儒术作为基本国策,然而由于儒家存在着在官与在野之争,官学内部又有分化,儒家出现了多元化或多样化问题。这个问题在儒生之间是不可能解决的。为了统一思想最终只能取决于皇帝。儒家独尊的地位是由王权确定的,其间的分歧也只能由皇帝裁定,从某种意义上说这也是合乎逻辑的。我们所以称之为合乎逻辑,因为儒学除了作为一种学说之外,它也变成了政治的一个组成部分。政治中的分歧,在当时的条件下.最后只能取决于皇帝。例如,最初《春秋》是崇《公羊传》还是崇《穀梁传》,武帝便让学《穀梁传》的江公与学《公羊传》的董仲舒在朝廷辩论,结果江公不如董仲舒,于是武帝重《公羊传》。至于儒学与实际政治相结合中出现的分歧,当然更须皇帝裁断。汉武帝独尊儒术之初,在徐偃、张汤、终军之间发生了一起关于"经"的解释与政治运作及同法律关系的争论。徐偃作为钦差大臣到地方视察风俗,他到胶东、鲁国,矫命允许二国铸钱(当时武帝已把铸钱权收归中央)。回朝之后,张汤劾

---

① 《两汉三国学案·序》。

② 《汉书·儒林传》。

③ 《后汉书·儒林列传》。

徐偃矫制,应处死。徐偃以《春秋》之义为己辩护:大夫出疆,只要为了安社稷、便万民,可以专命。张汤用法律驳不倒徐偃。于是武帝便问终军如何判断是非。终军反驳徐偃说:古今形势不同,古时诸侯国异俗分,受命之臣可以因具体情况做决定。"今天下为一,万里同风,故《春秋》'王者无外'。偃巡封域之中,称以出疆何也?"①徐偃不能对。武帝很欣赏终军之论,下令把徐偃交御史大夫按察。

儒学作为政治的一部分,政治的决策者和皇帝就要对它进行规范和统一,这是政治运行所不可缺少的。从两汉看,规范与统一的办法,大致有如下几种:

第一种,崇家说,守家法。汉所立官学,实际上都是家学。僵化的经师们严格按家法教授,一句一字不走样。汉光武帝立十四博士,特别明令"各以家法教授"②。范升上书提出"正其本,万事理"。反之"天下之事所以异者,以不一本也"。他所说的"正其本",其中就包括严守家法。③选举时,格外注重师说与家法。像董仲舒这样有独创性的学者也不敢说己见,只说"承学"。萧望之举匡衡,称匡衡"经学精习,说有师道,可观览"④;举张禹,说:"经学精习,有师法,可试事。"⑤东汉时的左雄则上书要求选举孝廉时,"诸生试家法"⑥。

第二种,举行廷辩,由皇帝裁选。汉武帝时就开始实行,如韩婴与董仲舒"论于上前"⑦。关于封禅事,诸儒异说,莫衷一是。兒宽进言:"唯圣主所由,制定其当,非群臣之所能列。"⑧以后各朝几乎都有廷辩。陈元给光武帝的上疏中说:"陛下拨乱反正,文武并用,深愍经艺谬杂,真伪错乱,每临朝日,辄延群臣讲论圣道。"⑨陈元与范升在光武面前曾辩论十余次。

第三种,召集专门会议,议论重大理论问题,最后由皇帝裁定。大家所熟知的石渠阁会议与白虎观会议最为典型。皇帝钦定之后的文本被称为"国宪"。

---

① 《汉书·终军传》。
② 《后汉书·儒林列传》。
③ 《后汉书·范升传》。
④ 《汉书·匡衡传》。
⑤ 《汉书·张禹传》。
⑥ 《后汉书·左雄传》。
⑦ 《汉书·儒林传》。
⑧ 《汉书·兒宽传》。
⑨ 《后汉书·陈元传》。

第四种,钦定教本、经说和章句。早在汉文帝时,"使博士诸生刺'六经'中作《王制》"①。宣帝时命夏侯胜"撰《尚书》《论语说》"②。钟兴传颜氏《春秋》,光武帝令钟兴"定《春秋》章句,去其重复,以授皇太子。又使宗室诸侯从兴受章句"③。明帝命贾逵作《周官解故》④,章帝时命郑众作《春秋删》十九篇⑤。诏命之作屡有记载,至于多次统一经文,是人所熟知的。

两汉统治者虽然企图用行政方式把思想规范化、统一化、固定化,但是从两汉整个思想界看,又存在着统而不死的现象。这又可以从两方面考察:

第一,对官学之外在野之儒,采取了兼而存之的政策。刘歆在《移太常博士书》中曾说:"往者博士《书》有欧阳,《春秋》公羊,《易》则施、孟,然孝宣皇帝犹复广立《穀梁春秋》,梁丘《易》,大、小夏侯《尚书》。义虽相反,犹并置之,何则? 与其过而废之也,宁过而立之。"⑥应该说,"与其过而废之也,宁过而立之","学不厌博"(东汉章帝评宣帝语)是较为开明的文化政策。从历史上看,秦始皇搞的是"过废"政策。"过废",从某种意义上看,符合行政原则,省去文化人吵吵嚷嚷给行政带来的干扰。但是从秦始皇的教训看,杜绝言路和禁止不同思维造成的结果是缺乏应变能力和调整能力。秦的速亡从某种意义上证明"过废"不是一种妥当的文化政策。"宁过而立之"对行政运行也会增加麻烦和干扰,但总的来说,比"过废"无疑要合理些。正像本文一开始所谈的,政治与思想文化的运行规律不完全相同。"宁过而立之"像郑子产不毁乡校一样,在一定意义上说为文化的发展留出了余地。特别是对儒家内部的不同派别采取"宁过而立之",无论是对儒家的发展与调整,还是对统治者,都利大于弊。西汉的统治者,大抵坚持这一政策,正如班固所说,增立官学"所以罔(网)罗遗失,兼而存之,是在其中矣"⑦。王莽时期广为网罗,立三十余博士。光武帝做了调整,但大致奉行宣帝的做法,即所谓"扶进微学,尊广道艺"⑧。范升对光武

────────────

①《史记·封禅书》。

②《汉书·夏侯胜传》。

③《后汉书·钟兴传》。

④《后汉书·贾逵传》。

⑤《后汉书·郑兴传附郑众传》。

⑥《汉书·楚元王传》。

⑦《汉书·儒林传赞》。

⑧《后汉书·章帝纪》。

帝的做法有褒有贬,他上疏光武帝:"陛下愍学微缺,劳心经艺,情存博闻,故异端竞进。"①一言以蔽之,光武帝是允许儒家内部的异端存在和发展的。其后章帝又重申"扶微学、广异义"的政策②,还专门派人学习没有立于官学的儒学,主要是古文学。汉代统治者承认儒学内部的分化和流派的存在,并采取较宽容的政策,对统治者与儒学发展的本身都是有利的。

第二,对儒学之外的其他学说采取了较为宽容的态度。在儒家的言论中虽不乏对非儒学派的指斥、批评,以及要求禁绝的呼声,但在实际上未见统治者对非儒学派著作和学人进行焚毁和囚戮的记载。罢黜百家主要表现在立官学和选举上,不用或少用非儒之士。在利禄的引导下,形成了士人趋儒若鹜之势,因为当时学人除了仕途之外是很少有出路的。不过仕途的引诱并不能包容一切文化追求,有些文人不慕仕途而追求他所喜欢的思想和学说。从当时情况看,主要是黄老之学。两汉时期,黄老之学一直延绵不断,而且还有新发展。法家也没有沉寂,从表面看是时伏时起,内里则大用法家。

总之,两汉统治者对思想文化统而不死,对微学、异端、异义、异家、刑名、法理、文赋、神仙、方术等,非但没有过分的干预,有些皇帝也相当喜好。汉武、昭、宣帝杂王霸而用之,东汉的光武帝、明帝、章帝同样也是杂王霸而兼用。这些都为思想文化的多元与多样的发展保留了一席之地。

政治,通过强力或其他手段,对思想文化的干预作用是很大的,但有一点是做不到的,即完全把思想文化统一起来或完全纳入政治。不管是秦朝的焚书坑儒,抑或两汉的独尊儒术,都有一批士人不怕死、不图官,宁肯隐居、自耕自食、卖卜行医乃至乞食,也要保持和追求自己的思想独立和价值理想。这表明,思想文化多元化与多样化的规律总是顽强地表现出来。相比之下,汉代的统治者比秦始皇要聪明得多。秦始皇过分迷信权力,一味高压,效果并不好,汉代统治者主要是利诱、利导、利用。这样,既找到了与士人主要是儒生的结合点,建立了皇帝-官僚-士人-地主的统治体制,同时又有一定的宽容,为思想文化多元与多样性的存在与发展留有余地。正是这两方面的结合,使两汉思想文化多元与多样性的发展与春秋战国诸子百家争鸣相比,具有不同的特点。如果把春秋战国时期思想多元竞争视为常态,则两汉只能称之为变态。这

①《后汉书·范升传》。
②《后汉书·章帝纪》。

种变态有以下几个特征：

第一，理论逻辑不能充分发展。儒家是在不断趋向统一与不断分化的两种反向力的动态平衡中存在与发展的。由于分化的程度不同，有时表现为多样化，有时表现为多元性，但无论是多样或多元，由于被独尊为圣教，便丧失了在开放的态势中充分展开自己内在逻辑的可能性。

第二，儒家的外延不清。一种学说的外延有时从理论上很难说清，但从直观上却可以把握。然而汉代儒家的外延有时从直观上也是难以把握的。儒被独尊，具有显赫的地位，众多的士人都转向儒家或向儒家靠拢。我们看到，有不少人本来不是学儒的，因种种原因后来都加入了儒家的行列或以儒自居。另一方面，儒家也必须适应社会，它必须实现与政治及社会的结合。而政治与社会显然不是儒家一说所能包容的。于是，儒家也大量吸收其他诸说：法家、阴阳五行，以及名家等各派的思想观念及思维方法，还有灾异、图谶、神仙、堪舆等术数迷信，都一拥而成为儒术的组成部分，一时五花八门，泥沙俱下。说这些不属儒，却明明载之于史；说是儒，不仅与先秦之儒不同，也遭到当时一些儒生的反对。儒家的外延不清，不能不说是一种变态。

第三，其他学派在儒学的影响下，也出现了变态发展，有的萎缩了，或由显文化变成潜文化，如墨家、名家，直到东汉以后才被人们重新注意；有些向儒家靠拢，像黄老一派的《太平经》，便表现了道、儒的混杂与结合；老学自汉武帝时期开始从政治舞台上退下之后，在文化上仍比较活跃，许多大儒很精通或喜欢《老子》，在大臣上疏中也多有称引《老子》以为教导者，专心于《老子》之学的既有排儒的一面，又有兼儒的一面；法家自盐铁会议后，理论上未有发展，但同文吏、法律相结合，在实际政治中仍起重要作用。

第四节　余论

汉以后，直到清代，儒术的独尊地位一直没有大的变化，不管如何改朝换代，易姓称王，孔子的香火缭绕不绝，而且越来越旺。儒术的独尊地位不变，前边谈到的几个历史现象也同样绵延不止。"五经"神话与孔子神话与汉代相比虽有某些形式的变化，但神话一造再造，与汉代相比，更加精巧而已。"五经"（后来增至十三经）的绝对真理的地位有增无减。人们的经学思维方式越来越严重，从某种意义上说也越来越化。儒学的在朝与在野之争时显，一直没有停止过。其间无疑有思想文化上的意义,同时也是一种政治斗争。儒家内部的分歧最后同样都要通过帝王来裁定。哪些儒家著述被定为"经"依然要由帝王决定,"经"的注疏也要由帝王确定,有时帝王本人还出面作"注"。甚至帝王对"经文"都要进行审议和删减。总之,有关"经"的问题,都要由皇帝决定。从政治角度看,这是合乎逻辑的。因为儒术是由帝王们选定的"官方"意识形态,儒术既然是政治的组成部分,因此儒术中有什么分歧和争论理所当然应归帝王来裁定,这既是帝王的权力,又被儒生们普遍认同。帝王们只要想充当最高经师,不管多么著名的儒生,几乎都乖乖地匍匐在地。不管儒生们如何高扬"道统",实际上"道统"是依附于"君统"的。

"五经"神话与孔子神话本来应该结束了,然而使人惊愕的是现在还有人继续造新的神话,诸如儒学可以救中国,救时弊,可以充当现代化的精神支柱,等等,据说其妙法就是"抽象继承",连"三纲五常"都可以抽象出现代文化意义,这真是新时代的天方夜谭。我想作为说故事,固无不可,但作为严肃的理论,我只能说:难矣哉!

原载祝瑞开主编:《秦汉文化和华夏传统》,上海人民出版社,1993 年

第十一章　汉代政治中的儒家精神

汉政权建立后,一部分儒士进入政权,开始影响政权的决策和行政,对于汉政权的巩固和完善做出了贡献。其中以叔孙通、陆贾,以及稍后的贾谊、贾山等人为代表。汉武帝以后,儒家取得独尊地位。儒家士人帮助统治者确立指导思想,严格区分社会等级,定礼仪,议封禅,尊君权,卑臣民,兴学校,立选举,为汉政权做了大量工作,进一步实现了儒家思想与封建政治的结合。这里不能细论制度方面的事,只就政治制度中体现的儒家政治思想做简要论述。因制度很多,仅取几项,作为窥管。

第一节　孔子为汉家制度说

汉家举起尊孔的大旗,反过来,吃汉家饭的儒生们又制造了孔子为汉家制度的神话。这在纬书中讲得最多。

《春秋演孔图》说:"圣人不空生,必有所制,以显天心。丘为木铎,制天下法。"孔子制天下法,照理应为一代之王,可惜,孔子生不逢时,仍不免两手空空。但历史为孔子之法做了安排,这就是由汉来实现。所以又说:"孔子仰推天命,俯察时变,却观未来,豫解无穷,知汉当继大乱之后,故作拨乱之法以授之。"按五德终始说中的一说,夏朝属金,尚白;殷朝属水,尚黑;周朝属木,尚青。秦朝是个怪胎,被排除正统之外,不当位。这样继周的就是汉朝了。汉朝属火,尚赤。所以汉朝人讲孔子为汉制法,又称为"赤帝制法""为汉赤制""为赤制"等。《春秋感精符》说:"墨孔生,为赤制。"孔子之母与黑龙交而生孔子,黑同墨,同玄,所以又称孔子为"墨孔""玄孔"。《春秋演孔图》说:"玄丘制命,帝卯行。"卯,卯金,为繁写"劉"字之别字或隐语。劉(刘),就是刘邦开创的汉家天下。《春秋汉含孳》则直称:"丘览史记,援引古图,推集天变,为汉帝制法,陈叙图录。"

纬书在西汉末至东汉前期,其地位不亚于"五经",以至有以纬为内学,以经为外学之说。在当时,一些著名儒家经师、大学者,大谈特谈孔子为汉家制度。郅恽说:"汉历久长,孔为赤制。"李贤注:"言孔丘作纬,著历运之期,为汉家之制。汉火德尚赤,故云为赤制。"[1]苏竟说:"夫孔丘秘经,为汉赤制,玄包幽室,文隐事明。"[2]班固说:"孔献先命,圣孚也。"李贤注:"献,图也。孚,信也。言孔丘之图,先命汉家当须封禅,此圣人之信也。"[3]王充不信谶纬,但对孔子为汉家制度这一点,却尾随谶纬而称是:"夫《五经》亦汉家之所立,儒生善政大义,皆出其中。董仲舒表《春秋》之义,稽合于律,无乖异者。然则《春秋》,汉之经。孔子制作,垂遗于汉。"[4]

孔子为汉家制度之说,在当时不是没有受到挑战,西汉后期儒家内部就有"更命"说,或"革命"说。但随着王莽改革的失败与垮台,思汉思潮急遽复兴,孔子为汉家制度说又笼罩了社会。宋代欧阳修曾对此进行过批评:"甚矣,汉儒之狡陋也!孔子作《春秋》,岂区区为汉而已哉!"[5]欧阳修说汉儒"狡陋",从历史的角度看是不错的,但这种"狡陋"正反映了汉代儒生的心态。

孔子为汉家制度学说不仅表明汉儒对汉家的认同,同时也表明儒生们都变成了汉家的工具。既然孔子为汉家制度,作为孔圣人的信徒只有一条路,这就是为汉家效力、尽忠。孔子为汉家制度说对塑造汉儒的精神有着极为重要的意义,它的最显著的作用就是把儒生塑造为汉家政治的从属物。

第二节　等级、朝仪、封禅、明堂与儒家的尊君思想

汉武帝独尊儒术的原因之一,就是儒家主张尊君。尊君制度主要包括制度上的建构和人们思想上的认同。秦始皇建立大一统的专制政权后,就致力于加强君主的权力和地位,为自己规定了一整套特权和规范,以显示与臣民的不同,但秦始皇只注重了法制上的硬性规定,强制性地让臣民服从,缺乏理论上的论证和臣民思想意识上的认同。

① 《后汉书·郅恽传》。
② 《后汉书·苏竟传》。
③ 《后汉书·班彪传附班固传》。
④ 《论衡·程材》。
⑤ 《欧阳文忠全集·后汉鲁相晨孔子庙碑》。

汉政权建立,刘邦做了皇帝,但君主的权威一时还没有树立起来,那些随他南征北战、朝夕相处的将领并没有承认他至高无上的地位。刘邦本人常为此不安,据记载:"高帝悉去秦仪法,为简易。群臣饮争功,醉或妄呼,拔剑击柱,上患之。"①身边的儒生叔孙通抓住时机,向刘邦建议,愿率领弟子拟朝仪,规范臣民,确立皇帝的权威,此议正合刘邦心意。于是叔孙通率领百余名弟子,又征鲁儒生三十人,根据儒家经典把古礼与秦仪结合起来,制定了一套朝仪制度,对皇帝与群臣的相互关系做了严格、详细的规定,尤其是正式场合,规定得更是严格庄重:"殿下郎中侠陛,陛数百人。功臣列侯诸将军军吏以次陈西方,东乡(向,下同);文官丞相以下陈东方,西乡。大行设九宾,胪句传。于是皇帝辇出房,百官执戟传警,引诸侯王以下至吏六百石以次奉贺。自诸侯王以下莫不震恐肃敬。至礼毕,尽伏,置法酒。诸侍坐殿上皆伏抑首,以尊卑次起上寿。觞九行,谒者言'罢酒'。御史执法举不如仪者辄引去。竟朝置酒,无敢欢哗失礼者。于是高帝曰:'吾乃今日知为皇帝之贵也。'"②其后,贾谊、董仲舒又为进一步健全、完善尊君制度而大喊大叫,贾谊甚至为这种制度不严密而痛哭流涕。正如司马谈《论六家要旨》评论儒家时所说:"若夫列君臣父子之礼,序夫妇长幼之别,虽百家弗能易也。"③这一套朝仪和等级制度严格区分了君主与臣民的尊卑,加强了君主的权威,把皇帝独尊制度化。

在汉代尊君制度中占有重要地位的是封禅和设明堂。两者都是君主神圣化的独特表现,也是儒家学说的内容。封禅起源很早,源于祭天、祭地、祭岳。在此基础上出现了封禅。依《史记·封禅书》载,封禅的历史可以追溯到三皇五帝。先秦专门论说封禅的,仅有《管子》中的《封禅》篇。就确定的历史而论,封禅从秦始皇开始,形成定制是汉武帝时。正如《史记·封禅书》所说:"元年,汉兴已六十余岁矣,天下艾安,搢绅之属皆望天子封禅改正度也,而上乡儒术,招贤良,赵绾、王臧等以文学为公卿,欲议古立明堂城南,以朝诸侯。草巡狩封禅改历服色事未就。"由于掌握实权的窦太后反对,"诸所兴为皆废"④。窦太后死后,封禅事重新提上议事日程。"自得宝鼎,上与公卿诸生议封禅。封禅用希旷绝,莫知其仪体,而群儒采封禅《尚书》《周官》《王制》之望祀射牛事。"⑤

---

①②《汉书·叔孙通传》。

③《汉书·司马迁传》。

④《史记·封禅书》。

⑤《汉书·郊祀志》。

值得指出的是,汉代封禅一直是士人积极倡导和关心的。司马相如临死前在遗书中把封禅说成国家头等大事:"皇皇哉斯事,天下之壮观,王者之卒业,不可贬也。愿陛下全之。"①汉武帝读完遗书大为感动,"乃迁思回虑,总公卿之议,询封禅之事,诗大泽之博,广符瑞之富"②。经过一番准备,带领文武官员"封于太山,至梁甫,禅肃然"③。秦始皇封禅之举主要是征询儒生的意见,当然,也有方士参预。汉初议封禅的仍有方士,但主要是儒生。一批儒士对封禅进行了专门研究,写出《封禅议对》十九篇、《汉封禅群祀》三十六篇。武帝之后,东汉光武、明帝时期又形成一个高潮。

汉代统治者与秦始皇在观念上有一个重要的不同之处是,秦始皇信神,但更张扬自己比神高,自己的权力就是自己皇帝地位与合法性的证明。汉代统治者固然也十分看重权,但在理论上他们承认是受天命保佑而为帝王的,皇帝的合法性问题要从天那里得到证明。封禅,一方面表示皇帝得到上天的保护;另一方面,又是皇帝向上天汇报政绩。"自古受命而帝,治世之隆,必有封禅,以告成功焉。"④封禅是皇帝与上天沟通的最神圣的方式之一。封禅资格是皇帝独有的,在这种祭祀中体现了皇帝的至上性,《礼记·王制》云:"天子祭天地,诸侯祭社稷,大夫祭五祀。"《汉书·郊祀志》称:"天子祭天下名山大川,怀柔百神。"封禅时,皇帝是唯一的祭祀者,其他诸侯大臣只能陪祭。祭祀的等级性是现实等级在神面前的反映。《白虎通义·封禅》对封禅的神圣性做了总括:"王者易姓而起,必升封泰山何?报告之义也。始受命之日,改制应天,天下太平,功成封禅,以告太平。所以必于泰山何?万物之始,交代之处也。必于其上何?因高告高,顺其类也,故升封者,增高也。下禅梁甫之基,广厚也。皆刻石纪号者,著己之功迹以自效也。天以高为尊,地以厚为德,故增泰山之高以报天,附梁甫之基以报地。明天之命,功成事就,有益于天地,若高者加高,厚者加厚矣。"

封禅以祭祀的方式把王权、神权结合起来,皇帝因封禅而神化,成为人间的最尊者,皇帝的合法性也因封禅而获得更充分的证明。

明堂是完善中央专制集权和尊君的又一项措施。明堂是古代帝王宣明政教的地方,孟子说:"夫明堂者,王者之堂也。"⑤《礼记·明堂位》备述周公相成

---

① ② ③《汉书·司马相如传》。

④《后汉书·张纯传》

⑤《孟子·梁惠王下》。

王朝诸侯于明堂的详细仪式,"明堂也者,明诸侯之尊卑也"。《礼纬》记载明堂说:"明堂所以通神明,感天地,正四时,出教令,崇有德,章有道,襃有行。"①实际也是统一政教、神化君主的手段。汉代最早提出设立明堂的是贾山,在给汉文帝的奏疏中要求:"以夏岁二月,定明堂,造太学,修先王之道。风行俗成,万世之基定,然后唯陛下所幸耳。"②由于汉文帝忙于恢复经济,休养生息,一时无暇文教。汉武帝时赵绾、王臧再次建议立明堂,因窦太后反对而作罢。汉武帝亲政,大肆兴作,终于在泰山修建了明堂。《汉书·武帝纪》载,元封二年,"作明堂于泰山下"。《史记·封禅书》载:"初,天子封泰山,泰山东北阯古时有明堂处,处险不敞。上欲治明堂奉高旁,未晓其制度。济南人公玉带上黄帝时明堂图。"

东汉王朝巩固以后,光武帝欲仿效祖宗,制礼作乐,显示自己的权威,一些儒士纷纷迎合。光武二十六年,诏书大司空、明习故事的大儒张纯,要他根据经典制造礼乐。正如《后汉书》所载:"边境无事,百姓新去兵革,岁仍有年,家给人足。(张)纯以圣王之建辟雍,所以崇尊礼义,既富而教者也。乃案七经谶、明堂图、河间《古辟雍记》、孝武太山明堂制度,及平帝时议,欲具奏之。"③大儒桓荣也上言宜立辟雍、明堂,经公卿会议,得到了光武帝的准许。

《白虎通义·论灵台明堂》把汉儒关于明堂的意义做了总结:

> 天子立明堂者,所以通神灵,感天地,正四时,出教化,宗有德,重有道,显有能,襃有行者也。明堂上圆下方,八窗四闼。布政之宫,在国之阳。上圆法天,下方法地,八窗象八风,四闼法四时,九室法九州,十二坐法十二月,三十六户法三十六雨,七十二牖法七十二风。

明堂是天地的缩微,天子居其中,不仅法天地,同时天地也成为他的驾驭之物。

另外,还有改正朔、易服色、郊祀,等等,都与尊君紧密相连。这里不一一叙说。

---

① 《初学记》卷十三引《礼纬》。

② 《汉书·贾山传》

③ 《后汉书·张纯传》。

第三节 "《春秋》决狱"与儒家伦理道德刑法化

在两汉的刑狱案件处理时,经常出现专有名词"《春秋》决狱",或"经义决狱"。也就是在刑狱案件的审判和处理时,不依照刑律,而依照儒家经典,或者是在刑律与儒家经典的某条语录抵触和矛盾时,舍刑律而用经义。这种情况的出现从根本上说是因为儒家经典是当时社会的思想准则,同时也是社会生活的"法典""宪章"。

"《春秋》决狱"同儒士大批入仕有极密切的关系。随着通经入仕选官制度的确立,大批儒士进入各种官僚机构,由于他们深受儒家学说的影响,处理政事便会程度不同地受儒家经典的指导和制约。治《尚书》的儒生兒宽为廷尉张汤掾,以"古法义决疑狱",直接影响了张汤,兒宽因此得到汉武帝和张汤的重视。吕步舒"持节使决淮南狱,于诸侯擅专断,不报,以《春秋》之义正之,天子皆以为是"①。

对"经义决狱"进行阐发和论证的是董仲舒。根据《后汉书·应劭传》记载:"故胶西相董仲舒老病致仕,朝廷每有政议,数遣廷尉张汤亲至陋巷,问其得失。于是作《春秋决狱》二百三十二事,动以经对,言之详矣。"于是在以后逐步形成一种习尚,遇到疑难案件,只要能在儒家经典中找到依据和先例,以事相比就能得到普遍的赞许和认可。汉昭帝时期,一位身着黄装的男子驾着一辆黄犊车,直驶到未央宫,自称是汉武帝长子卫太子。文武百官大吃一惊,昭帝也极感意外,不知道应该如何处置,传令大臣们去未央宫北阙辨认真伪,一时聚集了数万围观的居民,文武官员不知如何应付。丞相、御史、中二千石至者惊恐失措,均不敢发言。这时,治《春秋》出身的京兆尹雋不疑赶到,立即命令将其逮捕。有人劝他真假尚未辨明,还是谨慎一些好。雋不疑回答说:"诸君何患于卫太子!昔蒯聩违命出奔,辄距而不纳,《春秋》是之。卫太子得罪先帝,亡不即死,今来自诣,此罪人也。"②逮捕后送廷尉审问,果然是一个冒名顶替的骗子。验问明白,即处以腰斩之刑。雋不疑援引经义处置疑案,受到皇帝和辅政大将军霍光的赞赏,说:"公卿大臣当用经术明于大谊。"③从此,雋不疑名声

---

①《史记·儒林列传》
②③《汉书·雋不疑传》。

大振,在位大臣皆自愧不如。

东汉时"《春秋》决狱"得到进一步发展。东汉统治者以《春秋》等儒经来解释法律,这些解释不仅均有法律效力,而且可以指导法律的实施。其中陈宠撰写的《辞讼比》七卷,陈忠撰著的《决事比》,都是援经释律、融合经律为一体的法律文件,为统治者提供了以"经义决狱"的范式。汉末应劭系统完成了经学对于刑律的改造,写成《春秋断狱》二百五十篇。他在给皇帝的奏疏中系统谈了经与刑律的关系:

> 夫国之大事,莫尚载籍。载籍也者,决嫌疑,明是非,赏刑之宜,允获厥中,俾后之人永为监焉。……臣累世受恩,荣祚丰衍,窃不自揆,贪少云补,辄撰具《律本章句》……及《春秋断狱》凡二百五十篇。蠲去复重,为之节文。①

《春秋》本是孔子编著的一部鲁国编年史。这部史书何以能成为决狱的依据?主要原因是汉儒把《春秋》视为政治价值判断的最高准则,以孔子之是非为是非。《春秋》之所以能决狱,还在于社会模式基本相同,把某些抽象的普遍原则应用于实际,是可行的。司马迁对《春秋》的论述可以作为当时的一种普遍认识:"夫《春秋》,上明三王之道,下辨人事之纪,别嫌疑,明是非,定犹豫,善善恶恶,贤贤贱不肖,存亡国,继绝世,补敝起废,王道之大者也。""王道"的中心即礼制,所以又说:"夫不通礼义之旨,至于君不君,臣不臣,父不父,子不子。夫君不君则犯,臣不臣则诛,父不父则无道,子不子则不孝。此四行者,天下之大过也。……故《春秋》者,礼义之大宗也。"②

"经义决狱"主要是依"《春秋》决狱",运用儒家经典中的思想观念作为处理刑狱案件的指导原则。具体而言主要有以下几个方面:

第一,"本其事而原其志"。董仲舒说:"《春秋》之听狱也,必本其事而原其志。志邪者不待成,首恶者罪特重,本直者其论轻。"③就是说,必须把犯罪的动机和后果结合起来考虑,动机恶劣的犯罪虽未达到目的,也要从重治罪;造成

---

① 《后汉书·应劭传》。
② 《史记·太史公自序》。
③ 《春秋繁露·精华》。

严重后果的犯罪,如果动机善良,可以从轻论处。有人把这一点叫作"原情定罪"。实际上《春秋》决狱是"原情定罪"与"原心定罪"的结合。《风俗通义》记载这样一件事:杜士娶亲,张妙到杜士家做客。酒宴后闹洞房,"张妙缚杜士,捶二十下,又悬足指",结果杜士致死。当时精通欧阳《尚书》的鲍昱为汝南太守,对此案进行判决说:"酒后相戏,原其本心,无贼害之意,宜减死。"这件事鲍昱的处理有符合情理的地方。"原心定罪"的核心是诛心,即处理案件看罪犯平时的本性,本性善,重罪轻罚;本性恶,轻罪重罚。东汉以明经著称的太学生霍谞之舅父以妄刊文章下狱,霍谞上书大将军梁商为其舅父辩冤,特别强调应遵从"诛心"的《春秋》之义,他说:"谞闻《春秋》之义,原情定过,赦事诛意,故许止虽弑君而不罪,赵盾以纵贼而见书。此仲尼所以垂王法,汉世所宜遵前修也。"①"原心定罪"从某种意义上说不无合理性,但容易使执法者流于主观随意性,随心所欲地解释法律,轻重任性,诛赦随意。正如《盐铁论·刑德》说:"《春秋》之治狱,论心定罪。志善而违于法者免,志恶而合于法者诛。"

第二,"君亲无将,将而诛焉"。"将",颜师古说,"将为逆乱"。这一条规定是强调皇亲国戚犯罪也要处以刑罚。汉代常引用这条经义惩罚皇亲国戚的犯罪行为。汉哀帝册免其舅父大司马丁明就引此经义,册书曰:"盖'君亲无将,将而诛之'。是以季友鸩叔牙,《春秋》贤之……朕闵将军陷于重刑……其上票骑将军印绶,罢归就第"。②东汉时期明帝之弟、广陵王刘荆犯法,明帝派樊鯈理案,樊鯈诛刘荆,明帝大怒道:"诸卿以我弟故,欲诛之,即我子,卿等敢尔邪?"樊鯈正辞以对:"《春秋》之义,'君亲无将,将而诛焉'。是以周公诛弟,季友鸩兄,经传大之。臣等以荆属托母弟,陛下留圣心,加恻隐,故敢请耳。如令陛下子,臣等专诛而已。"③樊鯈敢于杀皇弟,声言亦可诛皇子,完全以经义为据。正是经义给这些骨鲠之士以无限的勇气,诚可嘉也。"君亲无将,将而诛焉"仅应用于那些直接危害封建统治的重大案件,对于一般轻微的违法乱纪,则采取"为亲者讳""为尊者讳"的办法来赦免,说明运用经义断狱更有伸缩性。

第三,"恶恶止其身"。即是"罪责自负",不株连家属。汉代许多儒士官僚

---

① 《后汉书·霍谞传》。

② 《汉书·董贤传》。

③ 《后汉书·樊鯈传》。

援引"恶恶止其身",处罚罪者,赦免无辜者。东汉光武帝时,平原郡太守赵熹讨捕"盗贼""斩其渠帅,余党当坐者达数千人"。赵熹上书指出,"恶恶止其身",赦免余党,光武帝从之。①汉安帝时,居延都尉范邠犯赃罪,大臣皆以为应给以"禁锢二世"的处罚,太尉刘恺指出:"《春秋》之义,'善善及子孙,恶恶止其身',所以进人于善也……如今使臧吏禁锢子孙……非先王详刑之意也。"②于是安帝下诏禁锢本人,不株连子孙。

第四,"父子相隐"。儒家思想特别注重宗法伦理的社会作用,维护君臣、父子关系。《春秋》主张父或子犯罪,可以互相隐匿,包括养父母与养子也可以属此类。《通典》记载这样一个实例:"甲无子,拾道旁弃儿乙养之,以为子。及子长,有罪杀人,以状语甲,甲藏匿乙。甲当何论?"对于这个养父藏匿养子的行为,董仲舒断曰:"甲无子,振活养乙,虽非所生,谁与易之……《春秋》之义,父为子隐,甲宜匿乙,诏不当坐。"③董仲舒对这个案子的意见对后世有很大的影响,汉宣帝地节四年下诏说:"自今子首匿父母,妻匿夫,孙匿大父母,皆勿坐。其父母匿子,夫匿妻,大父母匿孙,罪殊死,皆上请廷尉以闻。"④根据这个诏书,幼辈匿长辈者不负刑事责任,长辈匿幼辈者死罪以下不负刑事责任,死罪则上廷尉酌情处理。

第五,"以功补过"。这是统治阶级对有功之臣的处罚原则。西汉昭帝时,大司农田延年借公务之便,贪污公款三千万钱,被处以"不道"罪。御史大夫田广明对当政的霍光说:"《春秋》之义,以功覆过。当废昌邑王时,非田子宾之言大事不成。"⑤要求赦免田延年,因为田延年在废昌邑王,立宣帝时立有大功,可以将功折罪。东汉功臣马援被人诬陷,光武帝不明真相,大怒,追收马援新息侯印绶,朱勃为之上书讼冤:"臣闻《春秋》之义,罪以功除……愿下公卿平援功罪。"⑥引经义为马援辩解。

另外,"《春秋》决狱"经常被引用的经义还有"罪其首恶""宁僭不滥""罪不加于尊"等。

---

① 《后汉书·赵熹传》。

② 《后汉书·刘恺传》。

③ 《通典·礼二十九》。

④ 《汉书·宣帝纪》。

⑤ 《汉书·田延年传》。

⑥ 《后汉书·马援传》。

在汉代"《春秋》决狱"实践中,由于《春秋》记载内容广泛,对法律案件没有明确规定和施行原则,因此运用于具体案件经常出现抵牾和矛盾,执法官员引用不同的经义互相辩难。西汉哀帝时,大臣薛宣与弟薛修不和,博士申咸与薛修交厚,经常说薛宣的坏话。薛宣子薛况为右曹侍郎,知道后,收买杨明在宫门外杀伤了申咸。事件发生后,朝廷集合公卿大臣会议此案,大臣们分成两派。御史中丞为首的一派认为,薛况身为大臣,竟然唆使人在宫阙之前大庭广众之下杀伤大臣,这是对皇上的大不敬。"《春秋》之义,意恶功遂,不免于诛。"薛况为首恶,杨明杀人,意与事具恶,皆大不敬,当重论,应处以弃市之刑。廷尉为首的一派反驳说:"《(汉)律》曰:'斗以刃伤人,完为城旦,其贼加罪一等,与谋者同罪。'"申咸与薛修厚相接纳,多次诋毁薛宣,薛况积怨至深,因而指使杨明杀伤申咸。此案本属私争,虽在宫阙之外,与平民争斗并无不同。"《春秋》之义,原心定罪。原况以父见谤发忿怒,无它大恶。"杨明当以贼伤人论处,薛况为同谋者,以其身有爵级,得减罪,罚为城旦。双方都引经传为依据,结论却大不相同,连哀帝也不能决断,转而问其他公卿大臣。丞相孔光、大司空师丹赞成御史中丞的意见,而自将军以下至博士议郎等站在廷尉一边,结果薛况减罪一等,流放敦煌。①从此事可以看出,同一起案件都援引经义,由于经义不是具体规定,可以给予不同引申和解释。自然就得出不同的结论。

　　在刑律与经书发生矛盾时,想对刑律有所改变,也要引经据典。章帝元和元年的诏书就是一例:诏曰:"《律》云:'掠者唯得榜、笞、立。'又《令丙》,箠长短有数。自往者大狱已来,掠考多酷,钻钻之属,惨苦无极。念其痛毒,怵然动心。《书》曰:'鞭作官刑。'岂云若此?宜及秋冬理狱,明为其禁。"②可以说汉代中期以后,儒家经典对国家决策与执行,都具有指导作用。

　　"《春秋》决狱"是独尊儒术的产物,它的广泛使用,说明儒家经典在汉代上层建筑中已具权威性。另一方面,经义与法律条文相比,具有更大随意性,正如近代章炳麟所指出的:《春秋》决狱"上者得以重秘其术,使民难窥,下者得以因缘为市。然后弃表堳之明,而从緣游之荡。悲夫!经之蚍虱,法之秕稗也"③。

---

① 《汉书·薛宣传》。

② 《后汉书·章帝纪》。

③ 《检论·原法》。

第四节 经义:政治的准则

　　独尊儒术后,皇帝对大政的处理经常引据经典,对能通经致用、断事符合经义的官员多予重视和信任,这又吸引了士人和官僚向经学靠拢。汉中期以后,儒家经典被君主和公卿大臣及一般士人知识分子看作治国的纲领,正如《汉书·儒林传》所说:"六艺者,王教之典籍,先圣所以明天道,正人伦,致至治之成法也。"在这种情况下,经学成为朝廷处理政事的指导和依据。

　　政治活动的合理性,要由经学证明;评价事物的优劣、政事的是非,品物论人都把经典作为标准;皇帝下诏书,臣民上书言事,都以经书作为价值判断的标准。"朝廷论议靡不据经。"这种风气从汉武帝独尊儒术之后越来越盛。皇帝在许多诏书中,上至国家内政外交,下至废立皇后与太子,都要引经据典,以表示法圣、合理、合经。汉武帝元朔元年春,立皇后卫氏诏说:"朕闻天地不变,不成施化;阴阳不变,物不畅茂。《易》曰:'通其变,使民不倦。'《诗》云:'九变复贯,知言之选。'朕嘉唐虞而乐殷周,据旧以鉴新。其赦天下,与民更始。诸逋贷及辞讼在孝景后三年以前,皆勿听治。"[1]前六句话,其中两句引自《易》《诗》。皇帝问政事方针,也要求以经书对。严助为会稽太守,汉武帝赐书问政,明确要求:具以《春秋》对,毋以苏秦纵横。昭帝下诏书选拔人才,首先说明自己对经书的学习情况。汉宣帝在位期间诏书也多次引用经文。如诏书中引用经书作为选拔人才的标准。"传曰:'孝弟也者,其为仁之本欤!'其令郡国举孝弟、有行义闻于乡里者各一人。"[2]成帝更加崇儒,引经据典更为突出,如求直言之士对策,其策曰:"天地之道何贵?王者之法何如?《六经》之义何上?人之行何先?取人之术何以?当世之治何务?各以经对。"[3]

　　东汉皇帝每有大事,在诏书中一般都引经书为据,从而证明诏书合情、合理、合法。光武帝更换太子,其诏书先引《春秋》。诏书说:"《春秋》之义,立子以贵。东海王阳,皇后之子,宜承大统。皇太子彊,崇执谦退,愿备藩国。父子之情,重久违之。其以彊为东海王,立阳为皇太子,改名庄。"[4]光武帝废郭皇后,

---

① 《汉书·武帝纪》。

② 《汉书·宣帝纪》。

③ 《汉书·杜周传》。

④ 《后汉书·光武帝纪下》。

立阴皇后,随即又更换太子,均向经书寻求根据。

两汉时期,尤其是西汉中朝以后,官僚士大夫响应帝王的号召,加之受经学影响,上疏言事和讨论政事时竞相引经据典。在国家政治生活中,尤其在意识形态领域,儒家经典变成了一种法定性权威,任何事理只要与经相符,就是正确的。在议论中有经典为据就有说服力,一般情况下,皇帝也容易信从和接受。凡是能以经义断事的就可以受到信任和重用,否则受到轻视。翟方进"知能有余,兼通文法吏事,以儒雅缘饰法律,号为通明相,天子甚器重之,奏事亡不当意"①。而薛宣为丞相,"时天子好儒雅,宣经术又浅,上亦轻焉"②,最后被免职。在论奏中引经为据,即使有冒犯龙颜之处,由于有儒家经典这个护身符,不至于受惩处。

汉昭帝时期,对汉武帝所施行的政策,需要重新探讨、总结,并在新的条件下进行新的决策。霍光指使丞相车千秋召开了盐铁会议。会上,当桑弘羊等人根据匈奴强盛,不断侵扰的形势,要求继续盐铁官营,积累财富,遭到贤良文学的强烈反对。贤良文学引用儒家的传统观点,即用仁德怀远的方式来对待匈奴,他们强调说:"孔子曰:'有国有家者,不患贫而患不均,不患寡而患不安。'故天子不言多少,诸侯不言利害,大夫不言得丧,畜仁义以风之,广德行以怀之……王者行仁政,无敌于天下,恶用费哉?"③要求"广道德之端,抑末利而开仁义,毋示以利,然后教化可兴,而风俗可移也"④。虽然当政者霍光没有完全接受贤良文学的政策,但儒家对朝廷的影响增大了。

西汉后期翼奉,治齐《诗》,与萧望之、匡衡同师,三人经术皆明。翼奉"惇学不仕,好律历阴阳之占"⑤。元帝即位后,举直言极谏之士,翼奉上书反对外戚专权,但在上书中先把经书经天纬地的作用大谈一通:

> 臣闻之于师曰,天地设位,悬日月,布星辰,分阴阳,定四时,列五行,以视圣人,名之曰道。圣人见道,然后知王治之象……贤者见经,然后知人道之务,则《诗》《书》《易》《春秋》《礼》《乐》是也。《易》有阴阳,《诗》有五际,《春秋》有灾异,皆列终始,推得失,考天心,以言王道之安

---

① 《汉书·翟方进传》。
② 《汉书·薛宣传》。
③④ 《盐铁论·本议》。
⑤ 《汉书·翼奉传》。

危……正以精岁，本首王位，日临中时接律而地大震，其后连月久阴，虽有大令，犹不能复，阴气盛矣。古者朝廷必有同姓以明亲亲，必有异姓以明贤贤，此圣王之所以大通天下也。同姓亲而易进，异姓疏而难通，故同姓一，异姓五，乃为平均。今左右亡同姓，独以舅后之家为亲，异姓之臣又疏。二后之党满朝，非特处位，势尤奢僭过度，吕、霍、上官足以卜之，甚非爱人之道，又非后嗣之长策也。阴气之盛，不亦宜乎！①

乍看起来，这篇奏论废话连篇，内容也很简单，就是反对外戚专权，要求朝廷选贤用能。但仔细分析则不然。如果回到那个儒家教条主义弥漫于整个社会的时代，奏议的论述是颇为有理有据的。前面阐述了经书是根据天意人事而设置的准则，是王道安危的根据，如果违背就会受到天的警戒和惩罚。近来地震、天气久阴正是天之警戒，而地震、久阴的原因，就是外戚权势太重、奢僭过度所致。这篇论奏以经书接连天人关系，详尽而周密地阐述了自己的观点，又保护了自己。既冠冕堂皇，又触及了现实。可谓经义与实际相结合的一篇佳作。

匡衡是西汉后期的名儒，据记载："衡好学，家贫，庸作以供资用，尤精力过绝人。"②元帝时为博士、给事中，多次上疏言事，皆以经学为据。反复引用经学说明自己的思想观点。如当时发生了日食地震，元帝问政治得失，匡衡上疏陈事，在陈述了要循礼恭让、好仁乐施等一般施政原则后，特别强调：皇帝要"览六艺之意，察上世之务，明自然之道，博和睦之化，以崇至仁，匡失俗，易民视，令海内昭然咸见本朝之所贵，道德弘于京师，淑问扬乎疆外，然后大化可成，礼让可兴也"③。在另一篇奏疏中，匡衡反复强调经典在国家政治中的指导作用，他指出："臣闻六经者，圣人所以统天地之心，著善恶之归，明吉凶之分，通人道之正，使不悖于其本性者也。故审六艺之指，则人天之理可得而和，草木昆虫可得而育，此永永不易之道也。及《论语》《孝经》，圣人言行之要，宜究其意。"④把"经"说成万物之本，自然也就是施政的理论依据，谁掌握了它，谁就能把握和处理好一切事情。

东汉时期，论证更需引据经书。如章帝要想改变刑狱办案的时间，事关传

---

① 《汉书·翼奉传》。
②③④ 《汉书·匡衡传》。

108

统政策,因此既要听取儒生的意见,又要考之于经典。诏书说:"《春秋》于春每月书'王'者,重三正,慎三微也。律十二月立春,不以报囚。《月令》冬至之后,有顺阳助生之文,而无鞫狱断刑之政。朕咨访儒雅,稽之典籍,以为王者生杀,宜顺时气。其定律,无以十一月、十二月报月囚。"①

在一般政事处理方面,尤其是对政事处理发生矛盾时,分歧的双方都积极在儒家经典中寻找依据,以说服和压倒对方。汉宣帝时期,西羌反,朝廷派军队征伐。京兆尹张敞认为战争要耗费大量物资,遂建议朝廷允许罪人出粟赎罪,以筹费用。朝廷让有关部门讨论。萧望之当时为左冯翊,与少府李强合议,认为允许罪人出粟赎罪,结果必定是富者得生,贫者独死,"是贫富异刑而法不一也"。认为"政教一倾,虽有周召之佐,恐不能复。古者臧于民,不足则取,有余则予。《诗》曰'爱及矜人,哀此鳏寡',上惠下也。又曰'雨我公田,遂及我私',下急上也"②。让罪人出粟赎罪是"开利"路以伤既成之化,反对张敞的建议。皇帝又派丞相、御史难问张敞,张敞回答说:"窃怜凉州被寇,方秋饶时,民尚有饥乏,病死于道路,况至来春将大困乎! 不早虑所以振救之策,而引常经以难,恐后为重责。常人可与守经,未可与权也。"③双方虽然对同一个事,都以经为据,但由于看问题的角度不同,阐述的意见也就不同。人们处理政事都引经为据,结论却不同,说明指导思想不能取代思想主体的思想。

东汉章帝时的杨终,曾在太学受业,习《春秋》经,看到章帝连续兴起大狱,又逢天旱,上书进谏,开宗明义,说:"臣闻'善善及子孙,恶恶止其身',百王常典,不易之道也……臣窃按《春秋》水旱之变,皆应暴急,惠不下流。自永平以来,仍连大狱,有司穷考,转相牵引,掠考冤滥,家属徙边……传曰:'安土重居,谓之众庶。'昔殷民近迁洛邑,且犹怨望,何况去中土之肥饶,寄不毛之荒极乎? 且南方暑湿,障毒互生。愁困之民,足以感动天地,移变阴阳矣。陛下留念省察,以济元元。"④杨终进谏讲的是现实问题,却反复引用经为自己张目。

当皇帝的意志和经书发生矛盾时,皇帝有时也不得不服从经义,士人也正是借经书作武器进行抗衡。尽管这种抗衡是有限的,但足以说明经学在政治中的权威性。

---

① 《后汉书·章帝纪》。

②③ 《汉书·萧望之传》。

④ 《后汉书·杨终传》。

在各种政治冲突和角逐中,为了争取主动,击倒对方,给对方罗织罪名,都注重从经书中寻找武器。

西汉哀帝时儒士出身的丞相王嘉因反对重用董贤而得罪了哀帝,其时恰好发生了日食,王嘉乘机上书,向哀帝指出:"孔子曰:'危而不持,颠而不扶,则将安用彼相矣!'臣嘉幸得备位,窃内悲伤不能通愚忠之信;身死有益于国,不敢自惜。唯陛下慎己之所独鄉(向),察众人之所共疑。往者宠臣邓通、韩嫣骄贵失度,逸豫无厌,小人不胜情欲,卒陷罪辜。乱国亡躯,不终其禄,所谓爱之适足以害之者也。宜深览前世,以节(董)贤宠,全安其命。"①哀帝不听,反而更加宠幸董贤,加官益封。王嘉封还诏书,上书曰:"《孝经》曰:'天子有争臣七人,虽无道,不失其天下。'臣谨封上诏书,不敢露见,非爱死而不自法,恐天下闻之,故不敢劾。"②哀帝以"迷国罔上"的罪名把王嘉下狱,王嘉在狱中自杀。

哀帝末年,夏贺良因灾异频仍,制造汉王朝再受命的理论,向汉哀帝陈说:"汉历中衰,当更受命。成帝不应天命,故绝嗣。今陛下久疾,变异屡数,天所以谴告人也。宜急改元易号,乃得延年益寿,皇子生,灾异息矣。"③哀帝听从了夏贺良的建议,下诏说:"盖闻《尚书》'五曰考终命',言大运一终,更纪天元人元,考文正理,推历定纪,数如甲子也……其大赦天下,以建平二年为太初(元将)元年,号曰陈圣刘太平皇帝。"④过了一段时间,哀帝病没有好,夏贺良的话没有应验,遂把夏贺良逮捕入狱,罪名是夏贺良的建议"皆背经谊,违圣制,不合时宜","执左道,乱朝政,倾覆国家,诬罔主上,不道"⑤,诛杀了夏贺良。夏贺良属于方士一类,他所说的近于荒诞,但开始皇帝引证于《尚书》,深信不疑,决定改元易号,很快反悔,把夏贺良置于死地,翻手为云,覆手为雨,并且都引证于经典,用经书为自己遮掩。

独尊儒术后,朝廷议政的基本思维方式就是以《五经》为指导的经义与实际的结合。谁能把两者结合得恰到"好处",谁就是高手。

经义与实际相结合无疑是汉代的一大创造。它的最大效用是为政治认同和政治的价值取向找到了一个标准。这对统一人们的认识,保持社会的稳定有重要作用。由于经义对帝王也有指导意义,所以对皇帝也有相当的制约力。

---

①②《汉书·王嘉传》。
③④⑤《汉书·李寻传》。

但是这种思维方式也有一系列弊病，由于独尊经义和把经义绝对化，经义变成了超乎现实之上的教条。在这种思维方式中，现实是作为经义的"佐料"而存在的，只有将现实纳入经义之中，它才有存在的价值。经义不是现实生活的朋友，而是现实生活的刀子，对现实生活要进行宰割。把经义强加于社会历史之上，社会历史随着理论的灰色也变成灰色的。独尊经义，对其他政治理论形成排斥之势（尽管在实际上对其他理论有偷有拿），在政治观念与实际运作上必然出现僵化。统治者需要僵化，但对历史是有害的。

经义与实际的结合大大地削弱了政治主体的能动性。他们不是以创造者的身份参与政治，而是作为经义的工具去执行经义的规定，是代"圣人"参政。看起来很神圣，但神圣恰恰成为伪装的外衣。

这种思维方式还为政治诡辩论提供了最广阔的活动地盘。因为在这种思维方式中实践不是第一位的，参政者又缺乏主体意识，经义又有极大的随意性，空话、套话、假话弥漫于朝廷和官场。空话、套话、假话泛滥，政治诡辩论必然相伴而生，朝令夕改，都是有理的。

原载刘泽华：《中国政治思想史（第二卷）》，浙江人民出版社，1996年

第十二章　罪己诏中的政治调节观念

罪己诏是帝王向上天和民众检讨治理不善,以求改过自新的诏书。汉文帝前元二年(公元前178年)十一月的日食诏首开汉代罪己之先河,以后历届帝王屡下这类诏书。罪己诏古已有之,至汉代最为流行,成为汉代政治一大特色。这与汉儒畏天崇圣思想密切相关,也是帝王的一种统治术。

第一节　畏天崇圣与罪己诏

汉代的罪己诏已经逐渐形成了一个固定格式,大体分三个层次。首先,明示君主的治世职责;其次,将天灾、人事之不谐公之于众,接以"朕之不德"之类自责语;最后,以不同的政治措施作为自救补弊之方。

汉代普遍流行的社会政治意识之一是畏天和崇圣。天作为神灵与自然的统一体,是世界的主人和管理者,也是人类生活的统治者。圣是人类最高品质和最完善人格的体现,同时又是通天体道、拯救人类的超人。汉代最为推崇的圣当属尧、舜、文王、武王、周公、孔子和先帝。罪己诏中充满着畏天崇圣的恐惧之词,如:"乃者地震北海、琅邪,坏祖宗庙,朕甚惧焉"[1],"山崩地裂,水泉涌出,天惟降灾,震惊朕师"[2],"朕获保宗庙,战战栗栗,未能奉称"[3],汉代帝王在罪己诏中又常常以五帝三王为基准,来检讨自己的不治之处,时时以《诗》《书》圣言、先王行为作自己的行事依据。"恐羞先帝之德"是罪己诏的出发点之一。汉初,陆贾、贾谊等一批有识之士,借鉴秦亡的教训,劝谏帝王要"行仁义、法先圣"[4],要求帝王从小就积习于礼义,教养于德智,长大成为尧舜一样

---

① 《汉书·宣帝纪》。

② 《汉书·元帝纪》。

③ 《汉书·成帝纪》。

④ 《汉书·陆贾传》。

的圣人皇帝。到了汉武帝时期,随着儒学定于一尊,通天致圣思想更为突出。武帝下诏曰:"盖闻五帝三王之道,改制作乐而天下洽和,百王同之……子大夫明先圣之业,习俗化之变,终始之序,讲闻高谊之日久矣,其明以谕朕。"董仲舒对策曰:"今陛下贵为天子,富有四海,居得致之位,操可致之势,又有能致之资,行高而恩厚,知明而意美,爱民而好士,可谓谊主矣。然而天地未应而美祥莫至者,何也?凡以教化不立而万民不正也。"①对于武帝的通天致圣能力,董仲舒讲了三个可致的有利条件,即:天子之位、天下大权、圣明通达之智。武帝三者具备而"美祥"未至,是因为教化不立之故。只要帝王能施行仁义教化,"强勉"行事,即可通天致圣。

帝王通天致圣成为汉代社会普遍认同的一种观念。君主以此为己任,臣民以此为希望。然而,现实的政治与社会状况与这种理想相距甚远,天怒人怨之事屡屡发生。帝王既然是通天致圣的唯一承担者,反过来,他对天怒人怨就不能辞其咎。罪己诏便是圆通神祇,走出困境的一种措施。

汉代的罪己诏大致可分为两类。一类是天谴罪己,以通天意;一类是政事罪己,以成圣明。天谴罪己多指由日食、地震、火灾、水灾等阴阳不调之自然现象而引起的罪己。天谴之因是"人主不德,布政不均,则天示之灾以戒不治"②。所以,实际上还是政事罪己,只不过多拐了一个弯。在一般情况下,天灾一变必验一事,不同的天灾反映了不同的政治之失。唯有帝王能够洞察这些天灾的所出之因而设法救治,恰恰体现了帝王的通天本领和致圣意识。天灾与人事之间有着一定的对应关系,归纳起来大致如下:

第一,日食。

阴侵阳,人君骄溢未明,为阴所侵。帝王自责不能治育群生,吏不称职。所谓"男教不修,阳事不得,则日为之蚀"。其措施为君怀谦虚,下贤受谏,位有德,褒有志。

第二,地震。

地为大臣之位,当载安万民,怀藏物类。地震昭示臣有贰心,政权不稳。帝王自责不能附远安民。其措施为举贤良方正,罢扰民之事。

第三,火灾。

---

① 《汉书·董仲舒传》。
② 《汉书·文帝纪》。

人君贪财,赋敛尽取民货。帝王自责不治,过失甚大,群臣未肯极言过失。其措施则举廉直之士,大赦天下。

第四,久旱。

人君不施泽惠于下民,则蝗虫害谷。帝王自责不德不明。其措施为宥谪罚,行宽大,惠兆民,劳功吏,赐鳏寡,廪不足。

第五,日无光。

国有谗佞,朝有残臣,混乱朝纲。其措施则在于远佞谄,近忠直,修经典,习圣人之道,举贤良方正。

罪己诏表示在帝王之上,还有更大的权威和更高的善与美,是制约和裁量帝王行为与政事的"力量"和"准则"。这不能不说是古代思想家的一个小发明。在现实政治中,没有什么力量能对至高无上的君权进行有效的制约,于是人们把天与圣加在帝王之上,借助天与圣对帝王进行程度不同的批评。然而,另一方面,皇帝虽然犯有错误,但能与天圣相通的也只有皇帝一人。他固然犯有错误,但改正错误也是一种特权。罪己诏证明的恰恰是皇帝的伟大和英明,具有通天致圣的条件。

第二节　罪己诏与政策调整

清人赵翼在《廿二史劄记》中说:汉代"但有庸主,而无暴君"[①]。这反映了汉代帝王与秦帝暴政的不同。罪己诏从一个侧面说明了"无暴君"的原因,天与圣对王权的制约是起了一定作用的。帝王用罪己安慰民众,再伴随一系列政策调整,缓和两者之间的对抗。罪己诏真正的社会政治意义就在于罪己之后的政策调整,所以"诏书每下,民欣然若更生"[②]。敬天崇圣、通天致圣思想是帝王进行罪己和政策调整的思想与心理前提。通过"自新""更始"等政策调整唤起民心的归顺和民众对君主的崇敬,以表明封建统治者的公正与善良。汉代最著名的武帝轮台罪己诏即是立志调整政策的典型。汉武帝晚年深陈既往之悔曰:"今请远田轮台,欲起亭隧,是扰劳天下,非所以优民也。今朕不忍闻……当今务在禁苛暴,止擅赋,力本农,修马复令,以补缺,毋乏武备

---

① 《廿二史劄记·汉诏多惧词》。

② 《汉书·王吉传》。

而已。"①他改变了早年的战争政策,以发展农业生产,施行仁政作为今后的治国方针。武帝不愧为"雄才大略",在战争带给社会巨大创伤,在人民渴望休息安宁的关头,不失时机地下诏罪己,检讨战争之过,调整政策,决定从军事征伐改为以安民为本,最大限度地迎合了民心,得到了人民的认同,为"昭宣中兴"打下了政策基础。武帝下诏罪己虽迫于形势,亦与其通天致圣的思想基础分不开。汉代的每次罪己诏,总有某些政策调整的内容。民众在名义上也成为朝廷的受惠人和施政目的。按照罪己诏的格式,帝王在沉痛自责之后,即是一系列惠民政策的颁布。大致说来,不出以下几方面:

减免田租、恤鳏寡孤独,赐民牛酒,禁苛暴、止擅赋。
察计簿,省宫廷用度,大赦天下。
平冤狱,蠲除某些律令以安百姓。
举贤纳谏。

举贤纳谏是政策调整中最显著的一条,几乎篇篇罪己诏中都有这项内容:"举贤良方正能直言极谏者,以匡朕之不逮。"(文帝二年十一月日食诏)到了西汉后期,则出现了大量专门求贤的诏书。计有灾异求言诏、举贤良方正诏、选贤诏、以灾异改行新政诏,等等,不一而足。帝王举贤纳谏,一方面是为了增强政府活力,增加统治力量,以利禄诱导士人为帝王所用。另一方面也是为了显示圣王德行。举贤纳谏表明君主能折节向下,虚心求教,诚恳改过。贾谊曾将帝王分为上主、中主、下主三类,上主为圣,下主为暴,唯中主如练丝,得善佐则存,不得善佐则亡,故而圣主唯在得人。帝王征召贤良为的是听取谏言,纳谏是帝王政策调整的前提。汉代的谏议是非常著名的。进谏者常常措辞激烈,直言不讳,在古代中国实属罕见。如元帝时珠崖反叛一事,朝廷意欲出兵镇压,贾捐之以民困财乏为由极力劝谏,最终使元帝发出"夫万民之饥饿,与远蛮之不讨,危孰大焉"②的感叹,下诏罢珠崖郡。天下见此诏书,莫不欣欣,人自以为将见太平也。元帝以纳谏罢兵唤起了民众对帝王的崇敬。西汉后期,由于社会动荡不安,谷永、贡禹、刘向、鲍宣等政治家的社会批判日益增多,疾

①《汉书·西域传》。
②《汉书·贾捐之传》。

言厉色指出社会的弊端和王者的失误。如谷永奏成帝曰："王者必先自绝,然后天绝之。""汉兴九世,百九十余载,继体之主七,皆承天顺道……至于陛下,独违道纵欲,轻身妄行……积失君道,不合天意,亦已多矣。为人后嗣,守人功业,如此,岂不负哉!"①他直指帝王有负先帝,背离王道。对于这一类的指斥,汉代帝王多受之而不加谴怒,因为纳谏是通向圣化不可缺少的条件。

西汉后期,罪己诏出现的一个新内容是把三公作为替罪羊。通过对三公大臣的撤换表示政府重振朝纲的决心。先后罢免的三公有萧望之、薛宣、翟方进、师丹、孔光等人。汉成帝永始二年(公元前15年)罢薛宣诏:"君为丞相,出入六年,忠孝之行,率先百僚,朕无闻焉。朕既不明,变异数见,岁比不登,仓廪空虚,百姓饥馑,流离道路,疾疫死者以万数,人至相食,盗贼并兴,群职旷废,是朕之不德而股肱不良也。乃者广汉群盗横恣,残贼吏民,朕恻然伤之,数以问君,君对辄不如其实……九卿以下,咸承风指,同时陷于谩欺之辜,咎繇君焉!"②成帝在罪己诏中除了惯常的自责不德而外,同时主要谴责了"股肱不良"。

罪己诏中的一系列政策调整措施说明"罪己"无非是政治改良的诺言或手段。由于古代中国的封建君主专制王朝原本就是一个自我保护性的政府,统治者只要保证自己的政权长久,保卫自己的国土不受侵犯,保护自己的特权不被推翻。不到迫不得已,它杜绝一切革新。在治理失误伤害到统治秩序时,它便以改良手段或曰政策调整来显示政府的活力与帝王之圣明。罪己诏承认了君主自身的政治过失,这无疑是统治者的自我暴露和自我损伤。但另一方面,它又以虚心求治廉价地换取民众的一时归心。由于社会实际自谴和改易更革的实际操作机制并未解决,罪己诏往往又把君主政治推到了绝境。

第三节　罪己诏和帝王统治的正当与合理

不管一个社会的政治制度采取什么形式,不管它怎样处理它的事务,这个制度总是必须首先找出获得民众效忠的途径。在集权政治和专制统治条件下,当权者主要依靠强权作为社会控制的强制手段,但由于人心不服和政治

---

① 《汉书·谷永传》。

② 《汉书·薛宣传》。

向心力的薄弱,统治的有效性会被极大地削弱。例如,秦统治者用刑法等强制性手段钳民之口,但是,暴力激起了民愤,从而削弱了社会协同。短短十几年,秦这个"警察国家"就灭亡了。汉代政权张扬协同,"与贤士大夫共有天下"。协同就意味着皇帝的权威不得不顾及各阶层民众的利益,必须协调各阶层民众的关系,必须建立强有力的理论依托来支撑王权,使其统治合理合法。

秦始皇的统治主要凭靠人为的功绩为依托,而将人与自然法则的关系弃而不顾。既然不能从自然法则那里得到权力合法性的保证,就必然利用人为的功绩不断地证实权力的合理。所以,秦始皇一味地向个人权威化迈进,"超五帝而侔三皇",使自己超越于古圣先贤之上,结果反而丧失了自身的调节能力。

汉代帝王通过敬天崇圣观念和通天致圣思想为自己的统治找到依据,并使其成为证明君权合理合法的思想基础。汉代第一个罪己诏开言即说:"朕闻之,天生民,为之置君以养治之。人主不德,布政不均,则天示之灾以戒不治。"①诏书将君主的统治特权说成是天赐;以君、民天性不一来说明君养治万民的正当与合理:结果是将君主自身置于救世主的地位,要天下百姓感恩戴德。反过来,罪己诏又以"天谴"证明天对帝王统治的时刻关注,帝王则将"天谴"看作是上天"幸国",是天之爱心的特殊体现,是统治者"受有天命"的特殊提示。天降祥瑞说明帝王统治既合法又合理,天降灾异说明帝王统治虽合法而不尽合理。罪己诏则是圆通合理性的方式之一。诏文中常有"天下治乱,在予一人"之语,这从正反两方面都表示帝王是唯一的希望。帝王罪己和自责不是自我否定,而是表明自己对致圣的追求,并以承担责任的方式证明拥有权力的合法性。在全部的罪己诏中,包含着两个深刻内容的对立与统一,即屈君而伸天、屈君而伸圣与"以人随君,以君随天"②。屈君而伸天、屈君而伸圣,反映了帝王以天圣为参照物,要通天而致圣。天有命,圣有理,君有权,而帝王权力要靠天命来支持,要靠圣人之理来运转,所以帝王有时而屈;但是,所有的民众又都必须屈于君。从这种对立统一之中,我们可以看出帝王对权力的认识:

第一,帝王将权力的来源说成是上天赐予。历来改朝换代,新皇帝都要用

①《汉书·文帝纪》。
②《春秋繁露·玉杯》。

"天命"来压服人,用"天命"笼络人,上谕开首就是什么"奉天承运"之类。

第二,帝王权力是至上的。无论是奖赏还是镇压,全凭帝王做主,人民唯王是从。

第三,权力带来了责任。帝王受命治理天下,有统治万民的权力,同时他也有责任使国家治理、社会安宁、人人幸福。如果天降灾变,社会不治,作为君主,是逃避还是承担责任? 显然,逃避责任就丧失了权力的信任,要证实权力的合理就要勇于自责,汉代帝王的罪己诏渗透了权力与责任互相依存的关系,只有负得起责任,才表明权力的归属是理所当然的。

汉代帝王竭力证明统治特权是合理合法的,并使民众普遍认同,这给帝王统治带来了极大便利。自先秦以来的家族、家庭和血缘观念将人们思维方式限定在一脉相承的关系上,人们习惯用前人的名誉判断后人的行为,以权力来源正当与否决定服从或反抗。帝王借助天、圣达到神圣帝王目的,建立民众对自身的信任和服从。在这种观念的制约下,民众多以君主之爱憎为爱憎,以君主之教训为信条,生杀予夺,唯一人之意是从,自己的安全与幸福全靠帝王的英明救治。"天王圣明""臣罪当诛"成为臣民的口头禅,毫无独立人格可言。帝王作为天的代理人、圣的体现者,酿造了中国两千年来无可动摇、根深蒂固的神圣皇帝观。汉代罪己诏之繁多为历朝所不及,是汉代帝王的一种较特殊的政治行为。罪己诏涉及了中国古代政治思想中两个极为重要的概念,即天和圣。如果将天、圣、王作为一个结构体系,那么在这个结构体系中,一方面以天、圣作为神化、圣化帝王的手段,王以敬天崇圣、通天致圣的面貌赢得万民的顺从,证明自己的合理合法;另一方面又把天、圣置于王之上,监督和调节帝王的行为,使政治有了回旋的余地。

原载刘泽华:《中国政治思想史(第二卷)》,浙江人民出版社,1996年

第十三章　论汉代的炎黄观念与帝统和道统 *

　　经过战国中后期诸子对黄帝、神农的宣扬,汉代炎黄观念趋向成熟,并与政治紧密结合,二者相辅相成,形成了以黄帝为宗的道统与帝统观念。汉代黄帝形象的主要特征是:以黄老宗师的面目出现,又多与符和图谶联系在一起。这两方面都在某种程度上得到了统治者的支持,推动了汉代诸子炎黄观念的发展,并为民众认同,从而成为民族凝聚力的精神因素。

第一节　理论上的炎黄观

一、确认黄帝为帝王之宗

　　司马迁作《史记》时,把上古至秦汉帝王世系贯穿排列,首列黄帝为帝王第一人。但是司马迁一方面认为夏商周三代始祖是黄帝的后裔,另一方面又为了神化帝王,说他们是禀精气而生的真命天子。当时曾有人对这种矛盾发出疑问,褚少孙解释这些感生帝是"欲见其有天命精诚之意耳……黄帝策天命而治天下,德泽深后世,故其子孙皆复立为天子,是天之报有德也"。明确地宣称感生说是为了神化他们的祖先,以示他们是天命之子。并且,承认三代始祖为黄帝后裔,是为了表明他们有帝统渊源,因为帝王的资格是由血统论决定的,"夫布衣匹夫安能无故而起王天下乎? 其有天命然"①。王充在《论衡·案书》中从贞节观的立场上批评了禀气于天说,同时也承认黄帝血统论,"五帝三王,皆祖黄帝"②。

　　这样,黄帝成了帝统之始,这个帝系得到了后代帝王和学者的认同,成为

---

　　* 本章与侯东阳合作。

　　①《史记·三代世表》褚先生补。

　　②《论衡·奇怪》。

正宗的产生帝王将相的系统。

二、五德终始与符应中的黄帝

随着邹衍五德终始说的兴起,它逐渐为帝王所接受,秦始皇据邹衍五德相胜说,而按水德改服定历,以后历代王朝建立之初都沿袭这种做法。五德相胜之序为水胜火,火胜金,金胜木,木胜土,土胜水,其历史系统首自黄帝,并且以祥瑞来昭显天命所归。但是五德相胜相克之说显得过分激烈和决绝,而大一统帝国对前代制度的继承性又特别明显,为维护帝统道统的一贯性,也为了把朝代更替说得更合理、温和,帝王们需要新的五德终始说,于是刘歆为王莽代汉创造了五德相生说。本来,汉初刘邦托称赤帝子,服色上赤。其后曾有一场关于汉为水德或土德的争辩,武帝最后按土德改制,则汉亦为黄帝之德。而按相生之序:木生火,火生土,土生金,金生水,水生木,刘歆在《世经》中编排的帝王系统为:

五德	帝王
木	太昊帝伏羲氏 帝喾高辛氏 周武王
火	炎帝神农氏 帝尧陶唐氏 汉高祖
土	黄帝轩辕氏 帝舜有虞氏
金	少昊帝金天氏 伯禹夏后氏
水	颛顼帝高阳氏 成汤

其中有两个牵强之处最为明显,一是把汉帝按相胜说定的土德又改为火德;二是按相生之说,汉火德与秦水德毫不相连,于是就说秦"非其序",而把秦排挤出正序之列。至于在黄帝之上又寻出两位更古的帝王炎帝、太昊,则更是为了体系的需要。这个系统的最终目的就是证明王莽为黄帝、帝舜之后,是土德,则按尧禅位给舜的古史传说,汉禅位给王莽也正是天理之序。正是由于五德相生说把朝代的更换装扮成心甘情愿的禅让,使更天命的场面变得温情脉脉,掩盖了篡权者的阴险和斗争的激烈,故此学说对当时及后世影响极大,并得到学者们的认可。

同时,与五德相伴而生的是受命帝王均有符命、祥瑞之类。因汉武帝喜欢神仙事,故符命之风兴起。王莽更是大加宣扬。于是最受尊崇的黄帝一会儿出现在符中,一会儿出现在图谶中。王莽竟按所献黄帝策书来封官改制,以示顺天命,当时人"争为符命封侯"。汉代黄帝热与汉、新争当其子孙和符命祥瑞的兴盛有密切关系。

三、炎黄与三皇五帝

三皇五帝是中国古代理想的帝王群体,但先秦诸子提到三皇五帝时,并没有明确地指出其具体人选。汉代学者总结先秦思想,又加以自己的主张,列出了不同的三皇、五帝说。

三皇说:

燧人、伏羲、神农(《尚书大传》《白虎通义》);

伏羲、神农、祝融(《白虎通义》);

伏羲、女娲、神农(《运斗枢》《元命苞》);

伏羲、神农、黄帝(《尚书伪孔传序》)。

五帝说:

黄帝、颛顼、帝喾、尧、舜(《大戴礼记》《吕氏春秋》《史记》等);

庖牺、神农、黄帝、尧、舜(《战国策》《周易》《庄子》《淮南子》等);

太昊、炎帝、黄帝、少昊、颛顼(阴阳五行说、《淮南子》等);

帝喾、尧、舜、禹、汤(王莽时)。

由此可见神农(汉代已明确地称炎帝神农氏)在三皇中是大家公认的,并且他有时也入五帝说。而黄帝为五帝之一也是多数人认可的,只有王莽为尊崇黄帝,把他提升为三皇之一,因为三皇是比五帝更古老的帝王序列,地位独特。

炎黄本比太昊、颛顼、尧、舜、禹等帝王晚出,然而宣传使得他们在诸传说古帝王中的地位越来越显赫,成为三皇五帝的主角。

四、炎黄的圣化与神化

随着帝统的建立和托古改制的兴盛,三皇五帝的政治人格和品性也被神化、圣化。经过先秦诸子对圣人的划分和赞颂,汉代三皇五帝皆为圣人的观念得到了强化。黄帝、颛顼、帝喾、尧、舜、禹、文、武、周公、皋陶、孔子这十二圣是世所共闻的,他们是"皆上圣世"[1]。而黄帝以前的帝王也补增圣人之号。对帝王圣化的目的,是把他们说成天生异于凡人的帝王将相之种,"圣人自有种世族",并以此来推论,因黄帝是圣人,所以他的子孙世世代代都是帝王种,

---

[1]《潜夫论·赞学》。

121

"黄帝圣人,本禀贵命,故其子孙皆为帝王"①。黄帝成了圣人和帝王的渊薮。

为了把圣人与凡人分开,又对圣人进行神化。"圣人皆有表异",故十二圣皆有异相,黄帝龙颜、颛顼戴干、帝喾骈齿、神农蛇身人面,等等。这些都是"世所共闻、儒所共说、在经传者",而那些书短流长的俗论更是表明圣人"与神通精,皆天所生",因此圣人同时又有"神"性,"称圣则神矣"②。

在对古圣帝王的神化中,尤以对黄帝的神化最为突出。先秦时黄帝所有的品性都被大力渲染,且赋以更多的神性,不仅"生而神灵,弱而能言,幼而徇齐,长而敦敏,成而聪明"③,而且有驱使熊、虎等动物的特异功能。汉武帝喜欢求神问仙,学者和方士为制造封禅礼,多伪托黄帝,在封禅的七十二王(具体人名则有十二)中,独突出黄帝之事,并附加许多细节,"封禅七十二王,唯黄帝得上泰山封"。黄帝常游五大名山,学仙问道,接万灵于明廷,最后骑龙仙去,空留衣冠冢在人间。王莽时对黄帝的神化更为突出,甚至达到荒唐的地步。面对天下大乱的局面,王莽却借黄帝显灵等虚像来"诳耀百姓,销解盗贼",遭到天下嗤笑。

当时,不仅疾虚妄的王充反对黄帝骑龙升天说,而且还有许多学者如桓谭、应劭、扬雄、张衡等人都批评对黄帝荒诞不经的神化。黄帝等都是血肉之躯,是真实存在的。

反对过分地神化黄帝等人,并不是否定帝王天命观,而是竭力把黄帝论证为实实在在的帝王祖先,因为黄帝升仙说使得他本身的存在变得扑朔迷离,削弱了帝王之宗的真实性。并且通过圣王优待学问、十一圣人皆在师师,来提示帝王注重自我修养,重视学问之道。

五、黄帝创制的流变

由于五德终始说的一套理论,使"王者易姓受命,必慎始初,改正朔,易服色,推本天元,顺承厥意"④。历书和从日月星辰变化来推验人事的星官之书等被帝王们所重视,于是黄帝创历之事又被详细地加以证实,"牺皇有天下也,未有书计。历载弥久,暨于黄帝,班示文章……乃立历数"⑤,并传有黄帝历。黄

---

① 《论衡·奇怪》。
② 《论衡·实知》。
③ 《史记·五帝本纪》。
④ 《史记·历书》。
⑤ 《后汉书·律历志下》。

122

帝创制还有"盖黄帝考定星历,建立五行,起消息,正闰余,于是有天地神祇物类之官,是谓五官"①,"故星官之书自黄帝始"②。

武帝、王莽时,伴随着符命和图谶,假托黄帝创制的器物则更多,明堂图、推策、明廷、棺椁、舟车、书契等发明名目繁多,表现了人们对事物起源的探索和思考,而更主要是托古改制,为当时的各项新制度寻找一个权威靠山。黄帝创制的制度和器物,后代帝王加以继承和发展,自然是正当而合理的。

汉代炎帝主要是五德终始中的一环、三皇五帝中的一个成员,不过,突出强调了炎帝为南方的火德之神,并变为民间信仰的灶神,"炎帝于火死而为灶"③。他与黄帝的战争原因也变成"炎帝为火灾,故黄帝擒之"④,炎帝成为自然灾害的象征。随着道的形成,以有道伐无道是政治斗争的合理原则,炎帝又因无道而成为战败者。⑤除此而外,炎帝没有什么具体的特性,汉人对他的论述很少。而对黄帝的大力渲染,在武帝和王莽时形成两次高潮。对黄帝的推崇,使得他的形象更加神圣化,以致一切都要从他那里找到论据,而这又推动了黄帝形象的进一步丰富化。

第二节 帝王形象的塑造模式与帝统、道统

一、帝王形象的塑造模式

为了突出表现帝王们受命于天、异于凡人的资质,从帝王出生、相貌、才能到登极都有许多天命的征兆,形成了一套神化圣化帝王的格式:

第一,感生说。帝王出生不是禀精气,就是有非常之相。

第二,异相。帝王有特异之相貌。

第三,异性。圣王生下来就有超常的智能。

第四,符瑞。天子登帝位前有显德之兆,在位时更有祥瑞"应德而至",昭示太平。

第五,封禅。报天地之功曰封禅。封禅不仅是盛世的标志,是对群神的回

---

① 《史记·历书》。

② 《后汉书·天文志上》。

③ 《淮南子·氾论训》。

④ 《淮南子·兵略训》。

⑤ 《新书·益壤》。

报,也是刻石立碑、称颂帝王功德的好机会,故为帝王所重视。

这一套模式成了后代帝王登极时所必造的神化、圣化自己的舆论格式(封禅不是必有的)。

二、帝统观的实践

帝统指君主权力的传延,它虽然体现为世代相袭的血统论,然而又超越氏姓,适应于各个朝代的帝王。

血统论主要是针对帝国内部来说的,同姓而王的世袭制自夏代确定下来,周代的宗法制又将君民按金字塔形排列,天子既是君又是全国最大的宗,祭祀先帝成为帝王的一种资格。帝统自此表现为嫡长子继承制。秦始皇欲帝位一至万世地传下去,然二世而亡。汉高祖为确保帝位相传,与群臣相约:非刘氏而王,天下共击之。说明帝王们无不想维持帝王的血缘传延。这种帝统观念是如此强烈,以至于起义者们总是立同姓王,或借其名义而树大旗。它扼杀了民主和新生的力量,使得政治多呈现下滑的趋势。维护帝统的人多认定,自黄帝而下,皆同姓而王;觊觎帝位者却竭力反对君统说,为自己夺权制造理论,然一旦登上位,又为帝系问题而大伤脑筋。可见权力是观念的变压器,帝统是每个帝王所必定要维持的。

帝统体现在不同朝代则是后代帝王必定尊崇前面的君主,立其后代,使奉祀之,"是故周人之王,尚(上)推神农为九皇,而改号轩辕谓之黄帝……下存禹之后于杞,存汤之后于宋,以方百里爵称公"①。"武王追思先王,乃褒封神农之后于焦、黄帝之后于祝。"②因为这些帝王有德于民,有功于帝王事业,故"盛德之祚,百世享祀",为他们立祠祀之。对炎、黄二帝的祭祀,在重祀与尊祖的上古时已存在,《鲁语》中说有虞氏、夏后氏均祠黄帝。后来则主要把它们放在五帝的范模中祭祀。五色帝是阴阳五行说兴盛的产物,然而最初祭祀它们的统治者却并未把五位视为一个整体,据《史记·封禅书》记载,最早祭祀的是秦襄公,"始列为诸侯","自以为主少皞之神,作西畤,祠白帝",此后秦文公作鄜畤祭白帝,秦宣公作密畤祭青帝,秦灵公作吴阳上下畤分祭黄帝、炎帝,他们受五行说影响的可能性很小。受阴阳五行说的影响,才有秦始皇称黑龙之瑞,汉高祖刘邦才立黑帝祠以凑齐全数。因黄为中和之色,主中央之土,且黄

---

① 《春秋繁露·三代改制质文》。
② 《史记·周本纪》。

124

帝又是帝王共同的最早的祖先,所以黄帝成了帝统之源,占核心位置。

三、道统的总结与认同

道统指的是政治原则的一脉相承,是帝王和诸子百家在对兴衰治乱的政治经验总结的基础上得出的。道统观到汉代发展成熟,因为随着大一统帝国的建立,在理论上也需要统一的帝王之道,于是贯穿古今、万溱归流的道统观就应运而生。

在总结历史时,战国以来的学者们逐渐形成了共同的认识:三皇五帝的治术各不相同,但伏羲始定人道,神农教民耕作,黄帝始定王道,尧为百王之高峰,他们是一脉相承的。其中"黄帝始作制度得其中之和,万世常存","后世虽圣,莫能与同也。后世得与天同,亦得称帝,不能立制作之时,故不得复称黄也"①。《淮南子》虽称道术而批评黄帝,却不得不承认黄帝"正律历之数、别男女、异雌雄、明上下、等贵贱"②的功绩,因此黄帝又成了帝王之道的鼻祖。

但是历史事实是三王之道各有所尚,夏尚忠,殷尚质,周尚文。汉武帝为此而问文学贤良,董仲舒以正三统理论,说明帝王之道顺而相复,"道者,所由适于治之路也,仁义礼乐皆其具也"。而汉武帝又对道的存在发出疑问:"夫三王之教所祖不同,而皆有失,或谓久而不易者道也,意岂异哉?"董仲舒则圆说帝王顺时世之变而改制,"王者有改制之名,亡变道之实",因为道之大原出于天,"天不变,道亦不变"。不过他尚能强调道统的主体因素的主观能动性,"孔子曰:人能弘道,非道弘人"③。盐铁会议上的诸儒进一步把道说成是不变常数,"圣王之治世,不离仁义……上自黄帝,下及三王,莫不明德教、谨庠序、崇仁义、立教化。此百世不易之道也。殷、周因循而昌,秦王变法而亡",并且他们完全抹杀了帝王在道统中的能动作用,"《诗》云:'虽无老成人,尚有典刑。'言法教也。故没而存之,举而贯之,贯而行之,何更为哉?"④帝王只能按道的指示去行事,这种僵化的道统观对于那些想有所变通的帝王和政治家是个障碍,因此刘向借变法者公孙鞅之口说:"前世不同教,何古之法?帝王者不相复,何礼之循?伏羲神农教而不诛,黄帝尧舜诛而不怒,及至文武,各当其时而立法,

①《白虎通义·谥》。
②《淮南子·览冥训》。
③《汉书·董仲舒传》。
④《盐铁论·遵道》。

因事制礼。"①因事制宜的改制观又成了道统的补充理论。"帝王之道,相因而通"②,"因"即指有所损益而成一代之规。

道统对于学者来说就是百家共同尊奉的理论准则。春秋战国百家争鸣,诸子的理论各有不同的崇尚,儒家崇尧舜之道,道家尊奉黄老。秦因为"师申商之法、行韩非子说、憎帝王之道",二世而亡,故汉初统治者适应清静无为的黄老之术。一些统治者的倡导和推行,如文帝、景帝及掌朝政的窦太后,大臣曹参、陈平、汲黯等人,使得学习黄老之术蔚然成风,黄帝成为道家祖师。而先秦时本不言黄帝的儒家,在黄帝日渐成为帝王之宗以后也开始称引黄帝,它又吸收了法家、道家、阴阳五行等学说,确立了它的独尊地位,使以黄帝为核心的道统理论更加成熟、完备。因为黄帝的形象本是行仁义的,这与儒家的主张正相符合,故黄帝进了儒家之门,更是如鱼得水,汉诸儒多引黄帝为其壮威。据《汉书·艺文志》所载,托名黄帝的书有阴阳、道家、小说、天文、杂占、房中、历谱、医经、经方、神仙等诸类,黄帝成了学术权威,"故为道者必托之于神农黄帝而后能入说"。这也反映了黄帝观从先秦的"杨朱哭于歧路、墨翟悲于练素者"的纷乱,发展到了"百虑而一致,殊途而同归"的统一,这正是学术和政治互相推动的结果。

统治者、思想界和民众都认同黄帝是民族的始祖,文明的源头,理想的象征,于是黄帝崇拜便成为民族凝聚力的精神因素之一。

原载《学术研究》,1993 年第 2 期

---

①《新序·善谋》。
②《汉书·王莽传中》。

第十四章　汉代"纬书"中神、
自然、人一体化的政治观念

纬书将流行于两汉的"天人一体化"理论发展到极致。它把神、自然、人一体化：神自然化、人化；自然神化、人化；人神化、自然化。纬书中充满了"天人相副""天人感应""天人合一"的内容，用自然现象比附社会现象，为统治者制造神话，故成为封建君主制度的理论基础。

纬书以政治为中心，将天理想化和社会功能化，天既象征人事，又对人事做出主动反应，从而表达了纬书作者的均平、无为的政治理想，政治调整观及政治价值观，反映了中国古人的一种普遍的政治文化心态。

纬书在两汉思想文化领域，具有突出的地位，上自朝廷，下至民间及知识、官僚界，都有广泛的影响。西汉后期、新莽和东汉前期，是它的发达期。从整体上看，纬书杂论阴阳五行、天人感应、天人合一、天文历法、地理、风俗、历史、占算之术等，但其核心是论述社会政治问题。正因为如此，所以才引起朝野上下广泛重视。它既是俗文化，又是雅文化，在民间广泛流传，同时经官方删定，在很长时期又被列入官学。

"纬"同"谶""图""符命"源不同而合流。"纬"相对于"经"而言。儒家有"六经""七经"，相应有"六纬""七纬"。早在西汉成帝、哀帝时已流行，李寻注"五经六纬，尊显术士"①。有的学者把董仲舒的《春秋繁露》等也视为纬书。

"谶"指预卜吉凶的隐语，早在春秋战国已流行。后来与"符命"结合在一起。"符命"主要讲天降瑞祥和天象之学。"图""书"指《河图》《洛书》。谶可以专指《河图》《洛书》，又可作为上述诸项的通称，这些原本是阴阳家方术士的发明。

随着儒家与阴阳家、方术士的结合，"纬""谶""符命""图""书"糅合为一体，通称为"谶纬"或"纬书"。还有"图书""图纬""图谶""谶记""经谶"等称。谶

---

① 《汉书·李寻传》。

纬属于儒家中的一个流派,与今文学相杂,难分难解,古文学家也每每有通谶纬的,如刘歆、贾逵均通谶纬。当时的许多经学家也兼通谶纬。

谶纬的主旨是维护封建秩序,但其中神意太浓,与王权每每发生冲突,三国以降,屡遭禁绝,隋以后几无完书。辑本有明孙毂的《古微书》、清黄奭《汉学堂丛书》中辑谶纬五十五种、马国翰《玉函山房辑佚书》辑纬书四十种、赵在翰辑有《七纬》。日本安居香山、中村璋八合辑《纬书集成》最为完备。

第一节　神、自然、人一体化:大一统专制主义的理论基础

天人合一是中国古代思想文化的总观念。天人如何合一,各家各派各有独特的思路和论述。纬书的特点是杂糅诸家各派,没有统一的中心,也没有逻辑起点。勉强概括之,即神、自然、人混合性的一体化。神自然化、人化;自然神化、人化;人神化、自然化。这里的人不是一般的个人,仅指圣人、特异的帝王将相。

神、自然、人一体化之论,如:"中宫大帝,其精北极星,含元出气,流精生一也。"[①]"天皇大帝,北辰星也,含元秉阳,舒精吐光,居紫宫中,制御四方,冠有五采。"[②]"斗者,天之口舌。""房心为天帝之明堂。""咸池曰五潢,五帝车舍也。""轸南众星曰天库。"[③]星辰之间被构筑成君臣关系。"太白之精下为风伯之神,主司刑。"[④]"地为山川,山川之精上为星辰,各应其州城,分野为国,作精神符验也。"[⑤]在这些著述中,所有的圣王以及孔子都是神种。具体而言,有的为"黑帝""白帝""赤帝""黄帝""苍帝"之种,有的为"龙种",有的是"感天"而生,有的是"梦长人"而生,有的是感天之异象而生,有的是星宿下凡,连萧何也是"昴星精生"[⑥]。

神、自然、人一体化的方式,归纳起来,大致有以下几种:

第一,生成关系。宇宙万物是一个生成关系,但其元点,又不一致。

---

①③《春秋文耀钩》。

②《春秋合诚图》。

④《河洛纬·龙鱼河图》。

⑤《春秋感精符》。

⑥《春秋佐助期》。

天生成万物,主宰万物:"天之为言,颠也。居高理下,为人经纬,故其字一大以镇之,此天之名义也。天之为体,中包乎地,日、月、星辰属焉。""群阳精也,合为太乙,分为殊名,故立字一大为天。"①天是太乙神,又称天帝。"天皇大帝,北辰星也,含元秉阳,舒精吐光,居紫宫中,制御四方。""大帝冠五采,衣青衣,黑下裳,抱日月,日在上,月在下,黄色正方居日间,名曰五光。"②

元气生万物:"元气闿阳为天。"③"元者,端也,气泉。""元气之阳为天精,精为日,散而分布为大辰。"④"元清气以为天,浑沌无形体。"⑤

水生万物:"水者,天地之包幕,五行之始焉,万物之所由生,元气之腠液也。"⑥

太易混沌生万物:"夫有形生于无形,乾坤安从生?故曰:有太易,有太初,有太始,有太素也。太易者,未见气也;太初者,气之始也;太始者,形之始也;太素者,质之始也。气形质具而未离,故曰浑沦。浑沦者,言万物相浑成而未相离,视之不见,听之不闻,循之不得,故曰易也。"⑦

八卦生万物:"八卦之序成立,则五气变形,故人生而应八卦之体,得五气以为五常,仁义礼智信是也。夫万物始出于震,震东方之卦也,阳气始生,受形之道也,故东方为仁。"⑧

以上所说的宇宙万物之"元",各有异而又互相混杂,无法截然分开。

第二,天人同度,天人合一,天人相副,天制约人。

"天人同度,正法相受。天垂文象人行其事谓之教。教,效也,言上为而下效也。"⑨"天有四表以布精魄,地有四渎以出图书。"⑩"天文地理各有所主,北斗有七星,天子有七政也。"⑪所设之爵位,三公、九卿及官位均与天象相应。⑫刑罚也应天而来:"大辟之属二百象天之刑。"⑬人的身体器官也与天地相应。"人头圆法天。""足方法地。""五脏象五行。""四肢法四时。""九窍法九

---

①⑤《春秋说题辞》。
②⑪《春秋合诚图》。
③《河图纬·叶光纪》。
④⑥⑨⑫《春秋元命苞》。
⑦⑧《易乾凿度》。
⑩《河图纬·河图括地象》。
⑬《尚书刑德放》。

州。""目法日月。""人有十八象,皆法之天地。"①"人之七孔内法五脏,外方五行,庶类气契度也。"②连十二生肖也体现天人相副:"此十二象稽之于天,度之于地,推于万物,象方之庶类,画天法地,是故为人取象于天地。"③

第三,宇宙数字化。这种观念在《易传》中已初步形成。

董仲舒进一步提出"人副天数",谶纬中把象数推向极致,宇宙万物皆以数相应而相联系。"阳气数成于三,故时别三月,阳数极于九,故三月一时九十日。""阴阳之性以一起,人副天道,故生一子。"④"三九二十七,七者阳气成,故虎七月而生。阳立于七,故虎首尾长七尺。斑文者,阴阳杂也。"⑤

这些论述极多,作为哲学高度概括,是《易乾凿度》中所讲的:"大衍之数五十阂天下之物。""五十"指日十干,辰十二,星二十八宿,由此而演化出整个万物及其数字结构。

第四,宇宙与观念、道德的组合。

"三纲之义,日为君,月为臣,列星为民也。日以阳明,月以阴承,化行昼夜,星纪乃分,列星分布,耀灵舒精。日者,阳之精,耀魄光明,所以察下也。"⑥"元气混沌,孝在其中。"⑦"君臣之义生于金,父子之仁生于木,兄弟之叙生于火,夫妇之别生于水,朋友之信生于土。"⑧"王者叙长幼,各得其正,则房心有德星应之。"⑨

纬书有关天人一体化的理论虽然十分驳杂,不成体系,但有一个基本精神却是一致的,这就是宇宙的统一性与泛必然性的观念。任何个体无不处于统一体系之中,无不是必然中的一环或附件。这正好成为君主一统专制的理论基础。

第二节　君主专制主义精神

政治观念是纬书的中心。在某种意义上,这是必然的。一方面,纬书是对

---

① 《孝经援神契》。

②③④ 《春秋元命苞》。

⑤ 《春秋考异邮》。

⑥ 《春秋感精符》。

⑦ 《孝经左契》。

⑧ 《乐稽耀嘉》。

⑨ 《礼含文嘉》。

经书的阐释与发挥,而经书是政治教科书与法典,这就决定了纬书也必然以政治为中心;另一方面,汉代的天人合一、天人感应的社会思潮重点不是自然科学,而是为了论证当时社会的合理性和如何调整社会关系,以趋吉避凶。纬书将这种思潮进行了彻底地发挥,直到庸俗、粗陋不堪的地步。

由于纬书极强的政治性,所以引起了统治者的极大兴趣,不仅被统治者视为官学,而且被视为"内学",经书反而被降到"外学"的窘境。明帝令王苍正《五经》章句,以谶为准;章帝令曹褒撰礼典,杂《五经》谶记之文。统治者之所以十分重视纬书,除了直接利用它为自己制造谶语神话之外,最主要的是它充满了王权专制主义精神。

贯穿于纬书中的一个基本内容,是造神,"天子皆五帝之精宝"①,神化古来的帝王与刘邦,可谓纬书作者的新创造,新发明。在纬书作者的编造中,孔子这位旷世圣人几乎是汉家的先锋,为汉家而生,为汉家创制大义。"丘览史记,援引古图,推集天变,为汉帝制法,陈叙图录。"②"元丘制命帝卯("刘"字简写)行。"③刘邦不仅是赤帝之后,而且早为孔圣人预定坐天下。汉家在一派神话中,变为历史的必然。当然,纬书不无反对汉家天下之言,但占主导地位的是为汉家制造神话。在当时的历史环境中,神话是历史必然性与合理性的最好论证,反过来,制造神话又是为历史必然性和合理性提供了社会心理认同的依据。

在纬书中最能表现君主专制主义精神的是帝王职能的神化。帝王原太素,通天地,立"五始",修德成化,统调阴阳,通神人,体历史。总之,天人合一,帝王为枢纽。

太素为宇宙之原,所以"反太素冥茎,盖乃道之根也"。"帝者得其根荄,王者得其英华,伯者得其附枝。"④与太素之根相合,既是成就帝王的条件,又是帝王的功能。

天地生万物,天子通天地。"天子之尊也,神精与天地通,血气与日月总。含五帝之精,天之爱子也。"⑤天子的精神和血气通天地,本身也就是天地的化身,天地的功能与天子的功能也就可以一体化。"五帝修名立功,修德成化,统

---

① ③《春秋演孔图》。

②《春秋纬》。

④《礼斗威仪》。

⑤《尚书璇玑钤》。

调阴阳,招类使神,故称帝,帝之言谛也。"①"帝者承天,立五府(五帝之庙)以尊天,重象。"②

帝王的功能有时又被神化为最原始的创造者。"黄帝受图有(又作"立")五始。元者,气之始;春者,四时之始;王者,受命之始;正月者,政教之始。""元者,端也,气泉无形,以起有形以分,窥之不见,听之不闻。"③黄帝虽然是古帝王,其功能与"元气"为一,又比元气更丰富而多能。

基于上述诸因,帝王理所当然地成为人间秩序的起点和准则:"诸侯不上奉王之正则不得即位,正不由王出不得为正。"④

帝王与万物之"元""神""德"是一体化的。"孔子曰:皇象元,逍遥术,无文字,德明谧。"⑤其义即《春秋公羊传解诂》成公八年所说:"德合元者称皇。""德合天者称帝,《河》《洛》受瑞可放。仁义合者称王,符瑞应,天下归往。"《春秋文耀钩》云:"王者,德也,神所向德,人所乐归。"帝王既然与"元""神""德"一体化,自然就成为人间绝对权威。

等级制是君主专制主义的基础。纬书从不同方面论述了等级的普遍性与绝对性,人受制于天,天本身就是一种等级构成,人副天数,人间的一切也必然是等级结构。人本身就有"圣""愚"之分,"人与天地并为三才。天以见象,地以效仪,人以作事,通乎天地,并立为三。其精之清明者为圣人,最浊者为愚夫。而其首目手足皆相同者、有不同于常者则为禽兽矣"⑥。先验的圣、愚论是等级制重要的理论基础之一。《易乾凿度》把六爻的排列视为社会等级的符号和表征:"终于上初为元士,二为大夫,三为三公,四为诸侯,五为天子,上为宗庙(郑玄注:宗庙,人道之终)。凡此六者,阴阳所以进退,君臣所以升降,万人所以为象则也。"等级原则无处不在,连乐器意调也与等级制相匹配。《乐稽耀嘉》说:"八卦以乾为君,八音以磬为长,故磬之为器,其音石,其卦乾。乾位西北而天屈之,所以立辨(别)也。故方有西有北,时有冬有秋,物有金有石,分有贵贱,位有上有下,而亲疏长幼之礼皆辨于此。"把这些现象相匹相配,排列组合,实在风马牛不相及,然而在天人相副的氛围中,是可以使人折服的,而其

---

①《春秋运斗枢》。

②《尚书帝命验》。

③④⑥《春秋元命苞》。

⑤《春秋说题辞》。

132

精髓则是等级贵贱原则的普遍化和绝对化。《礼稽命徵》对人的等级、生活方式的等级，以及用物的等级做了详细具体的规定。祭祀、用物的等级化由来已久，纬书的新义在于进一步从天人一体化方面进行了论证。

等级制的基本精神是人身支配与被支配、占有与被占有、专制与被专制的关系。纬书从天制约人的角度，反复论证了君主专制的必然性。"天地成位，君臣道生。"①"三才之道，天、地、人也。天有阴阳，地有刚柔，人有仁义。法此三者，故有六位……天动而施曰仁，地静而理曰义，仁成而上，义成而下，上者专制，下者顺从。正形于人，则道德立而尊卑定矣。"②这类比附除了天人合一的方法论有某种合理意义外，在科学认识上可以说毫无道理。然而方法论常常比道理更能使人接受和认同。作者得出的"上者专制，下者顺从""尊卑定矣"的结论，像方法论一样，成为当然之论。《易乾凿度》从"易"之变中肯定了易姓革命，但同时又论证了君臣之位是不变的。"不易者，其位也。天在上，地在下，君南面，臣北向，父坐子伏，此其不易也。"又说："君道倡始，臣道终正。是以乾位在亥，坤位在未，所以明阴阳之职，定君臣之位也。"对于帝王，臣民自不待言，要顺从君，"臣者，坚也，守节明度修义奉职也"③。公、侯、伯、子、男各级贵族也须"皆上奉王者之政教礼法，统理一国，修身洁行矣"④。

纬书中的专制主义精神还表现在，用"一体化"方法论证社会指导思想与神、自然、人是互相渗透和互相体现的。

礼、乐是儒家思想的主干，纬书对礼、乐的神化格外显目。《礼稽命徵》说："礼之动摇也，与天地同气，四时合信，阴阳为符，日月为明，上下和洽，则物兽如其性命。""制礼作乐得天意则景星见"，"王者得礼之宜则宇宙生祥木"。礼同气、日月、阴、阳、神、鬼合为一体。

《乐动声仪》对乐也用一体化精神作了极为独特的论证。乐始于"五元"（上元——天气；下元——地气；中元——人气；时元气——受气于天，布之广地，以时出入万物者也；风元气——物莫不以风成熟也）。"天有五音，地有六律。"五音各代表一种社会角色：宫——君；商——臣；角——民；徵——事；

① 《易坤灵图》。
② 《易乾凿度》。
③ 《太平御览·治道部二》引《孝经说》。
④ 《春秋元命苞》。

羽——物。五音又代表了不同的社会政治境况。十二个月各有一音律，为十二月律。人的五脏与五音相适；五音又与五星相应，与四时、阴阳、五行、四方相配。古代的圣王各有自己时代的乐章。这些论述近于胡诌，然而它的作用却是极为重大的。礼、乐体现着那个时代的社会秩序和精神，神化礼乐正是神化当时社会的基本制度。

仁、义、礼、智、信被儒家奉为"五常"，"五常"正是天地、阴阳、五行、五方的精神体现。《易乾凿度》说：东方为仁，南方为礼，西方为义，北方为信，中央为智。"中央所以绳四方行也，智之决也。故中央为智。故道兴于仁，立于礼，理于义，定于信，成于智。五者道德之分，天人之际也。圣人所以通天意，理人伦而明至道也。昔者圣人因阴阳、定消息、立乾坤，以统天地也。"《诗纬》中讲："木神则仁，金神则义，火神则礼，水神则信，土神则智。"《孝经钩命诀》又有另一种配方："性者，生之质，若木性则仁，金性则义，火性则礼，水性则智，土性则信也。"

汉代格外提倡孝。纬书对孝的论述同上述方法是一样的，这里须要说明一点，《孝经左契》把孝视为元气混沌的本性之一，"元气混沌，孝在其中，天序日月星辰以自光，人序孝悌忠信以自彰"。

更为有趣、也更为荒唐的是，人的器官也被道德化、神化、天地化。《孝经援神契》说："肝仁、肺义、肾智、心礼、胆断、脾信，膀胱决难，发法星辰，节法月，肠法铃。人有十八象，皆法之天也。"又讲："人头圆法天""足方法地""五脏象五行""四肢法四时""九窍法九州""目法日月"。更令人莫名其妙的是器官之间都由道德加以联系而形成不同的功能。"肝仁故目视；肺义故鼻候；心礼故耳司，肾信故窍泻；脾智故口诲。"

上述种种论述，以今人视之皆为大谬，然而在那个时代，却是被人们普遍接受和认同的。特别是"一体化"的方法论，成为理所当然的思维前提，它的意义是不可低估的。封建专制主义的精神不仅获得了合理的论证和说明，而且融于人们的肌体，成为人的器官的一种本能和功能。人，完全变成封建专制主义的工具和零件。只有了解了这一点，才能理解为什么谶纬之中常有对统治者的攻讦，而统治者们却仍把它作为圣学而加以尊崇。

如果以这种时代精神为背景去看未来的玄学精神，才能真正体味玄学的历史意义。

第三节　均平、无为的政治理想与政治调整

在天人相应思维模式中有一个理所当然的思路,即把天理想化和社会功能化。天既象征人事,又对人事做出主动反应。在这种互动的论述中表达了纬书作者们的政治理想、政治调整和政治价值观念。

天帝是公正无私的,人间天子首先应效法此道。"帝者,天号;王者,人称。天有五帝以立名,人有三王以正度。"①"帝者,天号也。德配天地,不私公位称之曰帝。天子者,继天治物,致政一统,各得其宜,父天母地以养人,至尊之号也。"②另外一些纬书的"帝"与"天子"相近。《乐稽耀嘉》说:"德象天地为帝,仁义所生为王。"总之,"公"是天子德行之首,"在政不私公位称之曰帝"③。人主必须遵循法天的原则施政、制度:"文王因阴阳,定消息,立乾坤,统天地。"④人主应像"露以润草"那样,"恩泽济万民"⑤。"大人者(按指天子),圣人之在位者也。夫大人者与天地合其德。"⑥

帝王的责任就是致太平。"圣帝明王所以致太平也。"⑦"帝王奉命永治安。"⑧致太平之道就是均平和无为。

均平并不是平等或绝对平均,而是以等级差别为基础的协调和相对平衡。《乐纬协图徵》对均平有一个轮廓性的描绘,要之有如下几点:

第一,实行井田。"圣人授民田",每家一百亩。"以九顷,成八家。上农夫食九口,中者七口,下者五口,是为富者不足以奢,贫者无饥馁之忧。"《乐纬》对井田制还有另一种设计:"九家为井,八家共治,公田八十亩,已外二十亩以为八家井灶庐舍。"这又为诸种井田说增加了一种新设计。

第二,实行"五均"。这里所谓五均与王莽的"五均"不同,是指"为富者虑贪;强者不侵弱;智者无诈愚;市无二价,万物同均,四时当得;公家有余,恩及天下"。

---

①《尚书纬》。

②⑦《易纬》。

③《尚书璇玑钤》。

④⑥《易乾凿度》。

⑤《春秋元命苞》。

⑧《易辨终备》。

第三,尊卑各有等。君臣有差,上下皆次,衣服有制,明礼义、显贵贱,女工有差,男行有礼,宫室度量,章制有宜,大小有法,贵贱有差,上下有顺。

第四,崇公尚贤。"圣王法承天以定爵禄,爵禄者不过其能。""功成者爵赏,功败者刑罚。"

第五,刑罚得当。"圣王法承天以制刑法,诛一动千,杀一感万,使死者不恨,生者不怨。"

均平是一种制度,无为则主要是政策。制度定下来,要实行无为而治。《春秋运斗枢》讲:"若德命叙,伏羲、女娲、神农是三皇也。皇者天,天不言,四时行焉,百物生焉。三皇垂拱无为设言,而民不违道德。"托孔子言曰:"政尚静而恶哗也。"《礼含文嘉》说:"王者得礼之制,不伤财,不害民,君臣和辑,草木昆虫各蒙正性。"

均平、无为一方面是针对汉代当时的社会动荡和弊政而言的,另一方面,又是人们的一种超越朝代的政治理想,是封建时代颇流行的一种理想。所以它超出了政策范围,也超出了各家各派的局限,成为中国古人的一种普遍的政治文化心态。

理想源于天人合德,现实却又是一回事,常表现为天人相悖。纬书以及汉代思想家几乎一致认为,天人相悖的原因是由人造成的。"凡天象之变异,皆本于人事之所感,故逆气成象而妖星见焉。"①

人主失德、政乱会引起天象与自然变异。这类论述举不胜举,仅列数例以示其概:"帝淫泆,政不平,则月生足。"②"逆天道,绝人伦,当夏雨雪。"③"人君不好士,走马被文绣,犬狼食人食,则六畜谈言。"④"主失礼,烦苛,则旱鱼螺变为蝗虫。"⑤"冤民系狱,十月不雨,言王者刑罚失平,民冤莫白,则旱魃为虐,滴雨不行。"⑥

人主失德、政乱、不公会造成社会动乱,同时也会引起整个自然界失序、失常。这种观念无疑对人主具有约束和谴责的积极含义,但是在谴责声中又

---

① 《春秋元命苞》。

② 《河图纬·秘徵》。

③ 《诗推度灾》。

④ 《易萌气枢》。

⑤ 《易九厄谶》。

⑥ 《春秋考异邮》。

夸大了人主的影响力。它的副作用之一,就是强化了对政治权威无限渴望的社会心理,甚是可悲!

与上述论述方向相反而方法相同的另一种观念是:天象变异预示着政治之变或对某政治行为的谴责。这就是天谴观。这是汉代普遍流行的一种观念,连反对谶纬的人,如王充、张衡,也深信不疑,只不过他们较为谨慎,所谓以"实证"为据。纬书的特点是用得太滥,利用天变异议政、传播谤言,为政治之变制造舆论,等等。事关政治大事的比比皆是,略而不论,这里举几例以示其荒唐:"正月月蚀,贱人病,籴石二千……""月犯房星,四足之虫多死,期不出一年。"①以今人视之,荒唐自不待言,然而在当时,这种以天变为据的流行,是颇能赢得社会各界人士认同和信奉的。一个谶语,在某些时候可能胜过十万大军! 这个问题留给历史学家去讲。

既然天变异根源在人、在人主,所以还是有补救之术的,这就是人主改邪归正。"夏震者,治道烦苛,徭役急促,教令数变,无有常法。"补救的办法是"举贤良,爵有功,务宽大,无诛罚则灾除。"②人君政治休明,贤良悉用,无疑是件好事,然而其中也同样蕴藏着君主通天普救众生的观念。人们在规劝君主改邪时,把期盼完全寄于君主之身,从而使自己更渺小,君主更伟大。这种既怨恨君主又期盼君主的思维定式,使人们无法从君主崇拜中跳出来,实在是悲剧。

在政治调整中,最激烈的莫过于"革命"论了。纬书的作者从天命和历史说明了"革命"是不可避免的。没有永远不变的家天下。"自三皇以下,天命未去飨善,使一姓不再命。"③"天道煌煌,非一帝之功;王者赫赫,非一家之常。顺命者存,逆命者亡。"④"天道无亲,常与善人。"⑤"天道无适莫常,传其贤者。"⑥《易乾凿度》在论述"易"的含义时,曾讲到"革命"的必要性。"君臣不变不能成朝,纣行酷虐天地反,文王下吕(尚)九尾见,夫妇不变不能成家,妲己擅宠殷以之破。大任顺季享国七百,此其变易也。"

---

①《河图纬·帝览嬉》。

②《易纬》。

③⑥《尚书帝命验》。

④《春秋元命苞》。

⑤《易纬》。

"革命"易姓是历史不可避免的,甚至是规律。但"革命"的发生是有条件的,要之有如下几点:

　　第一,王之暴虐如桀纣,造成"天地反"之势。整个社会机制败坏,只有革命才能使天地之道正常运转。

　　第二,革命的承担者须有天意的瑞符兆示。如前面讲的文王有九尾狐之瑞。正如《春秋演孔图》说的:"天子皆五帝之精宝,各有题叙,以次运相据,起必有神灵符纪,使开阶立遂。"纬书中对历史上"革命"的神灵符记的编造极为繁杂,也极为离奇,离奇正是神圣的象征。

　　第三,新王受命必改制。"王者三百年一蠲法","五帝异绪"①。《乐纬》讲天道的特点是"质",地道的特点是"文"。质、文行之长久故有弊,须质、文互变、互补,故而有改制。

　　"革命"是改朝易姓,无疑意味着社会大变动。"革命"论是社会的一种普遍认识,连帝王本人也多不否认,但这并不是说在任何情况下都可以公开讲"革命",这只有在社会危机之时,或允许议论,或禁之不绝。如果实行压制,"革命"论就会从朝堂走到社会、民间,乃至秘密流传。这种情况在西汉、新莽和东汉前期都有过充分的表现。

　　"革命"虽涉及改朝换代,但对基本制度只是一种调整手段。封建的基本秩序是不变的。这也就是《易乾凿度》所讲的"易"而"不易也"。一句话,虽"革命"而不离君主专制体制之宗。这里再重复我们的一个基本看法:古代的"革命论"同民主论不是一个范畴中的问题,不可同日而语,然而作为政治调整,也可谓是激烈的了。

　　天人一体化是两汉时代雅俗共通的一种思维方式。纬书把这种思维方式发展到了极致,推向了极端。一至极端便不免于滥,然而在那个时代,人们并不以滥为滥,反而以为是一种深邃的道理。专制主义政治不仅需要理性的论证,更需要神性的装扮。纬书在这两方面都有它特殊的功用。

原载《文史哲》,1993 年第 1 期

---

　　①《春秋保乾图》。

第十五章 《白虎通义》神化王权 与三纲五常的"国宪化"

　　儒术被尊为政治指导思想,作为君主专制政治的组成部分,它同君主专制一样,要求定于一。因为不"一",就可能与政治运转发生抵牾。然而,儒术作为一种知识体系,不可避免地会发生分化和发展。儒术内部的不断分化,与政治上不断地要求统一,这两者之间的矛盾运动,使之更富有理论色彩和容量,不断地增强了弹性,不断地强化了君主专制,又在一定程度上为知识分子提供了再认识的空隙。东汉章帝建初四年(79年)白虎观会议,与会议成果《白虎通义》,就是这种矛盾运动的产物。

　　儒术内部的分化与政治统一化,一直相伴而行。东汉前期,儒术内部分化形成三种既有交叉又有区别的思潮,即经今文学、古文学与谶纬之学,三派都极力乞求王权的支持。他们之间互相争论,对王权又形成众星拱月之势。从维护王权和社会秩序出发,从不同角度都提出思想要统一。今文学家范升上疏称"天下之事所以异者,以不一本也"①。主张尊今文,反对古文学。杨终也要统一经学,"永为后世则"②。贾逵等一批古文学家,则要求皇帝尊《左传》等古文。谶纬是刘秀颁布的官方理论,但一批今文和古文大师,如桓谭、范升、陈元、郑兴、杜林、卫宏、刘昆、桓荣、尹敏又程度不同地反对或不赞成谶纬。当然,拥护和赞成谶纬的也大有人在,像贾逵这样讲究历史的古文学家,也附和谶纬。在这种局面下,求统一是很困难的。出席会议的名儒如李育、魏应、杨终、丁鸿、贾逵、班固等,既有今文学家,又有古文学家,也有兼通者。可是会议的目的又是求统一。所以《白虎通义》便有非常明显的折中性和综述性。从某种意义上说,它虽具有学术性,综述了不同的观点,但基本上仍是一个政治文献,经师们"讲议《五经》同异",最后由"帝亲称制临决",以行政裁决的方式"共正经

————————

　　①《后汉书·范升传》。

　　②《后汉书·杨终传》。

139

义"①。在实际政治中,《白虎通义》虽说不上是必须遵守的"国宪",不过在思想观念上确实具有相当的权威性。《白虎通义》的中心思想,是神化帝王为中轴的社会等级体系,以及维护这种体制的三纲五常观念。

第一节　帝王的神圣性与至上性

关于帝王的神圣性与至上性问题,应该说在此次会议之前早已有详尽的论述。当时在经学中存在的问题是,由于章句之学走向烦琐,冲淡了经学的"大体"。这就是杨终在上章帝疏中所说的"章句之徒,破坏大体"②。所谓的"大体""大义",也就是《五经》的精神实质,其主旨是君臣纲常之道,其核心是尊王。白虎观会议欲伸大义,自然首先是论尊王之道。

西汉以来,结合为一体的天地、阴阳、五行,既是万物的本源,又是万物的支配力量和运动法则。儒生们为了神化帝王,或把帝王与天地、阴阳、五行一体化,或把帝王说成是其职能的实现者,《白虎通义》则相兼相通。

> 爵所以称天子何?王者父天母地,为天之子也。帝王之德有优劣,所以俱称天子者何?以其俱命于天……何以知帝亦称天子?以法天下也……何以皇亦称天子也? 以言其天覆地载俱王天下也。③
>
> 天子所以有灵台者何? 所以考天人之心,察阴阳之会,揆星辰之证验,为万物获福于无方之元。④
>
> 日为君,月为臣也。⑤
>
> 天子立明堂者,所以通神灵,感天地,正四时,出教化,宗有德,重有道,显有能,褒有行者也。⑥
>
> 德合天地者称帝……德象天地称帝……⑦

----

① 《后汉书·章帝纪》。
② 《后汉书·杨终传》。
③ 《白虎通义·爵》,以下所引《白虎通义》仅注篇名。
④ 《辟雍》。
⑤ 《日月》。
⑥ 《辟雍》。
⑦ 《号》。

帝王始起,先质后文者,顺天地之道,本末之义,先后之序也。①

　　类似的论述还有许多,要之,帝王是天之子,是天的代理人,是天德的实现者,是天地功能实现的中介,又是唯一的通天者,同时又是一系列关系链中的主环,如居日月星辰中的"日"位,金、木、水、火、土中的"土"位,阴阳中的"阳"。因此天子是天下的大"一",或独一无二的"一"。天子自称"一人"。"臣下谓之一人何? 亦所以尊王者也。以天下之大,四海之内,所共尊者一人耳。"②

　　这个"一",是绝对的、至上的,他拥有对天下的最高的占有权与最后的支配权,一切最高权力都归于他一人。"普天之下,莫非王土。率土之滨,莫非王臣。海内之众,已尽得使之。"③这虽是老调,然必须重申,重申的目的在于强化。东汉仍实行分封,但"有分土,无分民"。其实分土,仅仅是以土代禄,最后的所有权仍属独一的皇帝。对"土"与"民",《白虎通义》更强调君主对民的占有,"君有众民,何法? 法天有众星也"④。所有的人都是皇帝的奴仆。

　　在汉代,乃至整个古代,国家主权与所有权、行政权在一定条件下虽不无区分,然而一旦发生矛盾或君主需要,那么,国家主权和最高行政权就可以把所有权、支配权、使用权等一口吞掉。在这一过程中,是不讲任何价值法则的。权高于一切,可以占有一切!

　　至于军、政、刑、赏、礼、乐等最高权力,自然也全归皇帝一人。

　　《白虎通义》从天地、阴阳、五行与帝王一体化论证了帝王的绝对性与至上性。同时,又以人民的代表的名义,论证了君主的合理性。"王者往也,天下所归往。"⑤"君,群也,群下之所归心也。"⑥在许多地方还反复论述了帝王要为人民谋福利,恩惠无私,"烦一夫,扰一士,以劳天下,不为皇也"⑦。各种行为要以"重民"为务,以求"和其民人"⑧,甚至"张官设府,非为卿大夫,皆为民也"⑨。"归往""归心",无疑是政治中一个非常重要的问题,也是帝王合理与否的重要标准。但是

---

①《三正》。
②⑤⑦《号》。
③⑨《封公侯》。
④《五行》。
⑥《三纲六纪》。
⑧《社稷》。

在那个时代,这是一个无法操作的问题,也没有相应的程序来实现,所以不免是一句空话,至多是自警而已。实际上,上述这些话还可以反过来解释:王,天下即"归往";君,天下即"归心"。君王本身就是天下的代表,反对君王便是大逆不道。

在先秦诸子与汉儒中,有许多人虽主张君主专制,但同时又把君主与社稷、国家分开,强调社稷之利高于君主。《白虎通义》把《公羊传》中提出的"国、君一体"①做了进一步的发挥,强调"君统"不可须臾有缺。先王去世,新君即位,叫作"继体","王者既殡而即继体之位何? 缘臣民之心,不可一日无君也,故先君不可得见,则后君继体矣"②。朕即国家,国家即朕,国家是君主的私产和囊中物!

第二节 三纲五常的神圣性与绝对性

三纲早在《韩非子·忠孝》中已提出,至汉代董仲舒进一步论证之后,遂成为一种普遍的政治意识。

封建时代的社会关系网千头万绪,但最根本的是君臣关系、父子关系、夫妇关系。君臣关系是政治关系的核心;父子关系是血缘关系的核心;夫妇关系是男女关系的核心。在这三类关系中,君为臣纲,父为子纲,夫为妻纲。三纲不是并列关系,其中君这一纲最高贵、最为重要。社会关系犹如一个大网,纲举而目张。《白虎通义》对三纲的论述可谓集汉儒之大成。它的论述特点是把三纲进一步与天人合一连为一体,使三纲更加神圣化与绝对化。

> 子顺父,妻顺夫,臣顺君,何法? 法地顺天也。③

在《白虎通义》中,天、地、日、月的关系被君臣化,反过来又成为现实君臣关系的依据。"天道所以左旋,地道右周何? 以为天地动而不别,行而不离,所以左旋右周者,犹君臣阴阳相对之义也。"④

阴阳五行也同样成为三纲的证明与依据。"五行者何谓也? 谓金、木、水、火、土也。言行者,欲言为天行气之义也。地之承天,犹妻之事夫,臣之事君也。

---

① 《公羊传》。
② 《论天子即位改元》。
③ 《五行》。
④ 《天地》。

其位卑,卑者亲视事,故自同于一,行尊于天也。"①

三纲的延伸和扩大是六纪。"六纪者,谓诸父、兄弟、族人、诸舅、师长、朋友也。""敬诸父兄","诸舅有义,族人有序,昆弟有亲,师长有尊,朋友有旧"②。

三纲、六纪既是天地的内在结构,又是它们的派主物。《纲纪之所法》云:"三纲法天、地、人。六纪法六合。君臣法天,取象日月屈信,归功天也。父子法地,取象五行转相生也。夫妇法人,取象人合阴阳,有施化端也。"

仁、义、礼、智、信这五常,源于天地自然之伦,早在先秦诸子中已多有论述,董仲舒及纬书做了更系统的论述,《白虎通义》则进一步把五常与《五经》、人情组成对应关系,用理性与人的本性证明五常之神圣。《五经》中说:"经所以有五何?经,常也。有五常之道,故曰《五经》。《乐》仁,《书》义,《礼》礼,《易》智,《诗》信也。"把《五经》与五常相应,每一经体现一常,不免有使《五经》就五常,把经狭隘化之嫌。但另一方面,这样确实抬高了五常的地位。五常是三纲得以实现的道德保证和外在规定。仁、义、智、信,主要是讲精神信仰;礼,除精神外更多的是外在的规定。"夫礼者,阴阳之际也,百事之会也,所以尊天地,傧鬼神,序上下,正人道也。"礼是必须执行的,所以又说:"礼之为言履也。"③《白虎通义》对爵禄、朝聘、宗庙、祭礼、婚丧嫁娶、服饰等,从朝堂、庙堂到日常行为与意义都进行了讨论和规定。从这个意义上说,三纲与五常是统一的。

五常不仅本于《五经》之理,而且源于人之本性。《白虎通义》将人性与人情进行了区分。人禀阴阳之气而生。人之性生于阳,情生于阴。"阳气者仁,阴气者贪。故情有利欲,性有仁也。"情与性相较,"情者,静也;性者,生也"④。那就是说,人具有情与性两方面,情属于恶,性属于善。情与性不是平行的。性为"生",为根本;情为"静",是受动的。于是,又引纬书《孝经钩命诀》之论:"情生于阴,欲以时念也;性生于阳,以就理也。"所谓的"理",就是五常。"人含五常而生。"⑤人之所以为人,就在于人性有五常。这样,便把纲常视为人的本质。

人的本性属仁,"怀五常"。这五常,又是"五性"。但五常并不能自成,还需

---

① 《五行》。

② 《总论纲纪》。

③ 《礼乐》。

④ 《性情》。

⑤ 《姓名》。

要经过圣人的教化,才能发扬出来。①为了使人具五常,其正面是行教化,其反面是施刑罚。"圣人治天下必有刑罚何?所以佐德助治,顺天之度也……五刑者,五常之鞭策也。"②教化与刑罚都是为保证五常的实现。

三纲、五常相为表里,三纲又属骨架。君为臣纲,是为了"尊君卑臣,强干弱枝",臣要尽心尽力,为君扬善隐恶,有功归于君,有过归于己。当然,《白虎通义》也提倡进谏,并专列《谏诤》《五谏》两节,以论述进谏的态度与方式等。

父为子纲,实际上把父权、族权置于国家法律地位。这在《宗族》篇中有评论。家庭、宗族,既是血缘共同体,又是社会经济细胞。突出父权、族权,也就是把血缘共同体和社会经济细胞转化为政治组织,成为君主专制控制社会的一种重要组织形式。

夫为妻纲,不仅仅讲夫妻关系,而是把男人置于女人的头上,女人的地位是"未嫁从父,既嫁从夫,夫死从子"③。妇女"三从",不仅是为了维护父家长制,同时也是造成社会普遍等级化所不可缺少的。等级制是君主专制赖以存在的社会支柱之一。

君权与父权的基点不尽相同,君权依靠天命和权势等,父权主要依据血亲恩养。臣对君尽忠,子对父尽孝,忠、孝有时难两全,故君权、父权之间存在一定矛盾。不过从根本上看,两者是一致的。其一,无论忠与孝,都强调一个"顺"字。"顺"是君权、父权、夫权的基础,在"顺"上,三权有统一性。其二,把君主父亲化,君主就是天下之父母,因此,"臣子之于君父,其义一也"④。"夫臣之事君,犹子之事父。"⑤其三,如果两者发生矛盾,君权高于父权,"不以父命废王父命"⑥,子女固然是父母所生,但社会性的教化、养育则属于王,"故父不得专也"⑦。

三纲是封建时代社会控制系统的核心和枢纽,三纲举而万目张。三纲的神圣化与绝对化,正是君主专制制度的保证。

原载刘泽华:《中国政治思想史(第二卷)》,浙江人民出版社,1996年

①《五经》。

②《五刑》。

③《爵》。

④⑦《诛伐》。

⑤《朝聘》。

⑥《五行》。

第十六章　何晏贵自然与用名教

　　何晏,生年约在193年(初平四年)至202年(建安七年)之间,249年(正始十年)被司马懿杀死。何晏是曹操的养子。齐王曹芳时形成司马懿和曹爽为首的两大政治集团,在角斗中,司马懿击败了曹爽集团,何晏因从曹爽而被杀。

　　何晏少年有才,学博见深,是魏明帝时期"浮华交会"的首领之一。参加者有夏侯玄、荀粲、邓飏、傅嘏、李丰、王广等,还有更年少的王弼、钟会等。他们追求思想自由,虽然见解各不相同,但在总倾向上,大抵都沿着冲破汉儒的束缚或修正儒学的方向进行思考,程度不同地赞扬老子。在正统的儒家眼中,这是一批叛逆者。董昭曾上疏魏明帝,建议对这股思潮进行打击。明帝也曾下诏禁绝,由于许多显官贵胄热心交会和众多的士人归心,成效不大。

　　对"浮华交会",不应只视为不负责的谈玄和恣意放言,它又是思想界对汉代经学神诞化走到尽头而进行反思不可或缺的一个组成部分,同时与重新选定政治指导思想也有紧密的关系。

　　这些"浮华交会"人物与儒家的关系十分复杂,有的从更高的理论层次肯定了儒学,有的否定了儒学,有的把儒学降了格或釜底抽薪,有的分解了儒学,有的造成了怀疑。总之,对儒学是一次极大的冲击。

　　例如荀粲提出的"六籍虽存,固圣人之糠秕"[1],就是石破天惊之论。荀粲为名儒、重臣荀彧之子,他的言论无疑会震动士林。荀粲这句话不是唐突之言,而是当时言意之辨的逻辑发展。《周易·系辞上》云:"子曰:'书不尽言,言不尽意。'然则圣人之意,其不可见乎? 子曰:'圣人立象以尽意,设卦以尽情伪。《系辞》焉以尽其言。'"在这里既提出了问题,也解决了问题。言与意的关系,在《庄子》一书中也多有讨论,《庄子》留下的问题是:言不尽意,言亦可疑。这个问题在魏晋时成为一个重要的哲学命题,重新展开了讨论。蒋济、傅嘏主

---

[1]《三国志·荀彧传》注引《荀粲传》。

张言不尽意,欧阳建著《言尽意论》予以反驳。荀粲持言不尽意论,从逻辑上推论,既然言不能充分反映圣人的内在思想与心理,《六经》也就失去了尽理尽化的至理性质,自然也就不能成为至高无上的教条。荀粲没有否定《六经》,但他在神化圣人之意的陪衬下,把《六经》视为糠秕。这对汉代盛行的《五经》崇拜和把儒术作为政治指导,无疑是一个巨大冲击。

　　傅嘏(208—255)被学界视为玄学的早期人物之一。他参加"浮华交会",言名理,论才性。从现存资料看,他并不讲玄理,且反对何晏之学之行,说不上是典型的玄学人物。但他提的几个问题对儒学是釜底抽薪之论。其一,他说:"盖闻帝制宏深,圣道奥远,苟非其才,则道不虚行,神而明之,存乎其人。暨乎王略亏颓而旷载罔缀,微言既没,六籍泯玷。"①傅嘏所表达的意思虽不甚尖锐,但他认为只有圣人本人才能行其道,圣人既没,《六经》也就变成一堆不明之物。他不是诚心反对六经,因为他也认为言不尽意,由此而论,《六经》之言,也不能尽圣人之意。这与荀粲之论效果相当,抬高了圣人,压低了《六经》。其二,他认为,三代之礼与三代之制相适应。秦汉以后,制度变了,儒生学士还要行三代之礼,现制度与三代之礼不相适,从而形成两张皮,实行的是一套,提倡的是另一套。"不应时务,事与制违,名实未附,故历代而不至于治者,盖由是也。"②《六经》靠不住,《六经》与秦汉以来的历史又是两张皮,导致的结果是既不相信《六经》,又不否定秦汉以来的历史。傅嘏在政治上是一个清醒的实用主义者,但在思想上对儒学又是一个怀疑派。怀疑思潮的发展也动摇了儒学的根基。

　　夏侯玄(209—254)出身名门,少年即有"重名",参加"浮华交会","为之宗主"。汤用彤评价他在思想史上的地位:"上接太和中名法之绪,下开正始玄理之风也。"③夏侯玄是最早把自然与圣人、名教联系起来立论的人,他说:"天地以自然运,圣人以自然用。自然者,道也。"④"君亲自然,匪由名教,敬授既同,情礼兼到。"⑤天地依自然一道而运行,圣人顺自然而作用,君亲关系不是由名教外加的,而是出于自然。这里他不是否定名教,而是说名教出于自然或

---

①②《三国志·傅嘏传》。

③ 汤用彤:《汤用彤学术论文集》,中华书局,1983年,第209页。

④ 张湛:《列子·仲尼》注引夏侯玄曰。

⑤《文选》袁宏《三国名臣颂》。

反映自然关系,名教不仅有理,也不背人之情,自然与名教相合。夏侯玄决不反儒,但他这种看法对汉儒的天(自然与神的结合体)与名教一体论无疑是一种修正,因为他毕竟把名教置于自然之下。这对把名教神化的儒生们来说,不能不说是一种冲击。

何晏是"浮华交会"的主将之一,著作甚丰,有《老子道德论》《周易何氏解》《论语集解》等十余种,大都佚失,仅存《论语集解》和《全三国文》辑录的《无名论》《道论》《无为论》及一些片言只语。《魏氏春秋》说:"晏少有异才,善谈《易》《老》。"①同时,何晏又通儒、名、法。何晏对诸子不是杂存,而是如蜜蜂博采花粉,酿出来的是蜜,即玄学。在政治思想上,何晏主张行无为而用名教。

何晏不赞成汉儒的天命观,他皈依老学,主张"天地万物皆以无为本。无也者,开物成务,无往不存者也。阴阳恃以化生,万物恃以成形,贤者恃以成德,不肖恃以免身。故无之为用,无爵而贵矣"②。"无"为万物之本源,又潜藏于万物,还是万物赖以生存的依据。他又说:"有之为有,恃无以生;事而为事,由无以成。"③何晏的"无"并不是纯粹的"无",而是万物之"有"内在的东西。他指出:"而于有所有之中,当与无所有相从。"用今天的话表达,"有所有"是个别,"无所有"是一般。一般寓于个别之中。一般只有在理性中把握。正是这一点,与汉代神性很强的"天"形成对立。何晏的"无""道""一""元""无名"等概念细分无不微别,但大体同指,可互代。就实而论,何晏所崇的"无"与汉儒所崇的"天",其内容有许多是相同的,但作为理论的元点则大异。何晏的"无",重在说明万物的自然性,并探讨自然性的一般性,举起"无"的大旗就意味着宣布"天命"死了。在思想史上,我们经常可以看到,理论元点的不同会导致思维方式的不同。何晏崇"无",无疑是对汉儒最猛烈的一击,这也是何晏遭到正统儒家詈骂的重要原因。何晏崇"无"虽不是他的发明,但却有着特殊的意义。他是统治集团的上层人物,在中国的历史上,同是一个命题,下层人物之言与上层人物之言效果大异,上层人物之言可引起社会倾动。

在汉儒崇拜的圣人系列中,周公、孔子最为显赫,从经学看,孔子又独占鳌头,神圣莫及,因此对孔子的评价是一个政治问题。何晏对孔子还是相当崇

---

①《世说新语·文学》注引《魏氏春秋》。

②《晋书·王衍传》。

③张湛:《列子·天瑞》注引何晏《道论》。

敬的,子贡称孔子如"日月",何晏云:"言人虽自绝弃于日月,其何伤之乎! 适足见其不知量也。"①颜回颂扬孔子"仰之弥高,钻之弥坚"。何晏云:"言不穷尽,言恍惚不可为形象。"②何晏对汉儒之宗董仲舒也投以敬意,"儒雅博通,莫贤乎董仲舒"③。他主持的《论语注》被官方列为标准经本,这些都说明何晏儒家色调十分浓重。然而又是他对孔子的圣人地位进行亵渎。《世说新语·文学》注引《文章叙录》载:"自儒者论以老子非圣人,绝礼弃学。(何)晏说与圣人同,著论行于世也。"④把老子与孔子并列为圣,对汉儒来说,这无疑是最大的修正主义,是对孔子的贬低。儒家尊崇三皇五帝,以三代为法,何晏却在《景福殿赋》中对三代投以轻蔑的眼光:"方四三皇而六五帝,曾何周、夏之足言!"借吹捧曹魏而贬低儒家的理想国。这种调侃不能不使正统的儒生厌烦。从纯儒的角度看,打着儒家旗号而贬抑儒家,比公开的反对者更危险,像何晏这样的人,则是儒家的大敌。

何晏对自然与名教的关系虽没有一个较明确的论断,大抵是抑名教而扬自然。他提出政治上应"无为""无名""返太素"。有德者应实行无为之治。"无为而治者,其舜也欤!"这种无为并不是绝对的无为,而是指君主要善用人,臣劳而君佚。"言任官得其人,故无为而治。"⑤又引包咸的注解:"德者,无为,犹北辰之不移而众星共之。"何晏的无为显然近于黄老的无为之术。他还主张君主默默行事,不赞成要民歌功颂德,提出君主行无名,去有名。他在《无名论》中说:"为民所誉,则有名者也。无誉,无名者也。若夫圣人,名无名,誉无誉,谓无名为道,无誉为大。"儒家十分注重正名和礼仪,也就是说特别注重形式主义。形式主义是将人的贵贱等级分明化所不可缺少的。何晏的无名主张在政治上无疑是对儒家名教的反动。无为、无名,也就是简政、返朴。他在《景福殿赋》中言道:"体天作制,顺时立政……远则袭阴阳之自然,近则本人物之至情。""想周公之昔戒,慕咎繇之典谟;除无用之官,省生事之故,绝流遁之繁礼,反民情于太素。"又说:"将移风易俗,归之淳素,'先进'犹近古风,故从

---

① 《论语集解·子张》。

② 《论语集解·子罕》。

③ 《全晋文·冀州论》。

④ 《弘明集》载《周颙重答张长史书》云:"王(弼)、何(晏)说,皆云老不及圣。"又道安《二教论》云:"何晏、王弼咸云:老不及圣。"

⑤ 《论语集解·公冶长》。

之。"①《论语》中的"先进"指野人,文化层次较低,因不够开化而显得"淳朴"。何晏的"返太素"固然有批评统治者奢侈的一面,对民众则是实行愚民。

魏晋时期关于圣人"有情"与"无情"的问题,是政治伦理中的一个重要问题。"有情"则通向名教,讲仁、讲义;"无情"则通向自然。何晏同意夏侯玄的"圣人以自然用"②,主张圣人无情,即"何晏以为圣人无喜怒哀乐"③。强调自然必然导致轻蔑名教,可惜,他这方面的论述全佚。但在实际上,何晏并没有把这一命题贯彻到底,他对礼教还是很重视的。这在《论语集解》中表现得十分明显,如:"恭不合礼,非礼也。"④"慎而不以礼节之,则常畏惧。"⑤"民莫不敢敬,故易使也。"⑥"先能事父母,然后仁道可大成。"⑦他在《与夏侯太初难蒋济叔嫂无服论》中,十分强调男女之别、正名和礼教;"夫嫂叔宜服,诚自有形。"他也赞成修身治国之论,在《奏请大臣侍从游幸》中讲:"善为国者必先治其身,治其身者慎其所习。"⑧

何晏是玄学的初期人物,思想比较驳杂,道、儒、法兼具,以道为主导。

原载刘泽华:《中国政治思想史(第二卷)》,浙江人民出版社,1996 年

---

① 《论语集解·先进》。

② 张湛:《列子·仲尼》注引何晏《无名论》。

③ 《三国志·钟会传》注引何劭《王弼传》。

④⑦ 《论语集解·学而》。

⑤ 《论语集解·泰伯》。

⑥ 《论语集解·宪问》。

⑧ 《三国志·齐王芳纪》。

第十七章　王弼"名教出于自然"的政治哲学

王弼(226—249)字辅嗣,是玄学的巨擘。他比何晏小二十余岁,在"贵无"这一点上与何晏是同党,深受何晏器重。他们没有师承关系,无法说王弼是青出于蓝,但他是后学,可谓青胜于蓝。王弼出身望族,仕途未达即英年早逝,死时仅二十三岁。王弼不是政治家,也谈不上是政论家(他几乎没有涉及时政),但却是一位政治哲学家。他的著作近十种,尽集于《王弼集》(中华书局出版)中。王弼放言玄理,却与政治丝丝入扣。他反对逃避现实的隐士,"处于明动尚大之时,而深自幽隐以高其行,大道既济而犹不见,隐不为贤,更为反道,凶其宜也"[①]。学者皆云玄学主张思想解放、个性自由,这位少年玄学家却显得十分霸道,连隐士也容不得,不过,也反映出他是主张积极参与时政的。在思想多元的情况下,王弼建立了自己的政治哲学观。

第一节　以无为本,崇本举末

王弼在《老子指略》中,对儒、法、名、墨、杂家一一做了分析和评论:

> 法者尚乎齐同,而刑以检之。名者尚乎定真,而言以正之。儒者尚乎全爱,而誉以进之。墨者尚乎俭啬,而矫以立之。杂者尚乎众美,而总以行之。夫刑以检物,巧伪必生;名以定物,理恕必失;誉以进物,争尚必起;矫以立物,乖违必作;杂以行物,秽乱必兴。斯皆用其子而弃其母。物失所载,未足守也。

王弼的气势夺人。暂且不论他的倾向,对上述五家,他采取了俯视之势。

---

①《周易注·丰卦》,以下仅注《周易注》卦名。

当时儒学尽管衰落，毕竟尚为官学，在社会中，特别是士大夫中，仍被众多的人视为圣教，而王弼的指点评论却表现了这位少年的意气风发。

法、儒等对客观世界的认识和操作均不得要领，"用其子而弃其母"。那么王弼认定的"母"是什么？与何晏相同，他主张以"无"为本。在王弼的著作中，近于"无"的概念，还有"道""宗""主""母""一""自然""本""玄牝""大""精""太极""大象""谷神"等。细分这些概念不无区别，但基本点则相通。王弼的以"无"为本有多层含义，概括而言，有如下几种内容：

第一，"无"为万物之源，是宇宙万物之始祖。《老子注》①中有许多论述："凡有皆始于无，故未形无名之时，则为万物之始。"（一章注）"天下之物，皆以有为生。有之所始，以无为本。"（四十章注）"物生而后畜，畜而后形，形而后成。何由而生？道也。"（五十一章注）"一，数之始而物之极也。各是一物之生，所以为主也。"（三十九章注）"本其所由，与太极同体，故谓之'天地之根'也。"（六章注）他在《周易注》中也有许多类似论述，如"屯者，天地造始之时也。造物之始，始于冥昧"②。在《老子指略》中也讲"证今可以知古始"。"古始"即万物之始，即"无"。

第二，"无"是万物存在的内在依据。天地万物从无中生出后，便进入有形有名阶段，"无"对"有"具有内在的支配作用。"及其有形有名之时，则长之、育之、亭之、毒之，为其母也。"（一章注）"母者，处内而成德者也。"③"德者，物之所得也。"（五十一章注）即物形成了自身。但物之"有"仍受"无"的造化。"亭谓品其形，毒谓成其质，各得其庇荫，不伤其体矣。"（五十一章注）

第三，"无"寓于"有"。"夫无不可以无明，必因于有，故常于有物之极，而必明其所由之宗也。"④在《老子指略》中说："四象（孔颖达云：金、木、水、火）不形，则大象无以畅；五音不声，则大音无以至。"《老子注》中说："凡物有称有名，则非其极也。""用智不及无知，而形魄不及精象，精象不及无形，有仪不及无仪。"（二十五章注）"无"寓于"有"，同时又是"有"的本质。

第四，从功能讲，"有"以"无"为用。《老子注》云："高以下为基，贵以贱为本，有以无为用，此其反也。"（四十章注）"（万物）虽贵，以无为用，不能舍无以为体也。"（三十八章注）

---

① 以下略《老子注》书名，只列章数。

② 《屯卦》。

③ 《晋卦》。

④ 韩康伯：《周易注》引王弼语。

第五，"无"是万物之"心"。《周易注·复卦》云："复者，反本之谓也。天地以本为心者也。"《老子注》云："天地虽广，以无为心。"（三十八章注）"心"相对于形体而言。"有"仅是形体，"无"是"心"，指挥形体。

王弼以无为本的"无"，不能说没有汉代天命的内容，他也讲天命，《周易注·无妄》便说："天命之所不祐，竟矣哉！""天之教命，何可犯乎？何可妄乎？"不过从整个理论体系看，他不崇天命，而是崇"无"。这同汉儒在理论元点上是截然相悖的。王弼以无为本的"无"，并不是一个全新的命题，但与批判汉儒相联结，便有突兀的效应。不过，这并不是说王弼把整个儒学抛到一边，而是对汉儒加以扬弃，关于此点下几节有论述。

以无为本，那么一切可以感觉到的现象世界都属于"末"。但王弼并不冷淡和轻视"末"，更不同于《庄子》之弃"末"、鄙视"末"。他主张"崇本息(生息)末"。他认为《老子》之书一言以蔽之，"崇本息末而已矣"①。其实《老子》一书对"末"远没有像王弼这样持积极态度。他又说"守母以存其子，崇本以举其末"（三十八章注）。还说以本"营末"（五十九章注）。"末"不仅不能忽视，还要积极地去认识它，"得本以知末"（五十二章注）。他在《论语释疑》中讲："欲明本，举本统末，而示物于极者也。"

王弼以"无"为本、以万物为"末"。"崇本息末"之论，既是世界观，又是方法论。他的政治哲学都是在此基础上展开的。

第二节 "名教出于自然"与对汉儒"任名以号物"的批评

王弼的"自然"一词不像"无"那么玄，但又同"无"相类。它不仅仅指物的自然存在，又指物的内在支配力量和本质。他在《老子注》中多处论述了"自然"：

> "自然"者，无称之言，穷极之辞也。（二十五章注）
> 自然，其端兆不可得而见也，其意趣不可得而睹也。（十七章注）
> 万物以自然为性，故可因而不可为也，可通而不可执也。（二十九章注）
> 天地任自然，无为无造，万物自相治理，故不仁也。（五章注）
> 道不违自然，乃得其性，法自然也。（二十五章注）

---

① 《老子指略》。

自然与名教是什么关系呢？何晏未能给予明确的说明，王弼也未直接把自然与名教连在一起构成一个范畴。当代学者把王弼对二者关系的见解概括为"名教出于自然"，这种概括大体是准确的。从自然派生出的名教是什么呢？《老子注》中曰："始制，谓朴散始为官长之时也。始制官长，不可不立名分以定尊卑，故始制有名也。"（三十二章注）又说："守母以存其子，崇本以举其末，则形名俱有而邪不生，大美配天而华不作。"（三十八章注）《周易注》云："自然之质，各定其分，短者不为不足，长者不为有余，损益将何加焉？"①概括而言，名教即上下尊卑等级关系。

王弼认为"礼"出于自然。他在《论语释疑》中对孔子说的"兴于诗，立于礼，成于乐"有一长段解释：

> 言有为政之次序也。夫喜、惧、哀、乐，民之自然，应感而动，则发乎歌声。所以陈诗采谣，以知民志风。既见其风，则损益基焉。故因俗立制，以达其礼也……风乖俗异，则礼无所立，礼若不设，则乐无所乐，乐非礼则功无所济。故三体相扶，而用有先后也。②

王弼把民性也作为自然，这种自然同样是礼乐的必然依据。他在《论语释疑》中讲："礼以敬为主。"③王弼的"敬"不是人与人之间的平等相敬，而是以等级为基础的"尊"。他把礼也视为"本"，文中说："时人弃本崇末，故大其能寻本礼意也。"④社会的根本原则是尊卑有序，《周易注》云："上守其尊，下守其卑。"⑤"正位者，明尊卑之序也。""贤愚有别，尊卑有序，然后乃亨。"⑥尊卑有序正是礼的灵魂。礼是不可违的，违礼则乱。《周易注》又说："壮而违礼则凶，凶则失壮也。故君子以大壮而顺[礼]也。"⑦在《周易略论》中说："未有违谦违礼能全其壮者也。"⑧作为臣下就要遵礼顺从，《周易注》曰："顺以著明，臣之

---

① 《损卦》。

② 《论语释疑·泰伯篇》。

③ 《论语释疑·阳货篇》。

④ 《论语释疑·八佾篇》。

⑤ 《泰卦》。

⑥ 《鼎卦》。

⑦⑧ 《大壮卦》。

道也。""以[顺]著明,自显之道。"①"顺之以则,故不见疑。"②

王弼认为孝、仁、忠、恕均出自然。《论语释疑》曰:"自然亲爱为孝,推爱及物为仁也。"③"忠者,情之尽也;恕者,反情以同物者也。未有反诸其身而不得物之情,未有能全其恕而不尽理之极也。能尽理极,则无物不统。极不可二,故谓之一也。推身统物,穷类适尽,一言而可终身行者,其唯恕也。"④王弼对孝、仁、忠、恕的论述与传统的儒家之论大有分别。其区别在于:儒家之论的依据是天命、人性和血亲关系,而王弼是从人与自然的关系给孝、仁、忠、恕定位。"反情以同物""推身统物",把孝、仁、忠、恕建立在自然的基础上,并且是对自然之理的体认和实践。王弼也强调"诚""正""静",《老子指略》曰:"闲(防止)邪在乎存诚,不在善察;息谣(过头)在乎去华,不在滋章。""诚"强调内心修养。而反对张扬。《老子注》说:"各任其贞(正也)事,用其诚,则仁德厚焉,行义正焉,礼敬清焉。"(三十八章注)《论语释疑》说:"近性者正,而即性(放纵性)非正;虽即性非正,而能使之正……能使之正者何? 仪也,静也。"⑤《周易注》云:"夫修仁守正,久必悔消。"⑥王弼也接受儒家修齐治平的理论,《周易注》曰:"父父、子子、兄兄、弟弟、夫夫、妇妇,六亲和睦,交相爱乐,而家道正。正家而天下定矣。"⑦王弼肯定了儒家政治思想的基本概念和范畴,但同时又有重要的修正。

修正总包含着不同程度的批判。王弼认为儒家的不当主要是过分强调正名,即以名匡实。王弼认为名仅仅是自然的派生物,也应当适应自然。如果"过此以往",走到"任名以号物",便是走到了反面,破坏了自然。《老子注》云:"凡不能无为而为之者,皆下德也,仁义礼节是也。"(三十八章注)汉代盛行的名教,把名作为至上的原则和出发点,任名以号物,名不再是实的(自然的)派生物,而变成主宰。人们,特别是多数士人以名为宗,把自己变成名的工具和被动物。一些人为了求"名",走上造伪之路,出现了一批假仁假义之徒,这就是

<hr>

① 《晋卦》。
② 《明夷卦》。
③ 《论语释疑·学而篇》。
④ 《论语释疑·里仁篇》。
⑤ 《论语释疑·阳货篇》。
⑥ 《萃卦》。
⑦ 《家人卦》。

王弼所说的"善名生,则有不善应焉"。"夫仁义发于内,为之犹伪,况务外饰而可久乎!"(三十八章注)《老子指略》也讲:"父子兄弟,怀情失直,孝不任诚,慈不任实,盖显名行之所招也。患俗薄而名兴行,崇仁义愈致斯伪,况术之贱此者乎?"独尊儒术之后追求虚名之风越来越盛,虚名盛而伪生,这是必然的。《老子注》中又说:"仁者必造立施化。"(五章注)《老子注》称:"建德者,因物自然,不立不施。"(四十一章注)又讲:"法自然者,在方而法方,在圆而法圆,于自然无所违也。"(二十五章注)《老子》所倡导的"善行""善言""善数""善闭""善结","皆言不造不施,因物之性,不以形制物也"(二十七章注)。王弼的"道""自然""无"大体同指,但相对而言,"道"更理性化。道是万物的本原,《老子注》曰:"万物皆由道而生"(三十四章注),又是万物所遵从的规则,"道者,物之所由也"(五十一章注)。这种道是古今为一,"虽古今不同,时移俗易,此(按:指"道")不变也①。《论语释疑》有一个概括:"道者,无之称也,无不通也,无不由也。"②

任自然、用道的基本点是与天地合德,求得天、地、人之间的和谐。《老子注》曰:"自然,然后乃能与天地合德。"(七十七章注)政治要从"二仪(天、地)之道"(四章注),而全其自然的要点,即"上承天命,下绥百姓,莫过于此"(五十九章注)。其中百姓之心是衡量器。"以天下百姓心,观天下之道也。天下之道,逆顺吉凶,亦皆如人之道也。"(五十四章注)"行道于天下者,不令而自均,不求而自得。"(三十二章注)。王弼的任自然和从道观用于政治,主要有如下几点:

对统治者,要求节制欲望,实行无为、无欲。《老子注》说:"天地相合,则甘露不求而自降。我守其真性无为,则民不令而自均也。"(三十二章注)《老子》讲圣人要"无为""好静""无事""无欲"。王弼注曰:"上之所欲,民从之速也。我之所欲唯无欲,而民亦无欲而自朴也。此四者,崇本以息末也。"(五十七章注)在五十八章注中把"崇本"具体化为"以方导物,令去其邪,不以方割物"。"以清廉导民,令去其污,不以清廉刿伤于物也。""以直导物,令去其僻,而不以直激拂于物也。""以光鉴其所以迷,不以光照求其隐匿也。"王弼讲的"方""清廉""直""光"都属于名号、教育、道德之列。但这些都不能与自然、与物相对,

①《老子指略》。
②《论语释疑·述而篇》。

反客为主,成为改造和规范自然与物的主宰。王弼认为过分的"有为",即干涉过多,是造成混乱的根源,"愈为之则愈失之矣"。(五章注)"有为则有所失。"(四十八章注)"若使我可介然有知,行大道于天下,唯施为是畏也。"(五十三章注)总之,王弼认为统治者对下以少干涉、少索取为上策。

对于百姓,要实行愚民政策。在王弼看来,愚与自然是相通的,《老子注》云:"愚,谓无知守真,顺自然也。"(六十五章注)又说圣人治天下要"为天下浑心焉"(四十九章注)。《周易注》曰:"以蒙养正,以明夷莅众。"①"蒙",蒙昧、愚昧也。"明夷",丧失其明。这就是说,要实行愚昧、混沌之教。《老子注》称:"民之难治,以其多智也。当务塞兑闭门,令无知无欲。"(六十五章注)"甚矣!害之大也,莫大于用其明矣。夫任智则人与之讼,任力则人与之争。"(四十九章注)圣、智、巧、仁、义虽不无可取,但有了这些东西,一定会招致更多的祸害。常人只知道圣、仁之善,"未知圣之不圣也","未知仁之为不仁也"。所以"绝仁非欲不仁也,为仁则伪成也"。又说:"夫圣智,才之杰也;仁义,行之大者也;巧利,用之善也。本苟不存,而兴此三美,害犹如之,况术之有利,斯以忽素朴乎!"②圣、智、仁、义的正负效应,使王弼处于两难选择的境地,这便造成了他理论上的矛盾和不周全的缺点。但他最终还是选择了愚民之策,因为在他看来,用圣、智、仁、义害多于利。《老子注》云:"竭其聪明以为前识,役其智力以营庶事,虽[得]其情,奸巧弥密,虽丰其誉,愈丧笃实。"(三十八章注)《老子指略》云:"虽极圣明以察之,竭智虑以攻之,巧愈思精,伪愈多变;攻之弥甚,避之弥勤。"当政者的高明统治不是显示自己的圣、智、仁、义,而是用自己的智慧把民众都变成动物化的人。这就是《老子指略》中讲的:"不攻其为也,使其无心于为也;不害其欲也,使其无心于欲也。谋之于未兆,为之于未始,如斯而已矣。故竭圣智以治巧伪,未若见质素以静民欲;兴仁义以敦薄俗,未若抱朴以全笃实;多巧利以兴事用,未若寡私欲以息华竞。"王弼认为民多智而民强,这是当政者的最大威胁,《老子注》称:"民强则国家弱。民多智慧,则巧伪生;巧伪生,则邪事起。"(五十七章注)统治者最高妙之术是把百姓变成婴儿化的人。"皆使和而无欲,如婴儿也。"(四十九章注)"婴儿不用智,而合自然之智。"(二十八章注)把百姓婴儿化,可以少很多麻烦。但人们都变成无智无欲的行

---

① 《明夷卦》。
② 《老子指略》。

尸走肉,那才是真正的历史灾难。事实上,王弼也承认取消所有人的思维是不可能的,所以他也说过"天下之心不必同"。但由于圣人之治的高明,使得人们"所应不敢异,则莫肯用其情矣"。(四十九章注)如何做到这一步,王弼也未开出新药方,大抵还是老子绝圣弃智、知足等老一套。

刑罚是维护统治的基本手段。王弼认为刑罚与自然既有统一的一方面,又有矛盾对立的一面。刑罚的准则应该是"道"。《周易注》曰:"刑人之道,道所恶也。以正法制,故刑人也。"①这就是说,执行刑的人应秉"中正",所以又说:"处得尊位,为讼之主。用其中正,以断枉直。中则不过,正则不邪,刚无所溺,公无所偏。"②刑罚是政令的保护神,王弼把政令也自然化,"因事申令,终则复始,若天之行用四时也"③。特别是军令绝对不可懈怠,也不可变更,"失令有功,法所不赦"④。这完全是法家的用语了。王弼以"道"和"中正"为大纛,在这种旗帜下,也可以是极其严酷的。"凡物之不亲,由有间也;物之不齐,由有过也。有间与过,啮而合之,所以通也。刑克以通,狱之利也。""雷电并合,不乱乃章,皆利用狱之义。"⑤物相互之间"有间""有过"是必然的,因此而必然产生"不亲""不齐",对这种不协调的关系可以用不同方式去处理,王弼在这里一抛无为大度之风格,而采取"啮"的方式。"啮",咬断也,即用武力把"有过""有间"齐一化,"啮"也就是刑狱。为了使刑罚发挥更大的作用,王弼也主张小过重刑,当然,他同法家还是有区别的。王弼认为只有在"过而不改"的情况下才应该加刑。刑与教不可偏废,应一齐抓,"凡教在初,而法在始"⑥。"法明断严,不可以慢,故居德以明禁也。施而能严,严而能施,健而能说(悦),决而能和,美之道也。"⑦在实施刑罚时,要先令而后刑。"令著之后,复申三日,然后诛而无咎怨矣。"⑧用刑本身已属刚,所以应力戒"乘刚而刑"。"乘刚而刑"会走向极端,"未尽顺道",应该冷静下来,"刑不

---

① 《蒙卦》。
② 《讼卦》。
③ 《蛊卦》。
④ 《师卦》。
⑤ 《噬嗑卦》。
⑥ 《家人卦》。
⑦ 《夬卦》。
⑧ 《巽卦》。

侵顺"①。用刑要把握好猛与恩、爱与威的关系。"凡物以猛为本者,则患在寡恩;以爱为本者,则患在寡威。"②猛、恩、爱、威固不可缺,关键是处理好四者的关系,使之相辅而相成。

王弼肯定"道刑",但同时又认为刑与自然相对立,《老子注》云:"若乃多其法网,烦其刑罚,塞其径路,攻其幽宅,则万物失其自然,百姓丧其手足,鸟乱于上,鱼乱于下。"(四十九章注)从这一段文字看,王弼把刑"多""烦"视为是反自然的。其实,他从理论逻辑方面更多地批判乃至否定刑罚。《老子注》云:"言善治政者,无形、无名、无事,无政可举。闷闷然,卒至于大治。"(五十八章注)"舍己任物,则无为而泰。守夫素朴,则不顺典制。"(三十八章注)"唯因物之性,不假刑以理物……利国之器而立刑以示人,亦必失也。"(三十六章注)

否定刑后如何控制社会呢?他提出以"文明""感化"和以"谦"服人。《周易注》:"止物不以威武,而以文明,人之文也。""观天之文,则时变可知也;观人之文,则化成可为也。"③文明指的是礼仪,这里又显示了王弼对礼仪的重视。礼仪与感化相连,他又说:"统说观之为道,不以刑制使物,而以观感化物者也。神则无形者也。不见天之使四时,而四时不忒;不见圣人使百姓,而百姓自服也。"④在政治上,这实在太"玄"了,像天使四时一样的政治圣人,恐怕只有在玄思中存在。他还提出要以谦服人,"不能以谦致物,物则不附"⑤。这些表明了王弼的理想与善良的愿望,但又不免是虚幻。

在正常的情况下,王弼主张无为;在特殊时期,他又主张有为。《周易注》称:"蛊者(指惑乱之时),有事而待能之时也。可以有为,其在此时矣。""故君子以济民养德也。"⑥有为的内容很多,主要有:

有为要敢于适时鼎革改制,《周易注》称:"信志改命,不失时愿。""凡不合然后乃变生,变之所生,生于不合者也。故取不合之象以为革也。"⑦鼎革时要抓住"制器立法""作制明契"这一关键环节。"无讼在于谋始,谋始在于作

---

① 《噬嗑卦》。

② 《家人卦》。

③ 《贲卦》。

④ 《观卦》。

⑤ 《困卦》。

⑥ 《蛊卦》。

⑦ 《革卦》。

制。契之不明，讼之所以生也。物有其分，职不相〔滥〕，争何由兴？讼之所以起，契之过也。故有德司契而不责于人。"①制度要随时而变。"物已说随，则待夫作制以定其事也。"②"革去故而鼎取新。取新而当其人，易故而法制齐明。革既变矣，则制器立法以成之焉。变而无制，乱可待也；法制应时，然后乃吉。贤愚有别，尊卑有序，然后乃亨。"③又说："夫所以得革而信者，文明（指礼仪）以说也。文明以说，履正而行，以斯为革，应天顺民，大亨以正者也。"④

有为还要善于用谋。《周易注》说："凡物，穷则思变，困则谋通，处至困之地，用谋之时也。"⑤"处事之至而不犯咎，知至者也，故可与成务矣。"⑥这同他反复讲的绝圣弃智显然相悖。

处理好刚柔关系，也是有为的一项重要内容。刚柔是古人表示事物关系的一个重要范畴，用于政治则与文、武，宽、猛，德、刑等相匹。用今日之语，可谓政治中的软硬两手或胡萝卜与大棒。王弼对刚、柔论述极多，大部分是对卦象的解释，不一定都是为了说明政治，但其中也不乏政治观念。他主张刚柔并济、刚尊柔卑。

刚柔并济，不能单一化，《周易注》云："刚柔相比而相亲焉，际之谓也。"⑦际，交际、相济之意。"刚柔不分，文何由生？""刚柔交错而成文焉。天之文也。""和合相润以成其文者也。"⑧刚柔偏执一端会破坏事物的和谐，造成矛盾双方的破裂。"夫以刚健而居人之首，则物之所不与也；以柔顺而为不正，则佞邪之道也。"⑨"方而又刚，柔而又圆，求安难矣。"⑩"刚胜则柔危。"⑪刚柔交错，但"刚尊柔卑，得其序也"⑫。"刚为德长，损之不可以为常也。"⑬使人归顺，必须用刚，

---

① 《讼卦》。
② 《蛊卦》。
③ 《鼎卦》。
④ 《革卦》。
⑤ 《困卦》。
⑥⑨ 《乾卦》。
⑦ 《习坎卦》。
⑧ 《贲卦》。
⑩ 《坤卦》。
⑪ 《临卦》。
⑫ 《恒卦》。
⑬ 《损卦》。

"不能使物自归,而用其强直,故必须大师克之,然后相遇也"①。如果"以柔处刚",则是"违节之道"②,是危险的。无论是用刚还是持柔,都要以中正为度,"以刚处中,能断夫疑者也"③。"天德刚而不违中,顺天则说,而以刚为主也。"④"处困而用刚,不失其中,履正而能体大者也。"⑤"刚中而应,威刚方正,私欲不行,何可以妄?"⑥"居中处尊,战必克胜。"⑦处柔也同样要守中正。"柔处于内,而履正中,牝之善也。""柔著于中正,乃得通也。"⑧"以柔处尊,用中而应,承先以斯,用誉之道也。""以柔处中,不任威力也。"⑨"体柔居中,众之所与。"⑩王弼认为"中"是使刚柔谐调的中心环节。除在刚柔关系中强调"中"之外,他还就整个自然天地关系论述了中正之重要。"天地之情,正大而已矣。弘正极大,则天地之情可见矣!"⑪"中"是古今之通道,《周易略例》讲:"夫古今虽殊,军国异容,中之为用,故未可远也。"⑫历史上一切都在变,唯中正之道不变。因此,只要处中正便可排万难。《周易注》曰:"处天地之将闭,平路之将陂,时将大变,世将大革,而居不失其正,动不失其应,艰而能贞,不失其义,故无咎也。"⑬"居难履正,正邦之道也。"⑭"处难之时,独在险中,难之大者也。故曰'大蹇'。然居不失正,履不失中,执德之长,不改其节。如此,则同志者集而至矣。"⑮事实上中正绝不像王弼说的这样有效,他忽视了中正不仅常常招祸而且有自欺欺人的因素。中正固然不失为处世的艺术,但可以成为无能的迂腐。历史不是在中正中前进的,而是走的曲折之路。从历史的角度看,有时刚或柔可能比中正更有利于解决矛盾和促进历史的发展。

因时权变论也属于有为之列。他提出要"对时育物",《周易注》称:"物皆

---

① ⑦ ⑩《同人卦》。

②《节卦》。

③《蒙卦》。

④《萃卦》。

⑤《困卦》。

⑥《无妄卦》。

⑧《离卦》。

⑨《蛊卦》。

⑪《大壮卦》。

⑫《明象》。

⑬《泰卦》。

⑭⑮《蹇卦》。

不敢妄,然后万物乃得各全其性,对时育物,莫盛于斯也。"①这里是讲,要顺从时间所表现的物的规律性,才能兴旺发达。对事也是一样,要抓住时机,"处事之极,失时则废"。随机而变,才可以成大业,"乘变化而御大器"②。《论语释疑》说:"权者,道之变。变无常体,神而明之,存乎其人,不可豫设,尤至难者也。"③掌握时机,是智慧之巅。在《周易略例·明卦适变通爻》中讲:"犯时之忌,罪不在大;失其所失,过不在深。"智者要做到即使"动天下,灭君主,而不可危也"。王弼说得极为直快而又不顾当时的道德准则,可谓豪放之论。他没有被牵涉进何晏一案,不知与他的这种"智慧"是否有关。

有为的条件是无患,《周易注》曰:"有事而无竞争之患,故可以有为也。""有为而大亨,非天下治而何也!"④就实而论,有为而无竞争之患的情况是不存在的,应该说,无竞争之患也就无所谓有为了。

有为的归结点又是无为。《周易注》说:"改命创制,变道已成。功成则事损,事损则无为。""居变之终,变道已成。君子处之,能成其文,小人乐成,则变面以顺上也。"⑤百姓的惯性是守旧,因此有为则要敢于迎难而上。"夫民可与习常,难与适变;可与乐成,难与虑始。"⑥改革成功之后,民众便会改变态度,顺而尊上,此时可以无为矣。

任自然、无为是王弼政治思想的主调,但同时又容纳了有限的有为,这种有为大体不离儒、法、刑名。有为的归结点又是无为。从而反映了王弼的道、儒、法、名糅合的思想。

第三节 "执一以统众"的温和的君主专制论

在世界观与方法论上,王弼主张"执一以统众"。"一"为"本"、为"宗主";"万物""众""多"是"一"的派生物,是"末"。《周易略例·明象》云:"夫众不能治众,治众者,至寡者也。""夫少者,多之所贵也;寡者,众之所宗也。"《老子注》云:"万物万形,其归一也。何由致一?由于无也。由无乃一,一可谓无。"(四

---

① 《无妄卦》。
② 《乾卦》。
③ 《论语释疑·子罕篇》。
④ 《蛊卦》。
⑤⑥《革卦》。

十二章注)

　　"执一以统众"用于社会,"一"就是君,"众"便是臣民。在《论语释疑》中解释孔子的"吾道一以贯之哉"说:"贯,犹统也。夫事有归,理有会。故得其归,事虽殷大,可以一名举;总其会,理虽博,可以至约穷也。譬犹以君御民,执一统众之道也。"①天地万物运动中最根本的是理,抓住这个"理",就可以纲举目张。君主理民也要抓住根本之理。这种世界观与方法论无疑很有价值,但把君主视为"一"的人格化,便从世界观上肯定了君主制。在《周易注》中讲得更清楚:"万国所以宁,各以有君也。"②"屯难之世,阴求于阳,弱求于强,民思其主之时也。"③在那个时代君主代表着统一与秩序,只能有一个君主,不能两主并存。他说:"夫[两]雄必争,二主必危。"④《老子注》云:"百姓有心,异国殊风,而王侯[得一者]主焉。以一为主,一何可舍?"(四十二章注)圣人设官分职也是为了统一,"以善为师,不善为资,移风易俗,复使归于一也"(二十八章注)。中国古代的思想家几乎都把秩序与君主视为同一体,而且君主的职责之一就是使人民归于"一"。王弼也没有跳出这个圈子。

　　王弼重述了先前许多思想家所讲的"立天子非为己,而为公"的道理。《老子注》云:"故立天子,置三公,尊其位,重其人,所以为道也。"(六十二章注)王虽不是"道"本身,却是人间最能体道的人,因此可以与"道"相匹。"天地之性人为贵,而王是人之主也,虽不职大,亦复为大。"(二十五章注)这样,王便与"道""天""地"相匹,并列为"四大"之一。王在整个社会治乱中具有决定性的作用,《老子注》云:"民之所以僻,治之所以乱,皆由上,不由其下也。民从上也。"(七十五章注)《周易注》云:"居于尊位,为观之主,宣弘大化,光于四表,观之极者也。上之化下,犹风之靡草。"功劳在上,自然罪孽亦在上。下乱之源亦在上。"百姓有罪,在[予]一人。"⑤这无疑是对君主的一种最高要求,然而也正是在这种神圣的要求中,把君主置于绝对的地位。

　　王弼为君主之道做了一番设计和规定。最根本的是实行无为。《老子注》说:

---

①《论语释疑·里仁篇》。

②《乾卦》。

③《屯卦》。

④《坤卦》。

⑤《观卦》。

162

"为[治]者务欲立功生事,而有道者务欲还反无为。"(三十章注)具体而言则有"应天""积德""公""诚""利民""贵食"等规定。《周易注》云:"德应于天,则行不失时矣。刚健不滞,文明不犯,应天则大,时行无违,是以元亨。"①"君子以文明为德"②,"德施周普,居中不偏,虽非君位,君之德也"③。《老子注》云:"国之所以安,谓之母。重积德,是唯图其根,然后营末,乃得其终也。"(五十九章注)《周易注》一再讲君主行事要"心存公诚,著信在道"④,"用心存公,进不在私"⑤,"不擅其有,不私其利,则物归之"⑥。存公去私的标准是利众人。"动之所起,兴于利者也。"⑦《周易略例·卦略》云:"屯难之世,弱者不能自济,必依于强,民思其主之时也。"《周易注》又说:"可以劳民劝助,莫若养而不穷也。"⑧"因民所利而利之焉,惠而不费,惠心者也。"⑨"济民养德"⑩,"不恃威制,得物之诚,故物无违也。是以君子教思无穷,容保民无疆也"⑪。《老子注》云:"食母,生之本也。"(二十章注)"为腹者以物养己,为目者以物役己,故圣人不为目也。"(十二章注)

为了实施圣人之治,君主要尚贤,《周易注》曰:"尚贤制健,大正应天,不忧险难。"⑫"夫无私于物,唯贤是与,则去之与来皆无失也。"⑬君主要善于发挥臣下的智能并为己所用。"委物以能,而不犯焉,则聪明者竭其视听;知力者尽其谋能;不为而成,不行而至矣! 大君之宜,如此而已。"⑭

为臣的要尽臣道, 臣要自觉地认识到自己的地位是 "坤"、是 "阴"、是 "地",是不能独立的,因此以卑顺为基本原则。《周易注》云:"坤为臣道,美尽于下。""地之所以得无疆者,以卑顺行之故也。"⑮"阴之为物,以处随世,不能独立。必有系也。"⑯为臣的不能同君夺美,不能擅民。"不擅其美,乃尽臣

---

① 《大有卦》。
② 《同人卦》。
③⑤ 《乾卦》。
④⑯ 《随卦》。
⑥⑧ 《井卦》。
⑦ 《谦卦》
⑨ 《益卦》。
⑩ 《蛊卦》。
⑪⑭ 《临卦》。
⑫ 《大畜卦》。
⑬ 《比卦》。
⑮ 《坤卦》。

道。"①"居于臣地,履非其位,以擅其民,失于臣道,违正者也。"②他告诫臣子,势盛必危,"逼近至尊,履非其位,欲进其盛,以炎其上,命必不终"③。"居下而用刚壮,以斯而进,穷凶可必也。"④

王弼的君主专制不像法家那么严酷,也不像儒家那么神圣,但又采用了法、儒的基本原则。他的特点是比较温和、大度。

第四节　圣人与理想

圣人问题是中国传统政治观念中的核心问题。刘秀曾宣布过"非圣无法"之罪,可见圣人在政治中具有何等重要的地位。汉儒的圣人观念虽然并不完全一致,但大体相同。汉末魏初政治之变,对圣人发生了疑问与争论。圣人在玄学中同样是一个突出的问题。何晏认为圣人无喜怒哀乐,王弼驳之,认为"圣人茂于人者神明也,同于人者五情也"⑤。圣人同凡人一样有五情,但其神明则又超越凡人。

王弼认为圣人最根本的特征是能与天地合德、通无、应物。《老子注》云:"圣人与天地合其德,以百姓比刍狗也。"(五章注)圣人"顺天之利,不相伤也"(八十一章注)。"圣人达自然之[性],畅万物之情,固因而不为,顺而不施。"(二十九章注)《论语释疑》曰,"圣人有则天之德","则天成化,道同自然"⑥。"自然""道"也就是"无",所以又说"圣人体无"⑦。这就是说,圣人是"自然""道""无"的体现者。但圣人又是现实的人,有喜怒哀乐,要与物相交,以五情"应物"。圣人之情不同于凡人者在于,"圣人之情,应物而无累于物者也"⑧。圣人与物的关系最突出的一点是"无私于物"⑨。《老子指略》讲,圣人有"四不":"圣人不以言为主,则不违其常;不以名为常,则不离其真;不以为为事,则不败其性;不以执为制,则不失其原矣。"这"四不"可以说是圣人"应物"

---

① 《无妄卦》。

② 《随卦》。

③ 《离卦》。

④ 《大壮卦》。

⑤⑦⑧ 《王弼集校释》附录何劭《王弼传》。

⑥ 《论语释疑·泰伯篇》。

⑨ 《屯卦》。

之术,说穿了,即圣人的言与事既不要成为自己的桎梏,又不要成为对象的桎梏。这无疑是很豁达的,又不免自由化,难于操作。

圣人之心无私,"以天下之心为心"(二十八章注)。由于圣人无私,能达到仁而"不仁"、圣而"不圣"的境界。"使不知神圣之为神圣,道之极也。""道洽,则圣人亦不伤人;圣人不伤人,则[亦]不知圣人之为圣也。""圣人不伤人,神亦不伤人,故曰'两不相伤'也。神圣合道,交归之也。"(六十章注)圣、神合道,神难知,圣亦难知,"圣人之所以难知,以其同尘而不殊,怀玉而不渝,故难知而为贵也。"(七十章注)

圣人的使命与责任是使物返璞归真。《老子注》曰:"朴,真也。真散则百行出,殊类生,若器也。圣人因其分散,故为之立官长。以善为师,不善为资,移风易俗,复使归于一也。"(二十八章注)"百行出,殊类生"本是历史进化中的必然现象,王弼却认为破坏了"本",是祸乱之源,他反对多样性、多元化,要"归于一",实际上就是取消人类的多样性。取消多样性、多元化的基本之术是愚民而归厚。《论语释疑》说:"圣人务使民皆归厚,不以探幽为明;务使奸伪不兴,不以先觉为贤。故虽明并日月,犹曰不知也。"①他也反对"勇敢",《老子注》云:"谁能知天意邪?其唯圣人[也]。夫圣人之明,犹难于勇敢,况无圣人之明,而欲行之也。"(七十三章注)王弼取消"探幽",禁绝"先觉",杜塞"勇敢",真可谓以己昭昭而使人昏昏,何其毒也! 除了统治者、圣人之外,所有的人都变为愚昧无知的"浑人",也就可以做到"均天下"(七十七章注)。然而这种"均"实在太残酷了,打着"均"的动人旗号,干的却是愚民之道。民愚,即使不均,也不以为不均也,所以民愚而后"均"!

谁是圣人呢? 在王弼看来,尧、舜、禹为圣,《论语释疑》曰:"圣人有则天之德。所以称唯尧则之者,唯尧于时全则天之道也。""逢时遇世,莫如舜、禹也。"②

王弼本老子,但他却认为老子"不及圣"③,他认为"老子是有者也"④,即老子还没有达到"无"的境界。非常不合逻辑的是,王弼竟然认为孔子是圣人,《论语释疑》中说:"孔子机发后应,事形乃视,择地以处身,资教以全度者也,故不入乱人之邦。圣人通远虑微,应变神化,浊乱不能污其洁,凶恶不能害其

---

① ②《论语释疑·泰伯篇》。

③《弘明集·周颙重答张长史书》。

④《王弼集校释》附录何劭《王弼传》。

性,所以避难不藏身,绝(又作"接")物不以形也。"①从王弼的著作看,他虽不完全否定名教,但对儒家的批评是严厉的。按照逻辑,无论如何不应把孔子视为圣人。他把孔子视为圣人,其解释可以有两种:其一,把孔子"玄学"化,上面一段描述可作证明;其二,他还没勇气抛开孔子,所以在逻辑上便不伦不类。

王弼以"无"为本,学出《老子》,但不可说好《庄子》。他的入仕精神很浓,与《庄子》相去甚远。在政治上,他力图融合道、儒、法、名诸派。虽然在运用和操作中,这几家是可以兼存的,但在理论体系上是不可能一以贯之的。所以,王弼有关政治原理之论常常前后矛盾,驳杂不一。但他力求把自然与名教统一起来的理论思考,对当时和以后的思想产生了很大的影响。

原载《南开学报》,1993 年第 1 期

---

① 《论语释疑·阳货篇》。

第十八章　嵇康、阮籍"越名教而任自然"的政治观

　　嵇康、阮籍是通常所说竹林名士的代表。与何晏、王弼的玄学相比,可谓第二期人物。实际上,他们的年龄相差无多,属同时代的人。阮籍生于建安十五年(210年),卒于景元四年(263年)。嵇康生于黄初四年(223年),景元三年(262年)被司马氏杀害。嵇康比阮籍小十余岁,他们两人的思想大体相同。这里把嵇康列在前头的原因是:嵇康的越名教而任自然的思想比阮籍更典型。嵇康从冠带之年即"不涉经学",称"老子、庄周,吾之师也"①。阮籍的早期儒家思想十分浓重,这在他的《乐论》中表现得十分突出。另外,嵇康执着地追求任自然,活得艰苦,最后遭害,而阮籍却比较圆滑。所以把嵇康放在阮籍之前。

　　嵇康、阮籍之作都说不上是典型的政论,更不涉及时政,但他们所崇尚的观念比直接的政论更具强烈的政治功能。嵇康、阮籍在士林中影响极大,为士人所尊。他们对司马氏政治集团的不合作态度,使司马氏心烦意乱。无耻的钟会看到这一点,便借朋友之头向司马氏进计曰:"嵇康,卧龙也,不可起。公无忧天下,顾以康为虑耳。"②嵇康为学、为人都有巨大的感召力。"康将刑东市,太学生三千人请以为师",临刑又壮奏《广陵散》,表现了一个真正士人所具有的无所畏惧、坦荡、从容和正义气概。对司马氏杀害嵇康,固然有弹冠相庆之徒,但从历史的长河看,嵇康的死赢得了历史!就实而论,嵇康并不是司马氏的政治反对派,也未参与大的政治活动,他只不过是因思想困惑而好思,发表了一些独特的见解而已。偌大的政治集团却害怕一介书生,何其卑劣!何其虚弱!

　　封建时代被屈杀的人不计其数。但杀害嵇康这样的人,却有着特别的意义。

---

①《嵇康集·与山巨源绝交书》,以下只注《嵇康集》篇名。

②《晋书·嵇康传》。

嵇康是一代思想家,司马氏错杀一人其罪小,扼杀民族的思考精神其罪大!

嵇康的著作收在《嵇康集》中,阮籍的著作收在《阮籍集》中。中华书局均有校注本。

第一节　反名教,非周孔,抛弃儒家奉为"太阳"的《六经》

嵇康反对与批判名教,固然有历史的原因:名教之伪,使众多的士人失去对名教的认同。但嵇康作为一位思想家,他有深刻的理论为依据,这就是崇尚意志自由。《文心雕龙·才略》云:"嵇康师心以遣论。"刘勰的评论是中肯的。嵇康在《答难养生论》中称:"故世之难得者,非财也,非荣也,患意之不足耳!意足者,虽耦耕畎亩,被褐啜菽,岂不自得。不足者虽养以天下,委以万物,犹未惬然。则足者不须外,不足者无外之不须也。无不须,故无往而不乏。无所须,故无适而不足。"在嵇康看来,有了意志的满足,生活条件再坏,也自得其乐;意志不满足,给他整个世界,也是贫乏的。嵇康的"意足",既包含意志自由,即排斥外界对主观意志的束缚;又含有自意为足,即对外界物质生存条件不提出更多的要求。在《与山巨源绝交书》中说:"四民有业,各以得志为乐。"一般人很难做到,"唯达者为能通之"。

嵇康之所以特别强调"意足",还有更深层的依据,即心、身二物论。他承认形神相须。在《养生论》中说:"形恃神以立,神须形以存。""修性以保神,安心以全身……又呼吸吐纳,服食养身,使形神相亲,表里俱济也。"但他又认为"神""意""志""心"是一种独特的存在。在《声无哀乐论》中说:"心之与声,明为二物。二物诚然,则求情者不留观于形貌,揆心者不借听于声音也。察者欲因声以知心,不亦外乎?"他这里所说的"声"可以视为客观世界(包括自己之身)的代称。神虽不离形,但他追求的是独立的自我意识和自然之欲。这些与名教的规范是冲突的,于是展开了对名教的批判。

嵇康认为,"心"不应囿于是非,而名教是倡导并规定是非的,因此是"心"的牢笼。为了摆脱牢笼,他提出"越名教"而"任心"。"夫称君子者,心无措乎是非,而行不违乎道者也。""夫气静神虚者,心不存于矜尚。""矜尚不存乎心,故能越名教而任自然。"又说:"越名任心,故是非无措也。"[1]嵇康所说的"名教"

---

① 《释私论》。

"矜尚""是非""名"，大体同指儒家的礼仪与道德规范。"自然""任心""无措乎是非""气静神虚"，并不是无思无虑，也不是决然无是非，而是表述从名教束缚中挣脱出来的种种心境。说嵇康的"任心"是追求个人意志自由当然可以成立，但他的"任心"也不是无轨迹的，因他讲要"任自然""不违乎道"。所以他的"任心"主要是针对名教的束缚而来的。《养生论》中讲："（常人）以多自证，以同自慰，谓天地之理，尽此而已矣。"他讲的虽然是有关养生的事，但他所提的命题则具有普遍性。自从独尊儒术以来，的确在社会上形成了铺天盖地的儒家教条主义，千人一面，万腔一调，思想理论界弥漫着重复复重复的陈词滥调。要冲破这种"多同""思不出位""以多自证""以同自慰"的认识定势、认识准则和认识价值观念，不仅仅是犯众，简直是大逆不道。如果嵇康不把对立面拉出来，悄悄地说自己的话，事情或许不那么尖锐，当他公然与"多数"对抗时，靠平庸为生的"多数"是不会珍惜任何奇才的！

嵇康认为名教与自然人性也是对立的。他在《难自然好学论》中讲："《六经》以抑引为主，人性以从欲为欢。抑引则违其愿，从欲则得自然。然则自然之得，不由抑引之《六经》；全性之本，不须犯情之礼律。固知仁义务于理伪，非养真之要术；廉让生于争夺，非自然之所出也。"在汉儒看来，《六经》不仅与人性相符，而且是人性的理论化和人性的标志。许多儒生一再宣称，违背《六经》即违背人性，也就失去了做人的资格。嵇康反其道而提出抗论，认为《六经》的抑引功能是违背人性的。嵇康所说的人性之"欲"和"愿"并不是纵欲，而是顺自然，以养生为宜。正如在《答难养生论》中所说："古之人知酒肉为甘鸩，弃之如遗；识名位为香饵，逝而不顾。使动足资生，不滥于物，知正其身，不营于外。背其所害，向其所利。此所以用智遂生之道也。"《六经》的牢笼，使人举手犯禁，诚可痛恶！

嵇康对儒家的名教进行了辛辣的抨击。他认为社会之乱在于名利，在于你一伙我一党，而这些正根源于名教。在《难自然好学论》中他指斥儒家之徒"作文墨以传其意，区别群物，使有类族，造立仁义以婴其心，制为名分以检其外，劝学讲文以神其教，故《六经》纷错，百家繁炽，开荣利之涂，故奔骛而不觉"。《六经》本是祸乱之源，然而众生却不觉悟，不仅"立《六经》以为准"，而且"谓《六经》为太阳，不学为长夜耳"，在嵇康看来，实在太可悲了，也太可怜了。他放言，何必为自己带上牢笼，何必在头上挂上这个"太阳"，反过来视之，"以《六经》为芜秽，以仁义为臭腐"，立刻释然，重压卸地。一句话，"《六经》未必为太阳也"，不学《六经》，"未必为长夜"。就实而言，无论是在当时还是以前，都有不少人批评儒家，但像嵇康这样，要把皇帝挂在天上的这颗"太阳"摘掉，弃之如敝屣，还是不多见的，没有掉头破家的勇气是难以做到的。他的友人吕安把"明"（即认识）和"胆"（即勇气），视为互补相需的关系。吕安说："人有胆可乐明，有明便有胆矣。"嵇康认为"明"与"胆"应分为二，两者未必互补相需。他在《明胆论》中说："明胆异气，不能相生。明以见物，胆以决断，专明无胆，则虽见不断；专胆无明，达理失机。"在"明"与"胆"的关系上，嵇康之论至确。在中国历史上决不乏明察聪明之士，然有"胆"者则寥寥尔。嵇康可谓有"明"有"胆"！

　　儒家的名教规范要通过礼、乐表现出来，礼乐是名教的存在形式。儒家看来，声音本身便含有哀乐之情，"情发于声，声成文，谓之音"。而音乐同政治休戚相关："治世之音安以乐，亡国之音哀以思。夫治乱在政，而音声应之。"①嵇康针对上述正统观念写了《声无哀乐论》。此文不仅是讨论音乐问题，而是对儒家的礼乐理论进行釜底抽薪。他提出声音与人之情没有必然联系和对应关系，"心之与声，明为二物"。嵇康指出，五声出自于自然，本身并不含哀、乐。把五声组合成音乐是人为的产物，非出自然。他从不同的经验比较中得出"殊方异俗，歌哭不同"的结论。同一声，因人的感受不同，或喜或怒，"外内殊用，彼我异名"。可见声本身无哀乐之分。"声音自当以善恶为主，则无关乎哀乐，哀乐自当以情感而后发，则无系于声音。"他以酒为喻，人们喜怒都可用酒，但不可谓"酒有喜怒"，同样，哀乐发于内心而和声，不可谓声有哀乐。嵇康认为哀乐出于心，声出自然，这无疑是对的，但嵇康忽视了哀乐与声音在历史过程中两者的结合会形成一种共同的文化心理，所以不免又有反文化的内容。这一点，嵇康倒也诚实，他提出："乐之为体，以心为主。故无声之乐，民之父母也。"嵇康本人是一位杰出的音乐家，他是通过论音乐而论政治，他同时又是一位攻其一点而瓦解其全局的能手。《声无哀乐论》就是一篇亘古少有的匠心之作。

　　儒家的名教、礼乐崇拜与圣人崇拜是交织在一起的。儒家崇拜的圣人主要是唐尧、虞舜、大禹、商汤、武王、周公和孔子。当嵇康的理论再进一步，便不可避免地把矛头指向这批圣人。他在《卜疑》中毫不掩饰地自白："轻贱唐虞，而笑大禹。"在《与山巨源绝交书》中言："每非汤、武而薄周、孔。"他明明知道

---

　　①《毛诗序》。

这是"世教所不容"的,但他偏偏要明火执仗进行鞭挞。他的目的在于冲破以周、孔为代表的牢笼。认识人格化,认识就注定要走向窒息,这可以说是一种必然现象。正如嵇康在《答难养生论》中所指出的,那些儒徒们,"上以周孔为关键,毕志一诚;下以嗜欲为鞭策,欲罢不能。驰骛于世教之内,争巧于荣辱之间,以多同自减,思不出位。使奇事绝于所见,妙礼断于常论;以言变通达微,未之闻也"。人格化的认识无疑是人类认识发展史中的标志。人类的认识史一再表明,一位哲人的出现常常会把认识推向一个新的阶段,或者可以反过来说,时代的认识大抵都要通过哲人集中起来。但人格化的认识不能作为认识的界定,更不能作为认识的准则和终结。独尊儒术最大的弊病就是把周、孔作为认识的界定、准则和终结。这样便把社会的认识锁入圣人化的牢房,窒碍了变通达微。这对于庸人是无所谓的,但对于一个思想家,就是绝对不能容忍的了。再加上嵇康的诗人情感,很容易把这些圣人在认识发展史中的贡献予以否定。嵇康在这一点上不免过激。

嵇康批判名教,否定礼乐,还要打掉儒家的"太阳"。嵇康所生活的时代虽与"非圣无法"的东汉时期有别,但他的主张在当权者眼中是罪不容诛的。"(嵇)康上不臣天子,下不事王侯,轻时傲世,不为物用,无益于今,有败于俗……今不诛康,无以清洁王道。"①唐牛僧孺对嵇康之被杀也有一些评论:"礼者,道之器也,而肆情傲物,蔑弃冠服,是礼之大丧也。礼丧而道丧,则钟会欲无怒,晋王欲不刑之,不可得也。"②

阮籍的思想经历比嵇康曲折,他"本有济世志",曾想积极入仕。《乐论》是他早期的作品,可视为他的"济世"之作。阮籍在文中努力寻求名教与自然的统一,并且在统一中十分强调名教的神圣性。《乐论》可以说是继《礼记·乐记》之后,把儒家之礼乐神圣性抬高到一个新高度的代表作。文中曰:"夫乐者,天地之体,万物之性也。合其体,得其性,则和;离其体,失其性,则乖。昔者,圣人之作乐也,将以顺天地之体,成万物之性也,故定天地八方之音……音声适而万物类,男女不易其所,君臣不犯其位……奏之圜丘而天神下,奏之方丘而地祇上。天地合其德则万物合其生,刑赏不用而民自安矣。""刑、教一体,礼、乐外、内也。刑弛则教不独行,礼废则乐无所立。尊卑有分,上下有等,谓之礼。人

---

① 《世说新语·雅量》注引《文士传》钟会语。
② 《文苑英华》卷七三九牛僧孺《养生论》。

安其生，情意无哀，谓之乐……礼逾其制则尊卑乖，乐失其序则亲疏乱。礼定其象，乐平其心；礼治其外，乐化其内，礼乐正而天下平。"以礼乐"一天下之意"。在《通易论》中也讲："先王作乐荐上帝，昭明其道以答天贶。""作乐荐上帝，正其命也。"从上述论述中不难看出，礼乐被神化，它的政治功能也被神化。这同嵇康的《声无哀乐论》是截然不同的。阮籍还详论了乐教之道，提出乐只能歌舞升平，求欢乐，禁止哀声，禁止野调，如"闾里之声""永巷之音"。童儿要歌咏富贵，"刍牧负戴"也要歌贫贱之情乐。他还提出"乐"要绝对的统一，乐器器材要统一，乐器的形制要统一，歌咏与舞蹈要统一，达到"斠若画一"。在阮籍之前还没有见过在论音乐问题上达到如此高度的专制主义的作品，其后也未见，可谓空前绝后。由此可以看到阮籍的礼乐专制走得何等远！

魏晋之际，特别是正始十年(249年)以后乱杀士人，给阮籍以极大痛伤，生活态度发生了一百八十度的大转变。"天下多故，名士少有全者，籍由是不与世事，遂酣饮为常。"①阮籍放浪形骸，既有玩世不恭的成分，又有看破名教的原因。他从倡名教转向疑名教、反名教，并把矛头指向了神圣的君主，用重笔抨击冠冕堂皇的名教之虚伪和无耻。他在《大人先生传》中写道："君立而虐兴，臣设而贼生，坐制礼法，束缚下民，欺愚诳拙，藏智自神，强者睽眠而凌暴，弱者憔悴而事人，假廉以成贪，内险而外仁，罪至不悔过，幸遇则自矜，驰此以奏除，故循滞而不振。"又指责君主"竭天地万物之至以奉声色无穷之欲"。"汝君子之礼法，诚天下残贼、乱危、死亡之术耳，而乃目以为美行不易之道，不亦过乎！"儒家奉为圣典的《六经》是把人分成你一团我一伙、贵贱有别的罪魁。"今汝尊贤以相高，竞能以相尚，争势以相君，宠贵以相加，驱天下以趣之，此所以上下相残也。"愤懑之情不自禁，于是痛斥儒士是一帮伪君子。这些伪君子表面上"服有常色，貌有常则，言有常度，行有常式"，"束身修行，日慎一日"。整日间"诵周、孔之遗训"，而真正的目的是"上欲图三公，下不失九州牧"，"享尊位，取茅土"，"远祸近福，永坚固己"②。这帮伪君子，在阮籍看来不过是一堆裤裆里的虱子。"汝独不见乎虱之处乎裤中，逃乎深缝，匿夫坏絮，自以为吉宅也；行不敢离缝际，动不敢出裤裆，自以为得绳墨也；饥则啮人，自以为无穷食也"，这种比喻可谓调侃到家了。你看这帮儒生虱子沿着礼法的裤缝

---

① 《晋书·阮籍传》。
② 《大人先生传》。

172

爬来爬去,藏在破棉絮里冷不防地去啮人! 还有比这更刻薄的吗?

稽康、阮籍几乎不论时政,尤其阮籍"未尝评论时事,臧否人物"①。尽管如此,他们的上述之论把儒生的筵席都掀翻了。他们的这些话在《庄子》一书中虽大都说过了。但面临的时代大不相同。《庄子》一书的作者与当时的儒家是学术之争,在人格和认识上是平等的。稽康、阮籍时代,儒家作为当权派已有近三百年的历史。在这期间虽然不断有人向儒家提出疑问,甚至挑战,但却还没有人像稽康、阮籍这样公开摆出擂台与儒家厮杀,他们要把人家的"太阳"打掉,掀翻筵席,在力量悬殊的情况下,稽康被杀近于必然,阮籍幸免实属侥幸。

第二节　政治理想:君道自然、去"我尊",人人"任心""自然而足"

稽康、阮籍否定了名教,否定了当时的整个社会秩序。他们向何处去呢?简言之,即任自然。

从老、庄以来,任自然总是同历史文明相对立的,稽康、阮籍也不例外。

稽康认为,人类太初之时,"大朴未亏,君无文于上,民无竞于下,物全理顺,莫不自得"②。唐尧虞舜之时,已开始破坏大朴,但大朴犹存,当时"体资易简,应天顺矩"。到了"先王"时期,大朴破坏,天道沉沦,"先王仁爱,愍世忧时,哀万物之将颓,然后莅之……智慧日用,渐私其亲"。到了"季世","凭尊恃势,不友不师,宰割天下,以奉其私"③。秦汉以后"时移俗易,好贵慕名",越变越坏,自私成风,偷抢为正当,如"公孙不归美于董生"。"况今千龙并驰,万骥徂征。"④一言以蔽之,古今之别就在于"昔为天下,今为一身"。所有的祸乱均由此而生:"下疾其上,君猜其臣,丧乱弘多,国乃陨颠。"⑤

稽康写了《释私论》,专门讨论公、私内涵及其在历史中的作用。他所说的公、私之别最基本的准则是对自然的态度,任自然者为公,违自然者为私,特别是与自然相违的名教是教人行私的罪魁。"今执必公之理,以绳不公之情,

---

① 《世说新语·德行》注引李康《家诫》。

② 《难自然好学论》。

③⑤ 《太师箴》。

④ 《卜疑集》。

使夫虽为善者,不离于有私;虽欲之伐善,不陷于不公。重其名而贵其心,则是非之情,不得不显矣。"名教之公实则是"私"。他的结论是:"夫公私者,成败之途,而吉凶之门乎。"

圣人治理的基本原则是君道自然,承天理物,天人交泰,天下为公。具体而言有如下几点:

第一,"崇简易之教、御无为之治"。为此君主要"静",其要是顺民情、从民志。"夫民之性,好安而恶危,好逸而恶劳,故不扰则其愿得,不逼则其志从。"①"夫人之相知,贵识其天性,因而济之。""故四民有业,各以得志为乐,唯达者能通之。"②

第二,"以万物为心","以天下为公"。圣人治天下首先要崇公而释私。嵇康在《答难养生论》中指出:"圣人不得已而临天下,以万物为心,在宥群生,由身以道,与天下同于自得。穆然以无事为业,坦尔以天下为公。"禁绝"劝百姓之尊己,割天下以自私"的成例恶习。嵇康多处讲到君主代表着秩序,"民不可无主而存",同时也认为君不能无尊,"主不能无尊而立"。但这同世俗流行的"人君贵为天子,富有四海"的观念截然不同。"尊君位"是为"天下"而"不为一人"。这种观点早在老、庄那里已提出,在《吕氏春秋》中也有专文论述,不可谓嵇康新创。不过嵇康在当时重新提出这个问题,仍不失为最富有批判精神的言论。

第三,君主要去"我尊""我强"。最理想的状况是"君无文于上"。所谓"无文",即抛弃仁义、礼律之制,去掉一切等级划分与贵贱标志;如果不得已而"建龙旗,服华衮",从观念上也要淡化并取消等级贵贱之别。服华衮"忽若布衣之在身",行朝仪"恬若素士接宾客也"③。要之,仅存礼乐而已。

有这样的君主治理天下,人们过着自给自足、自然的生活:"君臣相忘于上,蒸民家足于下。""耕而为食,蚕而为衣,衣食周身,则余天下之财。犹渴者饮河,快然以足,不羡洪流。岂待积敛,然后乃富哉?君子之用心若此。"④"饱则安寝,饥则求食,怡然鼓腹,不知为至德之世也;若此,则安知仁义之端,礼律之文?"⑤

---

①⑤《难自然好学论》。

②《与山巨源绝交书》。

③④《答难养生论》。

嵇康对名教的批判是深刻的,但他的社会理想只能在冥想中存在。现实的生活依然是那样的残酷,他几乎找不到生存点,所以活得十分痛苦,在《卜疑》中表达了他的内心苦楚和两难的选择。对如何生存,他一口气提出近二十七种方式,没有深切的生活撞击,是不可能提出来的。嵇康最后无路可走,只能寄希望于精神性"养生",乃至追求成神仙;在《家诫》中又教子面向现实,入俗随流,足见其痛苦之状!

　　阮籍同嵇康的社会理想大致相同,提出无君、无贵贱、达自然、返太素等主张。这些在《大人先生传》中有具体的论述。文中曰:"盖无君而庶物定,无臣而万事理,保身修性,不违其纪,惟兹若然,故能长久。"阮籍明确地提出了无君论。无君无臣在当时条件下,也就是无政府。无政府之后,只能靠每个成员的自律,"不违其纪"以求社会秩序的稳定。这显然是幻想。政治上无君臣,社会则要取消贵贱、贫富之分。"夫无贵则贱者不怨,无富则贫者不争,各足于身而无所求也。"①阮籍认为社会划分贵贱富贫必然引起斗争,"上下相残",所以一定要取消之。如何取消,他没有设计出任何方案。

　　达自然、返太素的境况,阮籍在《达庄论》中做了如下描述:

　　　　天地生于自然,万物生于天地。自然者无外,故天地名焉;天地者有内,故万物生焉。当其无外,谁谓异乎? 当其有内,谁谓殊乎?
　　　　天地合其德,日月顺其光。自然一体,则万物经其常。
　　　　故至道之极,混一不分,同为一体,乃失无闻。伏羲氏结绳,神农教耕,逆之者死,顺之者生。又安知贪洿之为罚,而贞白之为名乎! 使至德之要,无外而已。大均淳固,不贰其纪,清静寂寞,空豁以俟,善恶莫之分,是非无所争,故万物反其所而得其情也。

　　自然是一个最伟大的、最完美的无所不包的存在。理解它、拥抱它,就拥有一切! 究竟拥有什么? 除了精神之外,其余什么都没有,现实依然是现实。

　　嵇康、阮籍是反逆时代的思想家。他们教人以精神胜利,而在当时也没有什么物质力量可以战胜不合理的现实,所以精神胜利是战胜不合理现实的唯一选择。追求精神胜利者与不合理现实相撞时多半是要遭殃的。但是精神胜

---

　　① 《大人先生传》。

利又是人类探索和自我改造所不可缺少的力量。这些人的现实生活的灾难和
提出的问题一直启迪着人们不断再思考。他们的伟大正在于此!如果认为一切
现实的都是合理的,那么,人类永远走不出野蛮境界!

原载刘泽华:《中国政治思想史(第二卷)》,浙江人民出版社,1996 年

第十九章　裴頠的崇有论和名教与无为相结合的政治思想

裴頠(267—300)字逸民,河东闻喜(今山西闻喜)人,出身于贵族大官僚家庭。父亲裴秀,是西晋的开国功臣之一。裴頠通医术,"通博多闻",死于八王之一赵王伦之手,年仅三十四岁。关于裴頠的著作,有材料说他著有《崇有》《贵无》二论①。《世说新语·文学》注也有"頠著二论"之说。《晋书》本传又说他著有《辨才论》,未成而遇祸。《崇有论》今收在《晋书》本传中,《群书治要》卷二十九引《晋书·百官志》也有裴頠的一段文章。因他讨论"有""无",以及"宗极"等玄学基本问题,所以也把他列入玄学之列。

裴頠反对何晏、王弼的贵无论。这里有政治上的原因,《晋书》本传说,"頠深患时俗放荡,不尊儒术,何晏、阮籍素有高名于世,口谈浮虚,不遵礼法,尸禄耽宠,仕不事事。至王衍之徒,声誉太盛,位高势重,不以物务自婴,遂相放效,风教陵迟。乃著《崇有》之论以释其蔽"。可见他不满贵无派的学说,主要是因为他不满于这种学说引起的"风教陵迟"的后果。裴頠遂从哲学本体论的方面构筑自己的哲学,以证明贵无的逻辑谬误。

在裴頠看来,所谓"无"就是没有,没有怎么能生万物?所以将"无"看成万物之本是不对的。"夫至无者无以能生,故始生者自生也。"②万物是自己生自己,"自生而必体有,则有遗而生亏矣"③。如果硬要为自生的事物找一种存在的根据,如王弼等人所说的"无",则不但"有"会受到损失,而且万物的产生也是不完全的了。可见裴頠对"无"的理解与王弼不同,他是将"无"看作"有"不存在时的状态。王弼的"无"虽也有这种因素,但更主要的还是指万物的统一性原理。

裴頠的世界观体现在下面这段话中:"夫总混群本,宗极之道也。方以族

---

① 《三国志·裴潜传》注引陆机《惠帝起居注》。
②③ 《晋书·裴頠传》。

异,庶类之品也。形象著分,有生之体也。化感错综,理迹之原也。"①这是说,所谓宗极之道,就是万有的总和。万有根据它们不同的特征,可以分为不同的类别;一切有生之物,都是有形有象的;万有的变化、联系,总体现在一定的关系中,因此是有规律("理")可寻的。

关于万有之间的相互关系,裴頠说:"夫品而为族,则所禀者偏,偏无自足,故凭乎外资。"②这就是说,万有表现为不同的种类,而每一类都有其不足之处,所以就必须依赖他物。"偏"产生了不足,不足故须"凭资",这样组成的世界图式,是一个相互资助、相互依赖的关系网,这当中谁也无法脱离他物而独立。这就产生了一个"宜"的问题,也即合宜与不合宜、应该与不应该的量度问题。在裴頠看来,圣人就是因为这个缘故才创立了政治的。他说:"众理并而无害,故贵贱形焉。失得由乎所接,故吉凶兆焉。"③万物之间相互依赖的关系,就是贵贱高下的关系,圣人顺从这种自然规律,建立起有等级之差的政治制度。另一方面,对这种关系的处理不同,会导致或吉或凶的后果,所以"贤人君子,知欲不可绝,而交物有会。观乎往复,稽中定务","故大建厥极,绥理群生,训物垂范,于是乎在"④。换言之,自然万物相互依赖,相反而不可相无,这是人类政治生活得以成立的基础。圣人依此而建立标准和原则,又创制垂范,人类的生存才成为可能。政治的目的是"宝生",政治的手段则是"存宜"。"宝生"必须"存宜","存宜"又是为了"宝生",故"人之既生,以保生为全"⑤。这就是名教存在的根据,同时也说明了名教(宜)与自然人性(欲)之间的关系。所以,名教政治的产生是源于众生"不足""依他"的本性,圣人不过顺其性而已。"兆庶之情,信于所习;习则心服其业,业服则谓之理然。是以君人必慎所教,班其政刑一切之务,分宅百姓,各授四职。"⑥

裴頠认为《老子》一书的主旨,在于"表摭秽杂之弊、甄举静一之义",因而"合于《易》之损、谦、艮、节之旨"⑦,但损艮之属,不过是君子之一道,并非《易经》主旨就是主张虚无;老子也不过是想通过对本的强调,提醒人不要离本逐末。在裴頠看来,他之所以提倡"有"先于"无",乃是事出有因的。但是,贵无派不明白这个道理,见到名教之积弊产生的祸端,于是"悠悠之徒,骇乎若兹之阔,而寻艰争所缘。察夫偏质有弊,而睹简损之善,遂阐贵无之议,而建贱有之

①②③④⑤⑥⑦《晋书·裴頠传》。

178

论"。"深列有形之故,盛称空无之美。""众听眩焉,溺其成说。虽颇有异此心者,辞不获济,屈于所狃,因谓虚无之理,诚不可盖。"①接着他还指出了玄学的流行所带来的后果,即:"遂薄综世之务,贱功烈之用,高浮游之业,埤经实之贤。人情所殉,笃夫名利。于是文者衍其辞,讷者赞其旨,染其众也。是以立言藉于虚无,谓之玄妙;处官不亲所司,谓之雅远;奉身散其廉操,谓之旷达。故砥砺之风,弥以陵迟。放者因斯,或悖吉凶之礼,而忽容止之表;渎弃长幼之序,混漫贵贱之级。其甚者至于裸裎,言笑忘宜,以不惜为弘,士行又亏矣。"②以上的批评涉及政事、风俗甚至人的行为举止。

裴𬱖认为,崇有与崇无之争关系到国家、社会的生死、存亡。他认为贵无派之"无"应为"末",崇有之"有"才是"本"。这样便把贵无派的"本""末"观全颠倒过来。像贵无派那样:"怀末以忘本,则天理之真灭。故动之所交,存亡之会也。"裴𬱖所说的"天理"即礼教。又说:"贱有则必外形,外形则必遗制,遗制则必忽防,忽防则必忘礼。礼制弗存,则无以为政矣。"③裴𬱖把崇无与崇有之争视为政治根本道路之争,应该说是有道理的。

裴𬱖用崇有肯定了设官建职,任官得人。无为而治的政治思想,是两汉以来即已流行的观点,本身并不新颖,但它在汉末曾发生过极大的动摇,正始、元康时期的放达之风又重增了这种怀疑的空气。魏晋以来,不少思想家一直在寻求一种重建这种理论及其实践的思想依据,裴𬱖崇有论的提出,实际上也就是试图从不同于贵无派的角度出发,为同一目的作论证。裴𬱖说:"古之圣哲,深原治道,以为经理群务,非一才之任;照练万机,非一智所达。故设官建职,制其分局,分局既制,则轨体有断;事务不积,则其任易处。选贤举善,以守其位。委任责成,立相干之禁。侵官为曹,离局陷奸。犹惧此法未足制情,以明防,曰君子思不出其位。夫然,故人知厥务,各守其所,下无越分之臣,然后治道可隆,颂声能举。故称尧舜劳于求贤,逸于使能。分业既辨,居任得人,无为而治,岂不宜哉?"④

裴𬱖生于西晋王权斗争异常激烈的时代,对于君权的衰弱深感痛惜。他提出了一些措施,企图对现实有所补益。他说:"政不可多门","于今之宜,选士既得其人,但当委责,若有不称,便加显戮"⑤,"不当便有干职之臣","帏幄

---

①②③《晋书·裴𬱖传》。
④⑤《群书治要》卷二十九。

张子房之谋者,不宜使多"①。然而,这些建议对现实并未起到多大作用,相反他本人倒是死在八王对君权的争夺战中。

原载刘泽华:《中国政治思想史(第二卷)》,浙江人民出版社,1996年

---

① 《群书治要》卷二十九。

第二十章　郭象"存在即合理"：
名教合于自然的政治思想

郭象(252—312)，字子玄，河南(治今河南洛阳东)人。《晋书》本传说他"少有才理，好老庄，能清言"。曾做过东海王越的太傅主簿，据说他"任职当权，熏灼内外"，很遭人菲薄。郭象的主要著作是《庄子注》一书，他在此书的序中说：《庄子》一书的宗旨在于"通天地之统，序万物之性，达死生之变，而明内圣外王之道"。其实这也就是他自己思想的总纲。郭象是魏晋玄学的集大成者，他的《庄子注》长期成为庄注的权威，他的"内圣外王"之道长期成为人们讨论的主题和追求的目标，其影响不可谓不大。

第一节　论有无、性命与名教合于自然

在有无问题上，郭象的观点既不同于王弼，也与裴頠有别。在王弼看来，"无"是现象后面的本体，是一切存在物的根据。郭象则认为："夫庄老之所以屡称无者，何哉？明生物者无物而物自生耳。"[1]"然庄子之所以屡称无于初者，何哉？初者，未生而得生，得生之难，而犹上不资于无，下不待于知，突然而自得此生矣。"[2]郭象把"无"仅仅看作是一个否定词，即"没有"，它既非实体(不同于王弼)，也不是"有"不在时的情况(裴頠)，从逻辑上的"类型理论"的角度看，郭象在这里实际上是运用了不同层次的语言概念而不加区分。由于将"无"看成是一种概念的概念，因此他的哲学就能够丢开"无"而直接从"有"开始。

郭象也不完全同意裴頠对"有"的解释。虽然他跟裴頠一样，也讲自生，但从郭象的观点看，裴頠的自生有几大缺陷：其一，裴頠的"有"是有偏、有不足，

---

[1]《庄子注·在宥》，以下只列《庄子注》篇名。

[2]《天地》。

而郭象则认为正因为是自生，所以各存在物是独立的、自足的；其次，裴頠认为由于物有偏、有不足，所以要互相依赖，郭象对这一点最不满意，认为如果物是自生自足的，则所谓依赖就是臆想出来的东西。郭象这两点看法与他对自生这一概念的解释有关。

郭象认为，"上知造物无物，下知有物之自造"是庄子思想的核心。那么这里的"自造"（自生）是什么意思呢？郭象在《大宗师》注中说："自得耳，道不能使之得也；我之未得，又不能为得也。然则凡得之者，外不资于道，内不由于己，崛然自得而独化也。"可见郭象的自生有两个特点，一是这种自生无外因可寻，这否定了造物的可能性；其次是自生也不指自己生自己，如果是这样的话，那么要生就生，全凭意志的作用，而这是不可能的。这里他又否定了存在的内部根据。所以，所谓自生就是"块然而生""崛然而生"，无缘无故地生，无因无果地生，无目的地生。万物的存在就是其存在的根据，这叫作"天然也，非为也"。郭象说，如果要找原因的话，也许可以找到几个，但追问到最后，总不能得到明确的答案，因此应该"任物之自然"，不再去追问，这才是正确的态度。

郭象的"有"是自生自足的，之所以叫自生，是因为无物生它；之所以是自足的，是因为它的存在无任何解释的可能，无任何因果、意志的作用可寻。这种不知其所以然、又不可改不可变的存在状况，就是"有"的本性。"凡所谓天，皆明不为而自然。言自然则自然矣，人安能故有此自然哉？自然耳，故曰性。"①这是郭象对"性"的定义。这种性由于是自然而然的，所以不可变更和解释。"天性所受，各有本分，不可逃，亦不可加。"②"性各有分，故知者守知以待终，而愚者抱愚以至死，岂有能中易其性者也！"③既然各存在物的性都是自足的，所以其间也就没有大小、寿夭、穷达、美丑、高下、短长的区别。"夫以形相对，则太山大于秋毫也。若各据其性分，物冥其极，则形大未为有余，形小不为不足。""无小无大，无寿无夭，是以蟪蛄不羡大椿而欣然自得，鸥鹢不贵天池而荣愿以足。"④不但物性各足，大小无别，而且由于"理有至分，物有定极，各足称事"，所以任何违反这种必然的"理""极"的做法都是非分的，不正当的，为天理所不容的。"夫物有小大，能有少多，所大即骈，所多即赘。骈赘之

①《山木》。
②《养生主》。
③④《齐物论》。

分,物皆有之,若莫之任,是都弃万物之性也。"①

以上的论述,郭象仅是从孤立的、个体的"有"的角度来考虑问题,但世界上并不存在绝对孤立的存在物,任何东西都是处在一定的关系之中的,所以也无法不与他物形成一定的关系。郭象事实上也并未否认这一点,只不过认为这种所谓"关系"是较为特殊的。与常人的看法不同,郭象认为,物与物之间仿佛的确有某种关系,但这种关系是假象,是幻而不实的。能有的只是"自为",而自为造成"相为"的假象。"天下莫不相与为彼我,而彼我皆欲自为,斯东西之相反也"②。这就是说,存在物总是处在一种彼我的关系中,而彼我实际上只是自己独立存在着,其间并无关系,就像东方自东方,西方自西方,但由此却组成东方与西方一样。郭象又举例子说:"然彼我相与为唇齿,唇齿者未尝相为,而唇亡则齿寒。故彼之自为,济我之功弘矣,斯相反而不可以相无者也。"③郭象称这种关系为"玄合",即暗合,实际就是否认二者之间有什么实质性的关系。由于不存在什么关系但却又似有了关系,所以这也是不知其所以然而然的,这就是"命"。郭象说:"不知其所以然而然谓之命。""性"是对单个存在物的描述,"命"则是对处于关系之中的存在物的性质的描述。"性"只针对"自生""自足"而言,"命"则关涉到存在物之间"相与为彼我""相为于无相为"的性质。"性"是一种内在特性,"命"则只是外在的性质。由于"命"有这种特性,所以它不免会引起目的、意志或因果的嫌疑,仿佛有谁规定它具有了这个特性一样。所以郭象又对"命"这个概念的使用加以限制,说:"似若有意也,故又遣命之名,以明其自尔,而后命性全也。"就是说,"命"这个词也应该丢掉,因为它给人以某种人为的印象。

郭象性命观的政治意义是很显见的,其最直接的后果,就是否认存在着怀疑现实政治生活的任何可能性。因为依他之见,人类社会中不存在因果关系,也不存在意志的作用;存在于人们相互间的关系是假象,无法追根溯源,更谈不上追寻其理由,因此任何对现存秩序的怀疑与改变都是无根据的,多余的。在这点上裴頠与郭象不同,他的目的也是要肯定现时存在的政治秩序,但他是通过对物与物之间关系的积极肯定来达到这一结论的。郭象不满意裴頠,在他看来,说物与物之间存在着相互影响的实在关系,就等于说我们可以

---

① 《骈拇》。
②③ 《秋水》。

追问"为什么"的问题,而这是使人不安分,各起妄想的重要原因,它是政治动荡的根源。唯有使人"各冥其极",才能达到天下太平。

名教与自然的关系是魏晋玄学讨论的中心问题。对于这个问题,郭象有自己的一套解释。按郭象的思想体系,名教相当于上述的"命",而自然则与"性"相当。性与命、名教与自然的区别,仅在于语言的使用。单个存在物的存在状态,就是自然;用语言描述存在物相互之间种种仿佛存在的关系,就产生了名教。所以名教说到底,只是人为的体系,是人对存在的描述。举影与形的例子说,形与影各是一物,各有本性,这是自然;当我们说"形影相随"时,就产生了名教,因为正是在语言中才产生了"原因""作用"这些因素。这是以自然物之间的关系为例。根据这一原理,郭象列举了许多事例。

在人与自然的关系方面,郭象举了人与牛马的关系为例。他说:"人之生也,可不服牛乘马乎?服牛乘马,可不穿落之乎?牛马不辞穿落者,天命之固当也。苟当乎天命,则虽寄之人事,而本在乎天也。穿落之可也。"①人有其天性,牛马也有其天性,人按其天性行事,牛马也按其天性行事,结果出现了人穿络牛马之鼻。这原因"本在乎天",但一经语言表述,就有了"目的"与"手段","穿"与"被穿"之分。就人体而言,"夫人之一体,非有亲也;而首自在上,足自处下,府藏居内,皮毛在外;外内上下,尊卑贵贱,于其体中各任其极,而未有亲爱于其间也"②。但一置语言于其间,便出现了上下、贵贱之别,人之一体便由自然而变成了名教的内容。就人与人的关系而言,"夫时之所贤者为君,才不应世者为臣。若天之自高,地之自卑,首自在上,足自居下"③,君臣高下本是自然的事,但一经表达成人类的语言,在其中就包含了价值的高低。

总之,在郭象看来,名教与自然、"性"与"命"本是一致的。这种一致,根源于语言是对现实的表达,而这种表达本身并不重要,重要的是自然本身即具有为名教所表述的东西。所以郭象说:"夫仁义自是人之情性,但当任之耳。恐仁义非人情而忧之者,真可谓多忧也。"④"仁义发中,而还任本怀。"⑤"夫仁义者,人之性也。"⑥同样,阶级贵贱之分也本于自然。"小大之辨,各有阶级,不可

---

① 《秋水》。
②⑥ 《天运》。
③ 《齐物论》。
④ 《骈拇》。
⑤ 《缮性》。

相跂。"①"若夫任自然而居当,则贤愚袭情而贵贱履位,君臣上下,莫匪尔极,而天下无患矣。"②君主是天然的贵者,自然当贵;臣民是天生的卑者,自然当贱。"性各有分,故知者守知以待终,而愚者抱愚以至死,岂有能中易其性者也。"③"今贤人君子之致爵禄,非私取也,受之而已。"④"夫时之所贤者为君,才不应世者为臣,若天之自高,地之自卑,首自在上,足自居下,岂有递哉!虽无错于当而必自当也。""臣妾之才,而不安臣妾之任,则失矣。故知君臣上下,手足外内,乃天理自然,岂真人之所为哉!"⑤贵贱出自然,要"各安其分"⑥,但仍需有君主,"千人聚,不以一人为主,不乱则散。故多贤不可以多君,无贤不可以无君,此天人之道,必至之宜"⑦。仁义、君王是天人之道,必至之宜,属于人的本性,因此是自然的,也是天理,这是性,因此也是命。虽然使用了名教的语言,但并不损害这种天性自然的存在。依郭象的观点,名虽不必然与其所表达者相乖背,但很可能相违,正是这种相违背引起了名教与自然关系的混乱。郭象认为,语言是用来表述实在的,但并不一定必然传达关于实在真相的消息。他说:"夫物有自然,理有至极。循而直往,则冥然自合,非所言也。故言之者孟浪,而闻之者听荧,虽复黄帝,犹不能使万物无怀,而听荧至竟。"⑧世界的存在状态本非语言可以描述,可人却不得不说话,由此而产生迷惑、混乱。郭象对语言的看法就是对名教的看法,即名教虽用以表现自然,却不可避免产生与使用语言同样的后果,因此,最好的办法是不要提倡,而应实行无言无为之治。

第二节　论现象、本质与"内圣外王"

性与命、名教与自然的概念转入到政治的范畴之内,就是郭象所说的"迹"与"所以迹"的关系问题。"迹"是现象,"所以迹"是原因和本质;"所以迹"是性和自然,"迹"是命和名教,这两组范畴的地位各不相同。郭象详细地讨论了二者的关系。

第一,"迹"是末,"所以迹"是本。郭象说:"所以迹者,真性也。夫任物之真

①⑥《秋水》。
②《在宥》。
③⑤⑧《齐物论》。
④《山木》。
⑦《人间世》。

性者,其迹则《六经》也。"①即圣人所行的政治,是一种以任人之真性为主的政治,而《六经》则是这种政治的外在效果,因此是"迹",是不重要的。

第二,"所以迹"不可避免地要留下"迹",任物之真性的政治必然要转化成名教政治。郭象说:"顾自然之理,行则影从,言则响随。夫顺物则名迹斯立,而顺物者非为名也。非为名则至矣,而终不免乎名,则孰能解之哉!故名者影响也,影响者形声之桎梏也。"②这就是说,"所以迹"总会留下"迹",自然总会成为名教,使得天下人言响影随般地执着于陈迹,从而使"迹"成为"所以迹"的桎梏。郭象又举圣人为例,"夫圣人因物之自行,故无迹"③。真正的治世圣人,所做的不过是放任万物的天性而已,所以从圣人的角度说,他是无迹的。但圣人之存在,会导致天下大治,结果却引起人们的狂热,以为这种治绩本身即是所以导致治绩的东西,因而强加给他圣人的名字,鼓吹圣人政治。所以,"所谓圣者,我本无迹,故物得其迹,迹得而强名圣,则圣者乃无迹之名也"④。要避免这种情况,只有搞"绝圣弃智"。

第三,郭象批判了那种颠倒"迹"与"所以迹"关系的做法和观点。他反对提倡仁义,认为"仁义者,挠天下之具也"⑤。他说:"夫与物无伤者,非为仁也,而仁迹行焉;令万理皆当者,非为义也,而义功见焉;故当而无伤者,非仁义之招也。"⑥也就是要区别"当而无伤"的"迹"与"所以迹"。郭象也反对提倡诗礼的做法,他说:"诗礼者,先王之陈迹也。"⑦认为:"先王典礼,所以适时用也。时过而不弃,即为民妖,所以兴矫效之端也。"主张"时移世异,礼亦宜变"⑧。郭象也反对学圣人,他说:"法圣人者,法其迹耳。夫迹者,已去之物,非应变之具也。"

"迹"与"所以迹"是一对矛盾,但又不可能去掉任何一方。这种矛盾的产生,根据于天下须治,而治天下又离不了圣人,圣人治天下的关键则是"内圣外王"的观点。

照郭象的自生哲学观,万物都是自性足的,但这种足是足于自己的一定特性,一旦与他物比较,其相对性就显现出来了。由于万物各具一性,便免不了有是非利害之争,有夸跂矜尚之弊,你想叫它们不如此也不可能。郭象说:

---

①⑧《天运》。

②《德充符》。

③④《让王》。

⑤⑥《骈拇》。

⑦《外物》。

"物各有性,性各有极……各信其一方,未有足以相倾者也。"①而在万物之上,有一种无待之人,即圣人,他无一定不变之性,也无边端,他不离万物,又超乎万物之上,郭象称之为"无待之人"。

这种无待之人有这样一些特点。其一,圣人无心。无心则无所分别,不知短长、大小、是非利害。其二,无我,无我则与万物为一,故无所不我,"玄同外内,弥贯古今,与化日新",万物的聚散、变化、死生、方圆亦即我的诸种变化。其三,无我则"与物冥","夫与物冥者,故群物之所不能离也"②。无我者超脱了一小我的局限,与万物无碍,万物之性亦即无我者的性,万物的局限亦即他的局限,这样,小我之间不能相沟通的,无我之人可使之相通。其四,"无心而任乎自化者,应为帝王也"。照郭象说,圣人超脱了一切,成为万物都离不开的宗极,因此他也就是人间的帝王。"故无行而不与百姓共者,亦无往而不为天下之君矣。"唯有这样的圣人,才能治理天下,使"异方同得而我无功名"。天下人各发挥其一己之特性,圣人则使大家"遗彼忘我,冥此群异(消除种种差别)",最后"同于大通",达到"玄冥独化"之境,这就叫"内圣外王"。它是从无心起到天下大治的一个过程,在这个过程中,人生问题得到了解决(生死等),社会政治生活中的问题也得到了解决(外王),所以叫"内圣外王"③。

但郭象强调指出,圣人之治天下并非出于有心,从无心到天下大治的过程不能颠倒过来。他说:"世以乱故求我,我无心也。我苟无心,亦何为不应世哉! 然则体玄而极妙者,其所以会通万物之性,而陶铸天下之化,以成尧舜之名者,常以不为为之耳。"④也就是说,内圣并不妨碍外王,相反,外王倒是要以内圣为前提的。

郭象既认为名教合于自然,但又在自然的名义下主张淡化人为的提倡与推广,说到底又不抛弃它。让名教在淡淡的自然中实现,又在自然中保持名教,违犯了名教,也就违犯了神圣而伟大的自然。

原载刘泽华:《中国政治思想史(第二卷)》,浙江人民出版社,1996年

---

①②③④《逍遥游》。

第二十一章 论贞观时期君臣的民本思想 *

重民,是中国古代政治思想的重要特征之一。从《盘庚》篇的重民、周公的保民、孔子的爱民、孟子的民贵君轻论、荀子的君舟民水论,到明清时期黄宗羲、顾炎武、唐甄等人的民本论,民本思想在思想家们手中不断地被充实、丰富。可以这样说,仅就古代思想材料而言,世界上没有哪个国家像中国这样拥有那么多有关民的富于哲理的圣贤古训。如何认识和评价民本思想,在学界众说纷纭,莫衷一是。扬之者甚至视民本思想为君主专制主义的对立物,称之为"民主主义"。

唐代贞观时期以唐太宗李世民为首的统治集团(简称"贞观君臣"),在君臣论政中把治理民众,安定民生,视为君主政治的首要任务,主张帝王要重民、畏民,阐发了"国以民为本"的传统思想,并付诸政治领域。这里想通过分析贞观君臣具有典型意义的重民论及其实际政策,并就民本思想谈几点看法。

第一节 贞观君臣论"国以民为本"

"民"是一个历史范畴。在战国以后的文献中,"民"一般泛指君、臣(官僚)、民三大社会等级中处于最下层的那一部分人。依照封建法典,"民"又有良、贱之分,其中良人包括平民地主和自耕农。那些豪强大姓、富商巨贾,虽可横行乡里,富甲一方,除非设法获取政治功名,否则等同庶民。所以严格地说,"民"并不是一个阶级概念,而是一个依据政治地位划分社会等级的概念。

"民"所以成为贞观君臣论政的核心命题之一,归根结底是由于隋末民众起义波澜壮阔的反抗斗争再一次显示了民在社会政治生活中的重要作用。隋王朝既富且强,政权体系内部基本上没有威胁皇权的棘手的政治难题。但是,这个盛

---

* 本章与张分田合作。

极一时的大帝国在普通民众自发的集团性的反抗洪流冲击下，很快就覆灭了。对隋亡教训的反思和唐初现实政治的需要，迫使贞观君臣不得不把目光投向君主政治的安危点：对民的态度和政策。在政治上君与民究竟是什么关系？如何处理好君民关系以实现李唐政权的长治久安？这成为迫切的政治课题。

贞观君臣从民养君、民择君、民归于君这三个角度去认识君主政治安危存亡的条件，并由此得出"国以民为本"的结论。

民养君，还是君养民，中国古代的思想家和政治家并没有把两者视为截然对立的命题，常常是循环论说。不过强调哪一个方面，还是有一定意义的。贞观君臣讲得比较多的是民养君。一般说来，在君主政治体系中，庶民只是顺从者或服从者，基本上没有合法主动参与政治的权利和能力。但是，民众是赋役之源，赋役又是君主政治赖以生存和发展的物质基础，财政盈绌则是国力强弱、政治盛衰的重要标志。贞观君臣深知国家如果不能源源不断地从民众那里获取赋税徭役，就无法实现君主政治的目标，他们一再说"日所衣食，皆取诸民者也"①，从而把"安诸黎元，各有生业"视为君主利益之所在②。为了确保赋役之源，君主必须设法维持民众的正常生活，即"为君之道，必须先存百姓，若损百姓以奉其身，犹割股以啖腹，腹饱而身毙"③。承认民养君这一客观事实，循着君主-财政-社会生产-民的关系链，推及民在君主政治中的基础作用，这就是贞观君臣民本思想的基石之一。

民本思想的另一个基石是"民择君"。在中国古代社会，普通民众的实际处境和政治地位决定了他们是天然的潜在政治反对派。由于君主政治的暴虐和民众没有合法的政治权利，暴动和起义便成为下层民众利益表达最重要的形式和施加政治压力最有效的手段。同时，又是王权再造机制中最重要的因素，是促成王朝更替和君主政治自我改造的主要原因。唐太宗等人一再强调"以古为镜，可以知兴替"，"亡隋之辙，殷鉴不远"④，深以"隋主为君，不恤民事，君臣失道，民叛国亡，公卿贵臣，暴骸原野，毒流百姓，祸及其身"⑤为诫。在唐太宗的著作和言论中到处可见畏惧的字眼，如"览此兴亡，极怀战惕""使人

---

① 《资治通鉴》卷一九二。

② 《贞观政要·君臣鉴戒》。

③ 《贞观政要·君道》。

④ 参见《贞观政要·任贤》《务农》等。

⑤ 《册府元龟》卷五八《帝王部·勤政》。

懔懔然兢惧，如履朽薄""朕所以常怀忧惧"等①。"可爱非君，可畏非民""懔乎若朽索之驭六马"②，以及君舟民水等圣哲古训成了他们的口头禅。孔颖达在《尚书正义》中疏解《大禹谟》"可爱非君，可畏非民"一语为，"言民所爱者岂非人君乎？民以君为命，故爱君也；言君可畏者岂非民乎？君失道则民叛之，故畏民也"。他们深知民是"治乱之本源"，把治民喻为以腐朽的缰绳控驭六驾马车，如临深渊，如履薄冰，令人懔懔乎危惧，稍一疏忽就会索绝马逸。如果治民不得其道，民就会弃君叛君，成为君主的仇寇死敌。唐太宗曾亲撰《民可畏论》③，文中写道："天子有道，则人推而为主；无道，则人弃而不用，诚可畏也。"正是隋唐之际民众弃君择君、覆舟载舟的事实，才使以唐太宗为首的统治集团更加深刻地理解了"君依于国，国依于民"④的道理。

民择君论肯定了民众群体在政治生活中的最终决定作用，实际上承认君权并非绝对的。如果沿着这一思想逻辑发展下去，把民的最终决定作用转换为一种法定程序和政治权利，就会导向民主思想。但是，传统政治思维恰恰没有朝着这个方向前进，而从民转向了君主。民择君论并不是君权民授论，更不是人民主权论。它只表示统治者把民作为令人畏惧的异己力量，需要重视这个对立面，并千方百计设法避免民众介入政治运行过程或者使其成为君主政治的工具。这在思路上与民主思想遵循着完全相悖的思维逻辑。

同许多古代思想家一样，贞观君臣原则上承认推翻暴君在道义上的合理性。他们把以唐代隋，君臣易位，说成是"膺期命世""天授人与"⑤。民择君论是他们论证李唐王朝合法性的依据之一。中国古代统治阶级的政治理论历来把"皇天眷命"、明道有德、顺应民意和符合宗法继承程序作为判别君权合法性的主要依据，简言之即"顺天应人"。顺天，即顺从天命，所谓"贵贱废兴，莫非天命"⑥。"帝王之业，非可以智竞，不可以力争者矣"，只有"皇天眷命，历数在躬"，才有资格"叼临神器"⑦。应人，即顺应民意。贞观君臣在政治哲学上遵循

---

① 参见《册府元龟》卷一五七《帝王部·诫励二》《文苑英华》卷三六〇《金镜》《魏郑公谏续录》等。

② 参见《尚书·大禹谟》《五子之歌》等。

③ 参见《全唐文》卷十。

④《资治通鉴》卷一九二。

⑤《贞观政要·君道》。

⑥《初学记》卷九《祭魏太祖文》。

⑦《帝范序》。

"皇天无亲,唯德是辅"论。天命和民意互为表达形式,"民所归者天命之","民所归就,天命之为天子"。这种思想的正题是"天之命人非有言辞文诰。正以神明祐之,使之所征无敌,谓之受天命也"①。其反题是"人怨则神怒,神怒则灾害必生。灾害既生,则祸乱必作,祸乱既作,而能以身名全者鲜矣"②。民归有德,天弃无德,民意是天命的指示器,而把天命、民意贯通起来的是君德。天、德、民、君循环论证,一方面把君权的绝对性和相对性糅为一体;另一方面给民留下的只是天命的指示器而已,绝无民权的内容。这种理论谆谆告诫君主,"天之助民,乃是常道"③,"生养民人之道,乐最为大"④。慈厚仁民乃为君之第一要义,如果君主逆天违民,恣肆妄为,就会招来革命。革命的主体是受天之命,代天牧民的新圣。这个新圣还要"应人",所谓"得道多助,失道寡助",得民之助者即可为君。

贞观君臣把君、民看成是矛盾的统一体,二者之间既存在着对立,又有和谐统一的可能性,即君有赖于民,而民归于君。首先,天下没有不可治理的民众。在通常情况下,民众是履行对君主的义务的,不会轻易地以极端形式参与政治。治乱之机把握在君主手里。其次,即使天下板荡,民众仍对王权抱有希冀。"隋末沸腾,被于宇县,所争天下者不过十数人,余皆保邑全身,思归有道。是知人欲背主为乱者鲜矣,但人君不能安之,遂至于乱。"⑤再次,新旧交替之际,民众总是弃旧君而拥新君,所谓"王者之兴,必乘衰乱"⑥,"天下嗷嗷,新主之资也"⑦。更为切身的体验来自他们的亲身经历,"高祖初起义师于太原,即布宽大之令。百姓苦隋苛政,竞来归附,旬月之间,遂成帝业"⑧。这使贞观君臣明白了一个道理,即民最终要归于某个君主,而得失之间取决于君主的政治措施,所谓"林深则鸟栖,水广则鱼游,仁义积则物自归之"⑨。这就是舟水之喻的真谛。

---

①《尚书正义·咸有一德疏》。

②《贞观政要·君道》。

③《尚书正义·大诰疏》。

④《礼记正义·乐记疏》。

⑤《旧唐书·张玄素传》。

⑥《新唐书·房玄龄传》。

⑦《唐文拾遗》卷一三《论略》。

⑧《旧唐书·刑法志》。

⑨《贞观政要·仁义》。

唐太宗正是基于对君舟民水论的理解,在贞观之初否定了封德彝等人任法律、杂霸道的主张,采纳了魏徵"行帝道则帝,行王道则王"①的政见,确定了"安人理国"的治国方略,目的就是力图通过节制政治压迫和经济剥削的强度,安定民生,收拾民心,稳定政局。

贞观君臣以民养君、民择君、民归于君等角度,反复论证了"国以民为本"的政治命题。"民惟邦本"的思想,究其始源,先秦有自。"民本"的内涵是什么?孔颖达在《尚书正义·五子之歌》中疏解道:"言民可亲近,不可卑贱轻下,令其失分则人怀怨,则事上之心不固矣。民惟邦国之本,本固则邦宁,言在上不可使人怨也。"而汉代孔安国对这一段的传注亦为:"言人君当固民以安国。"可见汉唐儒者对"民本"的理解就是把安定民生作为政本,即"治天下者,以人为本"②。

"民本"是不是"民主"?不是。诚然,民本思想,特别是民择君、得民为君等命题,承认民众意向对最高权力的制约作用,包含着某些民主因素。但是,在民本思想中,民不是目的,也不是权力的主体。传统的民本论从来不讲民的政治权利,特别是民的个体的政治权利。而把下层民众视为愚昧无知的群氓则是统治者的一贯之论。从孔子认为小人难养,主张严君子小人之防,到王夫之说"庶民者,流俗也。流俗者,禽兽也"③,鲜有例外。贞观君臣亦然。他们说:"民者,冥也。"④"天下愚人者多,智人者少。"⑤"下民难与图始。"既然民众冥顽不灵,浅见薄识,自然他们只配听任当权者的摆布,充当权力的客体,所谓"故善化之养民,犹工之为曲豉也,六合之民,犹一荫也。黔首之属,犹荳麦也,变化云为,在将者耳"。"民之生也,犹铄金在炉,方圆薄厚,随镕制耳! 是故世之善恶,俗之薄厚,皆在于君。"⑥可见,民本、重民并不含有对普通百姓个体价值和权利的尊重。在传统政治文化中,不仅没有个人的政治权利观念及相应的规定,民作为一个群体,同样没有特定的权利。即"烝民不能自治,立君以主之"⑦。就是说由君主实行统治是天经地义的,这样的民本思想同民主主义相去甚远。

---

①《贞观政要·政体》。

②《贞观政要·择官》。

③《俟解》。

④《尚书正义·君陈疏》。

⑤《贞观政要·赦令》。

⑥《贞观政要·公平》。

⑦《尚书正义·高宗肜日疏》。

民本思想说到底是重民思想。重民的主体是君主和官僚,实践了重民思想的则被称之为明主、清官。贞观君臣认为,君为民之父母,君主理应以重民为己任。以父子关系模式规范君民关系是传统政治思维一个明显的特点。君为民父母说既是重民论的出发点,又是其归结点。尽管在不同的时期、不同的思想家那里,君为民父母说的内涵和论证方法有所不同,但其主旨是以父慈子孝式的宗法伦理确定君和民的行为规范,阐明君民关系的绝对性和相对性。这一点可以从四层含义展现出来。一是君主像父母养育儿女一样。"抚育黎元,钧陶庶类"①,即养育百姓,造就民众。这里又推翻了所谓的民养君论。二是君主教化民众。"君犹器也,人犹水也,方圆在于器,不在于水。"②君与民就像父与子一样是监护人与被监护人的关系。三是君主既然"子育黔黎",那么他就不能只是行威,还要施惠,像父母疼爱子女一样"慈厚怀民"③,施行仁政。四是父母支配子女,君父同样支配臣民,子民对君父要恭行忠孝之道。总之,"人君于天所子,布德惠之教,为民父母,以是之故为天下所归"④。这种以宗法伦理来规范政治的做法,尽管为君民关系涂上了脉脉温情的油彩,对君主提出了规范和要求,希望君主重视民瘼,却又从政治和封建伦理道德两个方面确立了君父对子民的主宰地位,剥夺了民众的政治权利。

民本思想是统治阶级通过自我批判,对自身安危条件的分析和认识的产物。君主是政治中唯一最高主体,民本思想只是"君道"的囊中物。从历史过程看,许多帝王不仅不排斥民本思想,而且把它纳入统治思想,视作"为君之法"⑤,甚至连隋炀帝也高唱"民惟邦本"。

第二节　民本论体现在政策上的原则及其实践极限

贞观君臣以"君依于国,国依于民"为宗旨的民本思想分析了客观存在的君民之间的相互制约关系,确定了"安人理国"的治国方略及其基本政策原则:君主无为论,因民心论,不竭民力论,及时修政论,以农为本论和君主调节

---

① 《帝范序》。
② 《文苑英华》卷三六〇《金镜》。
③ 《帝范·君体》。
④ 《尚书正义·洪范疏》。
⑤ 《尚书正义·大禹谟》。

官民关系论。在这些原则的指导下形成了一系列的实际政策。分析这些原则和政策对于认识民本思想的极限是大有帮助的。

"无为"是贞观君臣论政时的热门话题。早在先秦,无为思想就是广为流行的政治思潮之一,诸子百家对于"无为"的理解有很大出入,但就主流而言,无为政治强调人事活动要法自然,尽量减少对民过多的行政干预。从秦汉以后,"无为"作为一种德政被纳入统治思想。唐朝初年,大乱甫定亟须休养生息,无为思潮再次泛起。贞观君臣主张"为政之本,贵在无为"①。他们把君主无为奉为最高的德治典范:"焚鹿台之宝衣,毁阿房之广殿,惧危亡于峻宇,思安处于卑宫,则神化潜通,无为而理,德之上也"②。在他们看来,"安人宁国,惟在于君,君无为则人乐,君多欲则人苦"③。"故人君之患,不自外来,常由身出。夫欲盛则费广,费广则赋重,赋重则民愁,民愁则国危,国危则君丧矣。"④显然,这里所说的"无为",实际上是要君主"知止足之戒""节欲""节为"。无为论为唐太宗等人所推崇,并非偶然。"隋之得失存亡,大较与秦相类"⑤。秦、隋任法律、穷人欲,致使国破家亡的教训,使贞观君臣"暇豫清谈,皆敦尚于孔、老"⑥。他们的治民方略着重强调一个"静"字,所谓"为国者要在安静"⑦。他们把治民比作治水,"善为水者,引之使平;善化人者,抚之使静。水平则无损于堤防,人静则不犯于宪章"⑧。"静之则安,动之则乱。"⑨千万不要把民众这潭水激成倾覆舟船的狂涛巨浪。实现静的条件只有一个:"君能清净"⑩,"俭以息人"⑪。

君主无为论要求君主控制骄奢心理膨胀,以节欲、节为作手段。减少财政开支,实现轻徭薄赋,以维护民生安定和君主政治的平和。作为一种君主政治的重要自我调节理论,它包含着真知灼见。但是,这种理论同君主难填的欲壑相矛盾,除在贞观初年曾影响实际政策外,基本上是一种政治理想。

---

① 《旧唐书·后妃上》。
②⑥ 《旧唐书·魏徵传》。
③ 《贞观政要·务农》。
④ 《资治通鉴》卷一九二。
⑤ 《隋书·杨玄感等传》史臣曰。
⑦ 《新唐书·突厥传》。
⑧ 《隋书·循吏传》史臣曰。
⑨ 《贞观政要·刑法》。
⑩ 《贞观政要·政体》。
⑪ 《旧唐书·马周传》。

贞观君臣鉴于隋君"不恤民事""民叛国亡"的教训，主张"为国之道"要"因人之心"①。"政之所为，在于养民。"②德政的要旨是施惠，施惠的诀窍是顺从民欲，民欲之成在轻徭薄赋。顺从民情就要"与民同利"。贞观君臣认为君民关系的中心点是一个"利"字，并以"利"字为中轴调整君民关系。他们着重论述了两个问题。一是君欲与民欲的矛盾。"帝王所欲者放逸，百姓所不欲者劳弊。"解决矛盾的方法是君主"节己以顺人"③，千万不可"损百姓以适其欲"④。二是国富与民富相矛盾。他们主张君主要深明"百姓不足，君孰与足"的哲理，"贮积者固是有国之常事，要当人有余力而后收之"⑤。如果帝王贪得无厌，横征暴敛，激起民怨，就会重蹈"君富而国亡"的覆辙。

　　因民心论实际上是从民心向背决定政治盛衰的角度提出了一个重要的君主行为规范。它既是一种统治策略，又在理论上具有制约君主的因素。中国古代政治思想历来强调统治者要敬顺民意，照顾民性，乐民之乐，忧民之忧。同其他政治系统一样，信息和能量的交换也是君主专制政体存续和发展的前提之一。一般说来，君主专制政体也并非毫不重视上下疏通，民情上达。历代王朝都曾设置机构和职官以司其职。许多明智的君主或派员观俗采风，或亲自巡视、便服私访，或不耻"询于刍荛"，或鼓励臣民上书，以体察民情，监控政情。不过"因民心"有很大的局限。从交流模式上看，这些有限的沟通渠道是封闭式、单向性的。统治者可以通过它获取一定的信息，而民众却无权利以此干政。

　　不竭民力论的核心内容是节制劳役征发，"悦以使人，不竭其力"⑥。

　　封建国家横征暴敛，特别是直接向民众征发力役，是最可能在全国范围内破坏社会生产力的人为因素。因此，力役征发滥常常是引发民众力量介入政治的导火索。"一人就役，举家便废。入军者督其戎仗，从役者责其糇粮，尽室经营，多不能济。"⑦过度的劳役对于小农经济的破坏是致命性的。贞观君臣深知其中利害，把民力凋尽视为"危乱之源"，常以"自食其肉，肉尽必

---

① 《贞观政要·仁义》。

② 《尚书正义·大禹谟疏》。

③ 《贞观政要·俭约》。

④ 《贞观政要·政体》。

⑤ 《旧唐书·马周传》

⑥ 《旧唐书·魏徵传》。

⑦ 《旧唐书·戴胄传》。

死"自诫。这个时期有关的具体政策并不新鲜,无非是省作役,慎征伐,止畋游,去奢纵,使民以时,取民有度等"为国之常道"。值得一提的是,唐袭隋制,有因有革,对正役和加役有明确的法定时限,并允许在一定条件下力役折庸,反映出历史的进步。

不竭民力论把调整赋役的"度"作为维系君民统一体的重要手段,它常常被群臣用来作为进谏的依据。唐太宗曾以形象的比喻揭示了这种理论的内在逻辑:马"能代人劳苦者也。以时消息,不尽其力,则可以常有马也"①。以人马关系比喻君民关系既生动又贴切。民如可载可乘的车马舟船,是赋役的人格化。为了保证源源不绝的赋役,必须使民众得以维持正常的生活,这就是不竭民力论的宗旨。古代思想家和政治家们历来喜欢以马喻民,论证重民的必要性,难道爱护拉车驾辕的牛马能说成牛马有民主吗?

及时修政论就施治时机问题提出了两个重要原则。一是创业君主要"广施德化,使恩有余地,为子孙万代之基"。贞观君臣发现历代王朝的寿命与其开创者的政绩密切相关。"自夏、殷及汉氏之有天下,传祚相继,多者八百余年,少者犹四五百年,皆为积德累业,恩结于人心。岂无僻王,赖前哲以免。自魏、晋以还,降及周、隋,多者不过六十年,少者才二三十年而亡,良由创业之君,不务广恩化,当时仅能自守,后无遗德可思。故传嗣之主政教少衰,一夫大呼而天下土崩矣。""然自古明王圣主虽因人设教,宽猛随时,而大要唯以节俭于身,恩加于人二者是务。故其下爱之如日月,畏之如雷霆,此其所以卜祚遐长而祸乱不作也。"②况且,大乱之后人心思定,"乱后易教,犹饥人易食也","若圣哲施化,上下同心,人应如响,不疾而速"③,正是君主施德固基的大好时机。二是守成君主要及时地调整政策,防患于未然。"往代以来成败之事"使贞观君臣深知,"若人既劳矣,而用之不息,傥中国被水旱之灾,边方有风尘之警,狂狡因之窃发,则有不可测之事","但有黎庶怨叛,聚为盗贼,其国无不即灭,人主虽欲改悔,未有重能安全者"。因此,"凡修政教,当修之于可修之时,若事变一起,而后悔之,则无益也"④。创业施德与及时改弦更张说增强了君主政治的应变能力和自我调节的主动性。

---

① 《全唐文》卷一〇唐太宗《自鉴录》。

② 《旧唐书·马周传》。

③ 《贞观政要·政体》。

④ 《贞观政要·奢纵》。

贞观君臣从民本思想推衍出的又一项重要方针就是"农为政本"。从《帝范·务农》《贞观政要·务农》记载的言论看，"农为政本"论的依据有三：一是农业的盛衰关系到封建国家的财政状况和物质储备；二是"食乃人天"，农业的丰歉会直接影响民生，进而影响君主政治的盛衰安危；三是务农与赏罚一样均为"制俗之机"，运用行政手段"禁绝浮华，劝课耕织，使民还其本，俗反其真，则竞怀仁义之心，永绝贪残之路。此务农之本也"。显然重农并非单纯是封建国家的经济政策，而是重要的社会政策和政治方略，是专制君主一项重要的安民之术。

贯彻上述原则的中间环节在"官"，因此贞观君臣把调整官民关系列为重要的政治课题。他们对君主、官僚（臣）、民之间错综复杂的关系有相当深刻的认识。尽管在虐民谋私这一点上，君主与官僚是大巫小巫之比，但官民矛盾的激化又会严重危害君主政治。对官吏峻剥与民溃民乱之间必然联系的认识，使贞观君臣把限制官僚豪强法外侵民列为施治重点之一。君主政治的根本利益和国家政权的社会性都要求君主正视官民矛盾。李世民在《金镜》等文章中曾发出"民乐则官苦，官乐则民劳"的感慨，清醒地认识到调整官民矛盾是一个十分棘手的政治难题。所以，唐太宗慎临民官，并注重运用司法手段振风肃纪，整饬吏治。

君主调整官民关系，事实上并无改变官民主属关系和等级差别的意味。在贞观君臣看来，"百姓强而陵官吏"的局面是绝对不可容忍的。[①]但是，君主运用行政、法律手段充当官民关系的仲裁人，使得民众常常以为封建法律代表着社会正义，明君清官是社会正义的化身，对明君清官的期盼为君主政治统治提供了广泛的社会心理基础。所以，君主主动调整官民关系，既有利于制驭官僚，又利于争取民心，是保证君主专制制度长治久安不可缺少的手段。

唐太宗主张，帝王要"以术化民""以道制物"，"术以神隐为妙，道以光大为工。括苍旻以体心，则民仰之而不测；苞厚地以为量，则民循之而无端"[②]。贞观君臣的上述政策原则相互贯通，各有侧重，形成了一套完整的治民方略，这套君主治民之术有一个明显的特点，就是以君主自我调节理论为主体，通过对传统的民本思想集萃式的理论加工和面向实际的政治实践，把重民理论发

---

① 参见《资治通鉴》卷一九五。
② 《帝范·建亲》。

展到一个新的高度。

从以上政策原则中,不难发现民本思想在理论和实践上的极限。说到底,在经济上仅仅是减轻赋役而已,即所谓"竭泽取渔,非不得鱼,明年无鱼;焚林而畋,非不获兽,明年无兽"①。在政治上,敬畏民众的力量仅仅转化为对民众参与政治的多方防范。重民并不是目的而仅仅是手段。"兴,百姓苦;亡,百姓苦。"这是封建时代民的命运!

众所周知,唐太宗的重民政策在政治上取得了巨大的成功,并为开创中国古代社会的鼎盛时代做出了重大贡献。一种政治理论的客观成果是对这种理论本质属性的最明了的揭示。从贞观时期的政治实践中不难看出,民本思想是君主政治一副有效的清醒剂,是群臣谏诤君主重要的理论武器,是君主自我调整治民政策的主要依据,也是巩固统治、强化皇权的重要手段。

但是,民本思想的效力又是相当有限的。在当时的历史条件下,民本思想是否可以转化为重民政策,完全取决于君主个人的认识与自制情况。贞观之初,李世民迫于情势,亲自主持制定了重民政策,表现出较大的节制,仅三五年就天下大治。贞观中朝,他"渐加骄奢自溢",竟认为"百姓无事则骄逸,劳役则易使",而"轻用人力",导致"百姓颇有怨嗟之言"。②实际上,早在贞观初年他就常常置自己亲手制定的方针、政策、法令于不顾,"役疮痍之人,袭亡隋之弊"③。幸赖群臣诤谏,本人又肯纳谏,未酿成恶果。贞观末年,唐太宗已经严重背离"安人理国"的方针,特别是他不顾群臣谏诤、朝野反对,执意征辽东,徭役繁重,引起民众普遍的不满和反抗。西南地区的僚民不堪苦役,和汉族人民一道曾掀起武装抗役斗争。如果不是他的生命已经走到终点,如果不是唐高宗及时调整政策,后果很难预料。

重民的政治与思想固然应给予应有的历史评价,但是,在当时的条件下,重民的理论和政策既有用又有限。凡是在专制君主比较自觉地运用民本思想指导其治民政策的时期,君主专制制度总是更加稳固、更加强化。民本思想不是君主政治的对立物,而是优化封建统治的一种理论。

---

① 《贞观政要·纳谏》。

② 参见魏徵的《十渐疏》及马周等人这个时期的谏章。引文参见《贞观政要·慎终》。

③ 《旧唐书·张玄素传》。

第三节　君权至上与民为国本的互补关系

许多人把"重民"－"民本"－"民主"视为一个发展系列。其实,这是皮相之论。

在中国古代社会中,国家就是最高地主。国家不仅是上层建筑,还是经济实体,是封建生产关系的主体形式。君主兼国家最高首脑和国家地主总代理人双重身份。民众在经济上和人身上依附于国家,这就决定了他们在政治上隶属于君主。君民关系的实质是经济、政治双重的支配与被支配关系。依据封建法典,君主、官僚贵族、良人(平民地主和自耕农)、贱人等诸社会等级在法律上是不平等的。在等级结构下,绝大多数古代政治家和思想家有关民本思想都有一个最基本的前提,即君是民的主宰。《唐律疏议·名例》中有一段话把这个基本前提勾摹得淋漓尽致:"王者居宸极之至尊,奉上天之宝命,同二仪之覆载,作兆庶之父母。为子为臣,惟忠惟孝。"唐太宗等人一再声称,"民者国之先,国者君之本"①,"天地之大,黎元为本;邦国之贵,元首为先"②。在贞观君臣看来,君主至尊,为民父母,这才是君民之间不可移易的绝对关系。

乍然看来,"民为国本"与"君为民主"是两个截然对立的命题,然而两者巧妙的统一,恰恰是传统君民关系的理论特色之一。

传统的君民关系为什么会呈现出这样一种理论特色?究其原因就在于民本思想是在统治阶级的自我认识、自我批判的过程中逐步产生和发展的。民本思想的雏形至迟在殷周之际已经产生。周公的尊天、敬德、保民思想是早期重民思想的典型代表。在殷周更替中,民众第一次显示了他们的威力,戳穿了纣王"我生不有命在天"③的神话,证明了君主的地位不是绝对的而是有条件的。这反映在统治思想上,就是周公把上帝的无限权威同民意巧妙地结合起来,提出了"惟命不于常""天畏棐忱,民情大可见""民之所欲,天必从之"④等命题,构成了天、德、民三者联为一体,循环论证的思想体系。这种思想的提出

---

① 《帝范·君体》。
② 《晋书·宣帝纪》总论。
③ 《尚书·西伯戡黎》。
④ 参见《尚书·康诰》《左传》襄公三十一年。

表明,统治者中的一部分人已经承认民是一支客观存在的制约力量,君权是有条件的。春秋以降,民的力量为越来越多的政治家和思想家所认识。政在得民,民心向背决定着政治成败,几乎成为先秦诸子的共识。立君为民、君主利民、民养君、得民为君、君舟民水等政治命题成为政治家、思想家们反复论证的题目。这些新见解有一个共同特点,即都没有从根本上否定君主与君主专制制度,只是在总结君主兴衰中看到了民心向背的决定性作用。民本思想就是这种政治思维的产物,它是统治阶级自我批判、自我认识的升华,是统治经验不断丰富并转化为理论形态的结果。贞观君臣的民本思想无论是形成过程,还是理论形态以及政治实践都可以说是这种理论的典型。它把君权的绝对性和相对性统一为一体,使两者有机地融合在一起,形成相辅相成、相互补充、相得益彰的辩证关系。

或许有人会说,民本思想在思想家那里与帝王手中会具有不同的品格,不可等量齐观。诚然,民本思想在某些思想家那里的确有一些令人扑朔迷离的地方,诸如孟子的"民贵君轻"之类。但是,只要稍加比较就不难发现,贞观君臣的重民论与孟子的民本论属于同一思想体系。贞观君臣宣称君权天授,孟子认为君权"天与之";贞观君臣认为民众无能力参政,孟子则说,"有大人之事,有小人之事""无君子莫治野人";《唐律疏义》强调"为子为臣,惟忠惟孝",孟子斥责"无父无君,是禽兽也";李世民标榜王道,孟子倡行仁政;贞观君臣痛斥秦、隋暴政,孟子怒骂横征暴敛的君主是率兽食人之辈;唐太宗表示要"因民之心",孟子主张"王与民同乐";贞观君臣惊呼"君无道,人叛之",孟子警告"天子不仁,不保四海"。他们提出的具体重民措施也是大同小异。实际上孟子的"民为贵,社稷次之,君为轻"同李世民的"君依于国,国依于民"相比较,一个是思想家激越的倡言,一个是政治家清醒的自诫,口气分寸上有所不同,但表达的却是同义命题。[1]即使在猛烈抨击暴君、暴政,把民本思想推向巅峰的黄宗羲、顾炎武、王夫之、唐甄等人那里,也很难看出在公理系统、政治立场、论证逻辑、理论结构及具体措施上有什么质的突破。他们仍然主张君为民之父母,如黄宗羲说:"天之生斯民也,以教养托之于君。"[2]唐甄寄希望于明君治国、清官理政等。顾炎武在《日知录·正始》中有一大段议论曾被梁启超概括

---

① 以上参见《孟子》。
②《明夷待访录·学校》。

为"天下兴亡,匹夫有责",常常被评价为超出了传统思想的藩篱。但实际上那段话不过是《孟子·滕文公下》某些言论的概括和衍化,充其量是在道义上肯定了民众推翻"率兽食人"的暴君的行动。且不论顾炎武对明末农民起义的实际态度,他这几句话丝毫没有赋予民众日常政治权利的含义,更未推导出人民主权思想,并不具备梁氏所添加的那种新的含义。

综上所述,推动民本思想发展的根本原因是民众集团性的暴力对抗。在封建时代,行政权力支配一切,唯有强权可以掀翻强权。所以防范来自政权体系内部的政变和消除来自政权体系外部的民众暴动,历来是传统政治思想极为关注的两大课题。全民性的暴动常常具有毁灭性的打击力量,迫使统治者不得不高度重视民这支社会力量,积极寻求对策。民本思想就是缘此而生。这种思想的发展演化主要是通过统治阶级的政治家和思想家的自我批判、自我认识完成的。民本思想作为思维的精神成果,从形式到内容都包含着两重性。一方面批判暴政,倡行仁政,承认君权是相对的有条件的,提出了一批君主必须遵循的行为规范,甚至从道义上肯定推翻暴君的行为。在这一点上,无论是孟荀程朱之类的思想家,还是唐太宗之类的帝王,大致是一脉相承的。另一方面又鼓吹君为政本,贬低庶民的参与能力,要民众充当君主的教化对象。这种思想不乏对民众的同情和怜悯,但出发点和归结点始终在君主一边。它肯定了君主在政治生活中的专制地位,把对理想政治的期盼寄托在君主的自我节制和自我调节上。重民的主体是君主,重民的措施是有德的君主实行王道仁政。民是被动的,只能置于被怜悯、被恩赐的地位;在民之上,站着一个高大的救世主。民本思想把关注点放在调解君民关系上,而不摒弃这种不合理的政治关系。它虽然大谈特谈"得民者昌,失民者亡",却从来不含有采取什么措施实现民的群体和民的个体的政治权利这一内容。民本思想承认了君与民的相对性,但仅限于忠实地描述和论证君为主、民为仆关系的合理性,并力图在不改变这种关系的前提下,保持两者的平衡、和谐。尽管它包含着制约君权、规范君主的理论因素,却又提不出比君主修德、进谏纳谏更为切实可行、更为有效的政治措施来实现这种约束,结果民的命运只能寄托于君主的明智和德行。从本质上看,民本思想是统治阶级政治经验的总结和理论升华。它虽然可以否定个别暴君,但又从更高层次上论证了封建社会关系、统治秩序和君主制度的合理性。民本思想不仅在理论上不具备超越君主专制制度的因素,而且多方论证了君主的得民之道、治民之术。所以从历史过程看,在民本思想指导下的重民政策总是同封建专制主义统治共存的。应当着重指出的是,批判暴君,抨击暴政同否定君主制度和宗法等级社会关系,在思想发展史上的意义是大不相同的。通观中国古代历史,民本思想及相关的重民政策,尽管其中不无精华,但从总体上看,它属于统治阶级的得民之道、保民之道、治民之道,充其量不过是描绘了一种君主制度的理想模式。在封建时代许多史家的笔下,贞观之治是可以与理想的成康之治相媲美的,欧阳修说:"盛哉,太宗之烈也!其除隋之乱,比迹汤、武;致治之美,庶几成、康。"①显然,无论从思想体系上看,还是政治实践上看,民本思想属于专制主义范畴。

　　判别一种政治思想属性的主要标准,是看它论证了何种模式的社会关系。在中国古代社会,占主导地位的社会关系的本质特征是专制主义。这不仅表现在政治关系上的等级制和君主专制,还表现在经济关系上的人身依附和超经济强制,家庭关系上的宗法专制。君臣父子主奴关系模式遍布社会生活的各个层次、各个领域。倡导民本思想的思想家们没有一个是否定这种社会关系的,而依据民本思想推行重民政策的政治家们又无一例外地强化了这种社会关系。在这个意义上可以说,民本思想是中国古代统治阶级政治理论的重要组成部分。

原载《南开学报》,1991 年第 3 期

---

① 《新唐书·太宗纪》赞。

第二十二章　孔颖达的道论与治道 *

　　孔颖达(575—648),字仲达,冀州衡水人,孔子后裔,唐代著名经学家,曾受唐太宗之命主持编撰《五经正义》。

　　《五经正义》又称《五经义赞》,包括《周易正义》《尚书正义》《毛诗正义》《礼记正义》和《春秋左传正义》(以下凡引文出自孔颖达义疏者仅注篇名)。《五经正义》经封建国家诏令颁行,是唐代学校教育标准教材。这部书博采众说,自成一体,在哲学思想、政治思想及教育思想方面多有建树,在儒学发展史上占有重要的地位。

第一节　自然本体和伦理本位相结合的道论

　　在孔颖达的学说中,"道"是个内涵丰富、层次众多的政治哲学范畴,大凡宇宙万物和人类社会的本原、规律、过程、原则,以及具体的事理、人的才艺,最终都可归结为道。这种道既是抽象的,又是具体的。天之道与人之道相互对应、相互联系、相互沟通,构成了以"道"为最高主宰的政治思维逻辑结构。

　　孔颖达认为,道为天地万物之母。他在解释老子的"道生一,一生二,二生三,三生万物"时说:"道生一者,一则混元之气,与太初、太始、太素同,又与《易》之太极,《礼》之太一,其义不殊,皆为气形之始也。一生二者,谓混元之气分为二,二则天地也。""二生三者,谓参之以人为三才。三生万物者,谓天地人既定,万物备生其间。"①从生成次序上看,道是较太一、太初、太始、太极、太素和混元之气更根本的东西。道先天地而生,为天地人的本根。他又说:"道之功用,能鼓动万物使之化育。""物之存成,由乎道义。"②在这里,本体论与生成论相互渗透,有

---

　　* 本章与张分田合作。

　　①《月令疏》。

　　②《系辞上疏》。

机地统一在一起。道是宇宙万物的老祖宗,又是天地万物赖以存在和演化的依据。道主宰着万物生化,万物以道为本,统一于道。这种道无疑具有普遍性和宗主性,是天地万物和人类社会的最高原则。道被赋予本体的意义,在逻辑上也就不存在主宰一切的"天"。"天也者,形之名也。"①天无非是有形物体中的庞然大物。道不仅无须宗法别的什么,而且为万有之宗。这样,《五经正义》就以官方学说的面目,把道推向至高无上的地位。这在儒学发展史上具有划时代的意义。

孔颖达从道器论的角度进一步论证了道的本体性。他说:"道是无体之名,形是有质之称。凡有从无而生,形由道而立……故自形外以上者谓之道也;自形内而下者,谓之器也。形虽处道器两畔之际,形在器不在道也。"②道是无体之名,形是有质之称;道是有形万物的抽象,形器是具体事物,先道后形,道体器用。"道即无也","器即有也"。"故以无言之,存乎道体,以有言之,存乎器用。"③孔颖达认为:"道与太易,自然虚无之气,无象,不可以形求,不可以类取,强名曰道,强谓之太易也。"④这样,道又有了一个定义:"道体无形,自然使物开通,谓之道。"⑤道无形体,无方所,无声无臭,视之不见,听之不闻,超越经验,却又是自然现象和社会现象之所以然者,深藏于事物内部,是事物的本质。这种道为而不宰,又无所不宰,所谓"道冥昧,不以功为功"⑥。道超然于自然现象和社会现象,所以只能靠理性思维去领悟,去捉摸。"道极玄妙"⑦,孔颖达极力夸大道的玄虚、微妙和抽象性质,无非是要从理论上把道置于最崇高的地位。

道又是万物运动的内在动因和总规律,支配着事物的发展演变。"万物皆因之而通,由之而有。""至如天覆地载,日照月临,冬寒夏暑,春生秋杀,万物运动,皆由道而然。"⑧孔颖达继承了《周易》"一阴一阳之谓道"的思想,把阴阳互动看成是自然、社会,人事的共同规律。天阳地阴,左阳右阴,天尊地卑,天清地浊,这便是君臣列位,制礼作乐,施赏行刑的法象和依据。不过,在

---

①⑤《乾卦疏》。

②⑥⑧《系辞上疏》。

③《论易之三名》。

④《月令疏》。

⑦《周易正义序》。

孔颖达看来,道高于阴阳,"无阴无阳乃谓之道"。"道虽无于阴阳,然亦不离于阴阳,阴阳虽由道成,即阴阳亦非道,故曰一阴一阳也。"①道通过阴阳互动操纵着天地万物的演化,确立着人类社会的规则。天地、社会、人事由阴阳构成一个整体系统,道则是阴阳之根。"以数言之谓之一,以体言之谓之无,以物得开通谓之道,以微妙不测谓之神,以应机变化谓之易,总而言之皆虚无之谓也。"②

在孔颖达的道论中,道不仅是本原、本体、总则,还是各种具体事物的规律、规范、道理、法则的总称。"道之为义,取开通履蹈而行,兼包大小精粗。若大而言之,则天道造化自然之理谓之道,则老子云:道可道,非常道,则自然造化虚无之谓也;若小而言之,凡人才艺亦谓为道。是道无定分,随大小异言,皆是开通于物,其身履蹈而行也。"③换句话说,道涵盖了一切自然人事之理,"万物无不由道通"④。

孔颖达采纳道家、玄学的思想材料,以自然虚无释道,使儒学的道范畴进一步抽象和升华。但是作为一个硕儒,他并没有让自己的道论流于自然无为、虚无玄化,而是赋予它实实在在的社会政治意义,具体而又丰富的社会政治内容。他在疏解《礼记·学记》"大道不器"一语时说:"大道亦谓圣人之道也。器谓物堪用者。夫器各施其用,而圣人之道弘大,无所不施,故云不器。不器而为诸器之本也。"显然,道的本体化是儒家学说进一步升华,自然本体之说与伦理本位之论融合为一体在理论形式上的具体表现。

《五经正义》是一部传统政治思维的百科全书,从中可以体察到在儒家学说中,"道"由伦理范畴上升为最高哲学范畴的发展过程。

孔颖达说:"道者,比况道路以为称也。"⑤又说:"道者,经也,物所从之路也。"⑥道的初义就是道路、道途。《说文解字》:"道,所行道也。"《尔雅·释宫》:"一达谓之道。"道路的特点就是具有一定的指向,是通向某一目的地的必由之途。随着人类思维能力的发展,道被引申为道理,规律和原则。在《尚书》《春秋》《国语》中既有比较抽象的天道、人道,又有比较具体的君臣、父子、夫妇之

---

① ② ⑤《系辞上疏》。

③《表记疏》。

④《聘礼疏》。

⑥《大禹谟疏》。

道。先秦诸子的百家争鸣一方面把"道"引向认识的各个领域,把各种具体事物的道理揭示给人们,一方面把道逐步推向理论的巅峰,使之越来越具有抽象意义。在先秦道家那里,道是一个融哲学、伦理、政治为一体的概念,已经具有最高范畴的意蕴。一般说来,先秦道家之道偏重于形上意义,具有高度的抽象性;先秦儒家则把目光专注于礼仁中和之类较具体的政治伦理规范,在思辨方面相形见绌。"圣人贵名教,老庄明自然",由来尚矣。如果说百家争鸣着重于"道"的分化,那么秦汉以后各种"道"就渐趋合流。大体说来,以论证君主专制制度为政治前提,以儒家政治伦理学说为基本内核,整合各种道论,这是传统政治思想发展演变的总趋势和主流。汉代儒学大师扬雄已相当成功地做到了兼综易老。名教与自然之辨是魏晋玄学的核心命题。玄学家们以精巧光滑的形式,进一步弥合了儒、道两种思想体系的裂缝。孔颖达在道的名义下,以儒学为基础和核心,把名教论与自然论整合在一起,以自然本体论证政治伦理,以政治伦理论证自然本体,为宋代理学的天理人欲之辨开辟了道路。孔颖达力图建立哲学本体论和伦理政治学统一的学说体系,反映了儒学对自然、社会、人生,以及人类思维一般规律和规定性的认识的深化。《五经正义》是从两汉经学走向以"道学"为称的宋明理学的一个重要环节。

第二节　以礼仁为中心的治国之道

在孔颖达看来,道是自然无为,"无心无迹"的,而体道、行道的"圣人"却是"无心有迹"的。圣人遵循道的原则,经天地,理人伦,"内虽无心,外有经营之迹"[1]。在圣人苦心经营中,道就会被显现或折射出来。道为伦理、礼仁、中庸所宗本,伦理、礼仁、中庸体现了道的基本原则。"行不失正,名之曰道。施于人君,则治民事神,使之得所,乃可称为道矣。"[2]这里所说的道,是君主政治具有普遍意义的基本原则,又称治国之道,为君之道。孔颖达从多方面、多角度,广泛而又深入地探讨和阐明了君主治国之道,其主旨有六:一曰法天地,二曰重人伦,三曰制礼法,四曰行仁义,五曰用中庸,六曰为无为。概言之,即"断天地,理人伦,而明王道"[3]。

---

① 《系辞上疏》。

② 《桓公六年疏》。

③ 《论易之三名》。

所谓法天地,即君主应效法天地之象,顺应自然之理,以定制度,施政事。"圣人所以下为教命者,皆取法于天也。"①"德、礼、刑,无非天意。君居天官,听治政事。当须勉之哉!"②在论证各种政治原则的时候,孔颖达均以法天地立论。他没有完全否定天的意志,如在义疏《尚书·咸有一德》中"天命"一词时说:"天道远而人道近。天之命人非有言辞文诰。正以神明祐之,使之所征无敌,谓之受天命也。"在他看来,天之道既是客观的,又有人格属性。从自然无为、一视同仁的角度看,天是客观公正、自发地起作用的。从唯德是辅,授命祐人的角度看,天又有主观意志。这样,他就从总体上把儒学的天人观从两汉盛行的天人感应论重新调整到"皇天无亲,唯德是辅"的轨道上来。法天,是《五经正义》的理论基础之一。

伦理政治化,政治伦理化,是儒家政治学说的本质特征。孔颖达也是沿着这种思路去推衍治国之道的。他同董仲舒一样把三纲五常视为道的宗旨和要义。但两者不同的是,董仲舒以天人感应立论,孔颖达则从"天即自然"论出发,撮合"家人之义"与"天地之义",并证之以"自然之理"。他说:"父子天性自然,故云道。"③"父义、母慈、兄友、弟恭、子孝。五者人之常行,法天明道为之。"④又说:"义者,宜也,得其事宜。五常之名皆以适宜为用,故称义可以总之也。"⑤伦理即"人义"。"父慈、子孝、兄良、弟友、夫义、妇听、长惠、幼顺、君仁、臣忠"合称为"十义"⑥。孔颖达认为:"伦,理也。君臣父子之义,朋友之交,男女之别,皆人之常理也。"如果违背三纲五常,"是人理薄也"⑦。在他看来,人伦是天道与人理的纽带和桥梁。伦、理、道、义同分异构,道就是君臣、父子、夫妇之理,理就是伦理纲常等级关系的反映,义就是伦理道德规范。道既是本体和伦理,又是政治准则,"父子、君臣、长幼之道得而国治"⑧。孔颖达在《周易正义·家人》中把这叫作"道齐邦国",主张君主"布五常之教"以教化天下。

孔颖达认为对天道人理最大的威胁是人的情欲。人性与情欲是不同的,"自然谓之性,贪欲谓之情"。"人初生未有情欲。""人既化物,逐而迁之,恣其

---

① ⑥《礼运疏》。

②《皋陶谟疏》。

③ ⑧《文王世子疏》。

④《泰誓下疏》。

⑤《高宗肜日疏》。

⑦《关雎疏》。

207

情欲,故灭其天生清静之性而穷极人所贪嗜欲也。"他把情欲的张扬称为"灭天理而穷人欲"。在他看来,"天理灭,大乱之道"①。政治的功能就是裁抑情欲。他说:"凡人皆有善性,善不能自成,必须人君教之乃得为善。"②又说:"裁制人情以礼义。"③换句话说就是"礼为人之本","治人之道于礼最急"④。

在孔颖达看来,道与礼几乎是同义词。"道犹礼也。"⑤道"须礼以行之,是礼为道德之具"。"凡为礼之法,皆以忠信仁义为本,礼为文饰。"⑥道是礼的根据,礼因道而设,道是礼的本质,礼是道之具,无礼则道不得行。在这个意义上,礼即道。礼道同体,礼也就是天地人的总则。所谓"夫礼者,经天地,理人伦,本其所起于天地未分之前,故《礼运》云:夫礼必本于太一。是天地未分之前已有礼也。"⑦"礼之大纲之体,体于天地之间","所生之物皆以礼体定之"⑧。可见,礼的统辖范围超越人类社会,扩展到天地万物。礼是道的化身:是虚无之道赖以展现自己的借代物。

"礼从天生"⑨,效法自然。"物生则自然而有尊卑"。"天在上,地在下。""若羊羔跪乳,鸿雁飞有行列,岂有教之者哉!是三才既判,尊卑自然而有,但天地初分之后,即应有君臣治国。"⑩因此,"使贱事贵,卑承尊,是天道使之然也。天意既然,人君当顺天意……使之贵贱有常也"⑪。孔颖达认为,"礼理"与太一并驾齐驱,遵循着同一个"至善大理",具体的礼仪制度则是"用至善之大理,以为教本"⑫。"礼者,使万物合于道理也。"礼首先是一种社会制度,"国家尊卑上下制度,存在于礼"⑬。"礼达而分定。"⑭礼又是思想言行的准则和规范,"礼者,体也。统之于心,行之命道,谓之礼也"。因此礼又是裁衡是非的价值尺度。"礼据其心,义据其事,但表里之异,意不相违,故礼与义合也。"⑮总之,"非礼无以事天地之神,辩君臣长幼之位"。"顺之则宗祐固,社稷宁,君臣序,朝廷正,逆

---

①③《乐记疏》。

②《洪范疏》。

④《祭统疏》。

⑤《檀弓上疏》。

⑥⑦⑩《曲礼上疏》。

⑧《丧服四制疏》。

⑨⑫⑭⑮《礼运疏》。

⑪《皋陶谟疏》。

⑬《仲尼燕居疏》。

之则纪纲废,政教烦,阴阳错于上,人神怨于下。"①礼为政教之本。

礼原于天,但操作却落入圣人君主之手。制礼者是圣人,行礼者是帝王,"礼由天子所行,既非天子,不得议论礼之是非"②。尽管礼对贵贱上下都有所规范,但毕竟是君主手中的政治工具,所谓"人君治国须礼,如巧匠治物,执斤斧之柄"。"制礼以教民。"③礼所规范、约束、防范的对象主要是芸芸众生。在《礼记正义序》中有大段文字论述了礼在驯化人性、节制情欲、防范民众方面的政治功能,比之为"犹襄陵之浸,修堤防以制之,暨驾之马,设衔策以驱之"。如果礼不足以遏止"浮躁者",又当如何?孔颖达主张以政禁,以刑杀。"政谓禁令,用禁令以行礼乐也。若不行礼乐,则以刑罚防止也。"礼以尊卑上下裁节民心,乐以律吕调和民声。政以令行禁止,刑以防范越轨之行。礼乐刑政缺一不可。"四者通达流行而不悖逆,则王道备具矣。"④违礼历来是封建法律确定刑事责任的主要依据。孔颖达把对礼的破坏视为对现存秩序的最大的危害,主张"不循大常亦在无赦之科"。"循理以刑杀乱常者,则亦惟为人君,惟为人长之正道。"⑤这就叫作"刑戮之道用治民"⑥。

礼和仁是儒家政治理论的两大支柱。孔颖达认为仁是道的内涵和功能之一,所谓"道之为体,显见仁功,衣被万物,是显诸仁也"⑦。"道德为万事之本,仁义为群行之大。"⑧他在疏解《易·说卦》"立人之道曰仁与义"时,把恭行"爱惠之仁与断刮之义"说成是"顺性命之理"。在他看来,"道谓仁义,欲为邪淫",道与欲水火不相容,所以要"以道制欲"⑨。仁义推广到政治领域,就是以"爱人"为基本特征的"仁政",所谓"古之为政,爱人为大者,人为国本,是以为政之道,爱养民人为大"。"爱谓亲爱,则仁也,敬为尊敬,则义也。是仁义为政教之本。"⑩"兼行仁义之至极"就是"至道"。"既能兼行仁义,至极可以王有天下。"这就叫作

---

① 《礼记正义序》。
② 《中庸疏》。
③ 《礼运疏》。
④⑨ 《乐记疏》。
⑤ 《康诰疏》。
⑥ 《召诰疏》。
⑦ 《系辞上疏》。
⑧ 《曲礼上疏》。
⑩ 《哀公问疏》。

"至道以王"①。至于仁政的具体内容,无非是轻刑罚、薄赋敛之类,并没有什么新的内容。总的说来,"仁政"是统治者的得民之道,是民本论在政治上的具体运用。

孔颖达视中庸为道的外延。他说,"中庸先本于道","中庸之德必修道而行"②。故中庸又称为"中道""大中之道"。孔颖达在疏解《洪范》《大禹谟》《中庸》中的皇极、九畴、中庸、道心等概念时,对中庸之道推崇备至,视之为处世施政的宗旨和妙诀。何为大中?孔颖达认为,《诗》的"莫匪尔极",《周礼》的"以民为极",《论语》的"允执其中",《中庸》的"从容中道",《洪范》的皇极、九畴,"皆谓用大中也"。"大中是人君之大行","凡所立事,王者所行皆是,无得过与不及。常用大中之道也"③。中道是君主为政施治的方法论。"中"的具体标准是礼,"中"并不是中间,而是按照礼的标准行事,划定行为的界限和目标;防止过与不及,即"人各有性,嗜好不同,各恣所欲,必或反道。故以礼义时节其性命,示之限分,令不失中,皆得中道,则各奉王化"④。"中"运用于君主政治就是在礼的前提下,施仁政,布恩惠,把礼与仁有机地结合在一起。孔颖达说:"人君于天所子,布德惠之教,为民父母,以是之故为天下所归,由大中之道教使然,言人君不可不务大中矣。"⑤"道心为众道之本",君主"信执中正之道,乃得人安而道明耳"。所以,中庸是礼仁政治的方法论。是安民明道的"为君之法"⑥。在孔颖达看来,中庸之道是达到理想政治境界的必由之路:"君以大中教民,民以大中向君,是民与君皆以大中之善。君有大中,民亦有大中,言从君化也。"礼仁相映生辉即可创造民尊君、君爱民的政治局面。

孔颖达主张"君以无为统众。无为者,为每事因循,委任臣下,不司其事"。"臣则有事代终,各司其职。"⑦无为而治,因人成事是传统君道理论的重要基石之一。孔颖达认为,道是君与臣的分野和纽带,在道的面前君与臣有不同的政治责任和政治行为规范,并从圣人体道,君为天官,君臣不同道,君臣相须等角度论证了君臣关系和君主无为。

---

①《表记疏》。

②《中庸疏》。

③⑤《洪范疏》。

④《召诰疏》。

⑥《大禹谟疏》。

⑦《系辞下疏》。

孔颖达认为，"道极玄妙"，非常人所能认知。圣人则非同寻常，"圣是智之上，通之大"①。"圣人性合于天道自然，故云圣人。"这种人"不勉励而自中于善，不思虑而自得于善，从容闲暇而中乎道"②。因此，"圣人君子独能悟道"，"君子体履于至道，法道而施政"。一句话，"圣人为功用之母，体同于道，万物由之而通，众事以之而理"③。把握自然、统驭万物的人在社会生活中的地位和责任理当与众生迥然不同。君主"法道施政"说，从观念上把君主推向无可争辩的主宰地位。

在孔颖达看来，君与臣最大的区别就是一为"天官"，一为"人官"。"人君法天以设官，顺天以致治也。"君主是道的化身，受命于天，法道布政，设官分职，是制礼作乐定法，施仁政，行大中，为无为的主体。百官则犹如"北斗环绕北极"④，昼夜仰仗日月，是君主的属从。

孔颖达把君主臣从说成是道的题中之意。"阳，君道者，阳是虚无为体，纯一不二，君德亦然。""阴，臣道者，阴是形器，各有质分，不能纯一，臣职亦然。"⑤道体器用，阳刚阴柔，于是确立了君臣关系的二条基本原则，即"君臣之分，贵贱有恒"⑥和"君道刚严，臣道柔顺"⑦。君尊臣卑，君主臣从，臣道的基本规范是"不为事始""待命乃行""唯上唱下和，奉行其终"⑧。

"君不独治，必须辅佐，有君则有臣也。"⑨孔颖达在肯定君主臣从的前提下，重视臣在君主政治中的重要作用。他认为君臣是元首与股肱的关系，离开了"足行手取，耳听目视"，头脑就寸步难行，因此"君臣之道，当相须而成"⑩。他十分注重道义在君臣关系中的纽带作用，所谓"天象皆有尊卑相正之法"⑪，"臣道虽柔，当执刚以正君，君道虽刚，当执柔以纳臣也"。这就叫作"君臣之交，刚柔迭用"⑫。作为儒家思想家，孔颖达也是一位"从道不从君"论者，他主张臣子规谏于君，"正君以礼使入德"⑬。在一定条件下，甚至允许"有道伐无

---

① ⑥ ⑫《洪范疏》。

②《中庸疏》。

③ ⑤《系辞上疏》。

④ ⑪《说命中疏》。

⑦《诗谱序》。

⑧《坤卦疏》。

⑨《周官疏》。

⑩《益稷疏》。

⑬《淇奥疏》。

道"。这就为臣下以道义为旗帜,参政议政,调节王权,开辟了道路。

孔颖达把天地、伦理、礼法、仁义、中庸、无为统统纳入道,以道涵盖政治哲学、制度原理、社会关系、政治原则及各种政治规范和道德规范,从而以道为核心,构成了系统而又完整的政治理论体系。体道的主体是圣人、先王、君子,即帝王,所以这套治国之道主要是为君之道。宇宙本体、自然法则、最高道德规范和基本政治原则有机地融合在一起的君道理论,把王权、认识、道德、政治和社会规范合而为一,全面地论证了君主制度的合理性和绝对性。这种道论实质是一种皇权至上论。但是,渲染道的至高无上,必然产生二律背反的客观效应。在理论上道高于君,君主必须修道、守道、行道、明道,即"居位则治民,治民必须明道"。否则"君失道,则民叛之"。"失道则死,合道则生。"①这又从理论上论证了调节王权的必要性。道为万物之宗,从逻辑上包括帝王在内的所有的人都在道的统辖之下,君主必须接受道的品评和裁衡,有道为明君,无道为昏君,悖逆道而恣肆妄为的君主还要受到道的清算。道兼具肯定和批判双重品格。不过,道对君的批判不会改变君主政治的基本方向,道的出发点和归结点都是君主制度的永恒和稳定。孔颖达的道论,就其主体而言,是一部完整的君主论,它既从更高层次论证了君主制度的合理和永恒,又提出了实现君主政治目标的途径和方案,还包括了防范王权走向非理性化的内容。这种道论常常用来否定现实生活中的具体君主,但从总体上看又不是对君主制度的否定。在孔颖达看来,君主政治的基本原则是永恒的,所谓"百世同道","圣人之道虽相去百世,其归一揆"②。

第三节 君德论

王权绝对化理论和调节理论有机地融为一体,是儒家政治思维的一大特征。在《五经正义》中,德与道是相互对应,相辅相成的政治范畴。如果说道偏重论证了王权的绝对性和君主政治的一般原则,那么德则侧重于论证了调节王权的必要性,规范着君主的政治行为。《五经》中本来就充斥着伦理道德说教,道德和政治紧密地交织在一起。孔颖达在义疏中明确地把许多政治伦理

---

① 《大禹谟疏》。

② 《中庸疏》。

命题归之于君主,专门以君德立论,阐明了道与德、德与政、君与德的关系,提出了系统的君德论。

孔颖达认为,道在德上,大德同道。他说:"道者通物之名,德者得理之称。""道是通物,德是理物,理物由于开通,是德从道生。故道在德上。"①道是德的依据,德是道的实践、外化,是得道的具体表现。在这个意义上,道本德末。比如三纲五常是自然天成的社会关系一般原则,故称之为"天下达道"。"知、勇、仁,人所常行,在身为德,故云天下达德。""五者为本故云达道,三者为末故云达德。""天下达道"是"天下达德"的宗本。但是,道又离不开德,道待德成,"若行五道必须三德。无知不能识其理,无仁不能安其事,无勇不能果其行"。"圣人之道高大,苟非至德,其道不成。"②总之,"内得于心,出行于道,道德不甚相远。"③"道是生物开通,善是顺理养物,故继道之功,唯善行也。"④道与德相须而行,相应生辉,所以"道德为万事之本"⑤。在这个意义上,"道德一也,异其文耳。"⑥

孔颖达反对把道、德、仁、义、礼硬性排定次序,简单地品分高下的做法。在他看来,"道、德无定据,各有大小"。就"大道大德"而言,道为万物之宗故在先,"德谓人所法行故在后"。就"小道小德"而言,道是人的才艺,德是人的品行,"若身有德,乃可通达流行,故德先道后"⑦。在孔颖达的道论中,仁、义、礼都是道的组成部分,所以他反对老子"失道而后德,失德而后仁,失仁而后义,失义而后礼"的观点。在他看来,尽管三皇五帝三王五霸的政治有优劣高下之分,但"圣人之王天下,道德仁义及礼并蕴于心,但量时设教,道德仁义及礼须用则行,岂可三皇五帝之时全无仁、义、礼"⑧。

孔颖达不是迂阔儒生,从不泛论道德,而是把道德与功业紧密地联系在一起。他认为,"于行谓之德,于事谓之业"⑨,极盛之德可成广大之业,内圣则外王就君主而言,"所谓德者,惟是善于政也"。"德能为善政之道。"⑩他对《中庸》"其人存则其政举,其人亡则其政息"一语的解释是,"存谓道德存在","亡

① ⑤ ⑧《曲礼上疏》。

②《中庸疏》。

③《周官疏》。

④ ⑨《系辞上疏》。

⑥《静女疏》。

⑦《文王世子疏》。

⑩《大禹谟疏》。

谓道德灭亡","若得其人,道德存在,则能兴行政教","道德灭亡,不能兴举于政教"。道、德、政贯通一体,互为表里,所谓"修身以道""修道之谓教也"。这就在道德和政教之间画上了等号。据此,他把"正身之德,利民之用,厚民之生"①。列为君主之政要,阐明了"修齐治平"的公式。

孔颖达对君与德的关系做了深入的探讨。他认为,君是德的代称,德是君之本。他说:"圣人之德能同于天地之道。"②又说:"帝者,天之一名也。""以天德立号,王者可以同其德焉,所以可称于帝,故继天则谓之天子。"又说:"大人者与天地合其德,即三王亦大人。"③又说:"君子者,言可以居上位,子小民,有德之美称也。"④各种君主称谓都是依据德而命名,君是德的化身。孔颖达反复论证了君为政本,上行下效的道理,把德称为"人君立治之本"⑤。他说:"德是福之道也。"⑥"为政之道亦犹是,为善政得福,为恶政得祸。"⑦因此一再告诫君主要"慎天位、修道德"。一句话,德是君得以为君,赖以为政,社稷永固,"享大福,保大名"⑧的命根子。孔颖达清醒地看到,具体的君主未必有德,所谓"九五天位,有大圣而居者,亦有非大圣而居者"⑨。他在许多地方列举历史事例说明帝王未必都能守道合德,并以此论证了君主修道慎德,"自正以德"的必要性和重要性。

孔颖达从道与德、德与政、君与德等角度反复论证了君德在政治中的地位和作用。丧失了德,道不得行,政不得举,位不能保,于是他从不放过每一个可以发挥君德论的机会,把一部《五经正义》几乎变成了一部君德大全。君德规范名目繁多,且相互贯通,交织成网,很难梳理和枚举。限于篇幅,仅撮其要。

"体包仁道,泛爱施生":孔颖达认为,"天之助民,乃是常道","行天之德,其要在于治民"⑩。"生养民人之道,乐最为大。"⑪慈厚仁民是为君之第一要义。

---

① ⑧《大禹谟疏》。
②《中庸疏》。
③《尧典疏》。
④《桓公三年疏》。
⑤《曲礼上疏》。
⑥《洪范疏》。
⑦《召诰疏》。
⑨《乾卦疏》。
⑩《大诰疏》。
⑪《乐记疏》。

这种君德论的内在逻辑是:其一,"众民不能自治,立君以治之。立君治民乃是天意"。君主代天行道,为民父母,理应"有君人之明德,执利民之大义"①,把养民作为政本。其二,"厚民之生"和"利民之用"一而二,二而一,"厚民之生"是手段,"利民之用"是目的。其三,"养民"也好,"利用"也好,中心是调节赋役。"君既薄敛于上,民亦什一而税于下,故国家用足而下不匮乏,是上下和平亲睦,而不相怨恨也。"这叫作"君民上下相报"②。仁德的最终目的是君主政治的功利和稳定。

诚信公平:这种君德规范主要是针对君主赏罚号令大权而立。作为一种政治美德,诚与公主要表现为言而有信,赏罚公正,"人君厚行德与信",方可上行下效,教化天下。孔颖达盛赞《洪范》"无偏无党,王道荡荡"的政治艺术,主张君主行"有中之道""所行无得偏私"③。

礼敬贤能:这种君德规范的基本出发点是"任贤则兴,任佞则亡"。"人君之德在官贤人,官得其人则事业立。"④这种思想没有把目光局限于臣的德智才能在具体政务中的功用,而是着意于臣的品德对君德的影响,所谓"治乱在所法耳"⑤。所以孔颖达一再强调君主要"贵尚有德之人""尊崇有道之士"⑥,任能举贤,以有德行的臣属为师为友。

尚谦恭,制奢纵:孔颖达认为"行德之事,自满者招其损,谦虚者受其益,是乃天之常道"⑦。他反复引证"器满则倾,志满则覆""满招损,谦受益"等哲理名言,谆谆告诫君主防骄破满,以贵下贱,以俭为德,切忌愚而自用,玩物丧志。他开列出一批君德规范,诸如敬慎、恭谨、节俭,不自称伐、谦以待下,不为逸豫贪欲,等等。总之,君主"当自抑止,不可极为","傲不可长,欲不可纵,志不可满,乐不可极"⑧,千万不要像桀、纣一样,由于"长傲""纵欲""志满""乐极"而自取其祸。

---

① 《西伯戡黎疏》。

② 《燕义疏》。

③ 《洪范疏》。

④ 《君奭疏》。

⑤ 《太甲下疏》。

⑥ 《礼器疏》。

⑦ 《大禹谟疏》。

⑧ 《曲礼上疏》。

防微杜渐,居安思危:孔颖达指出,"凡所过失,为人所怨,岂在明著？大过皆由小事而起","小事不防,易致不过"。所以君主要"备慎其微"①。他反复指出,君主"自以为安""自恃其治理"是危、亡、乱的根源,"是故君子今虽复安,心恒不忘倾危之事。国之虽存,心恒不忘灭亡之事。政治虽治,心恒不忘祸乱之事"。君主居存虑亡,及时修德,才能避免政治失误和国家倾覆。

虚怀纳谏:谏议具有集思广益,闻过补缺,防壅蔽,通下情,辨忠奸,去谗佞等多种政治功能,对于防范王权失控而走上极端有着重要的意义,所以传统政治思想历来把君主纳谏视为一种政治美德。孔颖达认为虚怀纳谏是"帝王之德"。他说:"夫帝王……若其位居极尊,炫耀聪明,以才凌人,饰非拒谏,则上下情隔,君臣道乖,自古灭亡,莫不由此也。"②

不难看出,所谓君德就是君主的政治行为规范,是各种理想化的政治准则的集合体,是道的政治伦理化和具体化。"有道之君"就是"有德"。那么如何才能保证君主恪守君德呢？孔颖达提出的途径有三条:一是君主修身自省;二是进谏和纳谏;三是在特定条件下,有道伐无道,有德代无德,以武力解决问题。

君德论属于一种调节王权的理论。它力图靠道德的力量约束和限制君权。这种理论为人们品分君主、批评时政,提供了理论依据和价值尺度,作为一种政治观念和社会舆论在一定程度上可以影响君主的观念行为,有时还可以提高某些君主的政治修养和政治艺术。但是历史已经反复证明,单靠道德说教并不能保证帝王时刻遵循道义,道德理论同道德实践往往相互背离。借用唐太宗在《帝范后序》中的一句话:"非知之难,惟行之不易,行之可勉,惟终实难。是以暴乱之君,非独明于恶路,圣哲之主,非独见于善途。良由大道远而难遵,邪径近而易践。"连李世民这样的帝王都感到自始至终地实践君德是非常困难的,其他可想而知。

第四节　弘扬道论与继往开来

孔颖达的自然本体与伦理本位相结合的道论,以礼仁为中心的治国之道

---

①《五子之歌疏》。

②《旧唐书·孔颖达传》。

和君德论,相互贯通,相互论证,相互补充,形成了完整的政治理论体系。这种理论以道为核心范畴,融哲学、政治、伦理为一体,把理论、原则和操作有机地结合在一起,深层次、多角度地论证了君主政治的一般原则,使儒家的政治学说达到了一个新的高度。董仲舒和孔颖达分别是汉唐两代官方正统儒学的代表,如果将二者的学说加以比较就会发现,他们之间最大的差异就在于"天"和"道"这两个政治范畴的位置有所不同。在董仲舒那里,"天"是至高无上的,是一切政治原则和制度原理的本源,"道"是"天"的派生物,所谓"天不变,道亦不变"。到孔颖达所处的时代,儒学已经发生很大的变化,它充分借鉴佛、道二家"大道为本"的思想,对自己的学说进行了系统的改造。"道"取代"天",成为至高无上的政治范畴。《五经正义》对这种新的思维方式有比较系统的阐述,并以官方的名义在政治上予以确认,树为正统,这标志着儒学从此正式步入了一个新的发展阶段。

隋唐时期的儒学正处在汉代经学和宋代理学这两个高峰之间,既不像前者那样独尊专宠,又不像后者那样博大精深,加上《五经正义》奉敕而撰,注疏经传,并非私家著作,这或许就是孔颖达的政治思想未受到应有重视的主要原因,其实,选定注本,摒弃诸疏,博采众长,定于一说,这本身就反映着一种观点。如《周易正义序》规定义疏的一般原则是:"删定考察,其事必以仲尼为宗;义理可诠,先以辅嗣为本。"既以儒家的祖师为准绳,又以玄学的巨擘为宗本,结果必然是非孔非王,旧中见新,援玄学入儒。孔颖达在义疏中并非处处拘泥成说,他对许多概念、范畴、命题的阐发都有独到之处,如他的道器论在思想史上就占有一席之地。更何况思想史的研究注重一种理论在思想发展长河中的地位及其对当代和后世的影响,如果从这个角度考察就会发现孔颖达在思想史上的地位是相当重要的。

《五经正义》是唐王朝正式颁行的儒家经典及其注疏的国定本。唐代国子学设五经博士,各级学校教育,除专科性质者外,均以《五经正义》为课本。这部著作在刻画时代精神风貌方面发挥着重大作用,对有唐一代乃至五代、北宋时期的官僚士人的政治思想和政治意识有着广泛而深刻的影响。例如唐代著名思想家柳宗元称《五经》为"取道之原",他的自然天道论、大中之道、生人之道显然受到《五经正义》的影响,有些言论直接取材于该书。仅此即足以确立《五经正义》在思想史上的地位。

《五经正义》是儒学发展史上一部承上启下,继往开来的著作。魏晋以来,儒学浸微,究其原因主要是由于儒学自身的不足和弊端。重新振兴儒学必须解决下列问题:统一儒家经典的文字和注释,以增强儒学的统一性和凝聚力;扫清天人感应论的流弊,改变儒学形象;改造经学方法,面向实际,经世致用;弘扬周孔道统,同佛、道划清阵营界限;借鉴佛、道思辨成果,补充、完善和发展儒学,以取得在理论思维方面抗衡佛、道的资本,等等。《五经正义》的意义就在于,它使儒家今文、古文之争,各家宗派师说之争,南学北学之争及郑学、王学之争成为历史;以道即自然论弱化天人感应论;义疏兼具训诂诠释、阐明义理和经世致用的成分,从方法上为从汉学向宋学过渡做了准备;融会贯通先秦两汉儒学和魏晋玄学的思维成果,铸成新的儒家道论;在政治上再次确认儒家学说作为统治思想的崇高地位。因此,《五经正义》对儒学复兴的贡献是最全面的。王通、傅奕、柳宗元、韩愈、李翱都曾为儒学的复兴做出过各自的贡献,但都无法取代孔颖达的地位、作用和影响。值得注意的是,后来成为宋明理学核心内容的一些概念、范畴和命题在孔颖达的学说中已经开始被突出出来,如天理人欲、性善情恶、中庸之德、修养论及道论,等等。《五经正义》从思想材料、理论命题、治学方法、思维方式等各方面都为儒学下一步的发展奠定了基础,规定了方向。在这个意义上可以说,《五经正义》是宋代理学的滥觞。

原载《孔子研究》,1991 年第 3 期

第二十三章　从韩愈、柳宗元的表奏析君尊臣卑观念的普遍性

　　韩、柳上皇帝的表、奏不为近世研究者所重。文学史中无其踪,思想史中无其影。何以会这样?可能是认为这些是形式主义化的阿谀奉承官样文章,没有什么可以称道之处。的确,这种看法不无道理。但如果换一个角度,即从政治文化角度看,或者说为了了解那个时代的政治意识和士大夫阶层的价值观念,这些文字则给我们提供了最直接的、最有说服力的资料,我们几乎无须加以任何诠释,一个活脱脱的时代灵魂就展现在我们的面前!

　　其实,如果我们把镜头拉得远一点,这些文字应该说是那个时代的盖世之文:皇帝心悦,朝臣称赞,士人向风,自己得意。韩愈对此有一段自诩,足以为证:"臣于当时之文,亦未有过人者。至于论述陛下功德,与诗书相表里;作为歌诗,荐之郊庙;纪泰山之封,镂白玉之牒,铺张对天之闳休,扬厉无前之伟迹;编之乎《诗》《书》之策而无愧,措之乎天地之间而无亏,虽使古人复生,臣亦未肯多让!"①看,韩老先生对这些表奏文字是何等的自信和骄傲!的确,其文辞之优雅,用典之深奥,知识之渊博,行文之潇洒,鲜有人能及。然而,我们却把这些与诗书相埒的鸿文弃而不顾,对老先生实在是大不敬。

　　这些表奏有的是自己主动之作,更多的是受人之托或公推而作,是分别上给德宗、顺宗、宪宗和穆宗的。内容关涉诸多事件,本文一概不论,也就是说既不论人也不议事,更不做任何考究。我所注意的仅仅是文中所反映的时代精神,再具体些,主要是政治文化精神。因此在行文中对韩、柳也不加区别,而是统而论之,可谓去"实"存"虚",弃"体"析"神",仅仅是借韩、柳之文剖析一种普遍意识。

　　韩、柳的这些表奏,可以说是中国传统思想文化的凝结,"四部"的缩影,显现了中国传统文化的基本精神,更确切地说,显现了占主导地位的思想文

---

① [唐]韩愈撰,马其昶校注,马茂元整理:《韩昌黎文集校注》,上海古籍出版社,1986年,第619页。

化精神。在这些文字中既凝集了中国传统思想文化的最神圣、最美好、最博大、最深邃的观念和词汇,同时又集中了最萎缩、最自贱、最无耻、最无主体的观念和词汇。韩、柳的大手笔把这些奇妙地浑然、有机地组为一体,展现了一幅相反而相成的绝妙图画!这幅图画的主题是什么呢?这就是本文标题所揭示的:君尊臣卑。

君尊臣卑既是一种社会关系体系,同时又是一种思想体系。就事实而论,韩、柳对此只是承成而已,并没有增加什么新东西。不过由于他们的表奏把这种思想浓缩化、集中化了,足资作为了解这个问题的窗口,所以还是很值得分析的。

第一节　君:神化、自然化、皇化的统一

传统思想文化中的尊君之论多多,大致说来,诸种理论基本是围绕君主神圣、万能、仁慈而展开的。神圣问题涉及君主与传统思想最深奥的本体、本性、本根等问题的关系;万能问题是说君主的功能与作用是无限的;仁慈讲君主普度众生,是道德的化身,洒向人间皆是爱。其实这三者之间并没有界限,在传统思想文化中,本体的东西一定是万能的,也一定是善的、美的;反过来也是一样。在理论上和人们的希望中,君主应是完美无缺的;说到具体君主,自有高下、善恶之分。韩、柳的表奏专门称颂君主的无限伟大、光荣、正确和完美。

任何一种成形态的思想文化都有一套纲领性的概念来表达和支撑,中国的传统思想文化也不例外。那些正面的纲纽性概念集中表达了真、善、美。韩、柳的表奏几乎把这些纲纽性的概念统统用上,以神化和美化君王。诸如表达超人的或本体性概念有神、上帝、天、天地、乾坤、日月、阴阳、五行、四时等;表达理智的,如聪、明、睿、智、英、谟、理、文、武等;表达道德的,如仁、义、德、惠、慈、爱、宽、恭、让、谦、休等;还有一些包容上述诸种含义,如天、圣、道、理等。中国传统思想文化的精神,都是靠这些纲纽性概念来集中、来表达的。在韩、柳的表奏中这些同帝王统统结为一体。把纲纽性的概念帝王化,由来已久,不是韩、柳的发明,但是一窝蜂似的把这些纲纽性概念同帝王联结在一起,在前人中还是不多见的。纲纽性概念帝王化现象是中国传统文化的一个重要特点。帝王拥有、占有了这些纲纽性的概念,也就控制了思想文化的命脉,反过来又成为控制社会和人们的灵魂的法宝。把这些真、善、美的纲纽性概念献给

帝王，也就把自己的灵魂奉献给帝王。我们的大文人、大思想家在奉献灵魂方面也真可谓一代先锋！

君主神圣是尊君论之纲。神是超人类、超自然的，固不待言；圣本来是在神之旁出来的一个突出人的意义、突出理性的概念，但没有走多久，就和神联结为一体。如果细分，神和圣虽然还是有某些细微的区别，但一进入形而上，两者就难分难解了，神和圣混同，也就是神性和理性混同。从中国的历史进程看，殷、西周时期神与王是混合的。春秋、战国时期在神与现实的王之外创造出了一个观念性的、体现理性的圣王，可谓神、圣、王三者鼎立。实际上，在三者分析的同时，也就开始了混同。从秦、汉开始，现实的帝王与神、圣逐渐形成一种特别的混合体。所谓"特别"，指三者是又即又离、不即不离式的怪物。这个怪物随着人们不断的打扮、涂抹，越来越五色缤纷，越来越模糊不清，真可谓一个巨大的混沌。它像《庄子》中的混沌一样，是不可分析的，一分必死，更准确地说，一旦君主与神、圣分开，它就失去了合理性和绝对性。中国历史上的叛逆者、革命者总是要以这种分析作为自己的起点。韩、柳不是叛逆者，他们是沿着神、圣、王混合一体的道路接着走的，在混沌上加混沌，君主被神圣到了无以复加的地步。他们两人真不愧为超级文字大师，文章写得那么洒脱，那些生硬的概念在他们手中，一下子变成粉彩，对君主浓妆素抹，斐然成章。同时又像痴呆的老妪，就是那么几层意思翻来覆去地唠里唠叨，没完没了！

前面提到的用于表达本体、本根、本原的概念，在韩、柳的表奏中都被帝王化了，或成为帝王的代名词。帝王与天几乎是同体的，"天"成了帝王的代词，诸如"天位""天序""天心""天意""天志""天听""天声""天眷""天慈""天泽""天府""天阙"等，一拥而上，满篇皆是。

帝王与圣也同体，于是有"圣王""圣朝""列圣""圣德""圣理""圣谟""圣运""圣慈""睿圣""圣言""圣恩""圣泽"等。

我们在韩、柳颂扬帝王的伟大功能中，可更具体地看到君主的本体性意义。帝王的功德洒遍天地人间，惠及万物群生，相比之下，甚至使百神失灵，日月减色，乾坤暗淡。今天看，马屁拍得实在无边无际，令人作呕；但冷静想想，这不是个人的行为和品质问题，而是整个历史和文化的产物，是我们老祖宗思想原则的表现。我还要郑重地说，这也是正宗的中国传统思想文化的精神！既不可鄙而不顾，更不可一哂了之。由于其中文化含义极为丰富，耐人寻味；文字极其

飘逸,足资欣赏;还可作为范文,供好者借鉴。因此不厌其烦,抄录于下:

今天子整齐乾坤,出入神圣;经营乎无为之业,游息乎混元之宫;不谋于廷,不战于野;坐收冀部,旋定幽都;析木天街,星宿清润;北岳医闾,神鬼受职,地弥天区,界轶海外。①

播休气于四海,洽大和于万灵,食毛含齿,所同欢庆。②

神化旁畅,皇风远扬,自华及夷,异俗同庆。③

睿谋广运,神化旁行,植物知仁,祥图应圣。④

圣王之德,无所不至,有感则应,无幽不通。伏惟陛下恩沾动植,仁洽飞翔……⑤

伏惟皇帝陛下,保合太和,缉熙庶类,德馨上达,神化旁行。⑥

伏以圣心积念,天意遄回,移造化之玄功,革阴阳之常数。⑦

陛下仁育苍生,恩同赤子……睿谟潜运,甘雨遂周。布濩垂阴,随圣泽而俱远;滂沱积润,与恩波而共深。⑧

遏密之中,施雨露以被物;遐迩之地,睹日月之继明。则四维之外,八极之表,人神胥悦,草木皆春,煦妪生成,不失覆载。⑨

蒸黎咏德,知必自于圣心;草木欣荣,如有感于皇化。有年之庆,实在于斯。⑩

皇风不异于遐迩,圣泽无间于华夷。⑪

威使百神,德消六沴,天降宝运,时归太平。⑫

---

① [唐]韩愈撰,马其昶校注,马茂元整理:《韩昌黎文集校注》,上海古籍出版社,1986 年,第 629 页。

② [唐]柳宗元:《柳宗元集》,中华书局,1979 年,第 952 页。

③ [唐]柳宗元:《柳宗元集》,中华书局,1979 年,第 954 页。

④ [唐]柳宗元:《柳宗元集》,中华书局,1979 年,第 961 页。

⑤⑥ [唐]柳宗元:《柳宗元集》,中华书局,1979 年,第 967 页。

⑦⑧ [唐]柳宗元:《柳宗元集》,中华书局,1979 年,第 971 页。

⑨ [唐]柳宗元:《柳宗元集》,中华书局,1979 年,第 948 页。

⑩ [唐]柳宗元:《柳宗元集》,中华书局,1979 年,第 973 页。

⑪ [唐]柳宗元:《柳宗元集》,中华书局,1979 年,第 1001 页。

⑫ [唐]柳宗元:《柳宗元集》,中华书局,1979 年,第 979 页。

陛下威灵远被,神化旁行,遂使奸滑之谋,先期而自露;回邪之党,不露而尽夷。①

陛下言为神化,动合天心……睿谟朝降,膏泽夕周,知天人之已交,识阴阳之不测。②

为了更明白,我把韩、柳用来颂扬帝王的功能的词组摘录出来,再胪列一下。计有:"神化""神功""大化""与天合德""法天合德""感通天地""参天两地""功参造化""整齐造化""政体乾坤""体乾刚""协坤元""体昊穹""移造化""革阴阳""仁化""德化""统和天人""顺时御极""幽明感通""威使""威灵""宝运""广运""王风""熏风""金风""垂休""帝力""皇化""皇灵""皇风""皇泽""皇慈"等。

人与神的差别,既表现为"存在"形式上,更表现在功能上,而后者更为重要。任何东西一旦被赋予超人的功能,它就是神;比神更神者,无疑是神中之神。在韩、柳的表奏中,神化、自然化、皇化是三位一体的,甚至是超神的。严格地说,在传统思想文化中占主流地位的并不把帝王视为神,或者说不以神的形式来定位帝王。神化帝王主要是无限夸大其功能来表现的,由于功能相同,于是帝王与神相同或相通。

以上的颂扬大抵还是泛论,放在历史上如何呢?在韩、柳的笔下,这几位帝王的功业是超历史、超列祖、冠将来的。

神圣英武,数千百年已来,未有伦比。③
众美备具,名实相当,赫赫巍巍,超今冠古。④
天地神祇,永有依归;华夏蛮貊,永有承事;神人交庆,日月贞明。⑤
皇帝陛下,德合覆载,道光轩虞。⑥

---

① [唐]柳宗元:《柳宗元集》,中华书局,1979年,第1015页。
② [唐]柳宗元:《柳宗元集》,中华书局,1979年,第972页。
③ [唐]韩愈撰,马其昶校注,马茂元整理:《韩昌黎文集校注》,上海古籍出版社,1986年,第614页。
④ [唐]韩愈撰,马其昶校注,马茂元整理:《韩昌黎文集校注》,上海古籍出版社,1986年,第622页。
⑤ [唐]韩愈撰,马其昶校注,马茂元整理:《韩昌黎文集校注》,上海古籍出版社,1986年,第623页。
⑥ [唐]韩愈撰,马其昶校注,马茂元整理:《韩昌黎文集校注》,上海古籍出版社,1986年,第626页。

创业已来,列圣功德未有能高于陛下者,可谓赫赫巍巍,光照前后矣。①

高祖创制天下,其功大矣,而治未太平也;太宗太平矣,而大功所立,咸在高祖之代;非如陛下(按:指宪宗)承天宝之后,接因循之余,六七十年之外,赫然兴起,南面指麾,而致此巍巍之治功也。又说:陛下即位以来,躬亲听断,旋乾转坤,关机阖开,雷厉风飞,日月清照,天戈所麾,莫不宁顺;大宇之下,生息理极。②

圣神之功,贯于天地;文武之道,超乎今古。③

伏惟皇帝陛下,协周文之孝德,齐大禹之约身,弘帝尧之法天,过殷汤之解网。未逾周月,四海将致于时雍;俯及元正,率土更欣于再造。④

化超前圣,道贯重玄,遍野同欢,倾都相庆。⑤

侧身防患,道迈周王;尽力勤人,功超夏后。⑥

含生比尧、舜之仁,率土陋成、康之俗。⑦

殷后徒勤于自翦,周公空愧于舞雩。⑧

六穗惭称于汉臣,异亩耻书于周典。⑨

在儒家传统中,三代盛世,后世莫及;先王先圣,后王难企。然而韩、柳为了吹嘘当朝,不仅三代先圣不足道,连唐王朝的创业祖宗也等而下之,真可谓"厚今薄古"!

韩、柳是否阿谀奉承,佞妄?连他们似乎也有所不安,但同时又自我辩解,说"不是"。"臣子至公,面扬君父","夫岂饰哉,率由事实"⑩。"伏以圣王之纂承天位也,臣子必竭恳诚,献尊号,安敢为佞,礼在其中。"⑪

---

① [唐]韩愈撰,马其昶校注,马茂元整理:《韩昌黎文集校注》,上海古籍出版社,1986年,第611页。

② [唐]韩愈撰,马其昶校注,马茂元整理:《韩昌黎文集校注》,上海古籍出版社,1986年,第619页。

③ [唐]柳宗元:《柳宗元集》,中华书局,1979年,第937页。

④⑪ [唐]柳宗元:《柳宗元集》,中华书局,1979年,第931页。

⑤ [唐]柳宗元:《柳宗元集》,中华书局,1979年,第972页。

⑥ [唐]柳宗元:《柳宗元集》,中华书局,1979年,第973页。

⑦ [唐]柳宗元:《柳宗元集》,中华书局,1979年,第980页。

⑧ [唐]柳宗元:《柳宗元集》,中华书局,1979年,第975页。

⑨ [唐]柳宗元:《柳宗元集》,中华书局,1979年,第961页。

⑩ [唐]柳宗元:《柳宗元集》,中华书局,1979年,第932页。

这些阿谀奉承、歌功颂德、拍马屁的文字是王权至上的派生物和王权主义观念的组成部分。对帝王而言由此进一步获得了合理和权威的论证。在中国的历史上，建功立业，行德泽民，一直是帝王合理性的重要依据之一。这种认识原本是极有意义的，但是在实现过程中却变了味，不管帝王们有没有功德，都必须编织一大套颂功的虚辞加在他们的头上，从而形成一种具有形式主义性质的颂扬文化。从历史的过程看，越是形式意义的东西越具有规范意义，只要没有对它提出异议，它就成为人们的当然前提。因此，这种颂扬文字不只是在重弹一种老调，而是在强化一种社会规范。面对伟大、英明、仁慈的君主，臣下除敬仰、服从之外，还能做什么呢？臣下对君主的敬仰和服从意识是君主专制权力强化的必要基础和条件。所以这些颂扬文化绝对不是可有可无的事，而是专制王权的重要精神支柱，也是专制权力运转的必要条件之一。

颂扬者、拍马屁者或许从中得到某种利益，但在颂扬中同时也把自己丢失了、淹没了。作为一种文化，丢失的就不仅仅是个人，而是把所有与自己地位相同的人统统给丢失了。

君尊的理论与观念凌驾于所有社会理论与观念之上，并对其他的思想与观念形成居高临下的控制之势。因此是思想文化史中一个具有全局性问题，不可不察。

第二节　臣：卑贱、无知、谬误、罪过的载体

与君尊相对的是臣卑。君主只有一人，而臣则包括了君主以外所有的人，上至达官贵人，下至百姓、仆隶。臣卑论所表达的就是在君主面前尽人皆卑贱、皆奴仆。

对君主的依赖和从属是臣卑的基础和前提。这种依赖和从属是全方位的，臣下的社会地位、衣食、知识、寿命等，皆来自"圣育""皇恩"。

> 天子神圣，威武慈仁，子养亿兆人庶，无有亲疏远迩；虽在万里之外，岭南之陬，待之一如畿甸之间，辇毂之下。[1]

---

[1] [唐]韩愈撰，马其昶校注，马茂元整理：《韩昌黎文集校注》，上海古籍出版社，1986年，第618页。

称身虽贱微,然皆以选择得备学生,读六艺之文,修先王之道,粗有知识,皆由上恩。①

臣等蒙国宠荣,备位班列,无任恳望之至。②

臣等得生邦甸,幸遇盛明。身体发肤,尽归于圣育;衣服饮食,悉自于皇恩。③

臣等共被仁育,同臻太和。陛下德达上玄,以丰臣之衣食;道跻寿域,以延臣之岁年。④

臣特受恩遇,超绝古今,报国之诚,痌瘝深切。⑤

恩重命轻,不知所效。⑥

君主对所有的臣民拥有生、杀、予、夺之权,但细致分析,生、予与杀、夺是不平衡的,生、予是以杀、夺为基础的,臣民生下来就是为君主所杀、夺的。在传统思想文化中,人有生存权利的观念是十分淡薄的,反之,臣下被君主杀、夺则是天经地义,理所当然之事。反衬之下,不杀、不夺即是恩。于是与臣民被彻底剥夺的观念相对,君主恩赐的观念格外盛行。臣下的一切,都要归结为君主的恩赐。由这种恩赐观念引发出来的必然是依赖和从属意识。

一切由上恩赐的观念是传统思想文化的要义之一,影响至深至广,直至今日我们也还没有完全从中走出来,在思维方式上与韩、柳一脉相通。

与依赖性相伴的是卑贱性。传统思想文化中的卑贱之论多多,韩、柳的文字虽不能说齐备,但也可以说属于"集成"了。臣卑论大致可分为本体性的卑贱论和功能性的卑贱论。

本体性的卑贱论是说臣的卑贱是天就的,是必然,是超人类的安排。如从"天秩""阴阳"等说论定君尊臣卑。韩、柳的表奏对这些间有涉及,如说"君者,阳也,臣者,

---

① [唐]韩愈撰,马其昶校注,马茂元整理:《韩昌黎文集校注》,上海古籍出版社,1986年,第629页。
② [唐]柳宗元:《柳宗元集》,中华书局,1979年,第932页。
③ [唐]柳宗元:《柳宗元集》,中华书局,1979年,第942页。
④ [唐]柳宗元:《柳宗元集》,中华书局,1979年,第939页。
⑤ [唐]柳宗元:《柳宗元集》,中华书局,1979年,第987页。
⑥ [唐]柳宗元:《柳宗元集》,中华书局,1979年,第996页。

阴也"①"身微命贱"②"臣受性愚陋"③"天与朴忠,性惟愚直"④"性本庸疏"⑤等。臣子们是天生的卑贱、陋薄,这与帝王们天生的尊贵、睿智形成鲜明的对比。

关于臣下功能性的卑贱,韩、柳说得极多,总括起来可分如下几点:

第一,愚昧无知论。同君主的圣明相对,臣下把自己说成是愚昧无知的蠢货和废物。且看以下的自卑之论:

> 臣至陋至愚,无所知识。⑥
> 臣以愚陋无堪,累蒙朝廷奖用。⑦
> 臣愚陋僻蠢。⑧
> 不次之恩,遽属于庸品。⑨
> 臣等职在燮和,惭无效用。⑩
> 臣以无能,累更事任。⑪
> 臣以庸微,特承顾遇,拔自卑品,委以剧司。⑫
> 才术无闻。⑬
> 臣本非长才,又乏敏识,学不能通达经训,文不足缘饰吏事。⑭
> 文字鄙陋,实惧尘玷。⑮
> 臣才识浅薄,词艺荒芜。⑯

---

① [唐]韩愈撰,马其昶校注,马茂元整理:《韩昌黎文集校注》,上海古籍出版社,1986年,第586页。

② ⑦ [唐]韩愈撰,马其昶校注,马茂元整理:《韩昌黎文集校注》,上海古籍出版社,1986年,第623页。

③ [唐]韩愈撰,马其昶校注,马茂元整理:《韩昌黎文集校注》,上海古籍出版社,1986年,第619页。

④ [唐]韩愈撰,马其昶校注,马茂元整理:《韩昌黎文集校注》,上海古籍出版社,1986年,第600页。

⑤ [唐]柳宗元:《柳宗元集》,中华书局,1979年,第983页。

⑥ [唐]韩愈撰,马其昶校注,马茂元整理:《韩昌黎文集校注》,上海古籍出版社,1986年,第589页。

⑧ [唐]韩愈撰,马其昶校注,马茂元整理:《韩昌黎文集校注》,上海古籍出版社,1986年,第612页。

⑨ [唐]韩愈撰,马其昶校注,马茂元整理:《韩昌黎文集校注》,上海古籍出版社,1986年,第596页。

⑩ [唐]韩愈撰,马其昶校注,马茂元整理:《韩昌黎文集校注》,上海古籍出版社,1986年,第598页。

⑪ [唐]柳宗元:《柳宗元集》,中华书局,1979年,第999页。

⑫ [唐]柳宗元:《柳宗元集》,中华书局,1979年,第988页。

⑬ [唐]柳宗元:《柳宗元集》,中华书局,1979年,第971页。

⑭ [唐]韩愈撰,马其昶校注,马茂元整理:《韩昌黎文集校注》,上海古籍出版社,1986年,第597页。

⑮ [唐]韩愈撰,马其昶校注,马茂元整理:《韩昌黎文集校注》,上海古籍出版社,1986年,第599页。

⑯ [唐]韩愈撰,马其昶校注,马茂元整理:《韩昌黎文集校注》,上海古籍出版社,1986年,第604页。

这些仍不足以表达臣下的愚陋,于是又有"臣贱琐材""琐劣""薄陋""虚薄""馐才""刍贱""犬马""驽骀""鸟兽""葵藿""枯朽"等自贱之词。

臣子把自己说成无知、无能、无用,这就从能力、作用和价值上把自己剥夺得一干二净。稍加留意,我们会发现这同各种有关臣的作用理论是相悖的,即使在法家的著述中,臣的作用也是十分重要的。然而我们只要翻开臣子的个人上疏,大抵又都对自己的能力、作用和价值持贬低与否定的态度。这固然可视为谦辞,但由于具有普遍性,几乎臣子人人如此,这就不再是个人问题,而是一种文化现象。这样在臣子的作用理论上形成一种悖论性结构,即理论上的肯定与个人的自我否定。理论上的肯定主要是对帝王说的,提醒帝王要"用"臣;而臣子的自我否定则表明个人无足轻重或"无用"。这样,在帝王"用"臣与臣子说自己"无用"的相比中,更显现出臣子对君主的依赖,一旦得到君主的录用和提拔,臣子便感激涕零,高呼万岁,一切归功于君主。

臣子说自己无知、无能、无用是君尊臣卑理论与观念的重要组成部分。这种普遍性的个体价值否定,最终导致所有的臣子无人格、无主体、无意义,并为臣子天然的谬误与有罪做了铺垫。

第二,错误意识。相对于君主的绝对正确,臣下则是一块错误的载体,或干脆说就是错误体。臣下的一切无不同"谬"连在一起。韩、柳的表奏中充斥了臣谬的词语,如"谬膺重寄"[1]"谬承重委"[2]"谬登清贯"[3]"谬忝澄清之寄"[4]"谬膺仕进"[5]"谬处众人之上"[6]"谬典方州"[7]"谬居方镇"[8]"谬司邦甸"[9]"谬领京邑"[10]"谬尘荣位"[11]"谬膺藩守"[12]"谬职宪司"[13]"谬承渥泽"[14]"谬

---

① [唐]柳宗元:《柳宗元集》,中华书局,1979 年,第 978 页。
② [唐]柳宗元:《柳宗元集》,中华书局,1979 年,第 990 页。
③ [唐]柳宗元:《柳宗元集》,中华书局,1979 年,第 985 页。
④⑥ [唐]柳宗元:《柳宗元集》,中华书局,1979 年,第 994 页。
⑤ [唐]柳宗元:《柳宗元集》,中华书局,1979 年,第 995 页。
⑦ [唐]柳宗元:《柳宗元集》,中华书局,1979 年,第 1011 页。
⑧ [唐]柳宗元:《柳宗元集》,中华书局,1979 年,第 1015 页。
⑨ [唐]柳宗元:《柳宗元集》,中华书局,1979 年,第 971 页。
⑩ [唐]柳宗元:《柳宗元集》,中华书局,1979 年,第 973 页。
⑪ [唐]柳宗元:《柳宗元集》,中华书局,1979 年,第 959 页。
⑫ [唐]柳宗元:《柳宗元集》,中华书局,1979 年,第 948 页。
⑬ [唐]柳宗元:《柳宗元集》,中华书局,1979 年,第 961 页。
⑭ [唐]柳宗元:《柳宗元集》,中华书局,1979 年,第 964 页。

承恩宠"①"谬列台衡"②"滥居荣宠"③。

这个"谬"字不无形式主义的客套,但我更认为它凝结了臣子说不尽的卑贱意识。臣子作为"谬"的存在体,在君主面前就失去了任何自我申辩和自卫的权利。按照以道事君和道高于君的原则,臣还是有一定的主动性和自主性的。可是这种自我"谬"论,把有限的主动性和自主性也自动放弃了。于是我们又看到另一个悖论的组合,即以道事君和自我谬论的组合。

以道事君、道高于君,张扬了理性,多少有点真理面前人人平等的意味,而臣下的自谬论使臣下完全变成奴才人格,一切唯上是从,不再有是非观念。韩愈的《论佛骨表》与《潮州刺史谢上表》正反映了这两种心态。《论佛骨表》是以道事君,铮铮之声,气壮如虎;《潮州刺史谢上表》则是自谬的范本,精神卑微,厕鼠不如。许多人常以此为证讥讽韩愈人格不高。这种评论不无道理,但仅视为个人行为是远远不够的,应该说这是一种文化现象。翻开历史,何止韩愈?柳宗元何尝不如此?思想文化框架在这里起着巨大的作用。

以道事君,似乎把道看得高于一切,然而不可忽视的是,传统观念中又有君道同体这一条,君就是道。面对君道同体,臣下有什么道可言?所以,只要在认识上与君主相左,摆在臣下面前的只有认错一途。我不是给韩愈开脱,我认为与其责备韩愈,不如反思一下臣下自谬观念与文化。这种自谬论不是同样在后人血液中流动吗?

第三,负罪意识。为臣的不管事实上是否有罪,都必须在观念上披上"赭衣"。面对君主,臣下既是天然的错误体,又是负罪体,甚至与基督教的原罪有近似之处。臣下对君主的负罪意识或负罪感是多种原因造成的,这里暂且不论。在韩、柳的表奏中表现出来的主要是由负恩、谬误而负疚,由负疚而负罪;以死相报,死不足报;罪无轻重,有罪当死,死而无怨。

> 臣愚陋无堪,累蒙朝廷奖用。④
> 承命惊惶,魂爽飞越,俯仰天地,若无所容。⑤

---

① [唐]韩愈撰,马其昶校注,马茂元整理:《韩昌黎文集校注》,上海古籍出版社,1986年,第642页。
② [唐]韩愈撰,马其昶校注,马茂元整理:《韩昌黎文集校注》,上海古籍出版社,1986年,第602页。
③ [唐]柳宗元:《柳宗元集》,中华书局,1979年,第969页。
④ [唐]韩愈撰,马其昶校注,马茂元整理:《韩昌黎文集校注》,上海古籍出版社,1986年,第623页。
⑤ [唐]韩愈撰,马其昶校注,马茂元整理:《韩昌黎文集校注》,上海古籍出版社,1986年,第600页。

承命震骇,心神靡宁,顾已惭觍,手足失措。①

闻命震骇,心识颠倒,非其所任,为愧为恐。

强颜为之,以塞诏旨,罪当诛死。②

臣以狂妄戆愚,不识礼度,上表陈佛骨事,言涉不敬,正名定罪,万死犹轻。③

圣恩弘大,天地莫量;破脑刳心,岂足为谢!④

伏望恕臣愚陋僻蠢之罪。⑤

顾惟琐劣,多惭负恩。

臣尸素岁久,谴谪宜加……⑥

捧对丝纶,惭悸无地,拜命兢悚,不知所裁。⑦

叨承大贶,荣重丘山,非才忝恩,俯伏惭荷。⑧

有恓儒之质,无区处之能。

尝惧叨冒清列,芜秽圣朝。

寄之雄藩,非臣庸琐,所宜膺据。

以兢以惶,恩重命轻,不知所效。⑨

"铭心镂骨,无报上天",只有尽心尽责"以塞余罪"。⑩

死是人的极限,也是人所最珍重的,于是"死"便成了向君主表达自己屈服和忠诚的最后"证物"。在韩、柳的表奏中,不管是感恩、乞请,还是述职、请示,抑或检查、谢罪,几乎都要把死交给君主,请君主任意处理。在观念上不仅仅是被动的君叫臣死,臣不敢不死,而是臣首先请死。于是有"冒死陈闻""昧

① [唐]韩愈撰,马其昶校注,马茂元整理:《韩昌黎文集校注》,上海古籍出版社,1986年,第596页。
② [唐]韩愈撰,马其昶校注,马茂元整理:《韩昌黎文集校注》,上海古籍出版社,1986年,第607页。
③ [唐]韩愈撰,马其昶校注,马茂元整理:《韩昌黎文集校注》,上海古籍出版社,1986年,第617页。
④ [唐]韩愈撰,马其昶校注,马茂元整理:《韩昌黎文集校注》,上海古籍出版社,1986年,第618页。
⑤ [唐]韩愈撰,马其昶校注,马茂元整理:《韩昌黎文集校注》,上海古籍出版社,1986年,第612页。
⑥ [唐]柳宗元:《柳宗元集》,中华书局,1979年,第995页。
⑦ [唐]柳宗元:《柳宗元集》,中华书局,1979年,第994页。
⑧ [唐]柳宗元:《柳宗元集》,中华书局,1979年,第1011页。
⑨ [唐]柳宗元:《柳宗元集》,中华书局,1979年,第996页。
⑩ [唐]柳宗元:《柳宗元集》,中华书局,1979年,第1000页。

死陈情""彷徨阙庭,伏待斧锧""臣等有死而已""陨首阙下""不敢惧死"等。死是理所当然,不死反而成为幸运!

这个"死"字凝结了无穷无尽的臣民意识,臣下无条件地把生命交给君主,他还有什么呢?这个"死"既不表示人格的崇高,也不表示理念的神圣,相反,恰恰是死掉了人格和理念。它只证明臣下是绝对的卑贱和毫无意义、毫无价值。这里还要说明的是,重要的不是具体人的生和死,而是这种观念把亿万臣民抛入万劫不复的境地。还有,无条件地把生命交给君主,也就把智力、体力、能力交给君主,从而也使君主集中了无限的力量,臣下则变得更加卑微。这个"死"不是一个小问题,它关系到所有的臣民的价值与意义问题,因此也是中华思想文化的一个全局性的问题,俟后将另文专门辨析。

第三节　君尊臣卑是传统思想文化的大框架

如果以今天的眼光看,我们会把韩、柳的这些表奏列入糟粕,然而在那个时代却是精粹,可谓"横看成岭侧成峰"。抛开价值的判断,从历史的角度考察,这些表奏所表达的君尊臣卑是当时思想文化的主流,或者说是居于统治地位的观念和意识。依我看,君尊臣卑论是传统思想文化的大框架,除庄学稍有突破外,其他均为这个框架所囿,或者说没有走出这个框架。

时下学术界,特别是思想史研究者,对传统思想文化的主旨是什么,有各式各样的评价和定位,如有的说是人文主义,有的说是天人合一,有的说是和合精神,有的说是人道主义,有的说是自强不息,有的说是伦理精神等。这些概括和判断,无疑都有各自的依据,也都有启发意义,足使人开阔视野。但我认为上述种种说法有一个极大的漏洞,即忽视了政治思想在中国历史上的地位和作用。

对中国传统思想文化无疑可以从不同视角或侧面进行研究,但居于主导地位的,我认为是政治思想和政治文化。它的基本精神是什么?我认为就是王权主义,就是君尊臣卑。不管研究什么问题,不能忽视它的存在及其主导意义。这是历史事实问题,不是可以这样说或那样说的事。

本文是借着韩、柳的表奏说传统思想文化的框架。有人可能质疑,凭什么把韩、柳的表奏说成是传统思想文化的缩影?韩、柳的表奏能说明传统思想文化的框架吗?我说可以,理由如下:

第一,纲纽性概念是一种思想文化精神的凝结和集中,或者说一种思想文化由纲纽性的概念统领而纲举目张。传统思想文化的纲纽性概念虽不能说尽备于韩、柳的表奏,但也可以说是"集成"了。这些概念一方面被用来表达君尊臣卑,另一方面也在君尊臣卑的体系下各就各位。在不长的文字中,集中那么多的纲纽性概念,这在其他文章中是很少见的。

第二,说到传统文化精神,首先应该说是社会的共识。这些表奏所表达的君尊臣卑观念就是传统思想文化中的共识。

第三,韩、柳都是博通之士,"四部"兼具,因此,这些表奏知识密集,覆盖面也较大。

时下讲传统思想文化者向人们推荐这部书、那部书,还未见有人推荐这些表奏的。我认为要想真正了解传统思想文化的真谛,读读韩、柳的表奏可切中肯綮。

附带说一点,韩、柳的表奏与他们的其他作品在精神上不能说没有冲突,甚至还可以说,他们的表奏中也可能"埋伏"着牢骚,然而君尊臣卑的大格局,他们是遵奉的。

我们在评价传统思想文化时完全可以有不同的切入角度,但大框架是不能忽视的。这种大框架具有定位的意义,不可不察!

原载《中国社会历史评论》,1999 年第一辑

第二十四章 "理学"的圣人无我与圣王专制*

　　中国传统政治文化的一个重要特征是崇圣。春秋以前的文化以崇神为特征,春秋以降,由崇神转向崇圣。神是非人格的,而圣则是人中之杰,崇圣是在重人基础上发展起来的,它肯定了人的生存意义和价值,从对神的崇拜转向对圣人的认同,就其文化意义而言,是一次文化转型。

　　诸子百家皆崇圣,但各家所崇圣人有所不同。概言之,圣人有两类:一为具体的圣人,即历史上存在的圣人或诸子虚拟的圣人;二是理论化的圣人,即原则的人格化,不一定表现为历史人,而表现为一种抽象的道德人,这一点在宋明理学中尤为突出。在理学中,圣人已渐渐失去其现实和历史的品格,积淀为一堆抽象的政治伦理原则。"人皆可以为尧舜","尧舜"这一人格模式便是由抽象的政治原则所建构的。在这一人格模式中,一切基于人的自然本性所具有的功能仿佛都被蒸发了,人只剩下一具以道德为轴心的社会性躯壳,这一躯壳的基本架构便是理学家们所喋喋不休的三纲五常之类的理,其架构之根本支撑点,则是"无我"。

第一节　圣人无我

　　在宋代理学圣人观中,"无我"是一个核心问题。关于"无我",有种种说法,"无私""无意""忘记""无心"等从不同侧面揭示了圣人的"无我"特性。"我是为恶成就"[1],因此成圣是一个不断排除"我"的过程,"无我,则圣人也"[2]。

---

　　* 本章与李冬君合作。
　　[1]《朱子语类》卷三六。
　　[2]《二程集·河南程氏遗书》卷一一。

一、圣人顺天而无我

"天"在中国传统文化中有着特殊的意义,道是"天道",理是"天理",命是"天命",性是"天性",意是"天意",一切具有本体意义或带有必然性意味的命题都被中国传统文化归之于"天"。当然,"天"在这里已经不是纯粹的自然意义上的天,虽然"天"的自然色彩没有褪尽。理学中"天"的意义主要在政治和伦理方面。这种政治和伦理的"天",便是圣人认同的对象。向"天"认同,使圣人走向"无我"。

圣人认同天从而成为"天地之用"。"天只生得许多人物,与你许多道理。然天却自做不得……盖天做不得底,却须圣人为他做也。"①故"圣人,天地之用也"②。就像一个车夫,圣人只是随着车子一起滚动的一个附件。圣人"心代天意,口代天言,手代天工,身代天事"③,唯一不能代表的就是他自己。圣人尽"天地之用",其"裁成之功""何处可见"?朱熹答曰:"眼前皆可见。且如君臣父子兄弟夫妇,圣人便为制下许多礼数伦序,只此便是裁成处。"④天道经由圣人"裁成",转化为君臣、父子、兄弟、夫妇之道,因此"三纲五常"等伦理精神,乃是天道在人间的反映,君、父、夫的绝对权威性和臣、子、妻的完全依附性就是出于天道。正如"无我"的臣民必然依附于君主一样,"无我"的圣人则必然要"顺天无违"。子之于父母以孝顺为本,圣人之于天地也以孝顺为本。子之孝中还含有"子为父隐"等内容,而天恒无过,故圣人顺天唯"敬","敬只是一个'畏'字"⑤。"畏"则"至顺","天地之道,至顺而已矣。大人先天不违,亦顺理而已矣"⑥。

"畏天"还不能"尽天地之用","尽天地之用"必须从"忧天"始。所以圣人不仅"畏天",而且"忧天"。朱熹说:"圣人所以有忧者,圣人之仁也。不可以忧言者,天也。盖圣人成能,所以异于天地。"⑦圣人有心故有"忧",天地无心故无"忧"。宋儒以"忧"强调了圣人不同于天的能动意义,圣人在天人相分时忧,在天人合一时乐。人与天相分,正如婴孩脱离母体一般,忧患与生俱来。圣人之

---

①《朱子语类》卷一四。
②⑥《二程集·河南程氏粹言》卷二。
③《观物》五二《观物内篇之二》。
④⑦《朱子语类》卷七〇。
⑤《朱子语类》卷一二。

忧,表达了一种与人的自由意志背道而驰的复返自然、与天为一的愿望,就像婴孩渴望回归母体一般。圣人"穷神知化",不能不忧;圣人"以天下为己任",不能不忧。圣人在忧患意识中建立起来的自我,又在天人合一的大团圆中失落了,"曲终人不见","化则纯是天德也"。

圣人尽"天地之用"的过程,始于"忧"——自我意识的觉醒,终于"乐"——"无我"即自我意识的圆寂。"乐"是圣人判明"无我"的标尺。圣人之"乐"有三种:一是"从心所欲"之乐;二是"心广体胖"之乐;三是"大公无私"之乐。

"从心所欲"之乐,是从天理上言。"无我"的圣人,"左来右去,尽是天理,如何不快活"①。圣人与天为一,如鱼得水,此谓忘我之乐。

"心广体胖"之乐,是从自身上言。圣人之心何以能广大?朱熹曰:"无愧怍,是无物欲之蔽,所以能广大。"②"愧怍"萌于自我意识,有我便"愧怍","愧怍"便狭小,"无我"则心"广大",体"舒泰","吾心即是宇宙,宇宙即是吾心",乃心广大至极;"万物皆备于我",则"体胖"至极。

"大公无私"之乐,是从人伦上言。圣人"至公无私,大同无我,虽眇然一身在天地间,而与天地无以异也,夫何疑焉?佛者厌苦根尘,是则自利而已"③。佛的解脱,是自私自利;而圣人的解脱,则是"至公无私、大同无我"。朱熹说:"仁者,天下之公。私欲不萌,而天下之公在我,何忧之有?"④"人之所以不乐者,有私意耳。"⑤

总之,圣人在向天认同的过程中,作为人的自我意识被自然化了,当圣人与天融为一体时,我们只看到了圣,而不见人的踪影。"圣人便是天,天便是圣人。"⑥我们很难想象,这样的圣人能表现出人所特有的自由意志。我们知道,自由是人的本质的显现,是人的主体性的表征,而"听天由命"则是人的自由属性的错位,它完全忽视了人的以社会性为特征的生存活动本身便是对自然的超越。当然要圣人超越天是不可能的,就像人不能超越

---

① 《朱子语类》卷二九。

② 《朱子语类》卷一六。

③ 《二程集·河南程氏粹言》卷一。

④ 《朱子语类》卷三七。

⑤ 《朱子语类》卷三一。

⑥ 《朱子语类》卷六八。

"三纲"一样。

二、圣人与理为一而无我

朱子曰:"天即理也。理者,天之体;命者,理之用。""性即理也。在心唤做性,在事唤做理。"①理无处不在,所谓心情都是一理所现,以其性质和功能的不同而分别命名。"圣人形骸虽是人,其实是一块天理"②,是"理"所借用的一个人形,是没有人欲的形式人,"虽圣人不作,这天理自在天地间……只借圣人来说一遍过"③。"圣人都忘了身,只有个道理。"④圣人的血肉仿佛被光芒四射的天理蒸发了,自我化为乌有,"大而化,则己与理一,一则无己"⑤。圣人"未化"时,还是个操尺度以量物的主体,当其已化之时,则从主体变为工具,其行为完全不由自主,"圣人只看理当为便为,不当为便不为,不曾道我要做,我不要做。只容一个'我',便是意了"⑥。这样的圣人有个特点,那就是"凝然不动"⑦。"盖惟圣人能寂然不动,故无过。"⑧

圣人"无过"的提出,对于宋儒来说具有重大意义,它以最直接的方式肯定了圣人权威的绝对性和真理性,因而最具现实性。尽管圣人"无过"的根据在于与理为一,但我们无法确认这一点,即无法以客观的尺度来检验圣人是否与理为一,天理的阐释权握在圣人的手中,宋儒在最需要论证的地方放弃了论证,将最不可靠的条件当作自明的前提。

三、圣人尽心而无我

"存心养性"是宋儒的老生常谈。"心"是个载道的容器,是批发天理的场所,性和情都包容在其中,故宋儒有"心统性情说"。"心是神明之舍,为一身之主宰。性便是许多道理,得之于天而具于心者。发于智识念虑处,皆是情,故曰'心统性情'也。"⑨心虽主宰性情,但贯通这三种的却是天道,"在天为命,在义

---

① 《朱子语类》卷五。

②④ 《朱子语类》卷三一。

③ 《朱子语类》卷九。

⑤ 《二程集·河南程氏遗书》卷一五。

⑥ 《朱子语类》卷三六。

⑦ 《二程集·河南程氏遗书》卷六。

⑧ 《朱子语类》卷三〇。

⑨ 《朱子语类》卷九八。

为理,在人为性,主于身为心,其实一也"①。

宋儒认为,心与性的载道功能不同,"心"的功能是"知","性"的功能是"行",所谓"尽心"和"知性",便是知行合一。朱熹说:"存得父子之心尽,方养得仁之性。"②父子之心是慈孝,慈孝之心尽了,仁之性便表现出来。君臣之心是仁忠,仁忠之心尽了,义之性便表现出来了。情与性皆本于心,心"既发,则谓之情",情发而中节,合于天理则谓之性。心的特点是"虚","虚"则能容,容则能通。因此,圣人尽心,说到底是虚心。心"虚之至"则"物物无遗",故朱子认为,圣人之心,天地之心如赤子之心,"盖赤子之心,纯一无伪,而大人之心,亦纯一无伪"。所不同的是赤子"虚心"是因为无知,而圣人"虚心"则因为无我,所谓"大人不失赤子心",是"取其纯一近道也"。

宋儒认为,心为知行之本,"致知"从"尽心"始,"力行"从"存心"始,知与行皆由心起,然而心何谓也?孟子认为心有"四端",即仁义礼智。而宋儒则曰"心即理",宋儒所谓"理",不仅指事物的法则和规律,更主要的是指封建人伦纲常,即君臣、父子、夫妇之道。陆象山曰:"吾心即是宇宙。"非仅言心能弥纶天地,包罗万象,亦特言心中之"四端""三纲",充塞天地,涵盖宇宙。"吾心"之"吾",在这里只有指称功能,而无实质意义,宋儒所谓"尽心",非尽"吾"之心,而是尽天地心,宇宙心,即"四端""三纲"。

四、圣人尽性而无我

宋儒皆持天赋人性说,认为:"天之付与之谓命,禀之在我之谓性。"③性善由天定,与人为无关。"良能良知,皆无所由,乃出于天,不系于人。"④人有善恶,皆因气禀不同,"性者万物之原,而气禀则有清浊,是以有圣愚之异"⑤。禀得清气者为圣人,反则"为愚为不肖"。圣人因得清气,故善性自在。愚不肖者,则因气蔽其本性而为恶。宋儒以"气禀说",弥补了孟子性善论的不足。

宋儒认为,性即天道。"道即性,性即道,固只是一物。然须看因甚唤做性,因甚唤做道。"⑥在天为道,在人则为性,将性与天道等同起来,不仅使作为最

---

① 《二程集·河南程氏遗书》卷一八。
② 《朱子语类》卷六〇。
③ 《二程集·河南程氏遗书》卷二。
④ 《二程集·河南程氏遗书》卷一。
⑤ 《朱子语类》卷四。
⑥ 《朱子语类》卷五。

高自然法则的天道充分伦理化，而且使伦理自然化，人伦纲常便是自然秩序的显影。不过天道转化为人道尚须圣人"裁成"，即通过圣人"尽性"来完成。所谓尽性，就是将"自家性分之内"的道充分发挥出来，这只有圣人才能做到，"惟尧舜为能无物欲之蔽，而充其性"①。就人性本于天道而言，天道为体，人性为用，然而在这里，性与天道的关系发生了变化。这个"道"便是天道通过人性而显现的人道，即仁义礼智。仁义礼智被先验化而成为人的天性，圣人尽性即尽此四者。圣人"百行皆由仁义礼智中出"②。宋儒从根本上倒转了人性，人的本能如"嗜欲""利害"等，被看作后天获得的社会性加以排斥，仁义礼智等伦理精神反倒成为先天的自然性。宋儒实际上以人的社会性否定了人的自然性，而宋儒却认为他们所肯定并维护的正是人的自然性。

宋儒将仁义礼智规定为人的自然属性，是基于一个"生"字。仁义礼智"犹春夏秋冬"，春为仁，有个生意。宋儒从生本能上把握人的自然性无疑是正确的，但是如果将"嗜欲""利害"等同"生"本能分开，那么"生"也就脱离了本能，而成为仁义礼智之"生"。

宋儒在把仁义礼智确立为人的本性的同时，还提出了几种"尽性"的方式。朱熹说："率性者，只是说循吾本然之性，便自有许多道理。"③这"许多道理"，要而言之，便是：其一，"无意"。张载曰："率性之谓道，则无意也。性何尝有意？无意乃天下之良心也。"④朱熹也说："无意而安行，性也。"⑤其二，"节情"。何谓情？喜怒哀乐之谓情，情之未发之谓"中"。情未发，人皆得"中"，虽圣愚并无不同。情一发，则圣愚自别，唯圣人能"发而中节"。其三，"至诚"。其四，"践形"。"践，非践履之谓。盖言圣人所为，便踏着这个形色之性耳。"⑥宋儒认为人体是载道之车，"践形"就是要充分发挥人体之载道功能。"天生形色，便有本来天理在内。贤人践之而未尽，圣人则步步踏着来路也。"因此，"尽性、践形，只是一事"⑦。

---

① 《朱子语类》卷五五。

② 《朱子语类》卷六。

③ 《朱子语类》卷六二。

④ 《张载集·语录中》。

⑤ 《朱子语类》卷六一。

⑥⑦ 《朱子语类》卷六〇。

综上所述,"无意"是从行为上言,"节情"是从情感上言,"至诚"是从态度上言,"践形"是从身体上言。这四个方面贯穿一个基本精神——"无我"。"无意而安行"是天行,行动的主体是天而非人。"发而中节"之情,是"无我"之情,发情的主体,当然也"是天而不是人"。在人的一切禀赋之中,情最具主观性,最富于"我",如果连一点喜怒哀乐之情和饮食男女之欲都不能自主,那么无论作为社会意义的个人,还是作为自然意义的人都被扼杀了。"至诚"是一种排除了自我意识的非我化态度,而"践形"则是否定了感官物欲功能的非我化感觉。宋儒的理论所反映的正是专制制度否定人性的一面,它以人的本质的颠倒为前提,以否定人性而告终。

第二节　圣王专制的几个特点

和先秦儒家一样,宋儒为圣人设计的路线,是一条内圣外王的路线。圣如何向王转化?宋儒提出了三个基本点:其一,圣人尚公尚同。圣人之心,与天为一,无我至公。以一己之"公心",发而"感天下之心",圣人便向圣王转化了。圣人一天下之公心,当垂法后世,"圣人是人与法为一,己与天为一"[1]。不言而喻,法即圣人之言,法的功能是尚公尚同,法的根据是天道,圣人向圣王转化,在这里表现为天道向法的转化。法是"圣人公心尽天地万物之理"的产物,是圣王确立的根本标志。其二,圣人立己立人。立己是成圣,立人则为王,"己欲立而立人",一个"欲"字,包含了圣人向圣王转化的全部契机。宋儒曰:"率性则谓之道,修道则谓之教。"[2]"率性"是"立己","修道"是"立人"。"夫子之道"一以贯之,忠恕而已,"忠"是立己,所谓"尽己之谓忠","恕"是立人,即"人事"也。"忠"体"恕"用说表明:圣人立人必以立己为本。离开立己,就无从谈"恕"。"忠"与"恕","犹形影也,无忠则不能为恕矣"[3]。"忠者天下大公之道,恕所以行之也。"[4]"忠"是内圣,立己也;"恕"是外王,立人也。"以己及人"是圣人向圣王转化的"大本达道也"。其三,圣人成己成物。圣人不独成,故宋儒以成己成物并举。成己成物的关键是一个"诚"字。何谓"诚"?宋儒曰:"尽性为诚。"尽

---

① 《朱子语类》卷六一。
② 《二程集·河南程氏遗书》卷一。
③ 《二程集·河南程氏外书》卷一一。
④ 《二程集·河南程氏外书》卷二。

性有二:尽己之性与尽物之性。尽己之性是成己,尽物之性是成物,二者兼成谓之"诚","诚者合内外之道"①。"'克己复礼为仁',岂不是成己?'知周乎万物而道济天下',岂不是成物?仁者,体之存;知者,用之发。"②无我以复天理是成己,成己为仁;以成己之道"济天下"是成物,成物为智。立己便是"存心",而成己便是"养性";立人以"事天"为本,而成物则以"济众"为本。"存心养性"是修身之德,而"事天济众"则为教化之功。如果说"养性"之成己是内圣的过程,那么"济众"之成物便是外王的过程,由己及物,意味着圣人向圣王的转化。

圣人与圣王有一点不同,即圣王不仅载道、传道、行道,而且将天道与政权结合在一起,实行天道专制。关于这个问题理学家有广泛的论述。这里只讲几个深层次问题。

一、"灭人欲"与杀"心中贼"

在宋儒看来,人生在世"只有天理、人欲两途,不是天理,便是人欲"③。而且天理人欲之争,谁胜谁负,殊难预料,因此,人应该"把定生死关头,扶起此心来斗",斗则进,不斗则退。"人只有个天理人欲,此胜则彼退,彼胜则此退,无中立不进退之理。"④人欲不仅与天理构成矛盾,而且人欲的无限性与财富的有限性也构成矛盾,宋儒主张压抑人欲,鼓励人们追求道义上的满足,认为以无穷的人欲来追逐有限的财富是违背人的本性的。宋儒只看到人欲的消极性的一面,而没有看到人欲还具有积极的创造性的一面。实际上,人欲能不断创造出自己所追逐的对象来。同样,对于道义,宋儒也只看到了其作为无形的财富所具有的无限性的一面,而忽略了道义所具有的封闭性的一面。

尽管如此,宋儒并不排斥适可而止的人的本能欲求,只是这种满足以不被物欲所夺为限。因此宋儒主张应重视肉体这大自然的赐物,应该使它的每个器官都能得到自然的满足。在某种意义上可以说这是道德的基础。"饮食者,天理也;要求美味,人欲也。"⑤饮食是自然欲求,而"要求美味"则含有文化因素,它破坏了自然欲求的封闭性和自足性。而自然欲求的这种封闭性和自足性恰恰是一种动物的特征。在这一点上,我们可以说宋儒表明了一种反文

---

① 《二程集·河南程氏遗书》卷一。
② 《朱子语类》卷六四。
③ 《朱子语类》卷四一。
④⑤ 《朱子语类》卷一三。

化倾向。在宋儒看来,耳目口鼻及四肢躯体都执行"天职",它们构成执行天理的系统,如有一毫私意施与它们,"即废天职"。"口目耳鼻四肢之欲,性也。然有分焉,不可谓我须要得,是有命也。"①故其欲"惟分是安"。饮食男女等自然欲求是天理的一种低级的表现形式,与人欲不同,它的特点是"安分";人欲的特点则是过分。然而,实际上正是在这种"过分"的人欲,对自然的封闭性和自足性的突破和超越中,包含着文化生成的契机。宋儒的人伦纲常思想就是建立在"安分"这一自然欲求的基础上。

当天理向人伦落实时,即表现为礼,天理与人欲的矛盾,在现实生活中表现为"己"与"礼"的矛盾,"灭人欲"就是"克己",而"存天理"则是"复礼"。宋儒认为,人之所以为人,就在于有"礼"。在这里"人"是一个类概念,并不包含个体"己"在内,"人"与"己"是对立的,只有"克己"才能成人。毫无疑问,宋儒的伦理精神是扼杀个人的。"'克己'者,一似家中捉出个贼,打杀了便没事。"②我们认为如果活生生的个人被打杀了,作为类概念的人,是毫无意义的。

二、"一刀切"——教与刑

宋儒认为,芸芸众生皆为蒙者,"存天理,灭人欲"归根到底就是治蒙,圣人的使命就是"启众生之蒙,去众生之昏","启蒙"和"去昏"都要"一刀切",毫无例外。"'壹是',一切也……颜师古注:'犹如以刀切物,取其整齐。'"③宋儒以理为快刀,以"一刀切"灭私。"有己则喜自私,私则万殊,宜其难一也。"④圣人以"一刀切"杀尽人的私心,"使人齐入于圣人之域"⑤。"圣人之域"的标志是"广居"。"广居,无私意也。""以天下为一家,中国为一人,何广如之!"⑥

宋儒认为,实现"一刀切"既须教化,又须凭借刑政的力量。教化讲得很多了,这里主要讲讲理学家的以刑治蒙。"圣王为治,修刑罚以齐众,明教化以善俗。"⑦"教人之术,若童牛之牿,当其未能触时,已先制之,善之大者……如有不率教之人,却须置其榜楚,别以道格其心,则不须榜楚,将自化矣。"⑧"牿"

---

① 《二程集·河南程氏遗书》卷一九。
② 《朱子语类》卷四四。
③ 《朱子语类》卷一五。
④ 《二程集·河南程氏粹言》卷二。
⑤ 《朱子语类》卷一四。
⑥ 《朱子语类》卷五五。
⑦ 《二程集·周易程氏传·蒙》。
⑧ 《二程集·河南程氏遗书》卷二上。

"槚楚",皆刑罚之喻也。圣人之治,要在防患于未然,就像小牛的角还没有长出来,就要使之适应笼套一样,对"不率教之人",须"以道格其心",即在心上绑着一个结结实实的笼套。"圣人为天下,何曾废刑政来!"①宋儒不仅以理杀人,而且以刑杀人。在宋儒看来,杀人也是替天行道,对于下民,他们主张先刑后教,以杀启蒙。"发下民之蒙,当明刑禁以示之,使之知畏,然后从而教导之。"②"九居初,最下无位者也,下民之象,为受刑之人,当用刑之,始罪小而刑轻……《系辞》曰:'小惩而大戒,此小人之福也。'"③故芸芸众生皆是可刑之人,只要本于天理,杀人也是教化,且不失圣人爱人之心。"圣人之于民,虽穷凶极恶而陷于刑戮,哀矜之心无有异也。"④"虽曰杀之,而仁爱之实已行乎中。"⑤圣人做大事不以小不忍为心,只要打着天理的旗帜,就可以大开杀戒。"圣人于天下自是所当者摧,所向者伏。"⑥

三、忠与孝——人人臣仆化

圣王"一刀切"使众生都成为"无我"之人,这"无我"之人面对社会,已不能做出任何有益于己的个人选择,他们任凭圣王将自己织入以三纲五常为经纬的命运之网中,"人皆可以为尧舜",在这里实际上意味着,在这命运之网中人人皆可找到一个恰如其分的位置。这位置像一个死结一样,牢牢地拴在自己的身份上。

君、臣、父、子、夫、妻、兄、弟、友构成儒家的社会关系网,在这张网中,每一种身份都有一套与之相应的角色模式。宋儒曰:"圣人教人有定本……教以伦:父子有亲,君臣有义,夫妇有别,长幼有序,朋友有信。"⑦君臣父子夫妇之道为"道之大本'⑧,是天理之在人者。"天教你'父子有亲',你便用父子有亲;天教你'君臣有义',你便用君臣有义。不然,便是违天矣。"⑨人伦出于自然,不仅表现在以天为本,对天的认同上,而且表现在追根溯源,寻祖归宗的血缘认

---

① 《朱子语类》卷二三。

② 《二程集·周易程氏传·蒙》。

③ 《二程集·周易程氏传·噬嗑》。

④ 《二程集·河南程氏文集》卷八。

⑤ 《朱子语类》卷七八。

⑥ 《朱子语类》卷七五。

⑦ 《朱子语类》卷八。

⑧ 《二程集·河南程氏遗书》卷一八。

⑨ 《朱子语类》卷六〇。

同上。"父之所以慈,子之所以孝,盖父子本同一气,只是一人之身,分成两个,其恩爱相属,自有不期然而然者。其他大伦皆然,皆天理使之如此,岂容强为哉!"①宋儒由此推论人伦关系"非是其如此",而是天与血缘运行的必然结果。"有牝牡,便是有夫妇;有大小,便是有兄弟;就他同类中各有群众,便是有朋友;亦有主脑,便是有君臣。只缘本来都是天地所生,共这根蒂,所以大率多同。圣贤出来抚临万物,各因其性而导之。"②圣人"各因其性而导之",就是根据自然法则,将每个人都固定在他们所特有的身份之中。身份是每个人生存的标志和目的,谁也摆脱不了,"父子君臣,天下之定理,无所逃于天地间"③。天和祖是儒家精神的两根支柱,两个本原,自然本于天,而人文出于祖,自然主义和祖考精神成为儒家传统的两个原动力。儒家人伦纲常中,君臣和父子关系最为重要。在这两种关系中,君与臣,父与子,各自承担的伦理义务不同,所拥有的权力也不同。父子关系是君臣关系的原型,如果一直追溯下去,它们又源于一种更为基本的天人关系。实际上君臣关系是父子关系的再现和展开,在父子关系中,个人的政治行为方式和政治心理机制已经定型,它们为君臣关系的种种定则提供了心理基础。忠本于孝,君主的权威源于父亲的权威,君主对臣民的德刑并举,实质上是父亲对子女的爱与罚的再现,即如臣谏君也可以在父子关系中找到它的伦理依据。

孝与忠在本质上都是个"顺"字,它们的区别就在于所面对的对象不同。"顺"以"无我"为根柢,因此,人子之顺,便是"以父母之心为心"④。不能有一点主体性;不言而喻,人臣之顺,自然也要以君主之心为心,同样不能有一丝一毫的主体性。宋儒主张"事君致其身",所谓"致身",便是"一如送这身与他,便看他将来如何使",这种不有其身的精神,是"不为己之私计也"⑤。然而君和亲也不是天生圣人,难免要犯错误,如果只是僵化的顺从,而导致君亲错上加错,便是"顺"的异化,为了克服"顺"的异化,宋儒又提出了"谏"。"人情自有偏处,所亲爱莫如父母,至于父母有当几谏处,岂可以亲爱而忘正救!

---

① 《朱子语类》卷一七。
② 《朱子语类》卷一四。
③ 《二程集·河南程氏遗书》卷五。
④ 《朱子语类》卷二七。
⑤ 《朱子语类》卷二一。

所敬畏莫如君父……岂可专持敬畏而不敢言!"①但是,人子人臣只能"微谏"。何谓"微谏"?朱熹说:"微谏者,下气、怡色、柔声以谏也。见得孝子深爱其亲,虽当谏过之时,亦不敢伸己之直,而辞色皆婉顺也。"②一言以蔽之,"敬不违"也。"上不违微谏之意,切恐唐突以触父母之怒;下不违欲谏之心,务欲置父母于无过之地。其心心念念只在于此。若见父母之不从,恐触其怒,遂止而不谏者,非也,欲必谏,遂至触其怒,亦非也。"③天下无不是的父母,结果只能是"子为父隐",臣于君也是如此,"看来臣子无说君父不是底道理,此便见得是君臣之义处"④。这种文过饰非的"微谏",只是"顺"的一种补充,其作用显而易见是强化了"顺"。作为人臣和人子,必须维护君与父权威的绝对性和真理性,为此可以做出任何牺牲,"君要臣死不得不死,父要子亡不得不亡",顺到生物本能也丧失了的地步,无论冠以怎样荣耀而崇高的谥号,恐怕也不能掩盖人性异化的实质吧。

圣人观,可以说是我们民族精神的一个焦点,由此焦点,我们可以对中国传统政治文化做多层次、多角度的透视,它是一种人格类型,又是一套政治范式;它既是"关于人的共同观念体系",又是关于自然的认识模式。举凡天人、道器、形名、体用、本末、心性、理欲、义利等观念,无一不与圣人相关。上自宇宙本体,下至饮食男女;从"赞天地之化育"的王者之事,到百姓日用,皆以圣人为轴心而转动。它由一个普通观念,升华为一种文化精神,几乎涉及传统文化所有方方面面。且不论它作为一种思维方式所具有的独特意义,即就其政治伦理方面而言,它也显示了一种恒固的气质,它的"无我"特性历千年而弥留,潜移默化,植入深层的国民性中,形成我们民族的一定时期的文化-心理结构。它不仅滞留在精英文化意识中,而且泛化在民俗文化意识中,从某种意义上来说,它仍然是我们民族所认同的对象。

传统圣人观对近代政治伦理生活,具有深刻的不容忽视的影响,它的以"无我"为本位的臣民价值观,或多或少、自觉不自觉地影响并妨碍了近代价值观的确立。如果说自我意识是近代民主的酵母,那么无我意识便是古代传统专制的思想支柱。在宋代理学圣人观中,自我像幽灵一样被驱逐、被流放,

---

① 《朱子语类》卷一六。

②③ 《朱子语类》卷二七。

④ 《朱子语类》卷一三。

无我意识、臣民意识和圣王意识构成了王权主义和专制制度的道德基础。从中世纪走出来，首先就意味着要建立一个新的道德基础，即以主体意识、公民意识和民主意识代替无我意识、臣民意识和圣王意识。

原载《复旦学报》,1990 年第 3 期

第二十五章　论由传统政治观念
向近代政治观念的转变

我所说的"传统"是同"近代"相对而言的。"近代"又包含着通常所说的"现代"。就中国的情况而言，正处在由传统社会向近代社会转变过程中，同样，传统政治观念也正在向近代政治观念转变过程中。这中间问题很多，本章只提出几点，略加讨论。

第一节　传统政治观念的"三重奏"

传统政治观念分而言之，可以条列许多。我认为王权至上观念、臣民观念和圣人崇拜可谓交融一体的"三重奏"。这三者互需、互补，如鼎之三足，缺一则覆。

王权至上观念和臣民观念相反相成，共同维系着社会秩序和政治结构。《诗经·北山》说"溥天之下，莫非王土；率土之滨，莫非王臣"，可谓王权至上观念的最早、最准确的概括。秦始皇君临天下之后立即宣布："六合之内，皇帝之土……人迹所至，无不臣者。"[1]君主对天下的土地与人民究竟能控制或支配到什么程度，可另行讨论，但这种观念占有或许比事实更重要，更有意义。当人们一旦普遍接受了这种观念，臣民就不仅仅是被迫的，而会成为心甘情愿的奴仆。奴仆观念可以条列成千上万条，要之有如下几点：

第一，甘为臣仆与狗马的心态与观念。先哲们有很多君臣相需之论，也有以道事君、道高于君的哲理之论。但这都不影响常态情况下君臣之间的主仆关系。这就是所谓的"主者，人之所仰而生也"[2]。换一角度则为："为人臣者，仰生于上者也。"[3]君主是天下人的衣食父母，君主把恩泽、阳光、雨露洒给天下，

---

[1]《史记·秦始皇本纪》。

[2]《管子·形势解》。

[3]《管子·君臣上》。

惠及牛马。既然一切都是由君主赐予的,甘心做臣仆与狗马也就是合乎逻辑的,于是"北面委质,无有二心"是为臣的准则。

正是在上述观念下,君主把臣视为工具,有用则使,无用则弃。汉武帝对这一点有明白的表述:"何世无才,患人不能识之耳。苟能识之,何患无人?夫所谓才者,犹有用之器也,有才而不肯尽用,与无才同,不杀何施?"[①]与君主的这种观念相应,臣则视自己为君主的狗马。汲黯是历史上敢于庭折面争的名臣,他曾当众揭露过汉武帝的心秘,然而正是这样的一位诤臣却又把自己视为君主的"狗马"。[②]

仰食于君、为君之工具与狗马,是当时士民的普遍心态,也成为人们的行为界标。

第二,向帝王求是非,求合理性的心态。认识上的是非与合理问题,历来是一个争论的问题。许多先哲曾提出是非之准在"实",在"参验",用今天的语言,即实际、实践。这些认识无疑是非常光辉的。但是随着大一统帝国的出现,特别是实行独尊儒术之后,认识上的是非与合理性虽然在思想界仍然是不断讨论的问题之一,但同时出现了一股强大的思潮,即向君主求是非,求合理性。李斯向秦始皇建议焚书、禁百家之时,建议秦始皇"别黑白而定一尊""以吏为师",取缔私学,特别是儒学。李斯提出的问题远远超出了政治范围,而是要整个社会思想一统化。由谁一统呢?这就是皇帝。"以吏为师"最后归结为以帝为师。董仲舒建议独尊儒术时,他的立论几乎与李斯同出一辙:"师异道,人异论,百家殊方,指意不同,是以上亡以持一统。"[③]

儒学原来是诸子之学,独尊儒术之后变成政治的组成部分,特别是经学则是由皇帝钦定的。这样一来,经学的最高解释权与核定是非权自然也就归皇帝。这样便造成了一种社会的普遍心理,即从皇帝那里寻求是非、寻求认识合理性。像韩愈这样的大家都这样说:"得备学生,读六艺之文,修先王之道,粗有知识,皆由上恩。"[④]柳宗元也如是说:"身体发肤,尽归于圣育;衣服饮食,悉自于皇恩。"[⑤]这种唯书、唯上心态不仅令人肉麻,更须令人反思的是,这样

①《资治通鉴》卷十九。

②《汉书·汲黯传》。

③《汉书·董仲舒传》。

④《韩昌黎文集校注·请上尊号表》。

⑤《柳宗元集·为京兆耆老请复尊号表》。

的大知识分子都认为自己的一切都是皇帝给的。奴性之毒,深入骨髓!

第三,对帝王的期待心态。帝王是治乱之源,因此社会上形成一种对帝王的期盼心态。寄希望于好皇帝及相应的清官,几乎成为他们唯一的选择。

第四,君主面前的错感与罪感意识。臣下给皇帝上疏,大抵均有套话铺前垫后,诸如"臣某诚惶诚恐,顿首顿首""兢惶无措""昧死以言""愚臣""愚见""惟圣裁鉴""臣不胜惓惓之至""臣罪当死""彷徨阙庭,伏待斧锧",等等。这些不仅仅是礼节性的套话和无所谓的形式主义,在这些套话背后隐藏着深层政治文化,这就是臣下的错误感和罪感。

君主是圣明的,无所不知,明察秋毫,君是心,臣是股肱;君是首,臣是四肢。按照这个逻辑,臣下的职能就是听令。于是有臣者"奉命而行事""下顺于上"之论。臣作为君主的"手脚"本不应说话,但又不能不说或不得不说。所说的一旦不合君主之意,就难免招罪。翻开历史,可以看到言罪比比皆是。臣下为了防御自保,于是在同君主奏对中,便以自卑自谦反衬君主的圣明,并给君主留下更多的选择余地。久而久之,臣下在君主面前便形成了一种不待论证的、自然而然的错感和罪感意识,即使遭冤杀,也要颂皇恩浩荡,称臣罪当死。

臣下在君主面前的错感与罪感意识,是传统政治文化中的基本内容之一,它对整个社会有着广泛的影响,是造成思想贫乏和人格普遍萎缩的重要原因之一。

圣人崇拜则是王权至上的臣民观念的共同的思想文化基础。中国历史(春秋战国以后)有一个重要特点,这就是崇圣重于崇神。圣人是天人合一的中枢,是社会和历史的主宰,是理性、理想、智慧和真、善、美的人格化。在中国传统思想文化中,最为重要的观念之一是对"道"的崇尚,而圣人之所以为圣人,正在于"体道""得道"。

圣人观之所以成为君主至上的思想文化基础,就在于圣与王的结合。最初,圣与王是两个不同范畴,圣主要指智慧、理性、道德等,王主要表示权力。在历史的运动中,政治家和思想家共同推动圣与王相结合。思想家们提出圣人应该成为王。诚如荀子所说:"非圣人莫之能王。"[①]圣人治天下成为春秋战国时代思想大潮。诸思想家把明哲的先王尊为圣人,又为现实之王称圣做了历史铺垫。现实的王在这种思想大潮中,干脆宣布自己就是圣。秦始皇在这方

---

① 《荀子·正论》。

面迈出了决定性的一步。他本人的功业是超历史的，"五帝所不及"，又"神灵明圣"，亘古未有。他颁布的法令为"圣法"，他的所作所为均为"圣德"。董仲舒进一步把天子与圣视为二而一，一而二的关系。"天祐而子之，号称天子。故圣王生则称天子。"①于是"圣上"又成为天子的雅称。

"圣"当然不完全等于王，它还有许多其他内容，比如就道德而言，圣人最崇高之处就是"无私""无我"。如果把"无私""无我"等，同当时具体的道德规范联结起来考察，"无私""无我"的中心是泯灭人的主体性。无主体性的众生，正是顺民的最好材料。

圣人与现实的君主常常有矛盾，此时佐君致尧舜则是正人君子们的流行观念和价值准则。杜甫的诗句"致君尧舜上，再使风俗淳"，把这种心态准确地勾画出来了。陆贽有"伊尹耻其君不如尧舜，臣亦耻之"的感叹与壮语，其壮亦不过为忠臣诤臣耳！②君王不可救药时，必须推翻他，造反者的旗帜大抵都是"以有道伐无道"，仍然是"圣人"革命，即"汤武革命"是也。不成功，则为贼逆；成功了，便成新圣主。

圣人理论既论证了君主的合理性，又培养了顺民，同时又为以有道伐无道提供了理论依据。

第二节　由传统政治观念向近代政治观念的转变

由传统政治观念向近代政治观念的转变，不是中国社会历史与思想文化自然发展中的自然产物，它是西方大炮打开国门之后，在既被迫又自觉的复杂矛盾情态中进行的。西方近代政治观念的中心是民主、平等、自由和人的主体性意识的增长，这些与中国传统政治观念是相冲突的。先进的中国人接受了西方这种政治观念，提出以民主主义取代君主专制主义，做公民不做臣民，做自己的主人不做圣徒。在 20 世纪初，批判君主专制主义，剖析国民性，打倒"孔家店"，震撼着中国人的心灵。由传统的政治观念转变为近代的政治观念，不仅仅是一个观念问题，同时也是一个实践问题和人的素质问题。辛亥革命推翻了帝制，然而皇权的崩溃并不等于民主政治必然确立。正当人们喜庆民

---

① 《春秋繁露·三代改质文》。
② 《全唐文》卷四六九陆贽《重论尊号状》。

主共和之时,洪宪复辟给了当头一棒。先进的人们重新跌入了困惑之中。他们极力思索,究竟是什么原因导致理想的破灭?他们发现,除了"守旧之武人及学者"等反动势力的阻碍,近代以来民主运动的激荡实际只限于社会的某些阶层,并未能得到全国民众的响应。陈独秀说:"吾国年来政象,惟有党派运动,而无国民运动也。"①"今之所谓共和,所谓立宪者,乃少数政党之主张,多数国民不见有若何切身利害之感而有所取舍也。"他敏锐地认识到,民主政治成功与否,"纯然以多数国民能否对于政治,自觉其居于主人的主动地位为唯一根本之条件",否则宪法不过是"一纸空文"。"且宪法上之自由权利,人民将视为不足重轻之物,而不以生命拥护之,则立宪政治之精神已完全丧失矣。"②李大钊也认为:"民贼之巢穴,不在民军北指之幽燕,乃在吾人自己之神脑。"③于是五四时代呼出了"民主"与"科学"的口号,把批判之剑指向传统文化,要与封建伦理纲常彻底决裂,实现全社会政治观念的普遍更新,以使民主运动真正成为"国民的运动"。可是,我们看到,新文化运动行进十年之后,鲁迅仍在疾呼:"此后最要紧的是改革国民性,否则,无论是专制,是共和,是什么什么,招牌虽换,货色照旧,全不行的。"④而且,五四运动七十年后的今天,科学和民主重又成为时代的中心课题,呼唤观念更新,个性解放,批判专制主义,加强法制依然是当代有识之士们思索和讨论的热点。这种历史现象的延续或重叠说明了什么呢?抑或仅仅是偶然?当然,这不是偶然。一言以蔽之,虽然国体性质和政体形式比之七十年前的五四时代发生巨大的变化,但是,当代中国还没能从传统政治文化的羁绊中完全解脱出来。为什么是这样一种局面呢?原因很多,这里我们仅从以下四个方面略行考索。

一、近代中国缺乏足够的"人的觉醒"的历史环境

近代西方民主政治的发展始自文艺复兴"人的觉醒",中国近代民主运动的演进则始于人们对西方民主政治制度的了解、学习和移植。前者是从"人的觉醒"到制度的建立;后者却是从"制度的觉悟"到制度的建立,其间缺少人的观念普遍更新这一重要演进环节。形成这一差别的一个重要原因是,近代中

---

① 陈独秀:《一九一六年》,《青年杂志》,1915年第一卷第五号。

② 陈独秀:《吾人最后之觉悟》,《青年杂志》,1916年第一卷第六号。

③ 李大钊:《民彝与政治》,《李大钊选集(上册)》,人民出版社,1959年,第47页。

④ 鲁迅:《两地书·北京》,《鲁迅全集(第十一卷)》,人民文学出版社,1981年,第31页。

国的时代中心课题始终是救亡。

纵览近代中国,自鸦片战争的炮声响起,民族危亡的危机感和紧迫感就始终萦绕在人们心头。面对虎视眈眈的西方列强,人们一时束手无策。中国传统政治经验和儒家政治思想中没有解除危机的答案,人们转而向强大的对手觅求良方。于是,民主、共和、天赋人权、权利义务等民主理论被搜罗而至,主观上被用作致富求强之术,以期摆脱被列强瓜分的厄运。从当时人们对民主理论的阐述看,这一目的性是十分明确的。例如梁启超说:"民权兴则国权立,民权灭则国权亡……故言爱国必自兴民权始。"①《权利篇》说:"权利思想,伟乎大矣! 当此生存竞争之世,权利之竞争之利器,君权赫赫去日无时,列强雄雄来日方多,我国民无权利以抵抗之,地球狭小,其将何以托足耶! "②似乎只要依照西哲泰斗的教诲,依照美利坚、法兰西建立起共和政体,则一切危机便迎刃而解了。在这样的情势下,人们对民主的理解和选择出现了严重倾斜。人们的选择偏于政治制度理论,忽略了民主政治的本质精神——自由、平等和人的彻底解放。人们对专制主义的批判也主要表现为抨击君权专制的孔孟之道对专制制度的维护,却没有把批判的理性提升到普遍的"人之觉醒"的层次。人们致力于制度的更新,却没能对构造臣民观念的政治文化基础进行深入而有效的清算。

二、激烈的武装斗争和高度组织对政治观念近代化的二重性

随着民族危机的加剧和民主运动的高涨, 救亡形式逐渐以武装斗争为主。这种武装斗争对政治观念的转变一方面有着巨大的推动作用,把武装反抗旧势力的斗争同思想启蒙对立起来是不符合历史事实的,但也应看到另一面,这种形式一般表现为阶级之间的激烈的集体性对抗,强调统一的行动和指挥,要求个人融合到整体之中,为了阶级和民族的利益做出奉献和牺牲。就近代民主进程看,集合整体力量进行武装斗争是挽救民族危亡,建立民主政治的必要形式和成功的唯一途径,然而,这种救亡形式又不可避免地使个人权利、人的个性、人格和独立精神降到了次要地位。人们公民意识的培养和普遍提升被民族救亡和武装斗争的主旋律淹没了。这在一定意义上是历史的必

---

① 梁启超:《爱国论》,《饮冰室合集·文集之三》,中华书局,1936 年,第 73 页。

②《权利篇》,《直说》,1903 年第二期,转引自张枬、王忍之编:《辛亥革命前十年间时论选集(第一卷上)》,生活·读书·新知三联书店,1960 年,第 481 页。

要,但对它缺乏历史的分析,对其后历史的发展会带来消极的影响。

《中华人民共和国宪法》难以实施,到"文革"时期连一张废纸也不如,更何谈其他。

三、中国与西方政治文化内在价值系统的巨大差异,使得舶来的公民暨权利义务观念难以深入中国传统政治文化土壤

构成西方近代民主政治的理论基础之一是自然权利说,这一理论的渊源可以从卢梭、孟德斯鸠一直上溯到古罗马的西塞罗和古希腊的智者。自然权利说的价值核心是对个人的权力利益的肯定,认为个人的权利是最根本的权利,具有先天合法性,是构造政治实体的基本原子或元素,维护个人自然权利则是政治组织的基本目的。在这个意义上说,具有与生俱来之权利的个人是政治组织的主人,政治组织的运行和活动应当得到主人的认可与监督。

对于中国传统政治文化来说,这样的观念全然是舶来品,自然权利说与传统文化的价值观念主旨相抵。中国传统社会缺乏类似西方自然法的观念,多有刑律思想;没有西方的法制权利观念,多有基于王权主义而形成的权势——特权观念,或可称之为"权威权利";很少有关于个人权利的自觉,主要是伦常等级化了的群体意识。因此,当人们向西方寻求真理,接受了有关公民(国民)权利、义务等观念时,主要是接受了这些观念的表层含义,却忽略了这些观念的内在价值标准与中国传统政治文化价值准则的格格不入。因此,尽管人们以权利义务为参照物,尖锐地抨击了君主专制下的"尽人皆奴隶"状况;尽管随着民主运动的进程,权利义务观念得到法律认可,但中西政治文化价值系统的内在差异却阻碍了权利义务观念向着传统政治文化深层结构的迅速渗入。臣民观念在中国有着两千年的悠久传统,其中的价值准则经过多种社会渠道的长期渗透,已经深深地嵌入并固着于人们的观念意识之中,积淀为普遍的政治心态素质。面对着有深厚基础的传统臣民观念,舶来的权利义务观念势必难以凭朝夕之功取而代之。价值系统迥异的不同政治文化的转换需要长期和相对稳定的融合过程,可是近代中国民主运动的急剧递变和激烈的武装对抗却难以提供这样的环境。

四、形成普遍的公民意识必须以每个人的具体实践为必要环节,然而近代以来的救亡与革命历程没有提供适宜的实践条件

公民权利的实施环节指的是,人们在实际的政治参与过程中,真实享受到其法制规定的公民权利,并履行相应的义务,即所谓民主权利的实现的过

程。一般说来,法制规定的公民权利只有经由具体的实践环节,才能社会化为普遍的公民意识。换言之,人们只有在具体的"权利实现"过程中,才能学会做公民。公民权利的实现与公民意识的提升是同一过程。公民权利从法制规定向着普遍意识的过渡,既取决于具体的社会-政治环境的民主化程度的发展,同时又取决于每一个社会成员在具体实践中的推动。

从政治实践看,法制规定的公民权利如果没有普遍的公民意识做根基,这种规定只能形同虚设。因为,赐予的公民权利缺乏全社会广泛积极认可。尽管国家有可能通过某种传播媒介和社会化渠道,将公民权利义务的法律规定输送给人们,可是由于缺乏必要的实践环节,人们没有真实享有权利和履行义务,在他们的意识深处,便难以真实理解并认可权利义务的内涵与功能。在他们看来,权利义务是一个"模糊概念"或"抽象名词",与其个人的政治行为和选择并无瓜葛。这种法制规定与实际政治意识的严重脱节将不可避免地造成某种虚幻的主人翁感,国家的主人既然不知如何享有和运用公民权利,也就不会形成履行义务的自觉,结果导致了全社会普遍存在的不负责任、法制观念淡漠和实际义务感降低。公民意识的极度薄弱直接影响着政治运作中制衡机制的形成和完善,极大地阻碍了政治民主化进程。

马克思早就说过:"没有无义务的权利,也没有无权利的义务。"① 1912 年《临时约法》和以后的国家《宪法》都对公民权利做了具体规定。然而,八十年来的政治实践证明,由于缺乏必要的实践环节,公民权利从法制规定向普遍意识的过渡并没能完成,传统的臣民观念一直未能清除。正是从这个意义上说,当代中国尚未能真正进入公民政治时代。从法律规定的公民成为真正自为的公民,必须在实践中成长。明智的政治家首先要是一个合格的公民,并与公民一起推进公民意识的发展。

学会做公民,这是摆在我们民族面前的一项历史任务。

原载南开大学历史系《中国史论集》编辑组编:《中国史论集》,天津古籍出版社,1994 年

---

① [德]马克思、恩格斯著,中央编译局马克思恩格斯列宁斯大林著作编译部编译:《马克思恩格斯选集(第二卷)》,人民出版社,1972 年,第 137 页。

第二十六章　论从臣民意识向公民意识的转变

公民意识、公民文化及相应的政治制度和社会规范，是近代以来民主政治的基础。但是在中国传统(相对于近代而言)的法律规定和政治观念中，并无"公民"的踪迹，公民观念是舶来品，深植于人们政治意识之中的是臣民观念。臣民与公民无论实质、内容抑或表现形式都是大相径庭的。

由臣民意识向公民意识转变，是中国近代政治观念发展中一个基本问题。由臣民意识转变为公民意识，是一个极为复杂的过程，同时也是一个极为困难和痛苦的过程。"文革"时期的思想极为繁杂，在诸种思潮中，传统的圣人崇拜和臣民意识是不可忽视的事实。当然它不是简单的历史重演，而是在特殊情况下以变异方式的再现。圣人崇拜和臣民意识的结合，极大地阻碍和破坏了公民意识和公民文化的健康发育。因此在研究传统与现代化这个大题目时，剖析一下臣民意识与公民意识及其关系，是十分必要的。这个问题又包含着许多内容，本章仅述其一二。

第一节　臣民意识的三大特征

通常认为，公民指在一个国家里，具有该国国籍，并享有法定权利和义务的社会成员。公民意识则主要指公民对于自身享有法定权利和义务的自觉，其中享有权利和履行义务是互为前提或基础的，此二者不可缺一。臣民观念则与之相左。臣民和臣民观念是君主专制政治的产物。构成臣民观念的本质特征是：只尽义务，不讲权利。下面从三个方面略做分析。

一、在"君权至上"价值准则的规定下，臣民只有忠君义务观念，而无任何关于法定权利的自觉

中国传统社会是君主政治的一统天下，君权至上作为一项基本政治价值准则，与君主政治相始终。这种观念的形成可以溯至殷商帝王的"余一人"思想。即使在先秦诸子之中，虽然不乏避世保身、蔑视王权之士，如庄子、杨朱，但维护君主政治和君权却是百家异说中的主流。秦汉以后，君权至上准则得到统治者和全社会的普遍认可，形成以下三方面认识。首先，君主拥有绝对权力。《礼记》言："君天下曰天子。朝诸侯、分职授政任功，曰：予一人。"[①]汉儒董仲舒说："君也者，掌令者也，令行而禁止也。"[②]宋儒陈亮也认为，人主之职为"辨邪正，专委任，明政之大体，总权之大纲"[③]。其次，君主是天下财富、土地和人民的最高所有者和主宰者。如荀子说："贵为天子，富有天下。"[④]宋儒周敦颐说："天下之众，本在一人。"[⑤]程颐讲得最明确："天子居天下之尊，率土之滨，莫非王臣……凡土地之富，人民之众，皆王者之有也。"[⑥]再次，君主的权力和权威是全国唯一最高权力，无可匹敌。春秋时期已有"国不堪贰"的共识，即反对国家权力二元化。孔子就主张"天无二日，民无二王"[⑦]。董仲舒也指出："君之所以为君者，威也……威不可分……威分则失权，失权则君贱。"[⑧]总之，"君权至上"确认只有君主一人是政治生活的主宰和政治权力的所有者，其他人都是君的臣仆，统属于君，是政治中的从属和被动因素。在这样的价值观念制约之下，"四方之众，其义莫不愿为臣妾"[⑨]，形成了普遍的忠君义务观念。

在实际政治生活中，我们看到那些凭借血缘关系或其他条件被封以官爵者，以及通过举荐或科举步入仕途垂首称臣者，依照他们在政治权力结构中所处的地位，分别拥有相应的爵位、权力，享有一定的财富。他们作为统治集团的成员，似乎享有某种"权利"，然而细加考察却不然。在君主政治条件下，君权是国家权力的唯一表现形式，封建贵族和官吏的权力不过是君权的再分配形式，官吏系统是君权统治的延伸，他们拥有的只是从王权派生或分解出来的政治和经济特权，而非法定的权利。如宋儒苏轼所言："夫智勇辨力，此四者皆天民之秀杰者也……故先王分天下之富贵，与此四者共之。此四者不失

---

① 《礼记·曲礼下》。

② 《春秋繁露·尧舜不擅移汤武不专杀》。

③ 《陈亮集·论执要之道》。

④ 《荀子·荣辱》。

⑤ 《周子全书·顺化》。

⑥ 《周易程氏传·大有》。

⑦ 《孟子·万章上》。

⑧ 《春秋繁露·保位权》。

⑨ 《盐铁论·备胡》。

职,则民靖矣。"①君主可以随意恩赐,也完全可以肆意剥夺。既然臣的特权来源于君主,臣子们唯有对浩荡皇恩感激涕零,勉力效忠,才能保障自己被恩赐的特权。君臣之间仍然是主仆关系,臣子们依然要恪守忠君义务。

忠君义务观念要求臣子们在政治意识和政治行为及价值的选择上,以忠于君主为基本原则。其上限为绝对忠顺,专一而不懈。孔子说:"臣事君以忠"②,荀子说:君子"其待上也,忠顺而不懈"③,"事两君者不容"④。古代忠臣的典范诸葛亮也说:"二心不可以事君。"⑤董仲舒还利用字形构造强调忠君专一不二的必然性,说:"古之人,物而书文,心止于一中者,谓之忠;执二中者,谓之患,患,人之忠不一者也。"⑥其下限为不背叛君主。荀子说:"事圣君者,有听从无谏争;事中君者,有谏争无谄谀;事暴君者,有补削无挢拂。迫胁于乱时,穷居于暴国,而无所避之,则崇其美,扬其善,违其恶,隐其败,言其长,不称其所短,以为成俗。"⑦这些认识逐渐形成了固有观念,演化为普遍的"愚忠"心理,天子神圣不可冒犯,臣子们只能忠顺服从。

对于一般民众来说,君主是天生的主宰。民被称黔首,排斥在政治等级之外,所谓"无名姓号氏于天地之间,至贱乎贱者也"⑧。他们没有任何政治主动性,只知服从统治,一味顺上,所谓"君者,仪也;民者,景也,仪正而景正。"⑨"君者,民之心也;民者,君之体也。心之所好,体必安之;君之所好,民必从之。"⑩民众是无知无识的一群,生来就是君主的奴仆。需要说明的是,在传统政治观念中,从周公、孔、孟,以至后世,"重民"和"施仁政"成为统治者经常演练的主调。然而,"重民"和"施仁政"的政治意义仅在于表明专制统治者重视民众在维护君主政治正常运行中的作用,并不包含民众自身拥有受法律保障的政治身份和权利,反而说明民的命运实际操纵在君主手中。正如梁启超所

---

① 《经进东坡文集事略·六国论》。

② 《论语·八佾》。

③⑨ 《荀子·君道》。

④ 《荀子·劝学》。

⑤ 《诸葛亮集·便宜十六策·君臣》。

⑥ 《春秋繁露·天道无二》。

⑦ 《荀子·臣道》。

⑧ 《春秋繁露·顺命》。

⑩ 《春秋繁露·为人者天》。

说:"仁政必言保民,必言牧民。牧之保之云者,其权无限也。"①

忠君义务观念是传统臣民观念的主要构成之一。这是一种基于君主政治条件而形成的传统——习惯型政治义务观念,与法律义务观念有所不同,其中并不内涵人们对于法律责任的自觉意识。这种义务观念的认识前提是君主和君主政治的利益及需要。在这种义务观念的制约和作用之下,人们的政治期盼和利益表达不是通过权利规定的形式,而是通过尽义务、报皇恩等形式表现出来,进一步加深了人们参与政治的从属性和被动性。

二、在泯灭个人主体意识的道德修身观念束缚之下,人们缺乏基本的权利主体意识

传统政治文化的基本特征之一是伦理与政治混而如一,认为个人道德修身是政治生活规范化和秩序化的起点。这个认识被概括为修身、齐家、治国、平天下的行为模式,对于臣民观念的形成有着深刻的影响。

传统文化认为,虽说人性本善,凡、圣一如,在道德修身方面,凡、圣有着共同的起点,"人皆可以为尧舜",但是,凡、圣之性的后天表现却有所不同。圣人之性先天至善,后天完美,"圣之为名,道之极,德之至也"②,因而无须改造。凡人则不然。凡人之性后天表现为种种情、欲,必须经过持续的修习改造,去恶扬善,方能趋向完美。在这一过程中,圣人是凡人道德修养的样板和终极点,凡人的修身过程就是向着圣人的皈依过程。

在传统文化中,圣人主要表现为一种理想的人格形象,是理想化抽象化了的人,是人类的主体意识的体现。对自然来说,圣人代表人类与天地对话,体现着人对自然的类主体意识的觉醒。如《礼记·礼运》说:"圣人参于天地,并于鬼神,以治政也。"如若面对世间芸芸众生,圣人则拥有规划并考核人们的精神和道德生活的绝对权威。在圣人博大而至善的理想人格面前,人们自惭形秽,于是,一股根深蒂固的"负罪意识"便油然而生,驱使人们虔诚地在改造自我上下功夫。"君子乾乾不息于诚,然必惩忿窒欲,迁善改过而后至。"③这样,道德便成了做人的根本义务,成为人们参与社会和政治生活的必由之途。"谁能出不由户,何莫由斯道也。"④

---

① 梁启超:《论政府与人民之权限》,《饮冰室合集·文集之十》,中华书局,1936年,第5页。

②《临川集·三圣人》。

③《周子全书·乾损益动》。

④《论语·雍也》。

在实际历史过程中,圣人与圣王相通,被统治者奉为理想君主的象征。封建帝王虽然未必是"对",但他们可以自诩为圣,阿谀奉承的臣子们也要尊之为圣。于是,人们的负罪意识便从道德领域扩展到政治生活,在天子"圣明"的灵光普照下,不由自主地五体投地,口称"臣罪该万死",诚惶诚恐。这时,人们唯恐效忠君主而不及,哪里还谈得上什么政治权利!

在道德修身观念的制约下,人们崇拜圣人,皈依圣人,人人争做圣人之徒,在精神上和道德上与圣人融而为一。随着人们道德水准不断提升,人的个体人格和独立精神便不可避免地消融在圣道之中。"无我"既是人们皈依圣人的结果,亦是本性得以完美的标志。如张载言:"无我而后大,大成性而后圣。"①亦如程颐说:"大而化,则已与理为一,一则无已。"②道德修身使得人的个人主体意识极度羸弱,几至泯灭,囿于这样的心态条件,人们不可能形成对于自身权利的自觉追求。

我们看到,在人们道德修身过程中,孝道受到异乎寻常的重视。且看如下议论。孔子说:"孝弟也者,其为仁之本与!"③《孝经》说:"夫孝,德之本也。"④"夫孝,天之经也,地之义也,民之行也。"⑤《礼记》说:"众之本教曰孝。"孝道"塞乎天地","横乎四海"⑥,推而放诸四海而皆准。孝道被奉为宇宙间最根本的道德原则和人们道德实践的最基本行为规范。传统文化对孝道的内容做了详尽的规定,总的倾向是对个人权利的种种否定。计有:其一,人们没有意志自由权,"父母之所爱亦爱之,父母之所敬亦敬之"⑦,个人爱憎全然以父母意志为准;其二,人们没有行为自主权,如"见父之执,不谓之进,不敢进;不谓之退,不敢退;不问,不敢对,此孝子之行也","夫为人子者,出必告,反必面,所游必有常"⑧,人们举手投足言辞答对都要服从父家长的管教和指挥;其三,人们没有财产私有权,"父母在……不敢私其财"⑨,作为家庭(族)成员,个人在

---

① 《张载集·正蒙·神化》。
② 《河南程氏遗书》卷一五。
③ 《论语·学而》。
④ 《孝经·开宗明义章》。
⑤ 《孝经·三才章》。
⑥ 《礼记·祭义》。
⑦ 《礼记·内则》。
⑧ 《礼记·曲礼上》。
⑨ 《礼记·坊记》。

经济上没有独立性;其四,个人没有婚姻自主权,男婚女嫁为的是后代的传延,是个人对家庭(族)应尽的义务,所谓"昏礼者,将合二姓之好,上以事宗庙,下以继后世也"①,个人在婚姻问题上要服从父母的绝对权威;其五,在孝道的规范下,连个人的身体也不属于自己,人的身体是"父母之遗体也",原则上为父母所有,个人对之必须恭谨爱护,不可毁伤,"父母全而生之,子全而归之,可谓孝矣"②,稍有损辱就是对父母的大不敬,极违孝道。可见,在孝道的束缚之下,人们没有任何"人的基本权利",只有奴隶对主人的服从义务。

孝道的作用范围不止限于家庭和社会,同时延及政治领域。《孝经》说:"孝,始于事亲,中于事君,终于立身。"③又说:"君子之事亲孝,故忠可移于君。"④忠正是孝的政治表现形式。

在传统的道德修身观念的普遍约束之下,人们不是作为权利主体,而是作为道德义务主体参与全部社会和政治生活的,表现为一种忘我的追求和无偿的奉献。由于缺乏基本的权利主体意识,从而否定了任何个人私利的索取。如《盐铁论》说:"古者大夫思其仁义以充其位,不为权利以充其私。"⑤亦如朱熹说:"仁义根于人心之固有,天理之公也。利心生于物我之相形,人欲之私也。循天理,则不求利而自无不利;殉人欲,则求得未得而害已随之。"⑥传统的臣民观念正是以无个人主体意识的道德义务观为动力,驱使人们忠君敬长、无私奉公和无条件地献身。

三、在沉重的等级观念压制之下,形成了普遍的"尽人皆奴仆"的政治心态

中国号称礼义之邦,礼义有很多内容,但其核心是等级制和等级观念。"礼者,贵贱有等,长幼有差,贫富轻重皆有称者也。"⑦传统政治文化认为等级规范是维护社会政治秩序的基本手段。"人无礼不生,事无礼不成,国家无礼不宁。君臣不得不尊,父子不得不亲,兄弟不得不顺,夫妇不得不欢。"⑧为了强

---

① 《礼记·昏义》。
② 《礼记·祭义》。
③ 《孝经·开宗明义章》。
④ 《孝经·广扬名》。
⑤ 《盐铁论·贫富》。
⑥ 《孟子集注》卷一。
⑦ 《荀子·富国》。
⑧ 《荀子·大略》。

调礼的权威性,传统文化把礼上升为宇宙法则,说"天地生之,圣人成之","在天成象,在地成形,如此,则礼者,天地之别也"①。又强调礼的规范贯穿人生之始终,"礼者,谨于治生死者也"②。礼的约束范围无所不包,在实际政治生活中,礼就成为具有普遍约束意义的最高法则。

传统中国不能说没有法制,但古代的法基本是刑律,并无近代宪法意义的法律规定。自功能言,刑律是君主施行专制统治的工具,所谓"秉权而立,垂法而治"③,"法律政令者,吏民规矩绳墨也"④。自内容言,刑律只规定了惩戒的律条,却没有关于个人权利的规定。所以梁启超说,中国数千年"国为无法之国,民为无法之民……而其权之何属,更靡论也"⑤。自汉代始,儒家的"德主刑辅"统治范式得到统治者认可,一时儒学经典竟具有了法典功能,"《春秋》之治狱,论心定罪"⑥,从而促成了刑法的儒学化,刑律退居礼治德化的辅助手段。《汉书·刑法志》说:"仁爱德让,王道之本也。爱待敬而不败,德须威而久立,故制礼以崇敬,作刑以明威也。"《隋书·刑法志》讲得更明确:"礼义以为纲纪,养化以为本,明刑以为助。"礼实际成为君主政治的国家基本法,等级观念则成为人们政治观念的最大桎梏。

等级观念从一般人伦血缘关系和政治关系中概括出几对基本关系,通过礼的规定使之规范化和模式化,如君臣、父子、夫妻、兄弟等。每一对关系都内含着严格的等级隶属性,如"妻者夫之合,子者父之合,臣者君之合"⑦,"子受命于父,臣妾受命于君,妻受命于夫"⑧。每个人在实际社会政治生活过程中,都必然要受这几对关系的制约。人们自降生之始,就被牢牢地固着于相应的等级位置上,随着时间的推移和生活的进程,分别进入不同角色,隶属于各种各样的主人。整个社会就是由无数个这样的等级隶属关系织结而成的关系网络,唯有君主位于这个网络的顶端。等级观念确保君主的特殊地位,他不但是

① 《礼记·乐记》。
② 《荀子·礼论》。
③ 《商君书·壹言》。
④ 《管子·七臣七主》。
⑤ 梁启超:《论立法权》,《饮冰室合集·文集之九》,中华书局,1936 年,第 103 页。
⑥ 《盐铁论·刑德》。
⑦ 《春秋繁露·基义》。
⑧ 《春秋繁露·顺命》。

政治上的最高主宰,同时又具有最大父家长身份。《洪范》曰:"天子作民父母,以为天下王。"《礼记·大传》说:"君有合族之道。"就政治关系看,全国臣民隶属于君主,是王的臣仆;就社会关系言,人们都是王的子孙,所谓"天子父母事天,而子孙畜万民"①。

在等级观念约束之下,人们无条件服从着严格的等级隶属关系,从衣着服饰、言谈举止到思想意志,无一不被等级格式化,人们"非礼勿视,非礼勿听,非礼勿言,非礼勿动"②。等级观念剥夺了人们的独立个性和政治自主精神,使人们不只在实际生活中,而且在精神上做奴仆。在这样的心态条件下,又怎能产生对个人权利的向往呢?

综上所述,臣民观念是遍及传统社会的基本政治意识。它的形成固然源于君主政治,但另一方面,臣民观念又成为维护和巩固君主政治的重要政治文化因素。在臣民观念的约束下,人们只是尽义务,不知有权利。温顺服从、忍让勤劳和无我的奉献成为全社会公认的美德,由此形成的"礼义之邦"实则成了专制帝王私产。君主专制政治基于这样的政治文化土壤而横行肆虐,几达两千余年。正如梁启超所说:"虽以孔孟之至圣大贤……而不能禁两千年来暴君贼臣之继出踵起,鱼肉我民,何也?治人者有权,而治于人者无权。"③

第二节　公民意识成长的关键在实践

19 世纪下半叶,中国社会出现了前所未有的震荡,西方资本主义经济势力和大炮一起闯入封闭的中国大陆。随着民族危机日益加剧,封建君主政治也走到了它的尽头。与这一过程相伴随,西方的思想文化也蜂拥而至。民主政治思潮的输入不只构成人们否定君主政治、进行民主革命的重要文化条件,同时也促进了人们政治观念的更新。一些先进的有识之士的视野率先从传统的礼仪文明转向西方和世界,他们惊奇地发现西方有着与中国迥然不同的政治格局。西学东渐的浪潮给传统中国带来了近代民主意识的觉醒。自 1897 年严复译《天演论》的出版,一大批西方民主政治的经典著作相继介绍到中国,

---

① 《春秋繁露·郊祭》。

② 《论语·颜渊》。

③ 梁启超:《论政府与人民之权限》,《饮冰室合集·文集之十》,中华书局,1936 年,第 5 页。

其中包括卢梭的《社会契约论》、孟德斯鸠的《论法的精神》、穆勒的《论自由》，以及代表美国民主政治基本精神的《独立宣言》和法国大革命的产物《人权与公民权宣言》等。如果说戊戌变法和辛亥革命标志着民主思潮在近代中国的政治实践，并通过政治体制的变革推动了人们对专制主义的唾弃和对民主政治的向往，那么，稍后的五四新文化运动则意味着真正意义上的近代民主启蒙运动的勃兴。

从当时的思想文化界来看，先进的有识之士对民主、民权等概念和问题进行了广泛的讨论，并且运用民主政治的价值标准来批判君主政治，设计理想政治蓝图。他们已经开始从传统的臣民观念中醒转过来，对于公民及权利义务等问题进行了探究和思考。如梁启超就明确提出了"国民"的概念："国民者，以国为人民公产之称也。国者积民而成，舍民之外则无有国。以一国之民，治一国之事，定一国之法，谋一国之利，捍一国之患，其民不可得而侮，其国不可得而亡，是之谓国民。"[1]这里说的"国民"显然已经接近"公民"的认识。梁启超又对"权利、义务"进行诠释，说："义务与权利，对待者也。人人生而有应得之权利，即人人生而有应尽之义务，二者其量适相均。"[2]"有权利思想者，必以争立法权为第一要义。"[3]"凡人所以为人者有二大要件：一曰生命，二曰权利，二者缺一，时乃非人。"[4]毫无疑问，梁启超的诠释浸透着对舶来的天赋人权和法制权利的认识。又如1903年，有人撰《权利篇》，认为："夫权利思想，即爱重人我权利之谓。""夫人生活于天地之间，自有天然之权利，父母不得夺，鬼神不得窃而攘之。""夫义务者何，即权利之里面耳。有权利始能有义务，无权利即不能有义务，爱权利即爱重义务之本。""权利之表为法律，法律之里即权利，不可分而二之者也。"[5]文中还明确规定了人生而具有"平等之权利""不受人卑屈之权利""不从顺人之权利"等。这些认识所使用的概念和价值标准与传统的臣民观念截然不同，意味着一种崭新的公民观念已经冲破传统观念的

① 梁启超：《论近世国民竞争之大势及中国前途》，《饮冰室合集·文集之四》，中华书局，1936年，第56页。

② 梁启超：《新民说·论义务思想》，《饮冰室合集·专集之四》，中华书局，1936年，第104页。

③ 梁启超：《新民说·论权利思想》，《饮冰室合集·专集之四》，中华书局，1936年，第37页。

④ 梁启超：《十种德性相反相成义》，《饮冰室合集·文集之五》，中华书局，1936年，第45页。

⑤《权利篇》，《直说》，1903年第二期，转引自张枬、王忍之编：《辛亥革命前十年间时论选集（第一卷上）》，生活·读书·新知三联书店，1960年，第480—481页。

藩篱,开始向人们的意识中渗入。

公民意识即权利、义务观念的发展不仅表现在认识方面,在近代中国的政治变革中,还经由法律的形式被肯定下来,集中体现在1912年的《中华民国临时约法》和其他法规政令中。其中明文规定了中华民国主权在民,全体国民一律平等,依法享有选举、参政、居住、言论、出版、集会、信教等项权利。《临时约法》具有宪法性质,它的产生意味着从法律上否定了传统的臣民观念。

然而,皇权的崩溃并不等于民主政治必然确立。正当人们喜庆民主共和之时,洪宪复辟给了当头一棒。先进的人们重新跌入了困惑之中。他们极力思索,究竟是什么原因导致理想的破灭?他们发现,除了"守旧之武人及学者"等反动势力的阻碍,近代以来民主运动的开展实际只限于社会的某些阶层,并未能得到全国民众的响应。陈独秀说:"吾国年来政象,惟有党派运动,而无国民运动也。"①"今之所谓共和,所谓立宪者,乃少数政党之主张,多数国民不见有若何切身利害之感而有所取舍也。"②他敏锐地认识到民主政治成功与否,"纯然以多数国民能否对于政治,自觉其居于主人的主动地位为唯一根本之条件",否则宪法不过是"一纸空文","且宪法上之自由权利,人民将视为不足重轻之物,而不以生命维护之,则立宪政治之精神已完全丧失矣"③。李大钊也认为:"民贼之巢穴,不在民军北指之幽燕,乃在吾人自己之神脑。"④人们只知崇拜权威,是难以形成独立意识和政治自主观念的。于是五四时期人们高呼出了"民主"与"科学"的口号,指出"伦理之觉悟为最后觉悟之觉悟",把批判之剑指向传统文化,要与封建伦理纲常彻底决裂,实现全社会政治观念的普遍更新,以使民主运动真正成为"国民的运动"。可是,我们看到,新文化运动进行十年之后,鲁迅仍在疾呼:"此后最要紧的改革国民性,否则,无论是专制,是共和,是什么什么,招牌虽换,货色照旧,全不行的。"⑤其后,历史发展实现了飞跃,《中华人民共和国宪法》对公民的权利和义务做了详尽的规定,但"文革"却把宪法的有关规定抛到九霄云外。这种历史现象的延续或重叠说明了什么呢?一言以蔽之,虽然国体性质和政体形式发生了巨大的变化,但是,

① 陈独秀:《一九一六年》,《青年杂志》,1915年第一卷第五号。

②③ 陈独秀:《吾人最后之觉悟》,《青年杂志》,1916年第一卷第六号。

④ 李大钊:《民彝与政治》,《李大钊选集(上册)》,人民出版社,1959年,第47页。

⑤ 鲁迅:《两地书·北京》,《鲁迅全集(第十一卷)》,人民文学出版社,1981年,第31页。

还没能从传统政治文化思想的羁绊中完全解脱出来，公民意识尚未能完全取代传统臣民观念。

造成上述情况的原因是多方面的，经济不够发达，教育水平低无疑是最主要的原因，长期存在的"一言堂"也抑制了公民意识的正常发育。下边着重谈两个问题：

(1)中国与西方政治文化内在价值系统的巨大差异，使得舶来的公民及权利、义务观念难以深入中国传统政治文化土壤，中国传统社会没有类似西方自然法的观念，只有基于专制政治而形成的权势－特权观念，或可称为"权威权利"；更没有关于个人权利的自觉，只有伦常等级化了的群体意识。因此，当人们向西方寻求真理，接受了有关公民(国民)权利义务等观念时，主要是接受了这些观念的表层含义，却忽略了这些观念的内在价值标准与中国传统政治文化价值准则的格格不入。因此，尽管人们以权利、义务为参照物，尖锐地抨击了君主专制下的"尽人皆奴隶"状况，尽管随着民主运动的进程，权利义务观念得到法律认可，但权利义务观念很难一下子取代传统的政治文化。臣民观念在中国有着悠久历史，其中的价值准则经过多种社会化渠道的长期渗透，已经深深地嵌入并固着于人们的观念意识之中，积淀为普遍的政治心态素质。面对着有深厚基础的传统臣民观念，舶来的权利、义务观念势必难以凭朝夕之功取而代之。

(2)形成普遍的公民意识必须以每个人的具体实践为必要环节。公民权利的实践环节指的是，人们在实际的政治参与过程中，真实享受到法律规定的公民权利，并履行相应的义务。一般说来，法律规定的公民权利只有经由具体的实践环节，才能社会化为普遍的公民意识，换言之，人们只有在具体的公民权利与义务实践过程中，才能学会做公民。公民权利的实现与公民意识的提升是同一个过程。试想，如果不是20世纪60年代女权运动的推动，美国妇女的公民权利不能实现，其公民意识势必仍然受到压抑。同样，美国黑人正是在60年代的反种族歧视斗争中，实现了选举等权利，才促进了其公民意识的提高。公民权利从法制规定向着普遍意识的过渡，既取决于具体的社会－政治环境的民主化程度的发展，同时又取决于每一个社会成员在具体实践中的推动。

从政治实践看，法制规定的公民权利如果没有普遍的公民意识做根基，这种规定只能形同虚设。因为，赐予的公民权利缺乏全社会广泛的积极认可。

尽管国家有可能通过某种传播媒介和社会化渠道将公民权利、义务的法律规定输送给人们,可是由于缺乏必要的实践环节,人们没有真实享有权利和履行义务,在他们的意识深处,便难以真实理解并认可权利、义务的内涵与功能。在他们看来,权利、义务是一个"模糊概念"或"抽象名词",与个人的政治行为和选择并无瓜葛。这种法制规定与实际政治意识的严重脱节将不可避免地造成这种局面:既不知如何享有和运用公民权利,也不会形成履行义务的自觉,结果导致社会普遍存在不负责任和实际义务感降低。公民意识的薄弱直接影响政治运行中制衡机制的形成和完善,阻碍政治民主化进程。

原载《天津社会科学》,1991 年第 4 期

第二十七章　论由崇圣观念向平等、自由观念的转变

　　崇圣,是中国传统文化的核心。圣人是天人合一的中枢,是社会和历史的主宰,是理性、理想、智慧和真、善、美的人格化,既是人们的认同对象,又是追求的目标。圣人,在各家各派、各行各业中是不同的,甚至是对立的,但从更高的抽象意义上看,上述品格几乎是相同的或一致的。普遍的崇圣意识形成于春秋、战国,定型于秦汉。崇圣问题涉及传统文化的方方面面,本章不能尽论,仅从政治文化角度作一侧视。

第一节　圣人的社会与政治功能

　　春秋战国思想上的一大巨变是由重神向重人的转变,造圣是重人思想的升华与异化。圣人从一般人中分化出来的基础之一,是圣人功能的超常性。"圣"的最初含义是聪明,圣人就是聪明人。这种聪明,不是一般性的才智,而是见微知著、通幽知化、洞察一切、通晓一切的品格。正如《尚书注疏·洪范》中所说:"于事无不通谓之圣。"《洪范口义》卷上也说:"圣者,无所不通之谓也。"先哲在塑造圣人时并没有停留在认识论范围,这种认识与把握世界、改造世界、创造世界紧密关联。这样,圣人的社会、历史、政治、道德等功能决然超乎一般人之上。社会、历史、政治、道德在古代是一体化结构,从政治角度看都可以列入政治范畴或构成政治的一部分。先哲们赋予圣人哪些政治功能呢?

　　概括言之有如下几个方面:

　　第一,赞天地之化育。中国古代思想的一个基本特点是"天人合一"。各家各派对"天人合一"有不同的理解,但殊途同归。荀子虽主张"天人相分",但从荀子的整个思想看,在高层次上他同样是"天人合一"论者。"天人合一"既是整个传统文化的精神,同时也是政治活动的原则和依据,这就是古人一再讨论的法天、法自然、法道等。"天人合一"并不是一个纯自然关系和自然过程,

266

"合一"需要有一个中介,这个中介就是圣人。比较早地论述这种观念的应该说是老子。他反复论述了圣人法自然、法道的特殊功能。孔子也做过论述,他说:"唯天为大,唯尧则之。"老子、孔子之后,许多人对圣人在天人关系中的地位进行了大量的论述。《易传·系辞》讲:"天生神物,圣人则之。天地变化,圣人效之。天垂象,见吉凶,圣人象之。河出图,洛出书,圣人则之。"圣人既沟通了天地自然,也沟通了神明。《中庸》讲,圣人"可以赞天地之化育","大哉圣人之道,洋洋乎发育万物,峻极于天"。《管子·心术下》云:"圣人若天然,无私覆也;若地然,无私载也。"《吕氏春秋·尽数》称:"天生阴阳寒暑燥湿,四时之化,万物之变,莫不为利,莫不为害,圣人察阴阳之宜,辨万物之利以便生。"《淮南子·泰族训》云:"圣人者,怀天心,声然能动化天下者也。"董仲舒讲:"天者,群物之祖也……圣人法天而立道。"[1]周敦颐讲:"圣人与天地合其德,日月合其明,四时合其序,鬼神合其吉凶。"[2]"圣同天,不亦深乎!"[3]从上述可看出,各家各派的具体内容虽差异很大,但圣人作为天人之间的中枢则是一致的。圣人在这里的最主要功能是把天的作用、性格、原则等社会化,使天人之间获得调和与统一。芸芸众生只有通过圣人的调理才能各得其所。先哲们虽然有很多天地之间人为贵的言论,但凡人在天地之间仅仅是被动物,只有经过圣人之手的再塑造,才可能获得某种自觉。

第二,圣人创造了人文、文明和社会制度。人之所以为人,在先哲们看来,就在于有人文、文明和制度。《易·贲·象传》曰:"文明以止,人文也。观乎天文以察时变。观乎人文,以化成天下。"这里虽然不是给"人"下定义,但给"人"以界定。人文指社会之制度、文化、教育等,也就是"文明"。文明是对人的规范,超越文明,就难以为人。先哲们对人之为人有过许多精彩的论述,比如墨子提出,人与禽兽的不同就在于"力",即今日所说的"劳动"。这无疑是最光辉的认识。不过,更多的人是从文明、制度、社会关系等方面去区分人与动物的。"人之所以为人者,非特以其二足而无毛也,以其有辨也。"[4]"辨"即"别","别"是礼的核心,实际上就是说人之为人在于有礼。《礼记·冠义》把问题更加以明

---

①《汉书·董仲舒传》。

②《太极图·易说》。

③《周元公集·圣蕴》。

④《荀子·非相》。

确:"凡人之所以为人者,礼义也。"以礼义、人伦道德区分人与动物是先哲们的普遍认识。那么,文明是从哪里来呢?几乎众口一词:是圣人创造的。圣人为民立极、立德、制礼、作乐、造器、创新之论,充塞了各式各样的典籍,儒家对此的论述比比皆是,无须征引,这里引《墨子》和《商君书》的两段话,以示其概:

《墨子·节用》篇讲,"古者圣王,制为节用之法""制为饮食之法""制为衣服之法""教民以兵行""利为舟楫""节葬之法""宫室之法",等等。

《商君书·君臣》曰:"古者,未有君臣上下之时,民乱而不治,是以圣人列贵贱,制爵位,立名号,以别君臣上下之义。地广、民众、万物多,故分五官而守之;民众而奸邪生,故立法制,为度量以禁之。"

圣人虽然没有创造人,但人之为人,全赖圣人之功和圣人的再塑造。没有圣人,人只能在原始森林中追逐,与禽兽为伍,永远处于野蛮状态。

圣人创造文明,无疑有合理的一面,表现了对人的创造力的自信,肯定了社会文明源于人自身,但却把一切文明都归功于圣人,把圣人凌驾于社会之上,并成为社会历史的主宰。

第三,圣人是解民于倒悬的救星和理想社会的创造者。历史的过程充满了苦难,除少数作威作福的统治者外,绝大多数人都是在苦难中生存、挣扎的。因此,解脱苦难对每一个民族来讲,都是一个生活的主题,并由此而产生了种种社会理想。中华民族也不例外。在中国历史思想的轴心时代,先哲们没有把社会理想及其实现交付给宗教,而是寄希望于圣人。

从先秦诸子看,各家各派的社会理想是大不相同的,但有一点又殊途同归:只有圣人才能解救民众的灾难,引人入理想之界。老子的"小国寡民"之世要由"圣人之治"来实现;孔子的"博施于民,而能济众"①的理想,尧舜犹难做到,必待圣人而后行。墨子讲兼相爱,交相利,也同样要有圣人而后能实现,"圣人以治天下为事者也,必知乱之所自起,焉(乃)能治之"②。《易·咸卦》称:"圣人感人心,而天下和平。"《管子·心术下》云:"圣人裁物,不为物使。心安是国安也,心治是国治也。"法家多讲现实,但他们也有理想,即所谓"利民萌""一断于法"。法家认为各时代有各时代的圣人,而理想的未来要由"新圣"去

---

①《论语·雍也》。
②《墨子·兼爱上》。

268

缔造。这样,在中国传统的政治观念中,摆脱灾难,追求理想与圣人便合而为一。圣人是理想的人格化,同时又是实现理想的缔造者,人们追求理想、摆脱灾难所信赖的唯有圣人。

殷周时期崇拜上帝和天,春秋战国以降,天、帝依然是顶礼膜拜的对象,但圣人崇拜则富有理论性和现实性。因为圣人虽具有神性,但毕竟是人,不仅可敬、可亲,还可近,甚至在理论上,只要努力修养,人人都可以达到圣人之境,人人皆可以为尧舜。这样,圣人观念中既有神性,又有理性,还有悟性与情感,这就又把超越与现实结合为一体。因此圣人问题是中国传统文化的核心问题。

第二节　王与圣的结合

王与圣最初是两个不同的范畴,王主要表示权力,圣主要属智慧、认识、道德范畴。中国传统中的智慧、认识、道德大抵是以政治为主题的,这就决定了王与圣的结合是不可避免的。在思想家那里,最初圣高于王。《老子》一书许多概念是模糊的,同是一个"圣"字便有不同含义,一些章句主张"弃圣",另一些章句则又高扬圣人。对"王"也是如此。在他所肯定的"圣"与"王"中,两者有相近之处,总的来说,圣高于王。孔子的圣与王有相通之处,但圣也高于王。老子、孔子之后,圣与王日趋合一。最早使用"圣王"这一概念,并作为社会历史的核心来论述的要属墨子。在《墨子》一书中到处可以看到对圣王的歌颂与对新圣王再世的呼唤。在墨子之后,"圣王""圣主""圣君"成为诸家诸派论述政治与社会问题的核心概念。

圣与王的结合过程,大体可分为三个层次,在时间上又可谓是相继关系。

第一个层次可称为"泛圣王"阶段。所谓泛圣王指纯理想状态。这种圣王可以超越具体的王。

第二个层次是古先王中的贤者,如尧、舜、禹、商汤、周文、周武。这些圣王又常常泛称为"先王"。

第三个层次,在位的王即称圣主、圣王、圣上等。这从秦始皇开始成为定制或成俗。秦始皇统一六国后,朝野上下一片颂声,谓其功盖千古,"自上古以来未尝有,五帝所不及"。秦始皇"神灵明圣",他所颁布的一系列法令称之为

"圣法"，他所作所为称之为"圣德"。①汉代继之，圣与王进一步结下不解之缘。董仲舒在《春秋繁露·三代改制质文》篇讲："天佑而子之，号称天子。故圣王生则称天子。"而后圣越用越滥，凡是天子即可称圣王。且不说那些英主，就是平庸之辈甚至昏君也称圣明、圣上。

这三个层次在古代社会有合有分，有些君主自谦不称圣，但又希望成圣。我们看汉代帝王罪己诏时会发现一个很有趣的现象，他们一方面进行检讨、悔罪，另一方面又想成为圣王。"朕闻先圣之道""朕闻五帝之道、禹汤之法""朕嘉唐虞而乐殷周"等套语，所反映的正是这种心态。有许多政治批评家并不认为凡帝皆圣，他们常用理想的圣王作为批评当朝君主的武器。另外，圣也没有完全为帝王垄断，圣王之外还有其他的圣人，如孔子等。这些布衣之圣在理论上对王也有规范作用，所以在圣与王的关系上，呈现出复杂的组合关系。但帝王与圣合二为一，又是思想文化中一个被普遍接受的公论，以至许多思想家提出，王之所以为王，就在于是圣人，因圣而王，"非圣人莫之能王"②。按照这一道理，孔子是圣人，也应为王，然天时不予，徒子徒孙们便尊之为"素王"。荀子的门人把荀子视为圣人，认为荀子也当为王。

圣与王的结合，把智慧与政治实际、理想与政治行为、权力与认识一体化，这就从理论上解决了权力与认识、道德之间的矛盾问题。荀子曾提出："圣也者，尽伦者也；王也者，尽制者也。两尽者，足以为天下极矣。"③圣王便是"两尽者"，于是权力与道德一体化了，加之帝王又是天子，又具有几分神性，这样帝王又成为迷信的对象。

圣王观念及其理论从理论高度论证了以帝为师、以吏为师的合理性，同时在政治文化上又把权力崇拜、崇尚理性和崇奉神明合而为一。圣王观念犹如苍穹，覆盖和控制了几乎全部的传统文化观念。在这个苍穹之下，盛行的是臣仆和顺从观念。从另一方面看，正如司马迁所说，又是一个"天盖"，在重压之下，臣民必须时时刻刻防止灭顶之灾，即使那些勇敢之士和追求独立思考的人，也常常是欲开口而嗫嚅。不管是主动的顺从，还是被动的屈从，从政治文化角度看，都会使人难以具备主体性的政治人格。

---

① 参见《史记·秦始皇本纪》。

② 《荀子·正论》。

③ 《荀子·解蔽》。

第三节　圣王权威下的臣民政治心态

圣王观念是传统政治文化中一个最高范畴,也是一个最神圣的范畴。在圣王面前,人们只能匍匐而仰视,甚至只能五体投地而不敢仰视。我不是说在传统政治文化中臣民只想做奴才,应该说,历史上有一些人有很强的抗争意识,甚至提出废除君主的思想,把一切圣王视为大盗、罪魁。然而从历史总体看,有这种观念的人为数不多,对此另当别论。这里主要讨论与圣王观念相辅相成的甘为奴才的心态与观念。要之,有以下几方面:

第一,甘为臣仆、狗马的心态与观念。

先哲们有很多君臣相需之论,也有以道事君、道高于君的哲理之论,甚至还有以有道代无道的革命之论,但这都不影响常态情况下臣民对君主的依附观念与心态。就事实而言,君主是依赖臣民而生存的,这一点先哲也曾有论述。但在古代,普遍的社会心态与观念是:臣民仰赖君主而生存,这就是所谓的"主者,人之所仰而生也"[1]。换一个角度则是:"为人臣者,仰生于上者也。"[2]君主是天下人的衣食父母,君主把恩泽、阳光、雨露洒给天下,惠及牛马。既然一切都是由君主赐予的,甘心做臣仆与狗马也就是合乎逻辑的,于是"北面委质,无有二心"是为臣的准则。

正是在上述观念统辖下,君主把臣视为工具,有用则使,无用则弃。汉武帝对这一点有明确的表述:"何世无才,患人主不能识之耳。苟能识之,何患无人? 夫所谓才者,犹有用之器也,有才而不肯尽用,与无才同,不杀何施? "[3]与君主的这种理念相应的是,臣则视自己为君主的狗马。西汉的汲黯是历史上敢于廷折面争的名臣,他曾当众揭露过汉武帝的心秘,然而正是这样一位净臣却又把自己视为君主的"狗马"。[4]仰食于君、为君之工具与狗马,是当时士民的普遍心态,也成为人们的行为界标。

第二,向帝王求是非、求合理性的心态。

认识上的是非与合理问题,历来是一个争论的问题。许多先哲曾提出是

①《管子·形势解》。

②《管子·君臣上》。

③《资治通鉴》卷十九。

④ 参见《汉书·汲黯传》。

非之准在"实"、在"参验",用今天的语言说,即实际、实践。这些认识无疑是非常光辉的。但是随着大一统帝国的出现,特别是汉代实行独尊儒术之后,认识上的是非与合理性虽然在思想界仍然是不断讨论的问题之一,但同时出现了一股强大的思潮,即向君主求是非,求合理性。李斯在向秦始皇建议焚书、禁百家之时,曾建议秦始皇"别黑白而定一尊""以吏为师",取缔私学,特别是儒学。李斯提出的问题远远超出了政治范畴,他是要整个社会思想一统化。由谁一统呢?这就是皇帝,"以吏为师"最后仍归结为以帝为师。董仲舒建议独尊儒术时,他的立论原则几乎与李斯同出一辙,他认为"师异道,人异论,百家殊方,指意不同,是以上亡以持一统"①。汉武帝采纳了董仲舒的建议,实行独尊儒术。

儒学原来是诸子之学,在独尊儒术之后变成了政治的组成部分,特别是经学则是由皇帝钦定的。这样一来,经学的最高解释权与核定是非权自然也就归属于皇帝。汉武帝时因封禅之礼众儒生争论不休,当时著名儒生兒宽上疏曰:"唯圣主所由,制定其当,非群臣之所能列。"②兒宽交出的不只是政治行政裁决权,同时把审定认识是非权也奉给了"圣主"。从汉武帝始廷论儒学,由皇帝裁定是非,成为朝廷一个重要议题。大家所熟悉的石渠阁会议、白虎观会议就是由皇帝裁定儒学中分歧的两次重要会议。

传统社会的"经学"是整个社会最主要的学问。"'五经'圣人所制,万事靡不毕载"③,以至像钱大昕这样的博学家都说:"舍经则无以为学。"④皮锡瑞则说:"《六经》即万世教科书。"⑤而皇帝又是最高经师。这样便造成了一种普遍的社会心理,即从皇帝那里寻求是非,寻求认识的合理性。像韩愈这样的大家都这样说:"得备学生,读六艺之文,修先王之道,粗有知识,皆由上恩。"⑥柳宗元也如是说:"身体发肤,尽归于圣育;衣服饮食,悉自于皇恩。"⑦这种唯书、唯上的心态实在令人肉麻!更令人反思的是,连颇具学识的大知识分子都不敢

---

① 《汉书·董仲舒传》。

② 《汉书·兒宽传》。

③ 《汉书·宣元六王传》。

④ 《经籍纂诂·序》。

⑤ 《经学历史·经学开辟时代》。

⑥ 《韩昌黎文集校注·请上尊号表》。

⑦ 《柳宗元集·为京兆君耆老请复尊号表》。

272

承认自己是一个认识主体，相反，他们认为自己的一切知识都是皇帝赐给的。奴性之毒，深入骨髓！

第三，对圣王的期待心态。

帝王是治乱之源，因此社会上形成一种对圣王的期盼心态。寄期望于好皇帝及相应的清官，几乎成为人们唯一的选择。即使"革命"，也是新圣人领导的革命，用历史上的成语，即"汤武革命"。"汤武"便是圣人的人格化或代称。

"革命"不是一般人所敢涉及的，而佐君致"尧舜"才是正人君子们的流行观念和价值准则。杜甫的诗句"致君尧舜上，再使风俗淳"，把这种心态准确地勾画出来了。唐陆贽有"伊尹耻其君不如尧舜，臣亦耻之"[①]的感叹与壮语，亦不过为忠臣诤臣耳！

把一切希望寄托于君主圣明或圣君再世，其中虽不乏善良的愿望，但终归还是一种依附观念。

第四，君主圣威下的错感与罪感意识。

古代臣下给皇帝上疏，均有套话铺前垫后，诸如"臣某诚惶诚恐，顿首顿首""兢惶无措""昧死以言""愚臣""愚见""惟圣心裁鉴""臣不胜惓惓之至""臣罪当死""彷徨阙庭，伏待斧锧"等。这些不仅仅是礼性的套话和无所谓的形式主义，在这些套话背后隐藏着深层的政治文化，这就是臣下的错感和罪感。

君主是圣明的，无所不知，明察秋毫。君是心，臣是股肱；君是首，臣是四肢。按照这个逻辑，臣下的职能就是听令。于是有臣者"奉命而行事""下顺于上"之论。臣作为君主的"手脚"本不应说话，但又不能不说或不得不说。所说一旦不合君主之意，就难免招致罪祸。翻开历史，可以看到言罪比比皆是。臣下为了防御，在向君主奏对中，便以自卑自谦反衬君主的圣明，并给君主留下更多的选择余地。久而久之，臣下在君主面前便形成一种不待论证的、自然而然的错感和罪感意识，即使遭冤杀，也要歌颂皇恩浩荡，称"臣罪当死"。

臣下在君主面前的错感与罪感意识是传统政治文化的基本内容之一，它对整个社会有着广泛的影响，是造成政治思想贫乏和政治人格普遍萎缩的重要原因之一。因为在这种错感罪感意识中缺乏甚至没有超越精神。

以上所说仅仅是举要而已，这些观念与心态同前面讲的圣王崇拜又形成

---

① 《全唐文》卷四六九陆贽《重论尊号状》。

鲜明的对照和两极性对应：圣王是无比的伟大和正确，臣民则是无可争辩的渺小和悖谬。

第四节　由崇圣向平等、自由观念的转变

　　传统社会的崇圣意识从两个方面限制了人的主体性意识。一方面，圣人居高临下，对一般人形成"天盖"式的桎梏；另一方面，个人要向圣人学习，追求"内圣"，就必须不停地向自己本来有限的主体性开战，即不停地"斗私"。因为"人皆可以为尧舜"的人格模式是由抽象的政治伦理原则构建出来的，所以，人只剩下了一个以道德为轴心的躯壳，这个躯壳在儒家那里便是三纲五常之类的"理"。圣人的最主要的品格之一就是"无私""无我"。这一点在理学家那里表现得尤为突出。在理学家看来，"我"与"圣"是对立的，"我是为恶成就"①，"无我则圣人也"②。圣人"心代天意，口代天言，手代天工，身代天事"③，唯独不能代表他自己。而且圣人在肉体上也是没有生机的，"盖形骸虽是人，其实是一块天理"④。换言之，圣人是肉体化的天理，一言一行都不是他自身，而是天理的表现。天理在理学家看来是绝对真理，于是圣人也便是真理的化身。朱熹又讲："圣人都忘了身，只有个道理。"⑤这就是说，向圣人学习，就要像圣人那样"无我""无私""无意""无心"。"我""意""私""心"有诸种表现，归根结底就是"人欲"。朱熹说："只有天理、人欲两途，不是天理，就是人欲。"⑥如此，天理、人欲之间是谁战胜谁的关系。"此胜则彼退，彼胜则此退，无中立不进退之理。"⑦当然，理学家们大力倡导的"存天理，灭人欲"，并不是教人不吃不喝，杜绝丝毫物质之需，而是要人务必"安分"，过分就要遭到口诛笔伐。所以，灭人欲也就是"克己"，"克己者，一似家中捉出个贼，打杀了便没事"⑧。这样的人在思想意识和心理上除了接受"天理"的规定外，是不能有任何个性的。

---

①《朱子语类》卷三六。

②《河南程氏遗书》卷十二。

③《皇极经世书·观物内篇》五二。

④⑤《朱子语类》卷三一。

⑥《朱子语类》卷四一。

⑦《朱子语类》卷十三。

⑧《朱子语类》卷四四。

在传统崇圣观念的支配下,不是说人不可能有任何创造,也不是说人只能或只会做痴呆儿,但这种观念确确实实束缚了人的主体性,使其难以形成和支配行为,也使人们不具有以主体性为内核的个性人格,而仅仅成为三纲五常亦即"天理"的载体或工具。崇圣并非教人作恶,从当时的价值准则来看,更多的是教人为善,直至今日,在某种意义上崇圣也不都是一无可取的,本文的主旨是要说明如下一点:圣人崇拜限制或桎梏了人的主体性,否定人的个性人格,在行为上教人顺从、驯良、守成,几近奴隶;而现代社会则要求充分张扬人的主体性,以个人主体意识的健全和全面体现作为社会发展的基本前提,在行为上要求人们进取、创造和图新。形成现代人主体意识的认识基础是近代以来的平等、自由观念。从这一点来考察,传统的崇圣观念与近代平等、自由观念无疑是泾渭分明的两极对立。

近代平等、自由观念是19世纪从西方传入中国的,但在认识上把它与圣人观直接对立起来作为两种思维方式和价值准则,却是在20世纪初五四运动时期才进一步明朗化、条理化的。在这一时期,先进或激进的人们如饥似渴地吸吮着西方民主主义和自由主义的甘露,努力使自己站在与传统对峙的立场上重新调整价值观。他们关于自由的悟解主要包括三个层次:

第一,自由是权利的精神表象,权利是自由的内核。"自由者,权利之表证也。凡人所以为人者有二大要件:一曰生命,二曰权利。二者缺一,时乃非人,故自由者亦精神界之生命也。"[1]"政欲利民,必自民各能自利始;民各能自利,又必自皆得自由始;欲听其皆得自由,尤必自其各能自治始。"[2]虽然这些认识尚未涉及自由的人格意义,但从政治权利的角度理解自由显然具有合理性,在观念上强调了自由的规范本质。"制裁云者,自由之对待也……自由之公例曰:人人自由,而以不侵人之自由为界。""无一能侵他人自由之人,即无一被人侵我自由之人,是乃所谓真自由也。"[3]这样的自由观包含着政治民主和平等的意蕴,显示了人们在挣脱传统束缚,接受新观念洗礼之初始所特有的含混、朦胧和探索的勇气。

---

① 张枬、王忍之编:《辛亥革命前十年间时论选集(第一卷上)》,生活·读书·新知三联书店,1960年,第10页。

② 严复:《严复诗文选注》,上海人民出版社,1976年,第53页。

③ 张枬、王忍之编:《辛亥革命前十年间时论选集(第一卷上)》,生活·读书·新知三联书店,1960年,第11页。

第二，自由的内涵广泛，但最核心和最关键的是思想自由。"自由者，天下之公理，人生之要具，无往而不适用者也。""综观欧美自由发达史，其所争者不出四端：一曰政治上之自由，二曰宗教上之自由，三曰民族上之自由，四曰生计上之自由（即日本所谓经济上自由）。"①"我们既然是个自由民，不是奴隶，言论、出版、信仰、居住、集会，这几种自由权，不用说，都是生活必需品。"②在众多的自由之中，近代中国的先进人物格外强调思想的自由。罗家伦说："在真正进化的社会里，人人都应有自由发展的机会，自然人人都应当有思想的自由。"思想自由与言论、出版自由相辅相成，"不但每人自己能作充分的思想，并且要每人能将充分的思想发表出来"③。李大钊认为："思想是绝对的自由，是不能禁止的自由……你怎样禁止他，制抑他，绝灭他，摧残他，他便怎样生存、发展、传播、滋荣，因为思想的性质力量，本来如此。"④思想自由要求人们从传统枷锁的重负下解脱出来，"欲脱君权、外权之压制，则必先脱数千年来牢不可破之风俗、思想、教化、学术之压制……若能跳出于数千年来风俗、思想、教化、学术之外，乃所谓自由之精神也"⑤。人们把思想自由视为民族和社会进步的第一步，正如梁启超所说："文明之所以进，其原因不一端，而思想自由，其总因也。"⑥强调思想自由的合理性和绝对性，把思想自由视为所有自由的核心，这种认识为近代中国先进人物否定传统和追寻自我提供了必要的思想条件。

第三，自由的人格表现是突出人的独立个性。鲁迅说："盖自法朗西大革命以来，平等自由，为凡事首，继而普通教育及国民教育，无不基是以遍施。久浴文化，则渐悟人类之尊严；既知自我，则顿识个性之价值。"⑦20世纪初叶之中国，平等自由之风激荡着先进知识者们的心绪，"打倒孔家店"的呐喊最典型地体现了他们向着两千年来不可冒犯的"圣人"挑战的勇气，他们要从圣人

① 张枬、王忍之编：《辛亥革命前十年间时论选集（第一卷上）》，生活·读书·新知三联书店，1960年，第136页。

② 陈独秀：《独秀文存（一）》，安徽人民出版社，1987年。

③《新潮》，1919年第二卷第二号。

④ 李大钊：《危险思想与言论自由》，《李大钊文集（下册）》，人民出版社，1984年，第9页。

⑤《国民报》，1901年，第二期。

⑥ 张枬、王忍之编：《辛亥革命前十年间时论选集（第一卷上）》，生活·读书·新知三联书店，1960年，第168页。

⑦ 鲁迅：《文化偏至论》，《鲁迅全集（第一卷）》，人民文学出版社，1981年，第50页。

的"天盖"下解放出来,寻求自我。"自由者,奴隶之对待也。""解放云者,脱离夫奴隶之羁绊,以完其自主自由之人格之谓也。"①在他们看来,圣人崇拜与独立人格的主体性是截然相对的,"以前人为道德而生——不许有我……何以无我呢? 因为有道德就无我了;有了道德上指明的'君''父'就无我了;有了制定道德的圣人就无我了"②。在他们的心目中,真正的主体自我的独立人格应当是:"我有手足,自谋温饱;我有口舌,自陈好恶;我有心思,自崇所信;绝不认为他人之越俎,亦不应主我而奴他人。"一句话,"盖自认为独立自主之人格以上,一切操行,一切权利,一切信仰,唯有听命各自固有之智能,断无盲从隶属他人之理"。如若"无个人独立平等之人格……谓之奴隶谁曰不宜"③?

向圣人挑战,否定圣人,摆脱崇圣观念的束缚,意味着向两千年来的精神奴隶告别;疾呼自由,肯定人之独立人格的必要性与合理性,意味着近代中国人的人性解放和觉醒。这些认识虽说有些浅近、直白,但这毕竟是中华民族从专制的昨天迈向现代文明的关键一步,因而又是何等的壮丽啊!

五四时代及其以前和以后,人们对独立人格、平等、自由的理解及具体表述有很大的差别,直到今天亦还是如此。可以这样说,对这些观念用行政方式或其他方式强行做出统一的界定几乎是不可能的,也是做不到的。一定要做,势必伤害其自身,或者说,就会走到事情的反面。因为人格之独立、平等和自由必须以独立、平等、自由之本身为保障,至少在观念上不能强行统一。尽管人们对人格独立、平等、自由的具体认识不同,但有一个基本点是相同的,那就是与圣人崇拜观念相对立。在独立个性和张扬自我的自由思维中,凡甘做君主即政治专制主义的臣仆与狗马,期待圣人裁断认识的是与非,以及发自内心的战栗和罪错感等再无立足之地。先进的人们在追寻真理的荆棘路上充满了前所未有的自信:"苟有阻碍这前途者,无论是古是今,是人是鬼,是《三坟》《五典》,百宋千元,天球河图,金人玉佛,祖传丸散,秘制膏丹,全都踏倒他。"④亦如李大钊豪迈地宣示:"余故以真理之权威,张言论之权威,以言论之自由,示良知之自由,而愿与并世明达共勉之矣。"⑤只有不断地对人格独立、

---

① 陈独秀:《陈独秀文章选编(上册)》,生活·读书·新知三联书店,1984年,第74页。

②《新潮》,1919年第一卷第一号。

③ 陈独秀:《陈独秀文章选编(上册)》,生活·读书·新知三联书店,1984年,第74页。

④ 鲁迅:《忽然想到·六》,《鲁迅全集(第三卷)》,人民文学出版社,1981年,第45页。

⑤ 李大钊:《真理之权威》,《李大钊文集(上册)》,人民出版社,1984年,第448页。

自由、平等进行再认识,在观念上和心态上从对圣人膜拜中走出来,才有可能真正促进人之主体性的建构与发展。

近代社会的历史表明,遵循一定程序的权威不可无,顶礼膜拜的圣人不可有! 没有前者会带来社会灾难;相反,有了后者同样会带来不幸。我不是说"圣人"一无是处,而是时代毕竟不同了。在简单再生产的自然经济社会,靠经验即可维系,这正是产生"圣人"的社会基础;近代社会的发展是一个不断扩大再生产的过程,多元化是其基本特征和发展趋势,不可能再产生无所不通的"圣人"。

我们传统的文化是崇圣的文化,要从这种传统中走出来,需要几代人的努力和探索。

原载《天津社会科学》,1993 年第 4 期

第二十八章　近代社团政党与
中国公民意识的培育 *

第一节　臣民与公民

　　社会是人们之间互相关系的产物。人的社会化又规定着人们在不同历史阶段、不同社会国家里的不同身份,臣民、国民、人民、公民等各类不同称谓,正是这种规定的反映。中国传统社会皇权至上,"六合之内,皇帝之土","人迹所至,无不臣者"①。君主为天子,超乎一切人上之,视臣民为犬马;而臣民则自卑自贱,或甘愿为犬马,或被迫为奴隶。儒家学说为其明理,皇朝法规为其定制。理和制集中体现在"三纲"之中。于是"君叫臣死,臣不敢不死;父叫子亡,子不敢不亡",遂成为一种理所当然的事理,并作为政治文化心理深深积淀在臣(官僚阶层)与民两类不同人的身上。

　　臣民观念可列数十百条,主要的有如下几点:其一,甘为民仆与犬马心态。所谓"主者,人之所仰而生也"②,又所谓"为人臣者,仰生于上者也"③。臣民一切,乃至生命均为帝王所赐,甘当奴仆是合乎逻辑的。其二,对圣君清官的期待心态,把命运寄托于圣明君主和清官。其三,君主面前的惶恐和罪感意识。任何大臣在君王面前,无不"诚惶诚恐""顿首顿首""昧死以言""臣罪当死",这些成为臣下进言的前提,即使被错判死刑也要感谢皇恩。臣子的原罪感和庶民的恐惧心态融合而成一种普遍的臣民罪感意识。其四,圣人崇拜观念。圣人与君主起初是两回事,如孔子是圣人并非帝王,从秦始皇起,帝圣合

---

　　* 本章与刘健清合作。
　　①《史记·秦始皇本纪》。

　　②《管子·形势解》。

　　③《管子·君臣上》。

二而一，"圣上"成了天子的雅称，孔圣人也成为历代君主的护身符。"圣"赋予君主以崇高和绝对正确。其他如宗族观念、世袭观念、等级观念，直至今日的"唯书""唯上"观念等，无一不可纳入臣民意识的范畴。臣民意识深深藏在人们心中，并支配着人们的政治行为。王朝更迭不过是传统文化观念的再一次循环。

现代公民，一般指有一个国家国籍，并依据宪法的法律规定，独立享有权利和承担义务的人。现代公民是伴随着商品经济成长、资产阶级民主理论形成、资本主义制度的确立的历史过程，而逐渐成长起来的。从人身依附中解放出来的自由劳动者，同资本家一道承认市场自由交换原则。几百年来，这种原则被法律化、制度化。资产阶级宪法保障"私有财产不可侵犯"，当然首先有利于资产阶级，同时，法律规定的公民"生存权""劳动权""选举被选举权""组织团体权"，以及公民"思想和良心的自由""言论出版集会结社的自由"等，使平等自由观念社会化了。资产阶级民主有形式上的平等掩盖着事实上的不平等的一面，这是财产所有制问题，恩格斯称为"伪善的，隐蔽的奴隶制"，但同时他又说："至少是自由的原则已被承认了，而被压迫者自己也关心如何使这个原则实现。"[1]平等自由观念社会化，也就是逐步地愈来愈多乃至全社会成员成为具有自主意识、参与意识、监督意识等政治观念的现代公民。

第二节 维新和革命团体与公民意识的初兴

中国人的公民意识，不是中国社会历史和思想文化发展中的自然产物，它来自西方现成的理论和制度。中西文化内在价值体系上的差异，加上西学东渐过程中帝国主义的侵略和中华民族的反抗，使得西学的传播和公民意识的形成，呈现出极其复杂的现象。如果说甲午中日战争之前，经"自强""求富"的洋务运动，出现了一批以"中学为体，西学为用"的半新半旧、不中不西的知识分子，那么，甲午战争后，他们才有"四千年大梦之唤醒"[2]。丧师、失地、赔款震撼了人们的心灵，他们之中的一些先觉者开始意识到中西两种异质文化的对立。例如严复在 1895 年所写的几篇文章，就是明证。严复说："时局到今，吾

---

① [德]马克思、恩格斯著，中央编译局马克思恩格斯列宁斯大林著作编译部编译：《马克思恩格斯全集(第二卷)》，人民出版社，1957 年，第 472 页。

② 梁启超：《戊戌变法记》，《饮冰室合集·专集之一》，中华书局，1936 年，第 1 页。

宁负发狂之名,决不能喔咿嚅呢,更蹈作伪无耻之故辙。"今日,"四千年文物,九万里中原,所以至于斯极者,其教化学术非也,不徒赢政、李斯千秋祸首,若充类至义言之,则六经五子亦该责难辞。"[1]锋芒所向,直指皇权至上和神圣的儒术。他又将中西文化做了一系列鲜明对比,指出:"中国最重三纲,而西人首明平等;中国亲亲,而西人尚贤;中国以孝治天下,而西人以公治天下;中国尊主,而西人隆民;中国贵一道而同风,而西人喜党居而州处;中国多忌讳,而西人重讥评。其于财用也,中国重节流,而西人重开源;中国追淳朴,而西人求欢虞。其接物也,中国美谦屈,而西人多发舒;中国尚节文,而西人乐简易。其于学也,中国夸多识,而西人尊新知。其于祸灾也,中国委天数,而西人恃人力。"[2]学界常引之作为中西文化比较的典型论述,其实应该说,这是中国近代真正的民主启蒙运动的起点。他所否定的正是中国人的臣民观念种种,所肯定的正是西人的公民意识之类。他认为中国今日"不容不以西学为要图。此理不明,丧心而已。救亡之道在此,自强之谋亦在此"[3]。再过三年,严复发表了他的译著《天演论》,以"物竞天择,适者生存""天道变化,不重故常""物各争存,宜者自立""保群进化,与天争胜"等崭新的理论,用以"鼓民力""开民智""新民德"。严复还告诉人们,"天演之事,将使能群者存,不群者灭;善群者存,不善群者灭"[4]。这里所谓"群",同于西人自主性的个体所组成的群体,就是现代社团和政党。这种群体必须脱离血缘关系,而以具有公民意识的个体为骨干才能组成。严复在 19 世纪末拿来的西方思想理论,如星星之火,燃烧起了中国知识精英的热血良心。"自严氏书出,而物竞天择之理,厘然当于人心,而中国民气为之一变,即所谓言合群言排外言排满者,固为风潮所激发者多,而严氏之功盖匪细。"[5]严复所提的"开民智"和"言合群"两条对公民意识的兴起和组织党团运动的勃发起了先导作用。

自海禁开放至戊戌维新半个多世纪,中国在派留学生、译西书、办报刊、兴学堂、组学会等方面与日俱进,这些无一不在起着开启民智的作用。洋务运动不能说民智已开,但确也大开眼界。洋务知识分子群,特别是一批留学生同旧士人

---

① 严复:《救亡决论》,《严复集》,中华书局,1986 年,第 53-54 页。

② 严复:《论世变之亟》,《严复集》,中华书局,1986 年,第 3 页。

③ 严复:《救亡决论》,《严复集》,中华书局,1986 年,第 50 页。

④ 严复:《天演论上·导言十三制私》,《严复集》,中华书局,1986 年,第 1347 页。

⑤ 胡汉民:《述侯官严氏最近政见》,《民报》,1906 年第 2 号。

已不能同日而语。传统士人是学与仕、士与官双重身份合一,而洋务知识分子已经掌握了新知识(西方科学技术文化)而走向专业化、职业化,仕途已不是他们的唯一出路,这些人是新式社团群体的基因。但是他们还没有脱离对洋务官僚的依附,还不能成立现代政治性社团,就个体来说,还不具备自主性的公民意识。

甲午战败、洋务运动破产,几乎同时起步的维新运动和革命运动都受到洋务的启示,都有着承继和发展的关系。康有为、梁启超、谭嗣同等人的变法主张来自洋务时期译著的西书。洋务派著名人物如郑观应、黄遵宪、马建忠转变成维新派,还有不少参加了革命团体。维新派同洋务派相比有质的不同,维新派是作为社会改革集团登上政治舞台的,设议院、改吏治、废科举、兴工商、革军备、重外交等整套以"西学为要图"方案的提出,标志着他们已经冲破三纲罗网和王权至上的束缚,企图摒弃传统旧士人的依附地位,为争取成为政治上的新角色而斗争。他们结成的政团如强学会、南学会、保国会等,旨在实施革新,实现君主立宪,具有近代政党性质。据统计,戊戌前后出现过各种学会团体六百六十八个,其中政治、教育、学术、青年、风俗改良等革新团体三百六十多个,商业、宗教等类三千多个。①湖南南学会会员发展到一千二百余人。学会培育了如谭嗣同、唐才常等一批革新志士,他们以自己的鲜血演出了中国历史上壮烈一幕。此幕价值何在?梁启超说:"戊戌维新之可贵,在精神耳。"这就是"纯以国民公共利益为主"②的精神。康广仁有遗言:"今八股已废,人才将辈出,我辈死,中国强矣。"以国民公共利益为奋斗目标的人才辈出之时,就是自主独立的公民阶层出现之日。这种社会角色在中国形成群体之艰难,从六君子喋血就已成定律。当时《清议报》有篇《论生死》之文说:"中国自戊戌以前,无所谓流血变法者也。六君子之后,而流血之宗旨定矣。及唐继起,三十志士同日死义,流风所被,遍于国中,人人有舍身救国之心,独立不惧之慨。事之成就虽有迟速,而其激励民心,提振士气者,固足以易天下矣。"③

革命派又向前跨越了一步,变和平改革为暴力革命。经过两派辩论,多数维新派转向革命派,连孙中山也是上李鸿章书之后才转变的。20世纪初革命舆论压倒保皇派成为主潮,革命团体联合成立同盟会作为最早的统一政党。

① 张玉法:《清季的立宪团体》,台湾近代史研究所,1985年,第114页。
② 中国史学会主编:《康有为传》,《戊戌变法(四)》,神州国光社,1953年,第11页。
③ 新民社辑:《清议报全编(卷四)》,载沈云龙主编:《近代中国史料丛刊三编(第141册)》,文海出版社有限公司,1986年,第111—112页。

清王朝倒台是辛亥革命的最大成果,也是以革命派知识分子为骨干组成的同盟会建树的功勋。然而,如果没有上世纪末维新派的启蒙教育和大量的党会理论宣传,就不可能如此迅速地出现同盟会革命党人的辉煌事业。维新派革命派同样挣脱传统成为主张西方民主的知识分子,为救亡图存而变更团体,不同的是手段。维新派是温和的、渐进的、依靠圣上的改革,既为顽固派当权者不容,又同自己倡导主权性、群体性、利用新式党会力量争取政权的主观愿望不符,因此良机丧失。

作为主权性的公民,必然以新式社团政党保障其公民意识付诸行动。革命党的组织和行动,其思想主要来自西方民主思潮和党会观念。甲午之后,维新派主办的《时务报》《清议报》《国闻报》等是介绍西方学会政党的基本阵地。

关于学会:"欲振中国在广人才,欲广人才在兴学会。"①

"中国之积弱,在不能合群以兴吾学。"②

"有国必有会,德、法、意皆有会而兴国。"③

西人"一技一能,靡不有会,小者数百所,大者数千所,学以此兴,士以此联,民以此固,国以此强"④。

这些言论旨在阐明学会是培养公民意识的阵地。1896 年唐才常拟出第一个《中国学会章程》,采用西方社团宗旨,并认为明末的复社、几社与"泰西之法相同",目的是让"布民议论国是"。

关于政党:"政党者聚全国爱国之士,以参于一国之政;聚全国舌辩之士,以议论一国之政者也。"⑤

"政党者欲把握国家权力,而遂行其志意,故联合同人为一党也。"⑥

"政党者,以国家之目的而结合者也;朋党者,以个人之目的而结合者也。"⑦

"政党者,一国政治上文明之星也,指南针也,司令官也。"⑧

---

① 《时务报》,1896 年第 10 册,第 621 页。

② 《时务报》,1897 年第 19 册,第 1250 页。

③ 梁启超:《南学会叙》,《时务报》,1898 年第 51 册。

④ 《湘学报》,第 28 册。

⑤ 秦力山:《政党说》,《清议报》,1901 年第 78 册。

⑥ 古城贞吉:《政党论》,《时务报》,1896 年第 17 册。

⑦ 梁启超:《敬告政党及政党员》,《饮冰室合集·文集之三十一》,中华书局,1936 年,第 7 页。

⑧ 蒋智由:《政党论》,《政论》,1907 年第 1 号。

"党也者,所以监督政治之得失,而得其主权,使昏君悍辟,无所得而行其私,其关系于国家者尚已。"①

关于政党的定义、产生条件、地位作用、党员、党魁等都有不少评介。"今后中国之存亡一系于政党之发生与否","非立大党不足以救将亡之中国"②。

19世纪末20世纪初中国一代新型知识分子,组织新式党会,积极参加社会改革。维新派和革命派尽管在理论和实践上互争互辩,但又互推互动,产生了广泛的社会影响,上至王公贵族,下至百姓小民,虽不能说民气大开,至少不会因为没有"皇上"而诚惶诚恐了。这比用平常教育手段"启民智",不知要有效多少倍。中国人的公民意识是由近代党会为中介而传播的。

第三节 政党政治与公民意识的提升

民国建立,由西方传入的公民权利诸项内容,第一次写在《中华民国临时约法》上,于是结社组党之风蜂起。原来秘密的同盟会改为公开的国民党以适应议会民主政治的需要。黄兴说:"欲民国现象日臻良好,非政党不为功。"③孙中山也被卷入政党政治的热潮中,也说:"民国初建,应办之事甚多,如欲其积极进行,不能不有赖政党。"④立宪派更认为"无论其国体为君主、为共和,皆非借政党不能运用"⑤。除此以外,社会上层各派势力、知识分子、工商企业主、宗教界等,都被唤起了结社组党的政治热情。"当国基粗定之秋,政团应运而生,小党林立。"⑥"集会结社,犹如风狂,而政党之名,如春草怒生。"⑦民初究竟有多少社团政党,很难有精确的统计。台湾学者张玉法教授从大量资料中统计出,自武昌首义至1913年底,"新兴的公开党会"有六百八十二个,其中,政治类三百一十二、联谊类七十九、实业类七十二、慈善类二十、公益类五十三、学

① 《清议报》,1901年第79号。

② 《新民丛报》,1907年第92号。

③ 湖南省社会科学院编:《黄兴集》,中华书局,1981年,第293页。

④ 中国社会科学院近代史研究所中华民国史研究室等合编:《孙中山全集(第二卷)》,中华书局,1982年,第468页。

⑤ 李华兴、吴嘉勋编:《梁启超选集》,上海人民出版社,1984年,第625页。

⑥ 谢彬:《民国政党史》,载荣孟源等主编:《近代裨海(第六辑)》,四川人民出版社,1987年,第34页。

⑦ 丁世铎:《民国一年来之政党》,《国是》,1913年第1期。

术类五十二、教育类二十八、军事类十八、宗教类十五、国防类十四、进德类九、其他十。这之中不包括自 1894 年至 1911 年出现的一百九十三个立宪团体和革命团体。[①]另一项统计说到，1915 年有商会一千二百四十二个[②]，许多商会也是从事政治活动或同政治相关的。

党会勃兴，从政治结构上，意味着国家权力转移后，国体、政体的重新组合。各政党力争成为国家权力中心或取得部分权力；作为具有公民意识的党员，得以实现自己的选举被选举权、参政议政权、创制复决权，监督罢免权等。无论何派何党，将不可避免地被卷入一种新式的民主程序，将受到民主制度的教育和洗练。这对传统政治文化和人们社会心理是一次沉重的撞击。由于中国地广人多，经济文化落后，辛亥革命的波及面主要限于中国上层和沿江沿海大中城市。资料表明，上述三百一十二个政治性党会中，北京八十二、上海八十，数量最多，其次，广州二十五、南京十六，再次是武汉、长沙、天津、重庆等城市，在十以下。[③]从各党政纲看，少数党有较完整的宗旨、政纲政策、组织原则、纪律等，多数表明拥护共和政体或拥护政府政策，但具体主张五花八门，如"军国主义""地方自治""政党内阁""国家主义""民生政策""男女平等""社会主义"，有几个党还以拥清废帝为纲。大趋势可以说民主共和成为主潮。

政党林立现象时间并不很长，《临时约法》规定"约法"实施十个月后选举国会。为争得国会议席，各党纷纷联合，联合的趋势自然是革命派与立宪派竞争。革命派组成国民党，立宪派组成进步党，之外还有一些小党派。

国会选举自 1912 年 12 月上旬开始至 1913 年 3 月结束。这是中国历史上第一次民主选举，党员通过公民的选票决定自己的政治命运，国会议员完全由民选产生。选举过程中，既是党派发挥社会化功能的时候，又是公民履行其权利的时候。这一次西方式民主政治的实践，本身就是对传统政治制度的根本否定。国会由参议院和众议院组成，《选举法》规定议员名额分配、选民条件和投票方式、程序等。选举筹备阶段，各党派厉兵秣马，竞争选票。国民党号召"介绍党员，以有选举权者为标准"。"党员愈多，人才愈众，多一党员则将来

①③ 张玉法：《民国初年的政党》，台湾近代史研究所，1985 年，第 33 页。

② 《民国六年中国年鉴》，天一出版社，1973 年，第 596 页。

多一选举权,并可多得一议员,政治上始有权力。"①共和党要求党员:一、不可放弃选举权;二、不可选举本党以外的人;三、不可"空投"选票;四、不可退落人后。②各党竞选者纷纷发表演说,以"宣传党纲""注重党德"相标榜。选举中也出现了拉选票、抢票、金钱收买、威胁等种种怪状和丑闻。总之,西方的民主选举形式初次被中国人拿来,人们普遍欢欣鼓舞,认为"吾国今日之国势已如是,强弱兴亡,在此一举"③。有数千万选民参加的此次国会选举,既表现了政党的社会作用,又是一次全国范围内的民主大演习,使公民的主权意识等得以实践和进一步传播。当时舆论界描写道:"上焉者,本自己所信仰,不受政党之支配,亦不为人所运动,纯然以自己的意志为意志者也;其次以政党之意思为意思者也;又其次则富于村落思想,以地方主义之意思者也;又其次则殉交流、重然诺,而以交谊之联系为意思者也;最下者无意思,只知计金钱报酬之厚薄而已。"④这里反映的五种选民心态,大体符合实际。然而,以政党意志为意志,应该说是主流。因为各党竞选实际上是两大派之争,实质上是反对袁世凯和拥护袁世凯两大势力的公开较量。国会选举结果是国民党大获全胜,它证明公民权利实现过程中的政党作用,还证明选民心态对于民主共和的向往。

但是,民初政党政治不过昙花一现。袁世凯暗杀了宋教仁,解散了国民党,用封建专制的屠刀扼杀了初生的新民主政治婴儿,给革命党人以深刻的教训。

西方民主政体与中国传统政治结构完全不同。皇帝一下子没有了,新的国家政治权威的重新建立,却不是一次所能完成的。尽管新生的公民阶层组织政党、选举议员、组织内阁,力图实施政党政治,但他们多数人还没有学会做公民,潜在的传统政治观念自觉不自觉地存在于政党政治和公民观念之中。这表现在:

一、未形成法治观念,习惯性地以人治代法治

例如:临时大总统袁世凯无视法律所规定的程序和权限,在没有内阁总理副署情况下,一意孤行以他个人的名义委任直隶总督王芝祥赴南京遣散军

---

① 李新主编:《中华民国史(第一卷上)》,中华书局,1981 年,第 178 页。

②③《敬告选举人》,《申报》,1912 年 9 月 5 日。

④《选举人心理之实测》,《申报》,1913 年 1 月 11 日。

队,从而导致唐绍仪内阁倒台。这一起总统违宪事件引起各党派注意的不是程序违宪,不去谴责或弹劾总统的违宪行为,而是关心王芝祥能否胜任和唐绍仪的人品问题,法律程序在党派领袖心目中无关紧要。历史家李剑农评价这件事云:"此种问题,莫说在英法,就是在天皇大权的日本,假使天皇发下一道没有首相副署的敕令来,日本的议会和新闻界,要发生一种什么喧嚣的状况?是不是违宪?违宪的声浪要震动全国。"①"宋案"发生后,各派表现形形色色,却有一个共同点,就是对袁世凯违宪行为的制裁,既无当务之急之感,又无共同维护约法之意。国民党举兵讨袁故是不得已之一途,然而,人们法制观念的淡薄也是一个普遍存在的事实。在西方,资产阶级民主制度的建立是一个理性过程,而在当时的中国,理性还远远没有向社会普及。

二、习惯于一元化政治思维,不同政见容易演成敌对意识

民初政党宗旨纲领标以"天赋人权""主权在民""援卢梭人民社会之旨",采"男女平权"之说,并在组织体系中亦用西方政党的"理事""干事""监督"和分级等模式。但这些都还未能消化,没有内化为政党意识的深层结构,相反,传统的朋党、会党影响还深藏在广大党员心中,党同伐异,视异为敌。

两党对立,公平竞争是政党政治的前提和常规,民初有些政党领袖对此有所论述。梁启超说:"两党各标一反对之政见,而各自谓国利民福,此疑于甲是者乙必非,乙是者甲必非矣,而不知两皆是焉。国利民富本多端,且其道恒相反而相成,譬储寒暑,皆足资生,而四时之运,成功者退,故凡国中有健全之两政党者,任行其一党之政策,皆必其有利于国家者也。"②这是二元化政治思维的鲜明反映。既然各党派同样为国利民福,就应当"各明一义,往复辩难,以听国民之抉择"。梁氏还以西方政党竞争原理说明:"政党功用全在于是,故有一异政见之党与己党相对峙,实治党事者最宜欢迎也。而或者昧公私之界,挟主奴之见,欲以一党垄断政权,而妒他党之持其后,公战不敌,则运用阴险手段摧锄之,或造蜚语以中伤,或作个人之攻击……党员而有此劣根性,其党决不能发达,国民而有此劣根性,其国决不能发达也。"③孙中山认为:"政党均以国利民福为前提,政党彼此相待应如兄弟,要知文明各国不能仅有一政党,若

①李剑农:《戊戌以后三十年中国政治史》,中华书局,1980年,第163页。
②梁启超:《中国立国大方针》,《饮冰室合集·文集之二十八》,中华书局,1936年,第67页。
③梁启超:《中国立国大方针》,《饮冰室合集·文集之二十八》,中华书局,1936年,第73页。

仅有一政党,仍是专制体制,政治不能进步。"①黄兴、宋教仁也有类似言论。

认识与实践并不是一回事,民初党争,不同政见往往夹杂着意气、私利、成见、宗派、报复、专制等"劣根性"的东西。竞争不能进入正轨,而党派之间敌对情绪却愈演愈烈。他们"各据旗帜,奋矢相攻,彼此立于不共戴天之地"②。不仅异派如此,"而同派之中,亦往往互相忌刻,势若水火,卒致以主义目的精神思想丝毫无区别之人,亦复分派相抗,不欲联合"③。两院开会,对立党之间总是无休止地争权夺利,甚至在会中,"灌夫骂座,角力屡行,以破坏议场之秩序;私改纪事,通电各省,以颠倒事情之是非。而于国家之大本大计,则未闻有所建白"④。

政党敌对意识导致政治竞争中暴力事件不断出现,公平竞争扭曲成了相互摧残。暗杀竟用来对付同党、同盟者内部不同派系或不同政见者。陶成章是光复会创始人之一,独立意识较强,辛亥革命中自成一股势力为同党所忌,被陈其美暗杀。这类案例屡屡发生。暗杀虽然遭到当时舆论的谴责,梁启超著文《暗杀之罪恶》分析暗杀对政治竞争的危害,孙中山对暗杀事件愤怒已极,称"似此野蛮举动,为全世界对于异党人所无"⑤,然所有暗杀事件,没有在参议院形成一桩弹劾案,又缺乏法律运用和操作习惯。

三、党员的公民意识不成熟,又影响了政党的近代化

梁启超说过:"非有健全之国民,安得有健全之政党?"⑥一语切中要害。民初大多数国民意识仍束缚在传统政治文化观念之中,多数人分不清以往的朋党、会党与近代政党的差别,弄不清楚公民与政党是什么关系,也分不清政党与法律是什么关系。当时党魁们填几个党及至十几党就是混乱的证明。人们要在混乱中学习,但人们又耐不得这种混乱,于是军阀政治便乘机而兴。

---

① 中国社会科学院近代史研究所中华民国史研究室等合编:《孙中山全集(第二卷)》,中华书局,1982年,第408页。

② 黄远生:《远生遗著(第一卷)》,商务印书馆,1984年,第4页。

③ 梁启超:《初归国演说辞》,《饮冰室合集·文集之二十九》中华书局,1936年,第21页。

④ 吴贯因:《今后政治之趋势》,《庸言》,1913年第17号。

⑤ 中国社会科学院近代史研究所中华民国史研究室等合编:《孙中山全集(第二卷)》,中华书局,1982年,第555页。

⑥ 梁启超:《中国立国大方针》,《饮冰室合集·文集之二十八》,中华书局,1936年,第74页。

第四节 "五四"社团与臣民观念的再清理

民初政党政治的流产,与其说为袁世凯所破坏,不如说是因传统政治文化的抵拒而自沉。撇开多数国民心理和精神状态仍沉睡在臣民观念之中不论,就政党而论,国会失败,政党亦随之销声匿迹,除了国民党为袁强迫解散外,其他皆自行消散。国会恢复后,首先是一些政党领袖又无心于政党政治。梁启超出国,声称不再从政,仍愿办报,组织社团研究文化;孙中山组织中华革命党已不同于国民党,反袁失败后,也闭门读书写作,反思中国的救国大计;黄兴去了美国,组织欧事研究会,不久去世。其次是舆论界的"不党""无党""毁党"论,造成一种厌恶政党的气氛。上海《独立周报》一篇文章可为代表性言论:"夫政党何物也?质言之,直所谓为一种垄断国家权利之公司或总会云尔。其商标则所谓国利民福也,其基本金则直接或间接搜刮而得之民脂民膏也,其奔走依附之人,则各欲脔割国家权利之一分而栖息其中以自养者也……一年以来,国事纷扰,政争激烈,吾民昔昔震恐,恒无宁处之日,盖无所而非政党之为祟也。"①这种反对政党的论调,一时间颇为流行。

政党销声,被维新派、革命派批判过的纲常礼教又重返民国政坛。袁世凯提倡尊孔读经,复辟派则要定孔教为国教,"编入宪法"。这一丑剧的导演竟是康有为、严复等人。康有为任孔教会会长,为"昌明孔教,救济社会"而奔走呼号;严复联合二十名参议员向参议院提出"导扬中国立国精神建议案",其主旨是以忠孝节义四端为中华民国立国精神。此案在参议院为多数通过。袁世凯据此下"箴规世道人心令",称忠孝节义为"国粹",指责孙中山等"一二桀黠之徒,利用国民弱点,遂倡为无秩序之平等,无界说之自由,谬种流传,人禽莫辨,举吾国数千年之教泽扫地无余"。最后以圣旨性的语言告国人,"积人成家,积家成国","由其道而行之,即古所谓忠臣孝子、节义人士;反其道而行之,即古所谓乱臣贼子,狂悖之徒。邪正之分,皆由自取"②。尊孔、复古是为袁世凯复辟帝制造舆论的。随之,筹安会成立,六名成员中有四人参加过同盟会,即孙毓筠、李燮和、胡瑛、刘师培,发起人杨度是著名的君主立宪派,还有

---

① 张玉法:《民国初年的政党》,台湾近代史研究所,1985年,第16页。
② 《爱国白话报》,1914年11月5日。

严复。不是别人，也不是清王朝的遗老遗少，正是这些曾经鼓吹西方民主制的先觉者、名噪一时的革命者，未过几何，竟抛出了"共和亡国论""君宪救国论""孔教治国论"等。

复古复辟思潮一时乌云翻滚，恶浪滔滔。但反对者也不在少数。梁启超认为君主制一旦为共和制所取代，再想恢复君主制是很难的，他指出共和制在中国曾酝酿十余年，实行已四年。"当其酝酿也，革命家丑抵君主，比之恶魔，务以减杀人民之信仰。其尊渐亵，然后革命之功乃克集也。而当国体骤变之际与政变之后，官府之文告，政党之宣言，报章之言论，街巷之谈说，道及君主恒必恶语冠之随之，盖尊神而入溷渝之日久矣。今微论规复之不易也，强为规复，欲求畴昔尊严之效，岂可更得？"他指责筹安会："何苦无风鼓浪，兴妖作怪，徒淆民视听而贻国家以无穷之戚也。"①梁启超反对恢复帝制，还不如革命派尖锐，但他说的民主共和已成为街谈巷议却是事实。有些人虽与革命党人为敌，但对筹安会很愤慨，斥其"扰乱国政，亡灭中华，流毒苍生，遗祸之首"，上书袁世凯要求惩办，他们不知袁氏就是后台。孙中山的中华革命党起兵反袁护国，洪宪帝制连同袁世凯一命呜呼。这说明复古复辟不过一阵逆流，政党政治不行，而公民观念却有了相当的社会基础。

陈独秀于1915年9月创办《青年杂志》，重提民主与科学的口号，可以说是维新运动和辛亥革命民主潮流的继续。史家称它是"黑暗中的一盏明灯"。它的最大历史价值在于：把攻击的矛头对准封建专制政治文化的基础、中国传统政治文化的核心——礼教，亦谓伦理中心主义。新文化运动的领袖们经过重新思考发现："自主的而非奴隶的"人的伦理觉悟问题并未解决。"自洪宪纪元，始如一个响霹雳震醒迷梦，始知国粹之万不可得存。"②"我总觉得中国圣人与皇帝有些关系。洪宪皇帝出现以前，先有尊孔祭天的事；南海圣人与辫子大帅同时来京，就发生皇帝回任的事，现在又有人拼命在圣人上作功夫，我很骇怕，我很替中华民国担忧。"③"吾国年来政象，惟有党派运动，而无国民运动也……不出于多数国民之运动，其事不易成就，即成就，而亦无与于国民根本之进步。"④共和也好，立宪也好，不出于多数国民的自觉和自动，"唯曰仰望

---

① 梁启超：《异哉所谓国体问题者》，《大公报》，1915年9月7日。
② 钱玄同：《保护眼珠和换回人眼》，《新青年》，1918年第五卷第六号。
③ 李大钊：《圣人与皇帝》，《李大钊文集（下册）》，人民出版社，1984年，第95页。
④ 陈独秀：《一九一六年》，《青年杂志》，1915年第一卷第五号。

善良政府,贤人政治,其卑屈陋劣,与奴隶之希冀主恩,小民之希冀圣君贤相施行仁政,无以异也"①。于是,民主思想启蒙很快同批孔结合,其声势之大,影响面之广,远远超过维新时期。批孔以全面否定纲常礼教为重心,揭示忠孝节义的危害性、欺骗性,指出儒学"莫不以孝为起点","求忠臣必于孝子之门,君与父无异也",由此"家族制度之与专制政治,遂胶固不可以分析"②。儒学讲修身"不是使人完成他的个性,乃是使人牺牲他的个性。牺牲个性的第一步就是尽孝,君臣关系的'忠',完全是父子关系的'孝'的放大体。"③这不仅表明批判的深度超出前人,更在于启示中国人个性解放之路,首先必须从传统家庭中、家族制度束缚中冲决出来,取得自由,获得独立平等的权利和地位。启蒙的社会意义超过了现实的国体论争,把千百万知识分子,尤其是青年学生从迷雾中唤醒。据统计,到1916年,新学堂在校学生人数已近四百万余,教职员三十万左右,留学生十万余。但当时占据政治文化权力中心位置的多为新旧士绅,留学生回国大量失业,学生的出路也成为一大社会问题;新知识分子接受了西方文化,有专业技能,多数人不愿返回家乡继承父业传宗接代。启蒙运动推动他们结成新式社团,走上独立自主、救国救民之路。

这类以文学、戏曲、体育、新民、敬业、乐群、解放等各种名义组织的团体,在五四运动爆发之前,就已遍布大中学校。巴黎和会关于山东半岛主权归属问题所引发的五四爱国运动,使启蒙与救亡相结合而进入高潮。

五四运动的直接成果是迫使政府不敢在出卖山东主权的巴黎和约上签字,并罢免三个卖国贼的官。这个力量不是来自原来的政党和这些政党领袖成员,而是以学生为核心的工人和商人联合形成的罢课、罢工、罢市,遍及全国大中城市空前的民主爱国运动。这三部分人的公民意识,在五四运动中得到显著的提高。各类新式社团接受各种新思潮,冲破传统伦理道德罗网,变为改造社会的行动。

学生是这场新觉悟运动的先锋。青年如初春,如朝日,如百卉之萌动。这一代青年主要受新学教育,纲常名教影响不深。他们在中学和大学里,学了自然科学、进化论,以极大兴趣去寻求、选择外来的各种主义和思潮。"五四"之

---

① 陈独秀:《吾人之最后觉悟》,《青年杂志》,1916年第一卷第六号。
② 吴虞:《家族制度为专制主义之根据论》,《新青年》,1917年第二卷第六号。
③ 李大钊:《由经济上解释中国近代思想变动之原因》,《新青年》,1918年第七卷第二号。

前,从北京大学的自由结社到一些中学的社团报刊已经大量出现。"五四"后,北京中等以上学校学生联合会的出现,推动着学生团体跨出校门,联合各界,成为社会改造的实践者。"少年中国学会"就是一个融学生、教员、教授、新闻记者、自然科学工作者等不同社会职业的新型知识分子为一体的大社团,其成员遍及许多省和大中城市,以及南洋、英、美、日、德等国,影响面广,但组织是松懈的。学生们崇尚自由,选择什么主义的都有。社会主义最为新鲜时髦,但真正懂得的少。职业选择以从事教育为最多,启蒙运动告诉他们,教育救国可收实效。北京和南方一些城市大中学生们组织的"工读互助团",采取"脱离学校""脱离家庭""脱离婚姻"的生活方式,在城市另觅住处,半工半读,收入归公,按需分配。他们企图创造一种理想的"新社会胎儿",然后扩大到全社会。试验几个月失败了,证明急功近利的空想社会主义不能救国。但他们的独立自主意识是前辈们所不可比拟的。这种与传统决裂的精神,并未因工读互助团的失败而稍减。他们不停地探索,俄罗斯研究会、马克思主义研究会、平民教育团、旅欧勤工俭学会等,层出不穷。

工人也开始觉悟了。"五四"前,工人已参与政治斗争,如抵制日货。"五四"后在学生运动推动下,工人阶级的爱国热情高涨,上海六七万工人参加罢工,一定程度上打破了行帮的陈规旧习,实行了前所未有的同盟性的政治罢工。

商会也在转变。民国以来,商会多于政党,但他们"在商言商"不问政治。"六三"上海的三罢,学生首先将一些小店主动员起来,再及中小民族资本家,实现罢市,大资本家企图妥协也无能为力,多数店员也成为罢市的骨干。商会的转变可以从两份电文中看出。北京总商会给政府文中说:"水能载舟,亦能覆舟,民气之奋兴,诚未可遏塞而致使溃决。侧闻罢学罢市,各省已有逐渐响应之虑,京师彼此激刺,亦暗有浮动情形。"[1]天津总商会电文:"查栖息于津埠之劳动者数十万众,现已发生不稳定之象。倘迁延不决,演成实事,其危厄之局,痛苦有过罢市者。"[2]从直接效果来说,两电迫使北京政府最后下决心罢免曹、章、陆,并以此罢免令发往天津,"揭示大众,劝其开市"[3]。

接受了各种新思潮的知识分子和学生,受劳工神圣论的感染,又在六三

①《申报》,1919 年 6 月 12 日。

②《晨报》,1919 年 6 月 12 日。

③《公言报》,1919 年 6 月 11 日。

运动中看到工人和市民的力量,他们开始从自我解放走向群体解放,一些人急迫地探寻"社会根本改造"之路。"五四"这一代新知识分子由于所取主义不同而走着不同的路,但民主国家的观念、公民自主意识获得了空前的发展。

第五节　结语:把党凌驾于社会之上问题

中国的公民意识与公民权利、义务等法律规定,是由西方移植而来的,但它很难同中国传统政治体制与政治文化接轨。有帝王意识的人们是绝对排斥公民意识的,更不容公民的政治体制;当惯了臣民的人们不仅对公民陌生,而且也不知怎么当。因此在一定的历史时期内,出现"混乱"是不可避免的。问题不在于"混乱",而是去不去学习做公民。中国的先进分子为争取做公民已付出了很多牺牲,在先进分子带动下,中国人的公民意识已有了长足的进步。

组织社团、政党,是公民的权利,又是实现公民权利的手段,近代化的党团又是培育公民的重要学校。19世纪末到五四时期这一段历史,对此是可以做出证明的。

但是中国的政党在其发展中,又有着自己的特色。中国近代以来,社会矛盾极其尖锐,矛盾不可调和,一些政党与武装相结合,力图通过强力方式解决矛盾,这一点,可以说是中国历史的必然。但是它又带来一个副作用,那就是把党凌驾于社会之上、公民之上。蒋介石的一个主义、一个政党、一个领袖就是证明。把党凌驾于社会、公民之上,诚如陈独秀所言:"党外无党,帝王思想!"政党与公民的关系,仍然是现在中国尚待认真思考研究的重大历史课题。要学会做公民,而党团的"公民化"是其中的重要一环。

原载《中国研究》,1995年第5期

第二十九章 学会做公民

学会做公民,乍一看,这个问题似乎有点不着边际。大家都知道,辛亥革命不久,1912 年所颁布的《临时约法》即有公民权利的规定,其后一部又一部宪法,关于公民的权利与义务的规定更具体、更普遍。现在活着的中国人,除了八十五岁以上的人曾做过大清臣民外,都是公民条文的照耀下成长起来的。现在提出学会做公民,有人曾发疑,这如果不是耸人听闻,肯定是嘲笑堂堂的中国人!

我们经历了数千年的封建社会,臣民意识几乎成了我们机体的有机组成部分,成了不由自主的潜意识。在君主面前几乎有一种天然的错感和罪感意识。这类堂而皇之的大论极多,不能细论,仅以臣子给皇帝上疏为例来说明一点。上疏有各式各样,其中很多是给皇帝提意见或建议。这些上疏大抵均有固定的套话铺前垫后,诸如"臣某诚惶诚恐,顿首顿首""恫惶无措""昧死以言""愚臣""愚见""惟圣心裁鉴""臣不胜惓惓之至""臣罪当死""彷徨阙庭,伏待斧锧"等。这些不仅仅是礼节性的套话和无所谓的形式主义,其背后隐藏着深层的政治文化,这就是臣下的错感和罪感意识。

君主是天下之父母,是圣明的,无所不知,明察秋毫,为天下之师。臣赖君主以生,臣下的职责是听命,所谓臣者"奉命而行事""下顺于上"而已。臣的知识、甚至肤发也是君主恩赐。像韩愈这样的大家都这样说:"得备学生,读六艺之文,修先王之道,粗有知识,皆由上恩。"① 柳宗元也如是说:"身体发肤,尽归于圣育;衣服饮食,悉自于皇恩。"② 我们不能简单地责怪韩、柳,但应须反思,这样的大知识分子根本不敢承认自己是一个认识主体,可谓奴性之毒已深入骨髓!

---

① 《韩昌黎文集校注·请上尊号表》。

② 《柳宗元集·为京兆君耆老请复尊号表》。

臣作为君的工具、手足、奉命者,本不应该多嘴多舌,但又不能不说或不得不说。然而所说一旦不合君意,又难免招罪。翻开历史,因言招罪者比比皆是。臣下为了防御和自保,在同君主奏对中,便以自卑自谦反衬君主的圣明,并给君主留下更多的选择的余地。久而久之,臣下在君主面前便形成了一种不待论证的、自然而然的错感和罪感意识,即使遭冤杀,也要颂皇恩浩荡,臣罪当死。

臣下在君主面前的错感与罪感意识,是传统政治文化的基本内容之一,它对整个社会和民族有着广泛的影响,是造成思想贫困和人格萎缩的重要原因之一。

虽然公民条文规定颁布已有时日,但我们的民族在由臣民向公民转化方面的步伐却是蹒跚的,这既有自己的原因,又有帝国主义侵略的干扰。这两方面原因的总和,造成了如下的事实:一方面,既没有充分的精力进行公民意识的启蒙普及,没有从臣民观念中走出来。另一方面,又缺少公民实践的条件。而这两者又互为因果:没有公民意识的普及与提高,就不可能有公民的实践;反之,缺少公民的实践,又会造成公民意识的不发展。

从历史的经验看,法制规定公民权利与义务,如果没有普遍的公民意识与实践做基础,这种规定只能形同虚设。尽管国家有可能通过某种媒介和社会化渠道,将公民的法律规定输送给人们,可是由于缺乏必要的实践环节,在他们的意识深处难以真正理解和认可公民权利与义务的内涵与功能。法律有关公民神圣的规定只不过是一个"模糊概念"或"抽象名词",与个人的政治行为和选择并无大关系。

马克思早就说过:"没有无义务的权利,也没有无权利的义务。"[1]权利和义务犹如天平的两端,是对等的。享受权利就必须履行义务。如只享受权利不履行义务,便与中世纪贵族相去无远;如只履行义务不享受权利,便与中世纪臣仆相去无远。从世界历史看,把权利与义务统一起来是一个非常复杂的历史过程。就大势而言,政治系统强调义务的履行,公民则强调权利的实现,两者之间不免冲突和矛盾,同时又不断调整和互相靠拢。在这个过程中民主政治不断发展,公民不断成熟。成熟的公民是民主政治的社会基础。

---

① [德]马克思、恩格斯著,中央编译局马克思恩格斯列宁斯大林著作编译部编译:《马克思恩格斯选集(第二卷)》,人民出版社,1972年,第137页。

这里,我想起 1978 年同日本朋友菱沼达也教授的一段对话。当时我们正兴高采烈地批判"四人帮",他为我们高兴的同时,问道:"你们当时都干了些什么,有责任吗?"我一时不知如何回答。他接着问:"你们是公民吗?"噢!我突然惊醒了。我默默地自问:"是啊,我是公民吗?我为宪法的尊严做了些什么?"

　　菱沼先生是位农牧学家,20 世纪 30 年代为反对日本军国主义坐过牢,70 年代退休后到日本一乡间自办一张小报,继续批评军国主义,呼唤年轻一代不要忘记历史。他自称,这是一个公民应做之事。

　　多年来这个问题一直使我萦回不止!

原载《中国研究》,1995 年第 1 期